UNE
GUERRE
DIFFICILE

UNE
GUERRE
DIFFICILE

Points de vue sur l'insurrection
et les Forces d'opérations spéciales

Dr. Emily Spencer
Rédacteur

Avant-propos par
Major-général J.P.Y.D. Gosselin

PRESSE DE L'ACADÉMIE
CANADIENNE DE LA DÉFENSE
KINGSTON

THE DUNDURN GROUP
TORONTO

Publié par Dundurn Press Ltd. et Presse de L'Académie canadiennne de la Défense, en collaboration avec Défense nationale et Travaux publics et Services gouvernementaux Canada.

Catalogue No. : D2-248/2009F

Conception typographique et mise en pages : Jennifer Scott
Impression : Transcontinental

Catalogage avant publication de Bibliothèque et Archives Canada

Une guerre difficile : points de vue sur l'insurrection et les forces d'opérations spéciales /
sous la direction d'Emily Spencer ; avant-propos de J.P.Y.D. Gosselin.

Comprend un index.
Traduction de: The difficult war.
ISBN 978-1-55488-471-1

1. Révoltes. 2. Contre-rébellion. 3. Forces spéciales (Science militaire). 4. Guerre asymétrique. I. Spencer, Emily

U241.D5414 2009   355.02'18   C2009-903397-6

1   2   3   4   5   13   12   11   10   09

La publication de cet ouvrage a été rendue possible grâce à l'aide financière du ministère du Patrimoine canadien par l'entremise du Programme d'aide au développement de l'industrie á l'édition (PADIÉ), du Conseil des Arts du Canada, du Conseil des Arts de l'Ontario, et l'association pour l'exportation du livre canadien (AELC).

Imprimé et relié au Canada. Imprimé sur du papier recyclé.
www.dundurn.com

Presse de L'Académie canadienne de la Défense
C.P. 17000 Succursale des Forces
Kingston, ON, K7K 7B4

Dundurn Press   Gazelle Book Services Limited   Dundurn Press
3 Church Street, Suite 500   White Cross Mills   2250 Military Road
Toronto, Ontario, Canada   High Town, Lancaster, England   Tonawanda, NY
M5E 1M2   LA1 4XS   U.S.A. 14150

TABLE DES MATIÈRES

AVANT-PROPOS

J'AI L'IMMENSE PLAISIR DE présenter *Une guerre difficile : Points de vue sur l'insurrection et les Forces d'opérations spéciales*. Cet ouvrage est le dernier de plus de trente-cinq titres publiés par les Presses de l'Académie canadienne de la Défense (ACD). Il témoigne de ce à quoi nous aspirons — des documents opérationnels pertinents et utiles pour le personnel des Forces canadiennes (FC) qui doit évoluer dans l'environnement de sécurité complexe d'aujourd'hui.

Les Presses de l'ACD, qui ont vu le jour en janvier 2005, restent fidèles à leurs principes directeurs. Leur mission d'origine était d'offrir un lieu qui traiterait des principaux thèmes et sujets opérationnels revêtant de l'importance pour le personnel militaire, pour ceux qui entretiennent des rapports avec la profession des armes et pour l'ensemble du grand public canadien. Et surtout, afin d'être en mesure de tirer profit de notre vaste expérience et du patrimoine militaire qui fait notre fierté, la teneur et les points de vue de ces publications sont axés sur le Canada. Nous pouvons d'ailleurs offrir aux centres de perfectionnement professionnel et aux écoles des FC, de même qu'à ceux de nos alliés, ainsi qu'aux universités et aux bibliothèques civiles, des livres qui offrent une perspective et une expérience opérationnelles résolument canadiennes. Nous avons toujours eu une façon proprement canadienne de faire la guerre, et il est donc parfaitement logique que nous publiions des documents qui nous permettent de tirer les leçons de nos propres expériences opérationnelles et de combat.

Dans le même ordre d'idées, aucun sujet ne saurait être plus pertinent à l'époque actuelle que la contre-insurrection (COIN). À ce titre, *Une guerre difficile* est un livre qui tombe à point nommé puisqu'il propose un recueil d'essais qui traitent de l'insurrection et de la COIN ainsi que d'une foule de questions, sujets et considérations connexes, qui constituent ce que l'on pourrait sans doute appeler l'une des formes de guerre les plus complexes. Dans ce livre, nous nous penchons sur des sujets à la fois théoriques et pratiques, et il constitue donc un excellent outil de réflexion et de débat pour aborder un sujet complexe et d'actualité.

Comme toujours, les Presses de l'Académie canadienne de la Défense forment l'espoir que la publication de livres bien étayés, pertinents et crédibles sur des enjeux opérationnels importants contribuera à éclairer et à habiliter ceux et celles qui exercent la profession des armes au Canada comme les personnes avec qui ils entretiennent des rapports. Nous serons heureux de recevoir vos remarques et de savoir ce que vous pensez de notre projet permanent de créer un corpus de littérature opérationnelle canadienne faisant autorité.

MAJOR-GÉNÉRAL J.P.Y.D. GOSSELIN
COMMANDANT, ACADÉMIE CANADIENNE DE LA DÉFENSE

REMERCIEMENTS

par Emily Spencer

Nous ferions certainement preuve de négligence si nous ne prenions pas le temps d'officiellement remercier toutes ces personnes dont le travail et les efforts remarquables ont fait du présent ouvrage une réalité. Nous tenons d'abord à remercier les auteurs pour leur dévouement, leur enthousiasme et leur volonté de contribuer au bien commun. Compte tenu du rythme trépidant du travail de nos jours, et à dire vrai de la vie dans son ensemble, rythme d'ailleurs qui semble s'accélérer année après année, les projets comme la rédaction d'un chapitre d'un ouvrage collectif ou d'un article dans une revue doivent être réalisés pendant ses temps libres et suppose que l'on doive y consacrer des soirées, fins de semaine et jours de congé. Votre collaboration est d'autant plus appréciée.

Nous tenons également à remercier le Lieutenant-colonel Jeff Stouffer, le directeur de l'Institut de leadership des Forces canadiennes (ILFC), et M. Greg Moore, le chef de projet ILFC aux Presses de l'ACD, de leur appui pour la production du présent livre. Nous désirons aussi manifester notre appréciation du concept général des Presses de l'ACD. L'indéfectible appui de ces intervenants est un élément essentiel du succès durable que remportent les Presses de l'ACD.

Enfin, nous voulons aussi exprimer notre gratitude aux techniciens des Presses de l'ACD, c'est-à-dire les membres du bureau des publications de la 17e Escadre, plus particulièrement le Capitaine Phil Dawes, Mme Evelyn Falk, M. Mike Bodnar et Mme Adrienne Popske, pour le savoir-faire et le professionnalisme dont ils ont fait preuve en créant le produit final.

INTRODCUTION

par Emily Spencer et Bernd Horn

CERTAINS VOUS DIRONT QUE le Canada n'est pas en guerre. À titre d'exemple Gordon O'Connor, ancien ministre de la Défense, a déclaré en Chambre des communes : « Je ne considère pas que nous sommes en guerre là-bas [en Afghanistan]. Nous nous sommes engagés à aider des gens à transporter localement de leurs produits et nous les aidons à construire des maisons. Nous participons, en le conseillant, à la formation d'un corps policier; et quand nous sommes attaqués, nous contre-attaquons. »[1] Indéniablement, sur le terrain, la réalité est tout autre. En Afghanistan, la présence de chars de combat Leopard, d'obusiers, de véhicules blindés légers III et de toute une panoplie d'autres véhicules blindés puissamment armés témoigne de l'importance de la menace qui règne en Afghanistan et de la violence des combats qui s'y déroulent.

L'aspect des combattants trahit également l'importance du conflit, de la guerre. Peu d'indices font aussi éloquemment état du véritable impact des combats que le dur regard des soldats. La fatigue et une douleur lancinante se lisent sur leur visage. De leurs yeux, miroir de l'âme, émane une tristesse étrangère à la jeunesse.

À cette image, se superpose l'inéluctable et indiscutable héritage de la guerre qui nous est présenté à répétition : les morts, les blessés et les estropiés. Au moment d'écrire ces lignes, cent sept Canadiens ont perdu la vie dans ce conflit et des centaines d'autres ont été blessés (physiquement, émotionnellement ou mentalement). Un des participants aux combats, le Lieutenant-colonel Omer Lavoie, a peut-être été le plus convaincant à ce sujet lorsqu'il a dit : « Je mets quiconque au défi de me prouver que nous ne sommes pas en guerre. » À la fin de l'été 2006, en seulement un mois et demi, l'unité que commandait le Lieutenant-colonel Lavoie dans le théâtre des opérations a perdu quinze de ses membres au combat. Il a de plus remis une centaine de galons de blessés.[2] À l'occasion de la fin de semaine de la fête du Travail de 2006, M. Bob Sweet, maire de la ville hôte de la garnison de Petawawa, portait le deuil de cinq soldats en compagnie des membres de leur famille et de plus de quarante familles comprenant un soldat blessé. À cette occasion, il déclarait : « Nous sommes en guerre. J'ignore si la population du reste du Canada comprend ce que ça veut dire, mais il n'y a aucun doute qu'à Petawawa nous le comprenons. »

Pour plus d'une compréhensible raison néanmoins, nombreux sont ceux qui ne saisissent pas la nature du conflit afghan. Il s'agit vraiment d'une guerre difficile parce qu'elle ne correspond pas à la conception que le public en général se fait de la guerre. Elle n'est pas conforme à l'image traditionnelle du soldat en uniforme qui combat pour tenir du terrain. En Afghanistan, il ne se déroule pas d'importants combats entre des machines de guerre. En fait, les soldats ne voient que très rarement leur ennemi fantôme, et le public ne le voit que beaucoup plus rarement encore. Il s'agit d'une guerre de paroles et d'attaques soudaines qui se terminent aussi rapidement qu'elles ont débuté et qui causent aussi souvent la mort chez les civils que chez les combattants. Ces attaques ont habituellement un caractère absurde, constituent des actes brutaux menés dans la violence et visent à terroriser et à affaiblir le gouvernement, la coalition et la volonté populaire. Les tactiques adoptées dans le cadre de ces attaques sont alignées sur celles des insurrections : provocation, intimidation, prolongation et épuisement. Aux yeux d'un public profane, les activités de contre-insurrection telles que celles qui sont menées par le Canada et ses alliés en Afghanistan sont perçues comme une perte injustifiée en vies humaines et en fonds publics canadiens.

Cette guerre est également difficile à mener. Un officier des forces d'opérations spéciales (FOS) américaines a fait la réflexion suivante : « La contre-insurrection n'est pas la guerre telle que la conçoit l'homme de la rue — c'est la guerre à un niveau supérieur. »[3] Cette guerre est menée au milieu de la population et à l'appui de la population.

Du point de vue du gouvernement en place, la contre-insurrection est constituée des « mesures prises par un gouvernement aux niveaux politique, économique, militaire, paramilitaire, psychologique et civil pour vaincre une insurrection ».[4] C'est une campagne qui combine des opérations offensives, des opérations défensives et des opérations de stabilité menées selon de multiples lignes d'opération.

L'insurrection est quant à elle « une lutte entre un groupe qui n'est pas au pouvoir et le pouvoir établi dans le cadre de laquelle le groupe qui n'est pas au pouvoir se sert délibérément de moyens politiques (comme le savoir-faire organisationnel, la propagande et les manifestations) et de violence pour détruire, reformuler ou asseoir sa légitimité dans un ou plus d'un domaine politique ».[5] Plus simplement, l'insurrection est « un mouvement organisé dont le but est de renverser un gouvernement établi en recourant à la subversion et au conflit armé ».[6]

L'insurrection n'est jamais simple. De tous les types de conflit, c'est contre l'insurrection qu'il est le plus difficile de lutter. La contre-insurrection repose sur la sécurité. De plus, comme le mentionnent les anthropologues des cultures Montgomery Mcfate et Andrea V. Jackson, « la sécurité est la condition préalable la plus élémentaire à l'appui qu'accorde la population au gouvernement. [...] l'élément de motivation qui offre les seuls effets vraiment durables est l'importance élémentaire accordée à la survie. »[7] Mais cet état final est difficile à atteindre, en particulier si l'ennemi a l'initiative, s'il peut faire fi des conventions applicables à la guerre, frapper des objectifs sans égard à leur nature, mentir à volonté et mener des opérations en utilisant le couvert offert par la présence de la population. De surcroît, l'ennemi peut se contenter de discréditer le gouvernement et les forces de la coalition car en démontrant que l'autorité en place est incapable d'assurer sa propre sécurité il est, à plus forte raison, incapable d'assurer celle de la population.

Fondamentalement, l'insurrection est un combat pour s'assurer de l'appui de la population. Les insurgés et le gouvernement se doivent de rallier les gens à leur point de vue. Le succès de toute campagne de contre-insurrection repose en effet sur l'obtention du respect et de l'appui de la population de la nation hôte. La population locale peut offrir des renseignements sur les activités, les emplacements et les mouvements de l'ennemi. Une telle collaboration permet de mettre de l'avant des opérations d'information, d'élaborer des programmes gouvernementaux et d'appuyer les forces militaires qui opèrent dans la zone d'opérations. À l'opposé, les populations locales peuvent, dans le meilleur des cas, rester neutres ou s'abstenir de communiquer de l'information vitale pour la protection des forces amies. Cependant elles peuvent aussi appuyer l'ennemi en lui fournissant de l'information, de la nourriture, des caches d'armes et même des recrues.

Le stratège, le Major-général Robert Scales, observe que « l'ennemi comprend clairement la guerre dans laquelle il est impliqué, c'est-à-dire qu'il sait qu'il lui faut prendre et tenir le terrain culturel dominant. Voilà son objectif. » Scales conclut comme suit : « ils ont toujours l'avantage. »[8] Voilà une autre raison qui fait qu'il s'agit d'une guerre difficile.

Pour rallier les gens à un point de vue, il faut comprendre la société de la nation hôte. La population afghane est majoritairement rurale et xénophobe et son sentiment d'appartenance va d'abord à la tribu. Dans ce contexte, la différence entre « nous » et « les autres » est extrêmement marquée. L'embauche d'un plus grand nombre d'interprètes ne peut à elle seule aplanir cette différence — il faut vraiment connaître la société du pays hôte. Comme Scales le mentionne, il est important de faire preuve d'empathie. Il nous faut comprendre les cultures étrangères, travailler dans le cadre de ces cultures et créer des alliances avec les armées étrangères; il nous faut également communiquer avec les étrangers et influencer la perception qu'ils ont de nous pour qu'ils puissent comprendre parfaitement l'intention du gouvernement et des forces de la coalition.

En fin de compte, la contre-insurrection est une guerre difficile parce que le défi le plus important que présente le champ de bataille moderne est humain, non pas technologique. Il faut influencer les opinions, rallier les populations à notre cause. Il est également important de se rappeler qu'il ne suffit pas de gagner l'appui des populations du pays hôte, il nous faut également nous assurer de celui de la population de notre propre pays. La satisfaction de cette exigence repose sur l'adhésion aux valeurs de notre propre société. Michael Ignatieff, renommé professeur d'Harvard, declare : « Ce n'est que si elle combat dans les règles et qu'elle refuse de mener une guerre sale que la force militaire d'une démocratie peut maintenir sa légitimité et l'appui de sa population et que ses membres peuvent garder leur confiance en soi. Mais les conflits et les défis qui vous attendent impliquent des populations qui vont définitivement mener de sales combats et y mettre de l'ardeur. »[9]

Comme ces derniers exemples en font foi, la composante humaine « étrangère » est retenue comme la raison fondamentale qui fait de la contre-insurrection une guerre difficile. Selon nos normes occidentales, les ennemis auxquels nous faisons face sont impitoyables. « Ils utilisent des tactiques, techniques et procédures inacceptables pour les occidentaux, explique le Major-général Scales, ils sont bien organisés et travaillent en réseau; ils sont passionnés et fanatiques, engagés, déterminés et sauvages. »[10] Du point de vue de nombreux militaires canadiens et, sur ce sujet précis, de celui de nombreux soldats occidentaux, il est inimaginable que quelqu'un se dirige vers un groupe de soldats et se fasse exploser, tuant de façon tout à fait aléatoire combattants et non-combattants qui se trouvent sur les lieux.[11] Cependant, comme le soulignait Ignatieff, « des gens qui ne respectent pas les règles s'approcheront de vous. Des gens d'une volonté beaucoup plus grande que la vôtre d'accepter tous les risques, y compris celui de perdre la vie, s'approcheront de vous. Voilà un des défis auxquels vous serez confronté ».[12]

Il arrive trop souvent de ne pouvoir reconnaître l'ennemi. Le Lieutenant Toby Glover déplore la situation comme suit : « À un moment donné, ils [les insurgés] marchent dans la rue en compagnie d'une femme et d'enfants. Soudainement, la femme et les enfants disparaissent et il [l'insurgé] tire sur vous. Ce sont des maîtres de la dissimulation. Il est très rare qu'on puisse les reconnaître. »[13] Le Lieutenant-colonel Omer Lavoie commente comme suit : « Le champ de bataille n'est pas linéaire, c'est tellement plus difficile d'évaluer les progrès. L'ennemi dispose de toutes les ressources des insurgés. Il a une binette en main et tout-à-coup elle a été remplacée par une AK-47. »[14] Le Caporal suppléant George Sampson déclare : « Ils vous attaquent lorsque vous vous en attendez le moins. Nous avons fait deux erreurs, et ils nous les ont fait regretter. »[15] Il n'est pas surprenant que dans un tel environnement l'interaction avec la population devienne difficile. « Nous pensons encore que quiconque s'approche de nous veut nous tuer, avoue le Capitaine Ryan Carey, nous n'avions aucun autre choix que de combattre sans faire d'erreur jusqu'à notre départ. »[16]

En bout de ligne, il n'y a pas qu'une seule solution et il n'y a pas de réponse simple. La composante militaire cinétique de la contre-insurrection n'est qu'un des éléments de la campagne, et ce n'est franchement pas le plus important. Les réformes économiques, politiques et sociales constituent normalement les éléments clés qui permettent de résoudre les conflits. L'accent est néanmoins trop souvent mis sur la solution militaire. Cependant, la sécurité et le développement dépendent l'un de l'autre et les efforts dans ces domaines doivent être faits de concert. En novembre 1986, le sous-ministre soviétique de la Défense, Sergei Akhrome'ev, émettait le commentaire suivant :

> Pas une seule parcelle de ce pays n'a pas été occupée par un soldat soviétique. La majeure partie du territoire demeure malgré tout aux mains des rebelles … Absolument tous les problèmes militaires soulevés ont été solutionnés, mais nous n'avons encore aucun résultat. Le problème réside dans le fait que les résultats militaires ne font pas l'objet d'un suivi politique.[17]

Voilà une autre raison qui fait en sorte que la contre-insurrection est une guerre difficile. Les réformes économiques, sociales et politiques doivent être faites dans le contexte d'un gouvernement légitime. Cependant, le manque d'infrastructures, l'absence de processus normalisés et le manque d'expérience ainsi que la corruption, le contexte culturel et l'histoire peuvent faire croire que les progrès sont impossibles. Le stratège et auteur bien connu Robert Kaplan a déclaré « [que nous affronterons] des guerriers — des primitifs instables aux alliances précaires, habitués à la violence, sans les repères des sociétés civiles ».[18] Le Brigadier-général David Fraser, ancien commandant de la brigade multinationale de la Force internationale d'assistance à la sécurité (ISAF) dans l'instable province méridionale de Kandahar appuie ces dires comme suit : « Il s'agit de l'environnement le plus compliqué que vous puissiez imaginer. »[19]

À l'examen des éléments de complexité relevés jusqu'à maintenant, il est facile de saisir la difficulté de mener une campagne de contre-insurrection. Il faut bien sûr du temps pour évoluer dans un environnement où règne une multiplicité de niveaux de complexité — et le temps est habituellement une denrée rare dans nos sociétés occidentales centrées sur l'information et la technologie de pointe. Mais qu'on le veuille ou non, il faut également du temps pour changer une

« culture médiévale », pour convaincre la population afghane que son nouveau gouvernement et la coalition sont là pour longtemps, pour permettre à la gouvernance et à l'état de droit d'atteindre la maturité et s'assurer que l'économie se stabilise et prenne de la vigueur — en résumé, pour donner à la population des raisons d'appuyer le régime en place. « Il nous est impossible de vaincre sans la confiance des populations locales, soutient le Lieutenant-colonel Ian Hope, et cette confiance ne peut être acquise qu'au prix d'une présence durable. »[20]

Le maintien de l'appui national à une longue campagne de contre-insurrection à grande distance du Canada constitue un autre écueil de cette guerre difficile. Pendant que les politiciens et les populations occidentales se lassent du conflit, les Afghans s'en remettent au temps pour vaincre.[21] « Vous ne pouvez pas nous arrêter, » clame Ashoor, un leader taliban, « nous utilisons les mêmes tactiques depuis des siècles et elles ont toujours fonctionné. Après une attaque, les combattants peuvent simplement confier leurs armes à des villageois sympathiques à leur cause, puis ils se fondent à la population locale et se rendent au village suivant, où se trouvent d'autres caches d'armes qui leur permettent de lancer une autre attaque. »[22] Ashoor reprend ensuite l'adage afghan : « Les étrangers ont les montres, mais nous avons le temps. » Le Brigadier-général Fraser conclut dans la même veine en disant que « [la contre-insurrection] c'est un marathon, et c'est très, très difficile ».[23]

Le présent manuel comprend des essais écrits pour aider celles et ceux qui exercent la profession des armes ainsi que pour informer les personnes liées à la profession des armes ou intéressées par le sujet et qui veulent comprendre l'insurrection ou, plus particulièrement, la contre-insurrection et ses composantes importantes. Dans cette optique, une importante partie du manuel porte également sur la composante clé de la contre-insurrection, les forces d'opérations spéciales, qui sont définies comme suit : « Des organisations formées de personnel choisi qui est organisé, équipé et entraîné pour mener des opérations spéciales à haut risque et à valeur élevée pour atteindre des objectifs militaires, politiques, économiques ou informationnels par l'emploi de méthodologies opérationnelles spéciales et uniques dans des régions hostiles, où l'accès est interdit ou controversé sur le plan politique pour obtenir les effets tactiques, opérationnels et/ou stratégiques désirés en temps de paix, de conflit ou de guerre. »[24]

Le premier chapitre du livre a été écrit par le Major Tony Balasevicius et porte sur la théorie de la « guerre du people » de Mao. Ce perspicace examen de la méthode philosophique et opérationnelle de Mao de mener le combat insurrectionnel offre une base temporelle et très pertinente d'étude ou d'exercice de l'insurrection. Dans ce chapitre, Balasevicius examine les principes, les règles, les fondements opérationnels et les stratégies de Mao. L'auteur conclut qu'il n'y a rien de surprenant ou de nouveau au sujet de l'insurrection — il s'agit d'une activité humaine qui a de tout temps connu du succès et qui, comme Mao l'a démontré, repose toujours sur une activité dynamique clé, s'assurer de l'appui de la population et mobiliser sa volonté.

Le deuxième chapitre a été rédigé par M. Peter Denton, Ph.D. Ce chapitre porte indirectement sur l'insurrection en traitant de la disparité des forces. Denton souligne que le combat a toujours été asymétrique en proposant que les forces d'opposition ne tentent de combattre avec des moyens comparables que s'il est impossible d'éviter le combat. Il propose que la disparité des forces résulte d'une disjonction absolue entre les forces disponibles des parties opposées. La différence n'est pas que quantitative, elle porte également sur la nature des moyens. Il explique que la disparité entre les forces militaires est tellement grande, dans le contexte des combats du 21e siècle, en ce qui a trait à leur nature et à leur équipement, qu'il est virtuellement impossible, sinon complètement inutile de tenter de comparer les opposants. Ironiquement, il résulte de cette proposition que la disparité de la force réduit, plus que jamais auparavant, l'importance des systèmes d'armes plus puissants dans les combats du 21e siècle. Les aspects sociaux et économiques deviennent quant à eux des éléments cruciaux des opérations militaires avant le début de la première phase des combats, et ils prennent encore plus d'importance pendant la deuxième phase. Il est en fin de compte primordial de comprendre la dynamique de la disparité des forces pour comprendre les difficultés de la lutte contre l'insurrection.

Au chapitre trois, le Major Tony Balasevicius et le Colonel Bernd Horn, Ph. D., traitent de l'importance du renseignement dans la guerre irrégulière. Ils expliquent qu'il est ardu, dans l'environnement de sécurité actuel, et particulièrement en Irak et en Afghanistan, de relever le défi de capturer ou de liquider des insurgés étroitement imbriqués dans la population sans causer de dommages collatéraux qui font en sorte de s'aliéner la population ou de la désolidariser de sa cause. Ils proposent que dans ce contexte le renseignement est la clé du succès. Ils expliquent de plus que la précision du renseignement constitue un précieux apport aux combats conventionnels. Le renseignement précis permet d'améliorer la protection de la force en aidant à détecter les activités ennemies, qu'il s'agisse d'embuscades planifiées, d'attaques sur des convois ou des bases d'opérations avancées ou encore de l'installation de dispositifs explosifs de circonstance (IED). L'information permet de sauver des vies, mais elle permet aussi de lancer des opérations de capture d'insurgés ou d'engagement contre eux avec des armes. Balasevicius et Horn soutiennent que le renseignement précis présenté au moment approprié permet de déstabiliser l'ennemi, de reconnaître les insurgés parmi les membres de la population, de même que de leur interdire l'accès à des lieux sûrs et bases de préparation aux opérations. Ils concluent que le renseignement précis et présenté au moment approprié permet aux forces de contre-insurrection de profiter d'un environnement sûr et stable favorable aux réformes politique, sociale et économique dans l'environnement complexe actuelle.

Au chapitre quatre, Emily Spencer, Ph. D., présente un argument convaincant en faveur de l'importance, pour tous ceux qui sont impliqués dans la contre-insurrection, de faire preuve d'une grande intelligence culturelle. L'intelligence culturelle, est définie comme l'aptitude à reconnaître les croyances, les valeurs, les attitudes et les comportements communs des membres d'un groupe et, plus important encore, à appliquer efficacement ces connaissances à la réalisation d'un but particulier. Non seulement une intelligence culturelle déficiente peut-elle faire en sorte de s'aliéner la population de la nation hôte, mais encore elle peut avoir des effets très néfastes sur l'appui que la population canadienne et la communauté internationale consentent à l'effort de guerre. Voilà pourquoi l'intelligence culturelle est un élément vital de la contre-insurrection.

Au chapitre cinq, le Colonel Bernd Horn, Ph. D., offre une définition du terrorisme et donne un aperçu des liens qui existent entre le terrorisme et l'insurrection. Ce chapitre permet d'acquérir des connaissances de base au sujet du terrorisme et d'en découvrir la définition, le but et l'efficacité. En résumé, le terrorisme est une tactique efficace qu'utilisent ceux qui n'ont que peu de moyens pour tenter de miner, de discréditer et de renverser l'autorité en place. Horn examine également la nature évolutive du terrorisme et ses implications sur l'insurrection. Il termine en mentionnant que pour comprendre l'insurrection, il est important de comprendre le terrorisme, car les deux sont inextricablement liés.

Le Capitaine Andrew Brown est l'auteur du chapitre suivant. Il étudie le rôle des forces d'opérations spéciales est du renseignement dans le combat de contre-insurrection dans le contexte de la campagne britannique en Irlande du Nord dans le but de faire la démonstration que ces deux composantes s'appuient mutuellement. Brown démontre comment les FOS, dans ce cas particulier le Special Air Service (SAS), ont contribué au développement et à l'évolution de la collecte du renseignement et à son utilisation, dans les premières années de l'insurrection. Il poursuit l'analyse pour démontrer comment les FOS ont également évolué pour devenir l'élément actif de l'appareil du renseignement. L'amalgame des attributs, ensembles de compétences spéciales et capacités des FOS au renseignement précis et opportun a permis au gouvernement de compter sur une combinaison efficace pour lancer des frappes de précision contre les leaders, le personnel et les activités des insurgés, ce qui a éventuellement permis de renverser la vapeur et de forcer les belligérants à adopter une solution politique.

Au chapitre sept, le Major Tony Balasevicius et le Lieutenant-colonel Greg Smith étudient les leçons apprises du combat de contre-insurrection mené en Afghanistan dans les années 1980 par les Soviétiques. Ils établissent clairement que cette campagne de contre-insurrection, contrairement aux idées reçues, était sensée et bien préparée des points de vue tactique et opérationnel. Cependant, les contraintes de ressources et les complexités de la politique, de la géographie et de la culture afghane ont mené les Soviétiques à exercer une politique brutale et revancharde. Ils concluent en demandant si l'Organisation du Traité de l'Atlantique Nord (OTAN) a appris de l'expérience soviétique.

Le chapitre suivant met l'accent sur l'Afghanistan et étudie la fructueuse campagne américaine pour renverser les talibans du pouvoir à l'automne 2001, suite aux événements du 11 septembre. L'auteur se penche sur la campagne de guerre non conventionnelle menée par la CIA et les forces spéciales américaines et sur la façon dont elles ont mis à profit les forces de résistance afghanes pour fournir les forces de manœuvre au sol requises pour vaincre les forces militaires terrestres des talibans et d'Al-Qaïda. Dans cette optique, le chapitre décrit le rôle des FOS dans le cadre d'une campagne non conventionnelle, de même que les leçons qui peuvent être tirées en matière d'opérations non conventionnelles de l'étape initiale de l'opération *Enduring Freedom* (OEF).

Dans le chapitre neuf, le Colonel Bernd Horn, Ph. D., commente l'évolution des opérations qui se sont déroulées depuis la guerre froide jusque dans l'actuel environnement opérationnel contemporain. Il examine en particulier les principales théories qui ont encadré ces opérations et qui ont encore de la pertinence dans l'environnement de sécurité actuel. Ce chapitre porte également sur un certain nombre de leçons de leadership dont les leaders devraient tenir compte dans l'environnement opérationnel contemporain, en particulier dans le contexte de l'engagement canadien contre-insurrectionnel en Afghanistan.

Le dixième essai, préparé par Christopher Spearin, Ph.D., adopte une approche asymétrique par rapport au thème du manuel, l'insurrection. Dans ce chapitre, l'auteur traite de l'utilisation des entrepreneurs militaires privés (EMP) pour remplacer des FOS dans le cadre des opérations en contexte d'insurrection et autres contextes opérationnels dans l'environnement de sécurité complexe actuel. Comme la « longue guerre » traîne en longueur et que les ressources militaires des nations participantes sont fortement sollicitées pour satisfaire aux exigences récurrentes d'attribution de troupes aux tâches, particulièrement dans les domaines spécialisés comme les FOS, dont les effectifs sont petits, la mise sur pied longue et les missions plus qu'abondantes, Spearin note que le recours aux EMP va de soi. Il relève cependant un paradoxe ou, peut-être plus précisément un cercle vicieux. Les organisations des FOS s'épuisent au même rythme que la popularité et le succès des EMP grandissent car le personnel opérationnel bien entraîné quitte les effectifs militaires pour accepter des contrats plus lucratifs avec les EMP pour combler les postes qu'ils viennent tout juste de quitter comme militaire.

Dans le chapitre final, le Colonel J. Paul de B. Taillon, Ph. D., se penche sur l'importance des opérations en coalition dans la « longue guerre », nommément les efforts internationaux contre le terrorisme et l'insurrection mondiale. Il s'attarde particulièrement sur les forces d'opérations spéciales de la coalition ainsi que sur leur efficacité et leur importance pour le succès des opérations. Taillon étudie les attributs, ensembles de compétences et caractéristiques qui font des FOS l'instrument de choix dans l'environnement de sécurité actuel. Il offre également de solides explications à l'appui du caractère essentiel de la participation des FOS de la coalition aux efforts de contre-insurrection américains et il soutient cette thèse en mettant en évidence les opérations des FOS de la coalition en Afghanistan et en Irak.

NOTES

1. John Geddes, « This Means War », 20 juin 2006, *Maclean's*, *www.macleans.ca/topstories/canada/article.jsp?content=20060626_129652_129652*, consulté le 18 juillet 2006.
2. Entrevue accordée par le Lieutenant-colonel Omer Lavoie le 8 octobre 2006.
3. U.S. Army Combined Arms Center, *Counterinsurgency FM 3–24* (Washington, DC: Department of the Army, décembre 2006), 1–1.
4. *Ibid*, avant-propos.
5. Bard E. O'Neill, *Insurgency and Terrorism: Inside Modern Revolutionary Warfare* (Dulles, VA: Brassey's Inc., 1990), 13.
6. *Counterinsurgency FM 3–24*, 1–1.
7. Montgomery Mcfate and Andrea V. Jackson, "The Object Beyond War: Counterinsurgency and the Four Tools of Political Competition," Unrestricted Warfare Symposium 2006 Proceedings, 150.
8. Major-général Robert Scales, exposé dans le cadre du « Cognitive Dominance Workshop », à West Point, le 11 juillet 2006.
9. Michael Ignatieff, *Virtual War: Ethical Challenges* (Annapolis: United States Naval Academy, mars 2001), 7.
10. Major-général Robert Scales, exposé dans le cadre du « Cognitive Dominance Workshop », à West Point, le 11 juillet 2006.
11. Entrevue accordée par le Lieutenant-colonel Omer Lavoie le 8 octobre 2006.
12. Ignatieff, 8.
13. Declan Walsh, Richard Norton-Taylor et Julian Borger, « From Soft Hats to Hard Facts in Battle to Beat Taliban », *The Guardian*, 18 novembre 2006, 5.
14. Paul Koring, « The Afghan Mission — A Thin Canadian Line Holds in Kandahar », *Globe and Mail*, 6 décembre 2006, A26.
15. Walsh et coll., « From Soft Hats to Hard Facts », *The Guardian*, 18 novembre 2006, 5.
16. Mitch Potter, « The Story of C Company », *Toronto Star*, 30 septembre 2006, *www.thestar.com/NASApp/cs/contentserver?pagename=thestar* , consulté le 27 octobre 2006.
17. Citation de John Ferris, « Invading Afghanistan, 1836–2006: Politics and Pacification », *Calgary Papers in Military and Strategic Studies, vol. 1, Canada in Kandahar*, 19.
18. Robert Kaplan, *Warrior Politics: Why Leadership Demands a Pagan Ethos* (New York: Vintage Books, 2002), 118.

19. Brigadier-général David Fraser, exposé donné lors de l'assemblée générale annuelle de l'Association canadienne de l'infanterie, 25 mai 2007.

20. Adnan R. Khan, « I'm Here to Fight: Canadian Troops in Kandahar », *Maclean's*, 5 avril 2006, *www.macleans.ca/topstories/world/article.jsp?content=20060403_124448_124448*, consulté le 18 juillet 2006.

21. US DoD, *Afghan Cultural Field Guide*, MCIA-2630-AFG-001-04, novembre 2003, 24.

22. Adnan R. Khan, « Prepare to Bury Your Dead », *Maclean's*, 20 mars 2006. *www.macleans.ca/topstories/world/article.jsp?content=20060320_123593_123593*, consulté le 18 juillet 2006.

23. Brigadier-général David Fraser, exposé donné lors de l'assemblée générale annuelle de l'Association canadienne de l'infanterie, 25 mai 2007.

24. Canada, MDN , *Canadian Special Operations Forces Command: An Overview*, Ottawa, 2008, 6.

I

MAO TSÉ-TOUNG ET LA GUERRE POPULAIRE

Tony Balasevicius

LES FORCES MILITAIRES CANADIENNES sont de plus en plus souvent appelées à se déployer dans des environnements opérationnels complexes pour affronter des adversaires hautement adaptables qui cherchent à déstabiliser la société par divers moyens asymétriques. Dans la description de ce nouveau paradigme, l'Armée de terre, dans sa publication intitulée *Opérations terrestres 2021 — Opérations adaptables et dispersées,* définit un environnement de sécurité de l'avenir dans lequel « les combats de grande ampleur force contre force s'éclipseront de plus en plus au profit de guerres irrégulières conduites par des adversaires extrêmement adaptables, soutenus par une technologie de pointe; ... qui sont moins enclins à détruire des forces armées qu'à user la volonté de combattre de l'adversaire. »[1] Si on tient pour acquis que cette vision de l'espace de combat de l'avenir est juste, l'Armée de terre canadienne doit en comprendre la dynamique et les complexités. Pour ce faire, elle doit d'abord définir le concept de guerre irrégulière et comprendre sa genèse, puis identifier les fondements sur lesquels repose son succès. C'est seulement à partir de ce moment qu'elle pourra élaborer une stratégie efficace pour contrer la menace.

Le concept de guerre irrégulière, évoqué dans le cadre du concept d'environnement de sécurité proposé par l'Armée de terre, n'est guère plus que l'adaptation moderne de la stratégie d'insurrection classique telle que conçue et perfectionnée par Mao Tsé-Toung. En simplifiant, on pourrait considérer l'insurrection de Mao, communément appelée la guerre populaire, comme un soulèvement contre une forme d'autorité établie, par exemple un gouvernement ou une force d'occupation.[2]

Au fil de l'histoire, les insurrections ont connu du succès parce qu'elles ont su s'adapter aux conditions particulières de leur environnement et aux circonstances existantes.[3] La contribution de Mao à ce processus a été d'intégrer des éléments politiques, sociaux et économiques dans ce qui avait jusqu'alors été essentiellement une activité militaire. De plus, il a réussi à consolider et à développer ses idées centrales sur l'insurrection au cours d'une période de conflit presque continue entre 1927 et 1949, pendant laquelle il a fait la guerre au Kouo-Min-Tang, au Parti nationaliste chinois et aux Japonais.[4]

Pour mieux comprendre le succès de l'insurrection de Mao Tsé-Toung, ce chapitre examinera la théorie de la guerre populaire. Pour ce faire, il faudra d'abord examiner les divers composants de cette théorie et la manière dont ils s'intègrent dans le concept global. Mais, avant toute chose, il serait avisé d'examiner les idées centrales de Mao sur le sujet de la guerre et du conflit.

La philosophie de la guerre de Mao s'est élaborée avec le temps et à partir d'un éventail de sources. Ses premières recherches sur ce sujet ont porté sur un certain nombre de grands commandants occidentaux comme Napoléon et de théoriciens militaires comme Clausewitz, Jomini et Sun Tzu. Mais c'est surtout son expérience pratique qui a le plus influé sur son art de la guerre.[5] En réalité, sa capacité de développer un concept théorique simple, puis de l'adapter constamment aux exigences de la situation particulière est devenue la marque de l'approche de Mao au développement de la guerre populaire.[6] À cet égard, le concept de base de cette doctrine était simple — il s'agissait fondamentalement de gagner l'appui de la population et de le conserver tout en affaiblissant lentement la volonté de l'ennemi par une série d'attaques terroristes et d'actions militaires.

La genèse de cette idée s'est faite lorsque Mao a réalisé que les méthodes révolutionnaires qui avaient fonctionné en Russie ne fonctionnaient pas en Chine. Il a compris à juste titre que les armées du Kouo-Min-Tang (nationaliste) avaient les moyens d'écraser les soulèvements bien avant qu'ils ne puissent atteindre l'ampleur nécessaire pour avoir du succès. En conséquence, Mao a conclu que le Parti communiste chinois (PCC) avait besoin d'un nouveau plan d'action pour renverser l'autorité établie.[7]

Ainsi, en essayant d'adapter l'idée de la révolution aux conditions particulières de la Chine, l'influence de Mao s'est fondue avec l'essence fondamentale de la guerre populaire. Contrairement à ce qui est le cas dans la théorie marxiste-léniniste, dans laquelle le prolétariat urbain est considéré comme la principale source de la révolution, Mao a compris que la classe paysanne, qui occupe les campagnes, doit être l'instrument du changement. Il croyait de plus que la stratégie militaire, contrairement aux autres idéologies politiques, devait être directement liée à l'idéologie économique et politique qu'il essayait d'imposer. Cependant, la plus grande influence que Mao a eue sur le développement de l'insurrection moderne tient à la solution innovatrice qu'il a proposée pour surmonter sa position de faiblesse.[8] Mao avait compris qu'il ne disposait pas des ressources matérielles nécessaires pour renverser le gouvernement nationaliste et il a donc redéfini les règles du succès politique et militaire.

En redéfinissant ces règles, Mao « affirmait qu'il existait un bassin plus vaste de ressources disponibles auxquelles puiser pour augmenter sa puissance, dont la plus importante était la volonté humaine ».[9] Mao estimait que la victoire était possible tant et aussi longtemps que le combat restait à l'intérieur des paramètres de ce que la « volonté humaine » était capable d'accomplir. En ce sens, Mao est parvenu à déplacer le centre de gravité en le faisant passer de la capacité militaire au contrôle de la population. Le Major William L. Cogley, ancien chef du Département des études asiatiques à la U.S. Air Force Special Operations School, affirme à ce sujet : « Le défaut de reconnaître ou le refus d'accepter cette nature différente du combat armé … demeure le principal obstacle pour ceux qui tentent de le contrer ».[10]

MOBILISATION

En vertu de cette nouvelle théorie, la clé du succès résidait dans le développement du potentiel humain grâce à un processus de mobilisation politique. Comme l'expliquait Mao : « vouloir la victoire et négliger la mobilisation politique, c'est comme "vouloir aller vers le nord en dirigeant l'attelage vers le sud". Il va de soi qu'il serait alors inutile de parler encore de victoire. ».[11] Pour mobiliser les masses, Mao devait d'abord gagner leur appui. À cette fin, il a promis aux paysans de nombreuses réformes, dont la principale était la redistribution des terres. C'est ainsi qu'il écrivait : « Par conséquent, en édifiant une armée et un parti du peuple, la priorité doit être accordée à la réforme agraire; c'est seulement par elle que nous obtiendrons le soutien étendu des paysans, par elle que nous construirons des organisations de masse, que les recrues viendront à nous et que nous pourrons trouver et éduquer, dans les masses, les personnes aptes à diriger. »[12] Essentiellement, la mobilisation politique dans le contexte de la guerre populaire est devenue un processus visant à gagner l'appui de la population et à préparer cette dernière en vue du conflit.

Les ouvrages occidentaux évoquent souvent cette idée sous l'expression « gagner l'appui de la population ». Cette expression est cependant extrêmement trompeuse. Dans le contexte de la guerre populaire, le but était vraiment de prendre le contrôle de la population et d'utiliser ce contrôle pour atteindre des buts précis. Comme le mentionne Edward Rice, le concept de la réforme agraire n'est guère plus qu'une simple motivation, mais une motivation extrêmement innovatrice, pour contrôler la population. Voici ce qu'il en dit : « Les communistes mobilisaient les paysans de la campagne contre l'autorité en place en proposant la saisie et la redistribution des terres. Ils armaient les paysans qui allaient ensuite devoir combattre pour protéger leurs acquis ».[13] Pour mobiliser efficacement la population, Mao avait besoin d'un moyen pour contrôler le processus. La seule organisation suffisamment grande pour se charger d'une telle tâche était l'armée.

Mao a donc conclu que l'armée aurait deux rôles à remplir, celui d'une entité combattante et celui d'un travailleur du Parti. Comme il le disait : « nous avons une armée qui se bat et une armée au travail. [...] Mais notre armée qui combat est elle-même utilisée dans deux directions : sur le front militaire et sur celui de la production ».[14] Mao pensait que cette double fonction ne pouvait se réaliser que par une coopération étroite entre le Parti, les soldats et la population. Pour parvenir à cette unité, il a fait un certain nombre de réformes importantes et innovatrices au sein de sa force militaire.

D'abord, il a réduit la formation combattante de base de la division qu'elle était à des unités plus petites de la taille du régiment afin de mieux les contrôler. Il a ensuite établi une cellule du Parti dans chaque organisation à partir du niveau de la compagnie. Cette cellule était commandée par un commissaire politique qui devait protéger les intérêts du Parti et donner de la formation politique. Mao considérait le département politique des forces militaires comme « l'élément vital de tout le travail car il contrôle le processus d'endoctrinement politique des soldats et de la population ».[15] Le contrôle du Parti sur l'armée s'est encore renforcé davantage lorsque Mao a décidé que l'officier politique et le chef militaire seraient cocommandants.[16] Le contrôle s'exerçait concrètement par l'intermédiaire de ce qui semblait une organisation très démocratique appelée le conseil du peuple.

Ces conseils avaient d'abord été établis à titre de mécanisme d'administration et de tribune pour comprendre et régler les litiges et les problèmes locaux. Plus important encore, ils offraient au Parti l'occasion d'instruire le peuple dans des domaines comme la lecture et l'écriture, la compréhension de la révolution et les démons de l'agression extérieure[17]. Mais avec le temps, ces conseils ont évolué et ont développé un côté beaucoup plus sombre.

Mao trouvait que ces conseils étaient le moyen idéal de surveiller le « développement approprié » du peuple. Le Parti pouvait aussi les utiliser pour manipuler l'opinion publique. Comme l'a écrit Han Suyin, une autorité sur Mao : « la méthode d'éducation la plus efficace est la conférence-débat ». C'est à l'occasion de ces conférences que « les grades s'effaçaient, les soldats avaient le droit de s'exprimer librement ... ». Durant la conférence, « on ne discutait pas seulement des batailles et des campagnes, mais de la conduite de chaque commandant et de chaque combattant ».[18] Cette critique publique permettait aux cadres du PCC de manipuler l'écartement ou l'ascension de certaines personnes.

En vertu de ce nouveau système, les conseils sont devenus le moyen par lequel les cadres du Parti accomplissaient leur travail, mais ils ne fonctionnaient avec succès que si· la population avait confiance en l'Armée et en le Parti. Pour que cette confiance se développe, Mao a imposé un régime de discipline sévère à ses troupes et à ses cadres. Il a mis en pratique un code simple mais très efficace connu sous le nom de « Les trois règles et les huit remarques ». En voici une description :

Règles :
Toutes les actions peuvent être commandées,
Ne volez pas le peuple,
Ne soyez ni égoïste, ni injuste.

Remarques :
Refermez la porte lorsque vous quittez la maison.
Roulez la literie sur laquelle vous avez dormi.
Soyez courtois.
Soyez honnête dans vos transactions.
Rendez ce que vous avez emprunté.
Remplacez ce que vous brisez.
Ne prenez pas de bain en présence des femmes.
Ne fouillez pas les personnes que vous arrêtez sans en avoir reçu l'autorisation.[19]

Comme ces comportements étaient inhabituels pour les forces militaires au cours de cette période, la tendance étant plutôt à appliquer la théorie « au gagnant le butin », il n'est pas surprenant que la mise en œuvre des trois règles et des huit remarques ait rapidement gagné l'appui des paysans. Pendant que le lien de confiance se développait, Mao saisissait toutes les occasions d'encourager la population à croire que l'Armée rouge était leur armée, une armée dévouée à la protection de leurs intérêts.[20]

Même si les conseils et l'Armée étaient des éléments importants du contrôle, Mao utilisait aussi un certain nombre d'autres techniques moins intrusives pour produire le même effet. Mentionnons entre autres une gouvernance ferme et équitable, l'établissement d'un climat de confiance en développant des bonnes politiques sociales et l'exécution d'une vigoureuse campagne de propagande.[21] En fait, la propagande était intégrée à l'idée même de la guerre populaire grâce à un programme d'endoctrinement. Comme l'expliquait Mao, l'endoctrinement était un processus à deux volets : « D'abord, il faut dire à l'Armée et à la population le but politique de la guerre ». Mao estimait qu'il était nécessaire que tous comprennent les raisons de la guerre et leur intérêt personnel dans la guerre. Par exemple, durant la deuxième guerre sino-japonaise, le but politique était « l'expulsion des impérialistes japonais et l'édification d'une Chine nouvelle où règnent la liberté et l'égalité ».[22] Mao avait compris qu'avant de pouvoir créer une réaction anti-japonaise efficace, tous devaient comprendre le but de la guerre. Deuxièmement, il estimait qu'il ne suffisait pas simplement d'expliquer le but, mais qu'il « faut encore exposer clairement les mesures et la politique nécessaires pour atteindre ces buts ».[23]

En pratique, l'endoctrinement se faisait par « la parole, les tracts et les affiches, par les journaux, les brochures et les livres, par le théâtre et le cinéma, en utilisant les écoles, les organisations populaires [...] ». Mao insistait pour dire que « il ne s'agit pas de réciter mécaniquement au peuple notre programme politique, car personne n'écoutera ; il faut lier la mobilisation politique au développement même de la guerre, à la vie des soldats et des simples gens ; il faut en faire un travail permanent ». À ce sujet, il ajoutait : « c'est une tâche d'une immense importance dont dépend en tout premier lieu la victoire ».[24]

LE CADRE STRATÉGIQUE DE LA GUERRE POPULAIRE

Pour fournir un cadre stratégique à son combat contre l'autorité en place, Mao a défini les étapes fondamentales à suivre pour parvenir à la victoire, à savoir :

a. Soulever et organiser le peuple ;
b. Réaliser l'unité politique interne ;
c. Établir des bases ;
d. Équiper les forces ;
e. Recouvrer la force nationale ;
f. Détruire la force nationale de l'ennemi ; et
g. Regagner les territoires perdus.[25]

À cause des ressources limitées dont disposait le PCC, il n'était pas possible d'atteindre ces objectifs simultanément; Mao a donc réparti leur réalisation sur trois phases.

Mao décrivait la première phrase comme une « défensive stratégique » au cours de laquelle les insurgés étaient sur la défensive. Il insistait pour que, durant cette phase, l'insurrection ne s'engage pas dans des actions militaires directes contre l'ennemi, mais qu'elle se contente plutôt de harceler l'ennemi en s'adonnant à l'espionnage, aux attaques terroristes et / ou aux troubles civils.[26] Mao disait que : « La phase I est consacrée à l'organisation d'un mouvement de résistance secret ayant pour but de diffuser la propagande et de gagner l'appui de la population au mouvement ». Il soulignait le fait que : « Le but de ce soutien est de préparer le renversement de l'autorité au pouvoir ». Il importait peu que cette autorité soit le gouvernement en place ou, comme dans le cas de l'invasion japonaise, une puissance d'occupation.[27]

Mao voyait la deuxième phase comme une « stabilisation stratégique ». À ce stade, l'ennemi avait encore l'avantage, mais les deux parties étaient parvenues à un certain état d'équilibre. Cette période se caractérisait par des opérations de combat à petite échelle. Les activités durant cette étape incluaient le terrorisme et la guérilla.[28] Une fois que les forces d'insurgés avaient établi leur supériorité locale, l'insurrection pouvait passer à la troisième phase que Mao appelait la « contre-offensive stratégique ». Cette dernière phase se caractérisait par l'exécution de vastes opérations mobiles prolongées dans le but de terminer la destruction complète de l'ennemi.[29]

OBJECTIFS MILITAIRES ET GUERRE POPULAIRE

L'objectif stratégique de la guerre populaire était de renverser le rapport de force en Chine. Au niveau opérationnel, cet objectif s'accomplissait par l'affaiblissement de la puissance des forces nationalistes pendant que le PCC essayait de se renforcer grâce à des efforts soutenus pour mobiliser le soutien de la population.[30] Pour atteindre ces objectifs opérationnels, Mao devait établir, puis maintenir certaines conditions tactiques dans l'ensemble de sa campagne. Au minimum, il devait avoir « une cause pour laquelle combattre, l'appui de la population locale, des bases, la mobilité, des approvisionnements et des informations ».[31]

Ces conditions ont permis à Mao d'atteindre l'objectif opérationnel consistant à développer ses forces par la mobilisation du soutien. Ce soutien lui fournissait ensuite la base à partir de laquelle il pouvait satisfaire son autre impératif opérationnel, à savoir : créer une base d'opérations. Autrement dit, avant de pouvoir faire avancer l'insurrection, Mao avait besoin d'un endroit où il pouvait établir les conditions tactiques nécessaires à ce progrès. Pour lui, cet endroit se situait dans la zone montagneuse de Jiangxi, où il a établi sa première base en 1927.[32]

LA BASE D'INSURRECTION

Durant l'insurrection, le concept d'une base est devenu le pivot politique, économique et militaire de Mao. Cette base servait à protéger ses forces et à abriter ses approvisionnements, et lui servait de plateforme à partir de laquelle il pouvait étendre son pouvoir. Pour être efficaces, ses bases devaient être positionnées en tenant compte d'un certain nombre de facteurs comme les conditions géographiques de la région, la situation concernant l'ennemi, la population, la capacité de développer le pouvoir et la masse politiques nécessaires, et l'organisation du Parti dans la région.[33] Plus important encore, chaque base devait être suffisamment forte pour résister à des attaques de grande envergure sans devoir puiser dans les ressources des autres bases.[34] Après avoir établi sa base principale, Mao a cherché à l'utiliser comme tremplin d'expansion dans les régions environnantes.

Cette méthode d'expansion est souvent désignée par les analystes occidentaux comme la « stratégie de la tache d'huile ». C'est une tactique à laquelle recourent autant les forces d'insurgés que les forces de contre-insurrection, car elle reconnaît qu'aucune des deux parties n'a suffisamment de ressources pour tenir l'ensemble du pays durant les premières étapes d'une insurrection. En conséquence, chaque côté essaie de consolider les régions qui vont protéger ses principaux appuis pendant que les deux côtés essaient d'étendre leur pouvoir autour de leurs bases.[35] Dans le cas de Mao, une fois sa base principale fermement établie, cette croissance pouvait s'amorcer par l'exécution d'opérations militaires axées sur l'expansion.

En ce qui concerne les opérations militaires, Mao croyait que « l'objet de la guerre est simplement d'assurer la survie de nos forces et d'annihiler l'ennemie, ce qui signifie de le désarmer ou de le priver de la capacité de résister, et non pas de le détruire complètement au sens physique ».[36] En général, les opérations militaires durant la guerre populaire étaient fondées sur les 10 principes de la guerre de Mao, ce qu'il désignait comme ses directives, à savoir :

1. Attaquer d'abord les forces ennemies dispersées et isolées, et ensuite les forces ennemies concentrées;
2. Prendre d'abord des villes petites et moyennes avec les régions rurales, les grandes ensuite;
3. L'objectif principal est de détruire des effectifs ennemis, pas de s'emparer d'une ville ou d'un lieu;
4. Dans chaque bataille, concentrer des forces ayant la supériorité absolue;
5. Ne pas engager une bataille si on n'est pas sûr de la gagner;
6. Courage dans la lutte, aucune crainte des sacrifices ni de la fatigue;
7. Essayer d'anéantir l'ennemi quand il est en mouvement;
8. Dans les villes, s'emparer de tous les points fortifiés faiblement défendus; attendre que les conditions soient propices avant d'attaquer les positions ennemies fortes;
9. Refaire nos forces avec toutes les armes et la plus grande partie du pris à l'ennemi; et
10. Faire bon usage des intervalles entre les campagnes pour reposer nos troupes, les entraîner, les consolider. Ces périodes doivent être assez courtes et, dans toute la mesure du possible, il ne faut pas en accorder de semblables à l'ennemi.[37]

Avec le temps, ces directives se sont transformées en un slogan qui est devenu la fameuse série des quatre règles :

> Si l'ennemi avance, nous reculons; s'il campe, nous le
> harcelons; s'il se lasse, nous attaquons; s'il se retire, nous
> poursuivons.[38]

Initialement, la petite armée de Mao ne disposait pas de l'effectif ni des ressources matérielles nécessaires pour affronter directement les forces nationalistes. Pour surmonter ce problème, Mao a créé une structure de force souple et à plusieurs niveaux, constituée de forces régulières (l'Armée rouge) et de forces irrégulières (les partisans). Ces forces étaient entraînées pour exécuter des types de guerre différents en fonction de la qualité des soldats et du matériel disponibles. En fin de compte, ces forces pratiquaient la guérilla, la guerre mobile et la guerre de position.[39]

GUÉRILLA

La guérilla était un genre de combat dans lequel de petits groupements de forces irrégulières utilisaient des tactiques mobiles reposant principalement sur les embuscades et les raids pour attaquer des forces plus grandes mais moins mobiles. Les partisans tentaient souvent d'attirer les grandes unités ennemies en terrain difficile pour minimiser leur puissance de feu supérieure, puis d'utiliser ledit terrain ainsi que l'effet de surprise et la mobilité pour s'en prendre à leurs points vulnérables. Mao considérait la guérilla comme la guerre de la population locale. À son avis : « Comme la guérilla est menée et appuyée par les masses, elle ne peut ni exister ni prospérer si elle s'éloigne de leurs sympathies et de leur coopération ».[40]

Mao appréciait la capacité de la guérilla d'affaiblir l'ennemi et acceptait la valeur des unités de partisans pour la protection locale, pour les fonctions d'éclaireur ou d'observateur et pour la collecte de renseignements. Cependant, dans le concept de la guerre populaire, les principaux rôles opérationnels des unités de partisans se limitaient à des missions de dissuasion et de harcèlement. Mao estimait que : « la population des bases révolutionnaires, aidant activement l'Armée rouge, c'est, pour parler concrètement, en particulier du point de vue de la poursuite de la guerre, le peuple en armes. C'est surtout pour cette raison d'ailleurs que l'adversaire estime dangereux de s'aventurer à l'intérieur des bases ».[41]

Cette attitude découlait de la réalisation du fait que malgré ses avantages, la guérilla ne pouvait pas remporter de victoire décisive sur le champ de bataille. Selon Mao : « la guerre de partisans (guérilla) n'apporte pas des succès aussi rapides ni une gloire aussi éclatante que la guerre régulière, mais, comme dit le proverbe, "c'est dans un long voyage qu'on voit la force du coursier, et dans une longue épreuve le coeur de l'homme". Au cours d'une guerre longue et acharnée, la guerre de partisans apparaîtra dans toute sa puissance »[42]. Cela étant dit, Mao a quand même intégré la guérilla dans le concept général de la guerre populaire parce qu'il avait compris que le principal avantage de la guérilla est qu'elle pouvait être menée par le peuple et n'exigeait que très peu d'entraînement ou de matériel. Cependant, pour compenser les faiblesses de la guérilla, les partisans devraient faire preuve de ruse dans leurs opérations. À cet égard, Mao signale que les exigences essentielles pour la réussite des opérations de guérilla incluent : « la conservation de l'initiative et la rapidité de réaction; la planification soigneuse d'attaques tactiques dans une guerre de défense stratégique; et la vitesse tactique dans une guerre stratégiquement longue ».[43] En conséquence, il estimait que la stratégie de la guérilla « devait reposer principalement sur la rapidité de réaction, la mobilité et l'attaque ».[44]

Mao a reconnu l'importance de former des unités de partisans dès que possible. Idéalement, ce processus devait s'amorcer dès les premières étapes du processus de mobilisation politique.[45] À cette fin, il proposait que ces unités se développent comme suit :

    a. À partir des masses de la population;

    b. À partir d'unités de l'armée régulière temporairement détachées à cette fin;

    c. À partir d'unités de l'armée régulière détachées en permanence à cette fin;

    d. Par une combinaison d'une unité de l'armée régulière et d'une unité recrutée au sein de la population;

    e. À partir de la milice locale;

    f. À même les rangs des déserteurs du camp ennemi; et

g. À partir des anciens bandits et groupes de bandits …
Dans les présentes hostilités, il ne fait aucun doute
que nous puiserons à toutes ces sources.[46]

Mao admettait que la création d'unités de partisans était une chose, mais que de les amener à exécuter des opérations efficaces était une toute autre affaire. Il a compris que le succès de groupes de paysans mal formés et équipés reposait sur la qualité des chefs qui pouvaient être formés au niveau de la base.

À cet égard, Mao croyait que : « comme chaque groupe de partisans livre une guerre prolongée, ses officiers doivent être des hommes braves et positifs dont toute la loyauté est consacrée à l'émancipation de la population ».[47] Il ajoutait que : « Un officier devrait posséder les qualités suivantes : une grande endurance pour que malgré l'adversité il puisse donner l'exemple à ses hommes et être un modèle pour eux; il doit être capable de se mélanger facilement à la population; son esprit et celui des hommes doivent être unis pour renforcer la politique de résistance ». Plus important encore : « S'il veut la victoire, il doit étudier la tactique ». Mao insistait enfin pour dire que : « Un groupe de partisans mené par des officiers de cette trempe serait imbattable ».[48]

Malgré l'accent mis sur le leadership, la ruse et la planification détaillée, le fait demeurait que le succès des opérations de guérilla dépendait de deux facteurs cruciaux. Premièrement, ces unités devaient avoir le soutien complet de la population et, deuxièmement, elles devaient avoir une connaissance parfaite du terrain sur lequel elles combattaient. Lorsque Mao a commencé à étendre sa base, la guérilla ne bénéficiait plus de ces avantages.[49] Conséquemment, les unités de partisans sont toujours demeurées une ressource locale qui possédait cependant ce que Mao appelait un potentiel stratégique.

Mao a souligné que : « elle [la guerre de partisans (guérilla)] joue ainsi un double rôle stratégique : d'une part, elle aide aux succès des opérations régulières et, d'autre part, elle se transforme elle-même en guerre régulière ». Il insistait sur le fait que : « si l'on considère l'ampleur et la durée sans précédent de la guerre de partisans dans la Guerre de résistance en Chine, l'importance qu'il y a à ne pas sous-estimer son rôle stratégique apparaît encore mieux ».[50] En bout de ligne, l'utilité limitée de la guérilla devait être compensée. Cela s'est fait en faisant appel à l'Armée rouge, dont le principal rôle militaire était la guerre mobile et la guerre de position, même si on pouvait faire appel à elle pour faire la guérilla au besoin.[51]

GUERRE MOBILE

Mao voyait la guerre mobile comme l'exécution d'opérations par de grandes forces autonomes. Chose intéressante, la caractéristique clé de ces opérations était l'absence de lignes de bataille fixes ou d'un front établi. En conséquence, les lignes d'opération de l'Armée rouge étaient habituellement dictées par la direction de son déplacement. Mao croyait que dans une guerre révolutionnaire, il ne pouvait pas y avoir de lignes de combat fixes ce qui, comme il le soulignait, avait également été le cas en Union soviétique après la Révolution russe de 1917.[52]

Mao divisait la guerre mobile en une série d'opérations distinctes, à savoir : la défense active et passive, les préparatifs de combat en vue de campagnes d'encerclement et de suppression, la retraite stratégique et la contre-offensive stratégique.[53] Mao croyait que ces opérations pouvaient créer les conditions favorables à la victoire, mais que d'elles-mêmes elles ne pouvaient pas accomplir ce qu'il appelait la réalité de la victoire. Il pensait que : « pour transformer cette possibilité de victoire ou de défaite en réalité, il faut une bataille décisive ».[54] Mao estimait que l'aboutissement de toutes les opérations mobiles était la destruction complète de grandes forces ennemies dans une « guerre d'annihilation », ce qu'il considérait comme une bataille décisive.

Pour gagner une bataille décisive, Mao avait compris que la guerre mobile devait reposer sur des décisions rapides exploitant des opérations offensives sur les lignes extérieures dans le cadre d'une stratégie fondée sur les lignes intérieures.[55] Mao croyait que pour être couronnées de succès, ces opérations devaient faire appel à des forces capables d'évoluer sur un front large et fluide. Il insistait sur le fait que : « pour remporter la victoire, les troupes chinoises opéreront sur de vastes champs de bataille, avec un haut degré de mobilité : avances et replis rapides, concentration et dispersion rapides des forces ».[56] Même si ces concepts peuvent sembler familiers aux soldats occidentaux, il est important de noter que les idées de Mao au sujet de la guerre mobile divergent de la philosophie occidentale à de nombreux égards.

Ces divergences sont particulièrement pertinentes en ce qui concerne l'insistance de Mao sur le temps et l'espace. Dans la philosophie militaire occidentale, la manœuvre a pour but de prendre et tenir du terrain; cependant, comme Mao n'avait aucun intérêt à tenir du terrain à l'extérieur de sa base, le temps et l'espace sont donc devenus des armes plutôt que des objectifs.[57] L'objectif était d'utiliser l'espace pour amener l'ennemi dans une position défavorable en vue de l'attaquer. En ce sens, les principes de la guerre mobile étaient semblables à ceux des opérations de guérilla. D'un point de vue pratique, la manœuvre opérationnelle n'était pas toujours possible, en particulier pour une force qui passait le plus clair de son temps en défensive stratégique. Cela voulait dire que les forces du PCC allaient devoir faire la transition à ce que Mao appelait la guerre de position.

GUERRE DE POSITION

Mao voyait la guerre de position comme une guerre de lignes fixes semblable au concept en vigueur en Europe durant la Première Guerre mondiale. En général, il n'aimait pas particulièrement ce type de combat, car il croyait qu'en concentrant les forces sur un front étroit en vue d'une guerre d'usure, il se trouvait à gaspiller les avantages de la géographie et de l'économie d'organisation.[58] Toutefois, dans l'optique de Mao, le fait de s'éloigner de la guerre de position n'équivalait pas à abandonner complètement cette idée.[59]

Il reconnaissait l'importance des opérations de cette nature pour défendre des points ou des positions clés. De plus, elles allaient devenir très prédominantes à la fin de la troisième étape de l'insurrection, lorsque ses forces allaient devoir attaquer les villes et d'autres centres de résistance de l'autorité en place. Mao faisait état de cette inévitabilité lorsqu'il disait : « il n'est pas douteux qu'à l'étape de la contre-offensive stratégique, la guerre de position prendra de l'importance, car l'ennemi passera alors à la défense énergique de ses positions et, à moins de lancer contre elles de puissantes attaques en coordination avec les opérations de la guerre de mouvement, nous ne pourrons recouvrer les territoires perdus ».[60] C'est pour cette raison que le concept de guerre de position est resté une importante partie de la guerre populaire.

Même si la théorie de la guerre populaire semble assez simple, sa mise en pratique, comme toute autre doctrine, l'est beaucoup moins. Par exemple, les progrès réels de l'insurrection chinoise étaient extrêmement inégaux. C'était particulièrement le cas durant la contre-offensive stratégique (la troisième phase), lorsque l'inégalité des progrès dans le vaste territoire chinois s'est traduite par l'exécution de la troisième phase dans certaines régions alors qu'on en était encore à la deuxième ou même à la première phase dans certaines autres régions. Pour surmonter ce problème, Mao a exploité la souplesse inhérente à sa structure de force éclectique et à sa méthode opérationnelle pour optimiser les capacités dans chaque circonstance.[61]

GUERRE MIXTE

Cette souplesse opérationnelle et la manière dont Mao l'a utilisée sont particulièrement importantes pour comprendre le succès militaire sous-jacent de la guerre populaire. Mao était d'avis que les unités régulières et irrégulières étaient très complémentaires. Voici ce qu'il en disait : « Dans la guerre révolutionnaire prise globalement, les opérations de la guérilla populaire et celles des forces principales de l'Armée rouge se complètent comme le bras droit et le bras gauche d'une personne; si nous n'avions que les forces principales de l'Armée rouge sans la guérilla du peuple, nous serions comme un combattant avec un seul bras ».[62] Dans les faits, Mao regroupait souvent ses unités de partisans avec ses forces mobiles pour créer un effet de synergie. Cette idée de combiner des forces classiques et des forces irrégulières contre l'ennemi est définie dans le contexte militaire occidental comme la guerre mixte.[63]

Dans le concept de la guerre populaire, les forces de partisans offraient des avantages importants aux forces mobiles de Mao, notamment préciser le renseignement tout en supprimant les activités de renseignement des forces nationalistes. Les partisans fournissaient également des approvisionnements et le passage rapide à travers leur territoire tout en privant l'ennemi du même avantage.[64] D'autre part, les forces régulières mobiles de Mao apportaient aussi certains avantages à la guérilla. Par exemple, elles obligeaient souvent les forces nationalistes à pénétrer dans des zones où les forces de partisans opéraient ou encore à en sortir, ce qui favorisait une plus grande liberté d'action.[65]

D'un point de vue historique, la synergie obtenue par la combinaison d'opérations régulières et irrégulières rend la guerre mixte particulièrement efficace pour les petites forces, spécialement lorsqu'elles opèrent dans de vastes zones ou en terrain difficile. À cet égard, Mao bénéficiait de ces deux avantages et a utilisé la guerre mixte comme multiplicateur pour améliorer grandement la souplesse et l'efficacité globale de ses forces.[66]

Conclusion

Lorsqu'on regarde l'évolution de la guerre populaire, il n'y a pas de doute que le succès des concepts de Mao reposait sur l'obtention du soutien du peuple, puis sur la mobilisation du peuple. Pour gagner ce soutien, Mao a proposé des réformes sociales cruciales qui visaient à donner au peuple ce qu'il voulait, puis à le faire combattre pour conserver ce qui lui avait été donné. Mao est ensuite parvenu à canaliser ce potentiel dans l'exécution d'opérations militaires qui bénéficiaient d'une structure de force très innovatrice et souple. Éventuellement, cette combinaison s'est révélée extrêmement résiliente.

C'est cette résilience qui a permis à la doctrine de se transformer en un modèle adaptable aux circonstances particulières de l'utilisateur. Par exemple, peu d'insurrections ont le luxe d'entreprendre le conflit avec une armée, quelle qu'elle soit, et les insurgés doivent donc s'en remettre exclusivement à des forces de partisans qui vont éventuellement se transformer en de grandes armées mobiles. Ce genre d'évolution est notable dans la lutte du Hezbollah contre Israël.[67] En ce sens, les idées de Mao sur l'insurrection ont résisté à l'épreuve du temps.

Cependant, malgré leurs succès, les concepts de la guerre populaire n'ont pas eu d'échos dans les forces militaires occidentales, lesquelles cherchent souvent une solution rapide à chaque problème. La clé pour comprendre le concept de la guerre populaire proposé par Mao est de réaliser que la nature complexe de ce genre de guerre exclut tout genre de solution rapide. La victoire, pour un côté comme pour l'autre, ne peut être obtenue qu'en prenant et conservant le contrôle de la population, ce qui est un processus long et difficile.

Pour trouver une solution au problème, il faut suivre la démarche de Mao. L'autorité établie doit fournir au peuple une motivation simple et innovatrice ayant un attrait général. Cette motivation doit cependant correspondre à quelque chose que le peuple est disposé à combattre pour garder. Une fois que cela est accompli, il faut armer et organiser le peuple pour lui permettre de combattre pour protéger ses acquis. On lui donne ainsi l'incitatif de défendre sa région et les moyens de le faire, mais plus important encore, cela procure le moyen d'étendre le contrôle de la contre-insurrection.

Dans les ouvrages occidentaux, ce concept est décrit comme le combat pour gagner les villages, ce qui décrit assez justement ce genre de conflit. Grâce à cette formule, l'autorité établie peut éliminer le soutien dont les insurgés bénéficient dans la population locale à savoir : les bases, la mobilité et, en complément, les approvisionnements et les informations. Cela étant dit, il reste que les solutions théoriques les plus simples sont quand même difficiles à mettre en pratique. Pour cette raison, la question qui se pose aux forces de contre-insurrection est toujours de savoir quel prix elles sont disposées à payer pour obtenir la sécurité.

NOTES

1. Ministère de la Défense nationale, Opérations terrestres 2021 : Opérations adaptables et dispersées. *Le concept d'emploi de la force de l'Armée de terre canadienne de demain* (Kingston : Directeur — Concepts et schémas de la Force terrestre, 2007), p. 2.
2. Bard E. O'Neill, *Insurgency & Terrorism: Inside Modern Revolutionary Warfare* (Washington, DC: Brassey's Inc., 1990), p. 13. Brad E. O'Neill, un expert reconnu de ce sujet, explique ce concept comme un « combat entre un groupe sans pouvoir et les autorités en place dans lequel le groupe sans pouvoir utilise consciemment les ressources politiques (p. ex. l'expertise organisationnelle, la propagande et les manifestations) et la violence pour détruire, reformuler ou soutenir sa base de légitimité ». Il est à noter qu'au cours des quelques récentes années, les nations occidentales en sont venues à reconnaître la nature transnationale des insurrections modernes et parlent aujourd'hui de l'insurrection comme « d'une compétition entre

au moins un mouvement non étatique utilisant des moyens qui incluent la violence contre une autorité établie pour occasionner un changement politique » (Définition élaborée par un groupe d'étude sur la COIN durant l'exercice *Joint Urban Warrior* du USMC en 2005. Extrait de la publication de la Défense nationale intitulée *Les opérations de contre-insurrection de l'Armée de terre* (ébauche) (Kingston : SDIFT, 2005).

3. Le concept de l'insurrection n'est pas nouveau pour les opérations militaires. En fait, les insurrections existent depuis à peu près aussi longtemps que la guerre organisée. On trouve des exemples de ce genre de combat dans l'ancienne Égypte et en Chine, alors que les empires romain, ottoman et napoléonien ont chacun eu à affronter divers types d'insurrections au cours de leur existence. Plus récemment, de nombreuses insurrections sont nées en réponse à l'expansion coloniale de l'Europe en Asie et en Afrique. Il est intéressant de noter que les forces militaires classiques ont aussi utilisé des éléments de la doctrine de l'insurrection par l'intermédiaire des forces spéciales à l'appui d'opérations classiques surtout depuis la Deuxième Guerre mondiale.

4. C.P Fitzgerald, *Mao Tsetung and China* (New York: Holmes & Meier Publishers, 1976), p. 16, 26 et 38. Voir aussi Jung Chang et Jon Halliday, *Mao : l'histoire inconnue*, Paris, Gallimard, 2006, p. 382–399.

5. Suyin Han, *Le déluge du matin*, traduit de l'anglais par Renée Bridel avec la collaboration de Jean-Gérard Chauffeteau (Montréal/Paris: La Presse/Stock, 1972), p. 57.

6. Philip Short, *Mao Tsé-Toung* (Paris: Fayard, 2005), p. 93–94. Voir aussi Han, p. 8–9

7. William J. Pomeroy, *Guerrilla Warfare and Marxism: A Collection of Writings from Karl Marx to the Present on Armed Struggles for Liberation and for Socialism* (New York: International Publishers, 1968), p. 167.

8. Mao Tsé-Toung, « Les problèmes stratégiques de la guerre révolutionnaire en Chine » (décembre 1936) dans *Oeuvres choisies*, tome premier, Paris, Éditions sociales, 1959, p. 225. Cité dans *www.marxists.org/reference/archive/mao/works/red-book/ch08.htm*, consulté le 21 décembre 2007, p. 190–191.

9. William L. Cogley. *A New Look at People's War* (*Air University Review*, juillet–août 1977), *www.airpower.maxwell.af.mil/airchronicles/aureview/1977/jul-aug/cogley.html*, consulté le 12 janvier 2008.

10. *Ibid.* Cogley affirme également : « Convaincus que la puissance se définie principalement en termes de matériel, à savoir que les armes sont le facteur décisif à la guerre, les officiers militaires professionnels et les chefs civils se sont concentrés sur l'action militaire et ont négligé ou ignoré l'action politique ».

11. Mao Tsé-Toung, *De la guerre prolongée* (Archives de documents de référence : marxists.org, 2000), *www.marxists.org/reference/archive/mao/works/1938/guerrilla-warfare/index.htm*, consulté le 10 mars 2008 (page 36 du document PDF).

12. Mao Tsé-Toung, *On Practice: On the Relation Between Knowledge and Practice, Between Knowing and Doing* (juillet 1937) dans *Selected Works of Mao Tse-tung* (Beijing: Foreign Languages Press, 1967), p. 299. D'autre part, il est important de noter que Mao croyait que la connaissance vient aussi de ce qu'il appelait l'expérience indirecte ou « toutes les connaissances du passé et de l'étranger ». Il se dépêchait cependant d'ajouter que ces connaissances n'étaient fiables que si, durant le cours de leur expérience directe, l'exigence de « l'abstraction scientifique » avait également été satisfaite. Pour valider cette théorie, Mao affirme que « Si Marx,

Engels, Lénine et Staline ont pu élaborer leurs théories, ce fut surtout, abstraction faite de leur génie, parce qu'ils se sont engagés personnellement dans la pratique de la lutte de classes et de l'expérience scientifique de leur temps; sans cette condition, aucun génie n'aurait pu y réussir. « Sans sortir de chez lui un *sieoutsai* peut savoir tout ce qui se passe sous le soleil » n'était qu'une phrase vide dans les temps anciens où la technique n'était pas développée.

13. Edward E. Rice, *Mao's Way* (Berkeley: University of California Press, 1972), p. 55.

14. Mao Tsé-Toung, « Organisez-vous! » (29 novembre 1943) dans *Oeuvres choisies*, tome quatrième (Paris: Éditions Sociales, 1959), p. 175–176, *www.marxists.org/ reference/archive/mao/works/red-book/ch09.htm*, consulté le 15 mars 2008.

15. Han, p. 225 et 226. Ce contrôle était absolu; pour superviser l'endoctrinement politique de l'armée, il a été décidé que la norme serait dorénavant d'un membre du Parti pour deux non-membres dans l'Armée. En conséquence, « Mao considérera toujours l'armée rouge comme le meilleur terrain de formation pour les cadres du Parti puisque la lutte armée est le facteur dominant de la Révolution chinoise. ».

16. Short, p. 189.

17. *Ibid.*, p. 227. « Les officiers apprennent aux hommes à lire, à écrire et à compter ».

18. *Ibid.*, p. 227–228.

19. Mao Tsé-Toung, *On Guerrilla Warfare* (Archives de documents de référence : marxists.org, 2000), *www.marxists.org/reference/archive/mao/works/1937/guerrilla-warfare/index.htm*, consulté le 24 mars 2008.

20. Han, p. 202–203.

21. Julian Paget, *Counter-insurgency Campaigning* (Londres: Faber and Faber, 1967), p. 168.

22. Mao Tsé-Toung, *De la guerre prolongée*, p. 86 du document PDF.

23. *Ibid.*, p. 86.

24. *Ibid.*, p. 87.

25. Mao Tsé-Toung, *On Guerrilla Warfare* (page 2 du document PDF). Dans le contexte du processus de planification des campagnes militaires d'aujourd'hui, ces étapes équivaudraient aux points décisifs.

26. *Ibid.*

27. Mao Tsé-Toung, *De la guerre prolongée* (page 21 du document PDF).

28. *Ibid.*

29. *Ibid.* Mao avait compris que c'est uniquement grâce à cette dernière phase que l'ennemi pouvait être vaincu finalement.

30. John J. McCuen, *The Art of Counter — Revolutionary War: The Strategy of Counter-Insurgency* (Londres: Faber and Faber, 1966), p. 30. La citation de McCuen est en partie tirée de Mao Tsé-Toung, Problèmes stratégiques de la guerre de partisans contre le Japon, Pékin, Éditions en langues étrangères, 1965.

31. Paget, p. 23.

32. Fitzgerald, p. 26.

33. Il est clair qu'au fur et à mesure que l'insurrection se développe ou si la région géographique à couvrir est vaste, il faut établir de nombreuses bases.

34. Le rapport intitulé « How to Hold on to and Consolidate the Anti-Japanese Democratic Base Areas », publié dans Party Life par le bureau du nord du Comité central du PCC le 15 janvier 1943, *http://english.peopledaily.com.cn/dengxp/vol1/text/*

a1070.html, consulté le 10 décembre 2007. Il est important de noter que Mao fait la distinction entre défendre et protéger une région ou une base. La tâche de défense incombait à l'Armée rouge. Par contre, la protection d'une région était assignée aux gardes rouges, qui provenaient tous de la population locale et constituaient l'épine dorsale des forces de guérilla communistes.

35. McCuen, p. 196–206. Dans ce concept de la guerre populaire, il est important de noter qu'il y a une différence entre défendre et protéger une base. La tâche de défense incombait à l'Armée rouge. D'autre part, la protection d'une base était souvent confiée aux gardes rouges, qui provenaient tous de la population locale et constituaient l'épine dorsale des unités de guérilla communistes. C'est uniquement durant les périodes initiales où ces unités n'étaient pas disponibles que la tâche de protection était confiée à l'Armée rouge.

36. Cité dans Michael Elliott-Bateman, *Defeat in the East: The Mark of Mao Tse-tung on War* (Londres: Oxford University Press, 1967), p. 124.

37. Robert Taber, *La guerre de la puce : stratégie de la guerre de guérilla* (Paris: Julliard, 1969), p. 76–78.

38. *Ibid.*, p. 72.

39. Cogley.

40. Mao Tsé-Toung, *On Guerrilla Warfare* (page 3 du document PDF).

41. Mao Tsé-Toung, « Les problèmes stratégiques de la guerre révolutionnaire en Chine » (décembre 1936) dans *Oeuvres choisies*, tome premier, Paris, Éditions sociales, 1959, p. 286.

42. Mao Tsé-Toung, *De la guerre prolongée* (page 125–126 du document PDF) Mao ajoute : « Le principe adopté par celle-ci [la VIIIe Armée de Route] est le suivant : "Faire essentiellement une guerre de partisans, sans se refuser à la guerre de mouvement lorsque les circonstances sont favorables" ».

43. Mao Tsé-Toung, *On Guerrilla Warfare* (page 37 du document PDF).

44. *Ibid.*, p. 4.

45. Mao Tsé-Toung, *On Guerrilla Warfare* (page 37 du document PDF). Cette importance était due au fait que ces forces risquaient d'être les seules disponibles pour l'insurrection aux étapes initiales du conflit.

46. *Ibid.*, p. 21.

47. *Ibid.*, p. 30. Voir aussi le chapitre 1.

48. *Ibid.*, p. 30. Il ajoute que : « Je ne veux pas dire que chaque groupe de partisans peut avoir, au départ, des officiers de cette qualité. Les officiers doivent être des hommes possédant naturellement de bonnes qualités qui peuvent se perfectionner durant la campagne. La plus importante qualité naturelle est celle d'une loyauté entière à l'idée d'émancipation du peuple. Si cette qualité est présente, les autres vont se développer; si elle est absente, impossible de rien faire ».

49. Cogley.

50. Mao Tsé-Toung, *De la guerre prolongée* (page 124 du document PDF).

51. Cogley.

52. Mao Tsé-Toung, « Les problèmes stratégiques de la guerre révolutionnaire en Chine » (décembre 1936) dans *Oeuvres choisies*, tome premier (Paris: Éditions sociales, 1959), p. 287.

53. *Ibid.*, p. 245–272.

54. *Ibid.*, p. 270.

55. Mao Tsé-Toung, *De la guerre prolongée*, p. 92 du document PDF. En fait, la plupart des batailles déclenchées par l'Armée rouge ne duraient habituellement que quelques minutes.

56. *Ibid.*, p. 12.

57. Peter Paret, Gordon Alexander Craig et Felix Gilbert, *Makers of Modern Strategy: From Machiavelli to the Nuclear Age* (Princeton, NJ: Princeton University Press, 1986), p. 839.

58. Mao Tsé-Toung, *De la guerre prolongée* (page 80 du document PDF).

59. *Ibid.*, p. 13.

60. *Ibid.*, p. 127.

61. Mao Tsé-Toung, *On Guerrilla Warfare* (page 30 du document PDF).

62. *Ibid.*, p. 238.

63. Thomas M. Huber. Ed. *Compound Warfare That Fatal Knot* (Fort Leavenworth: U.S. Army Command and General Staff College Press, 2002), p. 2.

64. *Ibid.*, p. 2.

65. *Ibid.*, p. 2–5. Huber précise cet énoncé comme suit : « Même si le modèle de guerre mixte présenté ici est resté simple dans l'espoir qu'il servira de cadre d'analyse pratique, le lecteur devrait se rappeler de l'immense variété qui existe dans l'histoire de la guerre mixte. À l'instar de tous les autres domaines de la pensée militaire, la théorie est simple, mais la réalité complexe. Le modèle de guerre mixte présume qu'un côté du conflit utilise les méthodes de la guerre mixte, tandis que l'autre ne le fait pas. En réalité, les deux côtés peuvent utiliser les méthodes de la guerre mixte. Dans la plupart des cas historiques de guerre mixte, une des parties utilise les méthodes de la guerre mixte de façon prédominante, tandis que l'autre les utilise délibérément dans la mesure où elle le peut. Le modèle suppose deux sortes de forces, les forces régulières ou classiques, et les forces irrégulières ou de partisans. Plusieurs types de milices régionales mobiles peuvent tomber dans l'espace qui sépare ces deux types de forces et peuvent contribuer grandement au pouvoir de la force qui exploite la guerre mixte. Autrement dit, divers types de forces intermédiaires sont possibles entre les modèles réguliers et irréguliers qui sont proposés ici pour des fins de simplicité ».

66. Huber, p. 92. Par exemple, le nombre des forces irrégulières qui opéraient avec les forces de Wellington durant la campagne d'Espagne donne une bonne idée de l'efficacité de la guerre mixte. Huber affirme que : « La France avait 320 000 soldats en Espagne au sommet de sa présence en 1810 et … durant cette campagne de six ans, les Français ont perdu 240 000 hommes. De ce nombre, 45 000 ont été tués au combat contre des forces classiques, 50 000 sont morts de maladie et d'accidents, et 145 000 ont été tués au combat contre des forces de partisans ». Par comparaison, il pense que : « … L'armée de Wellington en Espagne, à son sommet, comptait environ 40 000 hommes et des forces portugaises attachées de 25 000 hommes ». Voir aussi David G. Chandler, *Wellington in the Peninsula*, p. 155–165, dans David G. Chandler, *On the Napoleonic Wars* (Londres: Greenhill, 1994), p. 156–174; et David G. Chandler, *Wellington and the Guerrillas*, p. 166–180, dans Chandler, *Napoleonic Wars*, p. 172.

67. Council of Foreign Relations, *www.cfr.org/publication/9155*, consulté le 2 décembre 2007. Selon le Council of Foreign Relations : « Le Hezbollah a été fondé en 1982 en réaction à l'invasion du Liban par l'Israël et a absorbé la coalition de groupes connue

sous le nom de Jihad islamique des années 1980. Il a d'étroits liens avec l'Iran et la Syrie ». Il affirme ensuite que : « Le Hezbollah est une organisation parapluie libanaise de groupes et d'organisations musulmans Shiite radicaux. Il s'oppose à l'occident, cherche à créer un état fondamentaliste musulman à l'image de l'Iran et est un ennemi acharné d'Israël. Le Hezbollah, dont le nom veut dire « partie de Dieu », est un groupe terroriste qu'on croit responsable de près de 200 attaques depuis 1982, qui ont tué plus de 800 personnes, selon le site Web *Terrorism Knowledge Base*. Les experts affirment que le Hezbollah est également une force importante sur l'échiquier politique du Liban et un important fournisseur de services sociaux qui exploite des écoles, des hôpitaux et des services agricoles pour le bénéfice de milliers de Shiites libanais. Il exploite également la station de télévision par satellite al-Manar et une station de diffusion ».

2

LA FIN DE L'ASYMÉTRIE:

la disparité des forces et les buts de la guerre

Peter H. Denton

L'ASYMÉTRIE EST UN CONCEPT que l'on évoque souvent et par erreur au XXIe siècle dans les analyses de la guerre. Il remonte en effet aussi loin sur le plan humain que celui même du conflit et n'est, par conséquent, pas un sujet propre au contexte actuel. Comme l'illustre l'histoire biblique de David et de Goliath, le combat idéal a toujours été asymétrique, car les forces qui se font face tendent à s'engager dans la bataille seulement si celle-ci est inévitable.

« Symétrie » et « asymétrie » représentent les extrêmes d'un continuum dans lequel des objets peuvent être comparés selon une mesure commune. Quelle que soit cette mesure, toute variation entre symétrie et asymétrie découle forcément d'une comparaison entre ces deux objets. Mais faire intervenir les notions de symétrie ou d'asymétrie dans une comparaison entre une pomme et un tournevis ou une orange et un circuit électronique n'ajoutera rien à une description de leurs rapports. Une telle analyse comparative de la guerre du XXIe siècle n'aboutissant ainsi à aucune conclusion utile, il convient donc, pour mieux comprendre tout conflit armé, actuel ou hypothétique, de remplacer le concept de l'asymétrie par un concept de systèmes dans le cadre de la « disparité des forces ».

On admet qu'il y a disparité des forces quand une disjonction totale existe entre les forces de deux adversaires. Il ne s'agit pas ici d'une simple différence de degrés, mais d'une différence d'espèces. Dans le contexte de la guerre du XXIᵉ siècle, la disparité des forces tient compte du fait que les différences entre les combattants peuvent être telles que, de leur caractère individuel au matériel dont ils disposent, les comparer n'apporterait rien d'utile à leurs autorités militaires respectives. Soit qu'il existe un écart incommensurable entre les forces militaires — à quoi sert de comparer des missiles *Hellfire* à des pointes de flèches? — ou que la disparité est irréconciliable et les adversaires ne pourront jamais engager des troupes comparables par leurs nombres, leur matériel ou leur instruction.

La disparité n'est en soit qu'un terme descriptif faisant état de ce qui devrait être amplement évident à tout observateur, même le plus désintéressé. Ce qui est moins évident et qui menace gravement la paix mondiale au XXIᵉ siècle, ce sont les répercussions sur les systèmes associées à la disparité des forces. La disparité des forces prescrit à chaque adversaire les méthodes de combat non linéaires voulues pour atteindre ses buts de guerre et dicte la manière dont chaque action, dans un environnement de systèmes, pourra traduire des effets disproportionnés.

DISPARITÉ DES FORCES ET BUTS DE LA GUERRE

Il existe un rapport direct entre les buts de la guerre et les moyens mis en œuvre pour les réaliser. Dans le cas d'un conflit entre deux puissances capables de lancer une force militaire équivalente, les buts de la guerre seront probablement complémentaires. Un pays vise à saisir un territoire, tandis que l'autre se prépare à le défendre. Les équivalences des deux forces sont alors des facteurs dans la complémentarité des buts de la guerre. Même si l'un des deux adversaires domine l'autre (l'asymétrie inévitable de tout combat), leurs buts de guerre se complémenteront tant que leurs forces demeureront comparables.

Mais dans la guerre au XXIᵉ siècle, la disparité des forces produit dans le conflit deux phases distinctes et chaque adversaire modifie considérablement ses buts de guerre généraux d'une phase à l'autre. Dans la phase primaire, la puissance dominante visera probablement des buts de guerre immédiats, évidents, directs et territoriaux (conformément au caractère de la guerre classique). La réalisation de ces buts nécessitera l'application directe de la force militaire à la poursuite d'objectifs précis et la réussite se mesurera facilement en fonction de la rapidité avec laquelle ces objectifs sont atteints tout en visant un minimum de pertes amies et un maximum de pertes ennemies.

Une fois ces buts primaires atteints, les buts de la phase secondaire de la guerre porteront sur la maintenance, le changement des systèmes et le décrochage. La maintenance concerne le maintien de la disparité des forces et, par conséquent, leur sécurité dans la période après le combat. Le changement des systèmes s'entend de la transformation, du remplacement ou de reconstruction des systèmes politiques, économiques et sociaux touchés par la phase primaire du conflit. Le décrochage représente évidemment le résultat final des opérations, selon lequel l'intention des membres de la force responsable de la phase primaire est de s'acquitter de sa tâche et de rentrer au pays le plus rapidement possible. Toutefois, dans la phase secondaire du conflit, la force dominante aura moins souvent l'occasion de mettre directement en jeu sa force écrasante, et les critères d'évaluation de ses réussites (tels que les buts mêmes de la guerre) se définiront avec moins de clarté que dans la phase primaire.

Quant aux buts de la guerre de la puissance inférieure, dans une situation de disparité des forces, ils ne complémentent pas ceux de la puissance dominante, quelle que soit la phase du conflit. Dans la phase primaire du conflit, la puissance inférieure ayant reconnu immédiatement et inévitablement sa défaite, ses buts de guerre seront désormais de survivre aux hostilités en maintenant le maximum de capacités militaires intactes et en prenant des dispositions en vue de la phase secondaire.

Contrairement à la puissance dominante, pour qui les buts de la guerre de la phase secondaire sont la stabilité et le décrochage, la puissance inférieure recherchera plutôt les accrochages et l'escalade, en menant des actions hostiles directes et ciblées, distinctement pour obtenir des résultats immédiats. Le conflit consistera alors à appliquer sa force à l'échelon local pour produire des effets de système nuisibles à la force dominante. Pour la puissance inférieure, l'absence de buts clairs à long terme dans la phase secondaire n'est pas un facteur dans le choix et l'exécution de cibles locales.

Du point de vue de la puissance inférieure, que le conflit ait des motifs d'ordre religieux ou politiques — ou économiques ou psychologiques — il conviendra d'invoquer une « cause » pour diminuer l'importance de ses pertes, quelle qu'en soit la gravité. Par ailleurs, le fait de ne pouvoir mettre fin aux hostilités ne nuira pas forcément à sa volonté de combattre l'opposition — si la phase secondaire et immédiate de la guerre consiste simplement à dégrader l'envahisseur (les occasions ne manquent pas, vu la présence de cibles multiples), elle peut en fait déclarer des victoires quotidiennes. La disparité des forces crée alors une situation dans laquelle la puissance inférieure n'a rien à perdre — car si la force dominante lui inflige des pertes, cela était prévisible, tandis que les pertes qu'elle inflige à la puissance supérieure représentent des victoires pour les rebelles.

Bien qu'il ne s'agisse pas là d'un phénomène nouveau — car au fond, c'est le concept même de la guérilla — dans le contexte des systèmes économiques, politiques et sociaux mondiaux et avec la rapidité des communications électroniques, les actions locales visent surtout à produire divers effets, en dehors de la zone de combat. Ainsi le caractère direct des buts de la guerre de la phase secondaire, pris en termes de systèmes complexes et interdépendants, se prête à l'emploi d'armes improvisées — telles que le couteau polyvalent dans un avion de passagers — dont les répercussions sur les systèmes sont hors de toutes proportions par rapport à leur impact immédiat.

Disparité des forces et armement de guerre

Les effets de systèmes relatifs à la disparité des forces dans la guerre au XXIe siècle exigent un réexamen de l'armement et des dimensions de l'espace de bataille. Le dilemme qui résulte de la disparité des forces est que la puissance de feu supérieure est à la fois une assurance de victoire tactique à court terme mais, à long terme, une garantie de défaite stratégique. Jusqu'à présent, l'histoire indique que l'adversaire possédant l'avantage technique — soit les plus gros canons, les lances les plus longues, les chars les plus rapides, les meilleurs navires, les marins les mieux entraînés, etc. — a généralement remporté la victoire; mais cette logique n'est plus valide aujourd'hui.

Dans un conflit, réel ou hypothétique, de l'environnement global actuel, non seulement les paramètres déterminant la victoire ont changé mais faute de tenir compte des « aléas » de la guerre contemporaine, la défaite risque de s'ensuivre vu l'impossibilité de maîtriser le système du conflit, surtout s'il existe une disparité fondamentale des forces. Même une victoire retentissante à la phase primaire du conflit sera suivie d'une défaite dans la phase secondaire (en particulier si les buts de la guerre de la puissance dominante sont ambigus dans la phase secondaire), en raison non pas de l'insuffisance des forces, mais d'une mauvaise application de celles-ci.

La croyance erronée que la puissance de feu supérieure remportera forcément les batailles, et la guerre, est la conséquence d'un jugement fautif et profondément ancré dans notre culture occidentale, selon lequel la technologie signifie « essentiellement l'emploi de trucs ». Or si l'on comprend la technologie en tant que connaissance instrumentale — soit la connaissance alliée à un dessein — on arrive à une tout autre conclusion. Car ce qui compte avant tout est l'interprétation que l'on se fait de la technologie et l'application pratique issue de cette compréhension, bien plus que le recours à l'outil lui-même. Même sans certains gadgets, il est possible de parvenir aux mêmes fins, par d'autres moyens.

Réaliser que la phase secondaire d'un conflit se gagnera par la subtilité plutôt que par la puissance, amène à une transformation fondamentale des moyens par lesquels on peut envisager de poursuivre les buts de la guerre et en fait, des buts mêmes de la guerre qu'il est possible d'atteindre. Il n'est pas question simplement de remplacer des A-10 par des « doreurs d'image ». L'économie globale est riche en exemples de manipulation d'abstractions pour arriver à des résultats concrets. La confiance des investisseurs, le comportement des consommateurs ou l'opinion publique sont autant de facteurs « irréels », mais toute fluctuation dans l'un ou l'autre aura des conséquences tangibles sur le plan social, politique ou économique.

Par exemple, la psychologie des troupes de part et d'autre revêt une importance croissante car la conduite de la guerre dans l'ère post-moderne intéresse inévitablement des populations entières et l'influence de certains effets peut faire d'une défaite ou d'une victoire à l'échelle purement locale un phénomène qui touchera différemment un plus grand nombre. L'objet des kamikazes, par exemple, n'est pas tant de causer des dégâts ou des pertes — sauf dans le cas d'un assassinat pur et simple — mais plutôt de créer un effet qui réverbérera dans un contexte politique global. Le principal multiplicateur de force est la transmission des informations au grand public, qui risque moins d'en subir les effets physiques immédiats que d'être affecté par les implications psychologiques de la menace d'attaques futures.

Si l'on interdisait formellement tout reportage sur de tels événements et surtout sur ceux qui en sont responsables, tout en déterminant qu'aucune politique ne sera modifiée en conséquence de ces actes, rien ne garantit qu'ils se produiraient moins fréquemment, mais on pourrait au moins compter sur l'atténuation, sinon l'élimination de leurs effets secondaires. La raison pour laquelle ces attaques visent généralement les nations démocratiques est évidente, étant donné l'influence que l'opinion publique et une presse libre y exercent sur les décisions du gouvernement et d'autres autorités.

Pour prévaloir dans un conflit de phase secondaire, la puissance dominante doit tirer parti des effets de systèmes dus à la disparité des forces et produire des effets positifs. En offrant à la puissance inférieure quelques raisons valides de croire à un meilleur avenir, on affaiblit les aspects moins logiques de sa conception de la phase secondaire des buts de la guerre tout en permettant à une telle espérance pour l'avenir de prendre racine. Construire des écoles, forer des puits et réparer les routes et les ponts ne sont pas seulement les manifestations d'une aide humanitaire, comme on tend généralement à représenter de telles activités, mais aussi des démonstrations pratiques de la supériorité de la puissance dominante.

Dans la phase secondaire, si l'amélioration des conditions de vie locales a pour effet d'affaiblir la volonté de la puissance inférieure, celle-ci se verra alors obligée, pour se maintenir dans le combat — paradoxe intéressant — d'empêcher sa propre population de jouir de tels avantages pour être vue comme résistant à l'ennemi. À long terme, cette tactique ne peut inévitablement que nuire à la popularité de l'adversaire.

Les effets de systèmes de la disparité des forces

Il faut reconnaître la disparité des forces en tant que facteur prépondérant de tout conflit de l'époque d'après la guerre froide. La bonne résolution d'un conflit au XXIᵉ siècle exigera la mise en œuvre de moyens beaucoup plus subtils qu'une simple augmentation des investissements dans le matériel militaire requis dans la phase primaire. En fait, allouer des ressources déjà limitées à de tels investissements entraînera l'annulation d'autres projets qui auraient pu assurer la réussite d'opérations d'un conflit de phase secondaire ou prévenir l'escalade de conflits locaux en insurrections majeures.

Bien qu'ils permettent à la puissance dominante d'envisager avantageusement des conflits sans pertes, les systèmes d'armes perfectionnés finissent par coûter cher et, par évoquer le héros mécanique de six millions de dollars des aventures télévisées. Étant donné le rythme accéléré auquel les systèmes technologiques évoluent, notre héros ne maintiendra sa supériorité que le temps qu'il faudra à un adversaire, aussi inférieur soit-il, pour trouver son talon d'Achille. Bien que, comme l'affirme l'histoire traditionnelle, l'arbalète et la poudre à canon aient sonné le glas pour le chevalier et sa monture, un coup de bâton sur les jarrets aurait eu le même effet.

Par ailleurs, tous ces progrès technologiques n'améliorent en rien les circonstances de la puissance dominante dans la phase primaire du combat. En cas de disparité des forces, la victoire de la puissance dominante était assurée quoi qu'il advienne — quelques gadgets de plus, quelques pertes de moins n'y changeront pas grand-chose, à moins que l'on perçoive le combat comme un jeu vidéo dont le but est d'avoir le meilleur score. Si la puissance dominante n'est pas capable de conserver l'avantage dans la phase secondaire du conflit, alors tous les gadgets du monde ne lui serviront à rien et l'on aurait pu, du point de vue tactique et stratégique, tirer meilleur parti des ressources consacrées à la création de ces gadgets.

Par conséquent, sur les plans tactique et stratégique, la disparité des forces exige que l'on tourne toute son attention non pas sur ses points forts mais, au contraire, sur ses faiblesses. Il s'agit donc de mettre l'accent sur l'exploration des failles des systèmes intégraux et non pas de se limiter aux systèmes applicables strictement à l'espace de bataille, afin de déterminer quel type d'assaut pourrait produire les premiers coups ou en favoriser la multiplication avec des effets plus graves.

Il s'agit de se concentrer non pas sur les systèmes primaires de combat — déjà d'une supériorité incontournable — mais sur les systèmes secondaires, afin de résoudre toute ambiguïté de la phase secondaire du conflit. Il existe une distinction critique entre la guerre en phase primaire, qui vise des résultats immédiats, et la guerre en phase secondaire, dans laquelle le conflit doit produire des effets indirects sur les systèmes sociaux, culturels et politiques.

Dans une situation de disparité des forces, la phase primaire du combat sera probablement de courte durée. Mais aucune limite évidente ne peut cependant être attribuée à la phase secondaire, ce qui risque (compte tenu de l'ambiguïté des buts de la guerre de la puissance dominante) de résulter en un état d'attrition perpétuelle. La disparité des forces doit donc entrer en ligne de compte dans l'évaluation des buts de la guerre, tant des siens que de ceux de l'ennemi. Se fixer des buts impossibles ou douteux garantira un échec dans la phase secondaire. Faute de réagir de manière déterminante dans le conflit de la phase secondaire résultera soit en un conflit interminable ou en une défaite humiliante à la Goliath.

Pour éviter un tel bourbier, il faut comprendre la nature de la disparité des forces et ses implications relativement aux systèmes complexes, en reconnaissant aussi le caractère multivalent des scénarios d'un conflit dans la culture globale. Il est ironique que l'assurance de disparité des forces mène, plus que jamais, à une diminution de l'importance des systèmes d'armement supérieurs dans la conclusion de la guerre au XXIe siècle. Car la paix et la sécurité dans le monde dépendront de la réussite de tout conflit de phase secondaire, avec des « armes » qui n'appartiennent pas aux opérations militaires conventionnelles. Étant donné que le « champ de bataille » traditionnel a cédé la place à un nouvel « espace de bataille » beaucoup moins distinct, il convient de prendre conscience que les conditions de la phase secondaire d'un conflit se dessineront, de part et d'autre, avant même que n'éclate le premier coup de feu.

C'est pourquoi la baisse de l'aide extérieure, comme pourcentage du produit national brut parmi les pays occidentaux, est un indice beaucoup plus inquiétant d'instabilité globale qu'une hausse des acquisitions militaires. En effet, plutôt que de consacrer encore plus de ressources à l'accroissement d'une disparité déjà insurmontable entre les forces engagées dans une guerre en phase primaire, nous devrions miser ces ressources à la promotion des effets de systèmes dans les secteurs où — si la guerre était déclarée — la phase secondaire risquerait d'être particulièrement toxique à long terme. En admettant que l'aide extérieure est tout aussi utile à la sécurité qu'aux intérêts humanitaires, il devient possible de forger une coalition sociale dont les membres partagent le même but, même si leurs motifs diffèrent les uns des autres.

Le dossier de la justice sociale s'associe généralement à un point de vue pacifiste et cède la priorité aux objectifs militaires qui visent à prendre le territoire ou à le défendre. Mais dans la culture globale actuelle, la puissance dominante se doit d'inclure parmi ses buts de guerre la nécessité de fournir nourriture, abri, éducation, emploi et un sens de sécurité personnelle, tant à l'intérieur de ses frontières que dans le théâtre où des hostilités risquent de se déclarer.

Ainsi, dans un monde où la disparité entre pays riches et pays pauvres va en s'accroissant, fournir une aide réelle s'avérera peut-être comme le meilleur moyen d'éliminer le risque de conflit, avant qu'il ne se déclare, tout en limitant au minimum les effets qui pourraient entrer en jeu dans tout conflit de phase secondaire, si l'on devait en venir là. Les enjeux sociaux et économiques sont donc une composante critique des opérations dans l'espace de bataille, avant l'ouverture des combats de la phase primaire. Et ils revêtent une importance encore plus critique dans la phase secondaire. Un lien existe déjà entre ces deux aspects des opérations militaires. Il s'agit donc d'élaborer une doctrine coordonnée énonçant explicitement l'intention de créer des effets sociaux et économiques positifs par quelque moyen que ce soit, militaire ou autre, selon les besoins.

Sans doute certains choisiront de voir dans une telle déclaration une simple expression de l'impérialisme du XXIᵉ siècle, similaire à l'intention qui soutenait l'expansion militaire, économique et religieuse de l'Europe d'antan. Et lorsque la disparité des forces ou l'intérêt des citoyens de la puissance dominante devient en soi le prétexte du conflit, ce genre de reproche est valide. Toutefois, on doit espérer que notre culture globale émergente finira un jour par répondre aux aspirations humanitaires sur lesquelles les Nations Unies sont fondées et que la disparité des forces sera plutôt mise au service de la justice, de la paix et de l'espérance.

LA DISPARITÉ DES FORCES ET L'AVENIR DES
FORCES CANADIENNES OUTREMER

À l'heure actuelle, la disparité des forces, entre les puissances militaires de l'occident et celles des autres régions, laisse entrevoir la possibilité d'un créneau dans lequel les Forces canadiennes pourraient envisager de se déployer à l'avenir dans les zones de conflit du monde entier, ainsi qu'une possibilité d'harmonisation des politiques étrangères et de défense du Canada, pour la bonne résolution des conflits de phase secondaire :

Les FC ne disposeront jamais des fonds, des effectifs ou du matériel nécessaires à la poursuite d'opérations de combat de phase primaire de grande envergure. Par conséquent, nous ne devrions même pas tenter de structurer les FC de l'avenir en vue de conflits de phase primaire, soit comme puissance autonome ou en interopérabilité avec d'autres forces militaires. Une telle décision devrait formuler publiquement le lien qui unirait ainsi les politiques étrangères et de défense du Canada pour produire un maximum d'activité humanitaire dans un conflit de phase secondaire.

À l'avenir, les FC devraient restructurer leurs opérations, l'acquisition de leur matériel et leur recrutement en fonction d'unités opérationnelles capables de se déployer dans des conflits de phase secondaire où les moyens de combat (terrestres, aériens et navals) sont conçus pour assurer la protection de tout déploiement. En commençant par la mise en place d'une telle doctrine, nous serions alors en mesure de décider quelle nouvelle technologie est nécessaire et de solliciter efficacement les ressources voulues auprès des instances politiques et publiques.

Les FC devraient s'engager à fournir l'appui nécessaire en matière de traitement médical; d'aménagement en infrastructure; et de maintien de la paix, pour permettre aux populations touchées de se remettre rapidement de la perte des systèmes qui étaient en place dans leur communauté avant tout conflit de phase primaire; une catastrophe naturelle; ou une guerre civile.

Par conséquent, les FC devraient acquérir des moyens de mobilisation rapide, pour le déploiement et le maintien de forces opérationnelles qui se composeraient, selon les besoins, d'un hôpital de campagne; d'une unité de génie de combat; et d'une force de maintien de la paix. Faire des FC une force autonome capable d'assurer son propre déploiement, son approvisionnement et sa maintenance en campagne, y compris la protection de ses forces, limiterait les problèmes d'interopérabilité.

Un petit nombre de troupes d'élite, dotées de matériel de pointe, auront un rôle à jouer dans l'exécution des opérations antiterroristes intérieures ou les interventions localisées outremer. Ces troupes devraient avoir les moyens de se déployer immédiatement à l'intérieur du territoire national, de se déployer rapidement outremer et d'assurer leur propre intendance à court terme pendant leurs opérations sur le terrain.

Déclarer précisément notre intention de nous spécialiser dans les opérations de phase secondaire, non seulement nous vaudrait l'appui d'un grand segment de la population canadienne, mais orienterait clairement nos dépenses de défense et les maintiendrait à un niveau raisonnable et durable. L'adoption d'une telle politique concernant les FC outremer faciliterait aussi la désignation et l'allocation de l'aide dirigée, de sources gouvernementales et autres, destinée aux populations touchées par le conflit.

Se concentrer sur les opérations de phase secondaire permettrait aussi de réconcilier la dichotomie qui sépare actuellement le rétablissement de la paix et le maintien de la paix dans les politiques des FC. Ce serait d'ailleurs un choix conforme au rôle que le Canada s'attribue depuis des dizaines d'années, à l'appui des campagnes d'intervention humanitaire des Nations Unies et de résolution des conflits dans le monde entier.

Qu'on les considère passionnantes ou inquiétantes, l'asymétrie et ses notions corollaires relatives à la guerre de haute technologie ne devraient pas orienter la politique de défense au Canada du XXIe siècle. Pour le Canada, une démarche plus logique, plus pratique et plus équitable sur le plan financier, découle des répercussions sur les systèmes associées à la disparité des forces.

3

LE RENSEIGNEMENT ET SON UTILISATION DANS LE CADRE DE LA GUERRE IRRÉGULIÈRE

Tony Balasevicius et Bernd Horn

PRÈS LES ATTAQUES TERRORISTES du 11 septembre 2001, qui ont détruit les tours du World Trade Center, à New York, les forces armées occidentales ont été de plus en plus appelées à se déployer dans des contextes opérationnels complexes, où elles doivent affronter des adversaires très adaptables dont l'objectif est de déstabiliser la société en employant divers moyens non conventionnels ou asymétriques. Du point de vue de l'insurrection, Steven Metz, un analyste stratégique et professeur de recherche réputé, prétend que « les conflits, qui ne sont pas des occurrences ponctuelles et distinctes, naissent de fracas complexes et multidimensionnels ayant des ramifications politiques, sociales, culturelles et économiques ». Il ajoute : « Sous un angle encore plus large, les guérillas modernes découlent d'échecs systémiques dans les domaines politique, économique et social. Elles sont non seulement attribuables à l'incapacité ou à la faiblesse de l'État, elles trouvent aussi leur source dans de graves carences dans le tissu culturel, social et économique. »[1]

À cet égard, les guérillas, que leurs visées soient régionales ou mondiales, incarnent le combat entre des gens désabusés et les tenants du pouvoir. Cette lutte a habituellement pour but d'influencer la population. Depuis le 11 septembre 2001, le nouveau contexte de sécurité international relève de ce que l'on pourrait qualifier à juste titre d'insurrection mondiale. À l'intérieur d'un tel paradigme, l'Occident a dû faire face à une gamme étendue de menaces et de conflits élaborés et complexes. Les pays occidentaux se sont par conséquent dotés d'une pléthore de capacités, afin d'être en mesure de mener ce que l'on désigne de plus en plus souvent dans les cercles militaires officiels par le terme de « guerre non conventionnelle ».

En bref, « la guerre irrégulière est une lutte violente qui oppose des acteurs étatiques et non étatiques qui cherchent à convaincre les groupes de citoyens concernés de leur pertinence et de la justesse de leur cause. La guerre irrégulière repose avant tout sur le recours à des méthodes asymétriques devant permettre d'exploiter un éventail complet de capacités dans le but d'ébranler le pouvoir, l'influence et la volonté de l'ennemi ».[2] Du point de vue de l'ennemi, les activités que sous-tend le concept de guerre non conventionnelle peuvent prendre toutes les formes, à commencer par les actes de terrorisme (p. ex., attentats suicides, attaques d'infrastructures symboliques, économiques ou politiques, attaques sur les populations et assassinats) jusqu'aux opérations de combat en règle dans le contexte de guérillas comme en Irak et en Afghanistan.

Bien que la guerre irrégulière (p. ex., insurrection mondiale des extrémistes musulmans, les conflits irakien et afghan) ne mette plus en jeu les mêmes participants et les mêmes tactiques, il faut comprendre qu'elle demeure fondée sur le même principe fondamental. La guerre irrégulière reste essentiellement une lutte d'influences où chaque protagoniste tente de gagner le peuple à sa cause. C'est pourquoi le secret de la victoire réside dans une collecte intelligente du renseignement conjuguée à une application efficace de la force armée. De fait, de nombreux analystes croient que seules des opérations axées sur le renseignement peuvent permettre aux forces de sécurité qui sont confrontées à des rebelles cachés dans une population civile d'arriver à leurs fins. Pour dire les choses simplement, le renseignement est indispensable pour sortir victorieux d'opérations de guerre irrégulière.

Puisque l'insurrection est le creuset dans lequel prendront éventuellement forme les autres activités de guerre non conventionnelle, pour saisir le rôle que joue le renseignement dans le cadre de ces opérations, il faut d'abord examiner la configuration générale d'une insurrection. Au cœur de n'importe quelle insurrection, à l'instar des guérillas qui font actuellement rage, on peut retrouver le germe du conflit incarné dans une revendication d'abord locale, qui au fil du temps a pris de l'ampleur et s'est étendue à plus grande échelle. Par exemple, selon une évaluation stratégique américaine, les organisations matricielles transnationales, dont bon nombre participent aux diverses guérillas en cours, sont issues de mouvements localisés et se sont ramifiées jusqu'à constituer une grave menace pour l'ordre mondial.[3] Dans cette évaluation, on peut lire cette mise en garde : « Ces organisations deviennent en outre de plus en plus sophistiquées, de mieux en mieux branchées et toujours mieux armées. Au fur et à mesure qu'elles intégreront les plus récentes innovations de la technologie médiatique mondiale, qu'elles se doteront d'armes de plus en plus perfectionnées et meurtrières, qu'elles apprendront à mieux naviguer entre les sensibilités culturelles, et qu'elles apprendront à maîtriser les techniques du renseignement, elles poseront une menace beaucoup plus importante qu'en ce moment. »[4]

Bien que les nombreuses guérillas actuellement en cours soient devenues des opérations extrêmement élaborées, dont l'influence est très étendue, elles sont toujours perçues comme étant des rébellions contre une forme de pouvoir établie, comme un gouvernement ou une armée d'occupation.[5] Elles sont d'ailleurs envisagées à cet égard à l'intérieur du cadre traditionnel d'une insurrection, définie comme « une lutte entre un groupe exclu du pouvoir et le groupe au pouvoir, dans laquelle le premier groupe exploite consciencieusement les ressources politiques (p. ex. le savoir-faire organisationnel, la propagande et les manifestations) et la violence pour détruire, réorienter ou appuyer la légitimité d'un ou de plusieurs aspects d'un discours politique ».[6]

Il n'est par conséquent guère étonnant que l'insurrection soit la méthode que privilégient les dissidents pour miner la volonté et la détermination du pouvoir en place.[7] Cela s'explique du fait que les rebelles disposent d'un éventail de moyens (qui vont de l'agitation populaire aux opérations de combat en règle en passant par le terrorisme) pour combattre les ressources conventionnelles des forces de sécurité, dont la capacité militaire est quasi toujours passablement supérieure. Quoi qu'il en soit des moyens que peuvent employer les rebelles, il faut comprendre que pour ébranler la volonté d'un ennemi, il faut y mettre l'énergie et le temps.[8] C'est pourquoi les rebelles, pour arriver à leurs fins, doivent créer et maintenir certaines conditions tout au long de la campagne.

Parmi ces conditions, mentionnons « une cause à défendre, l'appui de la population locale, l'établissement de bases, la mobilité, le ravitaillement et l'information ».[9]

Réciproquement, l'entité gouvernementale mène des opérations antiterroristes et de contre-insurrection et s'efforce de neutraliser les rebelles en mettant en œuvre des réformes politiques, sociales et économiques destinées à régler les griefs mêmes que les rebelles cherchent à exploiter. Ces réformes doivent être réalisées en même temps que sont menées des attaques pour détruire les ressources matérielles des appareils militaire et politique des rebelles.[10] Ce n'est pas une tâche facile, car il faut savoir qu'alors même que les forces contre-insurrectionnelles doivent priver les terroristes des conditions opérationnelles et tactiques fondamentales nécessaires pour maintenir la guérilla, elles doivent aussi limiter les dommages collatéraux au sein de la population. C'est un équilibre extrêmement difficile à atteindre. Les rebelles s'efforcent habituellement de s'immiscer au plus intime des collectivités dans lesquelles ils sont actifs, de façon à créer, renforcer et maintenir les conditions dont ils ont besoin pour parvenir à leur but. C'est pourquoi chaque fois que l'on tente d'attaquer des rebelles, on risque d'assister à ces débordements de violence qui causent les dommages collatéraux.

Au bout du compte, il est essentiel, tant pour les rebelles que pour les détenteurs du pouvoir, de rallier les gens à leur point de vue, autrement dit, d'obtenir l'appui de la population, puisque, selon le cas, ce n'est qu'ainsi que l'insurrection peut prendre racine à long terme ou au contraire connaître une fin abrupte. Pour l'un et l'autre adversaires, l'appui populaire est une condition préalable aux autres conditions requises pour remporter la victoire. C'est cette bataille pour séduire la population — pour obtenir l'appui populaire — qui permet de comprendre en quoi le renseignement est tellement important et montre la voie de la réussite en matière de contre-insurrection. L'accès à la population est déterminant pour obtenir les résultats contre-insurrectionnels voulus.

Un tel accès offre une source d'information critique indispensable pour brosser le tableau du renseignement ou, en son absence, fait que l'information requise reste inatteignable. Par exemple, lors du conflit entre les Soviétiques et les Afghans pendant les années 1990, les Soviétiques n'ont pas réussi à exploiter un quelconque élément de surprise à l'endroit des moudjahiddines, car les rebelles contrôlaient la population et étaient capables d'obtenir de l'information sur les forces de sécurité, alors que les Soviétiques ne pouvaient faire de même. Comme il fallait s'y attendre, grâce au contrôle qu'ils exerçaient sur la population, les moudjahiddines ont pu établir un vaste réseau d'observateurs et de messagers, qui couvrait la plus grande partie du pays, ce qui leur a permis de rester au fait de quasi tous les faits et gestes des Soviétiques.[11]

Pour résumer, l'accès que l'on réussit à avoir ou pas à l'information, cette information qui peut ensuite être transformée en renseignement, est éminemment important. Il est toutefois ironique de constater, alors que le renseignement est au cœur de n'importe quelle victoire militaire, que c'est un concept que de nombreuses personnes ne comprennent pas bien au sein de la profession des armes. Cela est sans doute attribuable, du moins en partie, au caractère secret du processus, mais une telle perception résulte également de l'erreur que de nombreux militaires font en considérant qu'information et renseignement sont synonymes, et qui croient de ce fait qu'une fois en possession de l'information, il n'y a rien d'autre à faire que de passer à l'action à la lumière de celle-ci. Malheureusement, cette impression erronée n'a rien à voir avec la situation réelle.

Le renseignement, dans un contexte militaire, est le produit de ce que nous savons et de ce que nous comprenons de l'environnement physique. Selon *La doctrine du renseignement interarmées* (manuel des Forces canadiennes), nous devons être au fait « des conditions météorologiques, des données démographiques et de la culture de la zone opérationnelle, des activités, des capacités et des intentions d'une menace réelle ou éventuelle ».[12]

Dans le contexte de la guerre non conventionnelle, la menace est très complexe et peut se présenter sous bien des formes, dont des éléments criminels, unités clandestines, partisans, sympathisants, guérilleros, forces paramilitaires, forces armées conventionnelles ainsi que des groupes qui sont parrainés ou pas par un État. Ces menaces ne représentent toutefois qu'une partie de l'ensemble du renseignement requis. L'environnement physique est également un pôle important, plus axé sur les aspects démographiques et culturels de la zone d'opérations que sur la géographie de la région à proprement parler.[13]

On ne saurait trop insister sur l'importance d'avoir accès à un renseignement pertinent et de qualité et à un processus permettant de le produire de façon fiable et systématique, car les conséquences d'un échec sur le plan du renseignement, que ce soit parce que l'on ne dispose pas d'une information utile ou d'un processus permettant de la synthétiser en temps opportun, peuvent être catastrophiques. En février 1973, un Boeing 727 d'une compagnie aérienne libyenne, qui survolait le désert du Sinaï, s'est égaré dans une violente tempête de sable pendant son vol entre Benghazi et Le Caire. Les Israéliens, qui n'avaient reçu aucune information au sujet de cet avion de ligne et qui craignaient que des pirates s'en soient emparé pour perpétrer un attentat suicide contre leur capitale, ont alors décidé de l'abattre. On a dénombré 106 victimes.[14]

Par ailleurs, lorsque des forces de sécurité exploitent un renseignement erroné ou incomplet, on peut aboutir à des scénarios aussi désastreux. Ce qui fut le cas en décembre 2001, quand on a fait pleuvoir les bombes sur une fête de mariage afghane, tuant 110 des 112 personnes présentes. Ce drame s'est produit parce qu'une source de renseignement avait déclaré que des terroristes d'Al-Qaïda devaient se réunir à cet endroit. Aux yeux des pilotes envoyés en mission, les nombreuses voitures qui convergeaient vers le hameau confirmaient le rapport. Ils ont alors commencé à larguer leurs bombes; un bombardement meurtrier qui aura duré six heures.

Dans le même ordre d'idées, le 24 janvier 2002, des forces d'opérations spéciales (FOS) américaines ont lancé l'assaut contre un complexe dans la province d'Oruzgan, tuant du même coup 16 civils, une bévue due là aussi à un renseignement erroné. Les victimes n'étaient ni des talibans ni des membres d'Al-Qaïda. Les chefs militaires du Pentagone ont reconnu leur erreur à l'époque.[15] Malgré un tel aveu, on comprend aisément à quel point ces attaques ont pu miner l'appui dont bénéficiaient les forces coalisées en Afghanistan.

Ces diverses défaillances du renseignement ont clairement fait ressortir les conséquences d'un processus défectueux. L'exploitation d'une information médiocre ou l'incapacité à donner suite à un renseignement de qualité peut se traduire par la mort de nombreuses personnes innocentes. Pour éviter ou, du moins, minimiser un tel problème, les divers organismes doivent être en mesure de recueillir l'information appropriée, puis de pouvoir la transformer en un renseignement utile au moment où on en a besoin. Dans ces organismes, on s'efforce en ce sens de faire converger les efforts sur deux composantes : l'organisation et le processus.

La structure organisationnelle se met en place dès les tout débuts de n'importe quelle guérilla, quand prend forme un genre de chaîne de commandement interarmées incluant des représentants du pays hôte et des membres des forces coalisées venues les appuyer. Un tel commandement interarmées doit être accompagné des ressources de renseignement connexes, qui doivent être capables de fournir aux commandants un renseignement adapté et opportun.[16] Contrairement à une chaîne de commandement militaire ou conjointe (civile et militaire), qui sont le plus souvent fondées sur un modèle hiérarchique, les services de renseignement sont de par leur nature même extrêmement flexibles, puisqu'ils sont habituellement conçus pour acheminer le renseignement de la source, quelle qu'elle soit, jusqu'à destination, où que ce soit. L'architecture de l'organisation doit par conséquent être à la fois souple et adaptable afin de pouvoir être rapidement et efficacement réaménagée en différents nouveaux réseaux évolutifs. À mesure que le processus avance, les organismes ont de plus en plus tendance à contourner (ou sauter) divers échelons de commandement afin que le renseignement atteigne le destinataire prévu le plus vite possible.[17]

Ce système de « court-circuitage d'échelon » est étroitement lié à un processus parallèle de planification concertée par lequel on s'assure que l'information circule « vers le haut » plutôt que « vers le bas », en direction de l'échelon de commandement qui en a le plus besoin.[18] Face à un acte de sédition ou à une attaque terroriste, l'architecture de renseignement se complexifie, dans la mesure où elle doit étendre ses zones de responsabilité de renseignement (ZRR), qui sont attribuées à divers échelons de commandement (dont la portée est souvent mondiale).[19]

Le processus s'amorce également en fonction d'une orientation précise découlant des exigences et des besoins établis dans le cadre du processus de planification de la campagne. Cette orientation adopte habituellement la forme d'une série de questions auxquelles doit répondre le commandant ou son état-major, puis les réponses fournies sont présentées dans les besoins essentiels du commandant en information (BECI). Dans l'orientation initiale, on doit également indiquer l'autorité qui, dans chaque organisme, attribue les ressources de recherche individuelles, afin de pouvoir trouver l'information exacte recherchée. Dans certains cas, on pourra aussi autoriser les personnes responsables de transmettre les comptes rendus de renseignement.[20]

La qualité des comptes rendus de renseignement dépend directement de la valeur de l'information que reçoit l'analyste. C'est pourquoi il faut obtenir l'information appropriée assez tôt pour que le processus soit couronné de succès. Dans la ZRR, la collectivité du renseignement s'efforce d'établir un certain nombre de réseaux, et c'est à partir de ces réseaux que l'information est récoltée.[21] Dans une perspective de renseignement, c'est l'une des raisons qui font que le contrôle de la population revêt une telle importance. Quand on arrive à superviser la population de près, les forces de sécurité sont en mesure de créer des réseaux d'observateurs, d'informateurs et de messagers qui peuvent assurer la surveillance et éventuellement d'infiltrer l'organisation des rebelles.[22]

L'information dont les analystes ont vraiment besoin pour faciliter ce genre de travail est très différente de celle dont on a besoin dans le cadre d'opérations conventionnelles. C'est parce que l'effort de recherche doit permettre d'identifier et ensuite de supprimer les groupes rebelles visés, ou, du moins, d'en perturber le fonctionnement. En ce sens, la recherche a pour but d'identifier les rebelles, de trouver où ils se trouvent et de découvrir leur structure de commandement, leurs tactiques et leurs objectifs. L'information recueillie doit aussi contribuer à établir les liens et les interactions qui existent entre les membres de chaque groupe comme entre les divers groupes qui prennent part à l'insurrection.[23]

Bien que l'on puisse combler certains besoins en information d'ordre plus général au moyen des sources publiques, les principaux moyens de recueillir l'information au jour le jour dans le contexte d'une insurrection relèvent du renseignement humain (HUMINT). Selon Seth Jones, un chercheur à la RAND Corporation, l'expérience américaine en Afghanistan illustre l'importance de l'HUMINT pour ce qui est d'obtenir un renseignement pouvant mener à des initiatives concrètes ainsi que l'utilité des opérations civilo-militaires pour rassembler l'information requise.[24] Selon lui, « les habitants étaient souvent tellement reconnaissants des soins de santé que les militaires américains leur prodiguaient, qu'ils étaient prêts à contribuer à la lutte contre les rebelles ».[25] Seth Jones poursuit en affirmant que les patients qui se rendaient dans les cliniques offraient souvent de leur plein gré aux militaires américains de l'information sur les activités ennemies dans le secteur.[26]

Seth Jones donne aussi un excellent exemple, tiré des leçons retenues du Commandement de l'instruction et de l'endoctrinement de l'Armée de terre des États-Unis : « Un habitant de la région s'était rendu à une base de feu américaine dans la vallée de Bermel pour une *shura* [mot arabe signifiant 'consultation']; il a alors appris aux forces américaines que des combattants étrangers étaient en train de poser des mines. Les Américains l'ont suivi jusqu'à l'emplacement en question. Ils sont descendus de leurs véhicules avant d'atteindre l'endroit où les mines étaient semble-t-il en cours d'installation, ont repéré le groupe embusqué et ont lancé l'attaque. Les forces américaines ont tué ou blessé tous les membres du groupe ennemi de pose de mines embusqué, ont recueilli du renseignement sur les techniques des rebelles, tout cela sans essuyer la moindre perte—plutôt que de s'être retrouvés pris au piège dans une embuscade combinant engins explosifs improvisés (IED) et grenades propulsées par fusée ».[27]

Cet exemple fait bien ressortir l'importance de recueillir l'HUMINT dans le contexte des diverses activités que réalisent les forces de sécurité au quotidien pour maintenir le contrôle de la population. Parmi ces activités, mentionnons le recours aux forces de sécurité, les postes d'observation armés, les postes de contrôle de la circulation, les barrages routiers, les patrouilles motorisées et à pied, les inspections courantes et les activités de reconnaissance terrestre. Les commandants peuvent et doivent en outre ordonner aux unités des forces de sécurité d'organiser des opérations expressément conçues pour obtenir de l'information ou détourner l'attention d'autres activités de cueillette de renseignement.[28]

Les autres sources d'information de type HUMINT peuvent être des unités militaires, paramilitaires, irrégulières et/ou auxiliaires de l'appareil de sécurité ou de l'armée du pays hôte. On peut aussi obtenir ce genre d'information en posant des questions directes ou indirectes aux habitants dans les franges plus amicales de la population civile. Les sources provenant des forces du pays hôte ou, plus précisément, les habitants sont particulièrement importants pour les forces coalisées, puisqu'ils nous procurent une connaissance intime du profil démographique local et un cadre de référence culturel propre au contexte local.[29]

Quand on ne dispose d'aucune capacité d'HUMINT locale structurée, il est extrêmement difficile d'en acquérir une après le début des hostilités, surtout quand les forces coalisées ne se fient pas aux services du pays hôte. Anthony H. Cordesman, un analyste qui a mis au jour certaines leçons particulières en matière de renseignement, retenues de la guerre en Irak, indique que « pendant la plus grande partie de la phase contre-insurrectionnelle de la 'guerre après la guerre', les Américains ont tenté d'établir seuls un réseau de renseignement humain (HUMINT) efficace, plutôt que de le faire en véritable partenariat avec les Irakiens ». Il explique qu'en « agissant de la sorte, on a négligé une des principales leçons de la guerre du Vietnam. Plutôt que de comprendre qu'il était nécessaire de pouvoir compter sur des ressources irakiens de recherche et d'analyse efficaces du renseignement — qu'il fallait se fier aux Irakiens pour compenser la méconnaissance américaine de la région et de la langue comme des conditions politiques et tactiques locales — les Américains ont essayé de créer un réseau local d'informateurs et de relations et d'analyser eux-mêmes l'information obtenue ». M. Cordesman termine en disant que « les États-Unis ne possèdent tout simplement pas le savoir-faire et ne disposent pas non plus de l'accès qui leur permettraient de déployer un vaste effort d'HUMINT sans préparation et sans aide, au lieu de travailler en partenariat avec un organisme de renseignement dirigé par les alliés locaux ».[30]

Cette critique est instructive, car l'incapacité à mettre en place des réseaux utiles maintient les forces de sécurité dans une position défavorable, qui sont alors contraintes d'utiliser les méthodes du renseignement technique pour obtenir la majorité de leur information. On pense alors à des choses comme la reconnaissance aérienne et l'écoute des réseaux radio. Ces sources n'ont malheureusement pas permis en règle générale de produire en temps opportun un renseignement tactique utilisable. Durant les années 1980, les Soviétiques ne sont pas arrivés à surprendre l'ennemi lors de bon nombre de leurs opérations, et ce parce qu'ils ne disposaient pas de réseaux bien établis qui auraient pu leur fournir en temps voulu une information fiable. Cette situation contraignante les a obligés à faire grand usage de leurs ressources de renseignement technique. De plus, les forces terrestres étant constamment affligées par une pénurie d'éléments de combat, les forces de reconnaissance qui auraient pu fournir certaines ressources de renseignement humain, dont les Soviétiques avaient si cruellement besoin, étaient souvent affectées à des missions de combat rapproché.[31] Plus récemment, pendant les combats intenses qui se sont déroulés en 2006 dans les environs du village de Pashmul, en Afghanistan, le commandant du groupement tactique canadien, le Lieutenant-colonel Ian Hope, soulignait « qu'il [je n'avais] n'avait jamais eu accès à plus de 20 p. 100 de l'information, le plus souvent, à même moins que cela ».[32]

Peu importe comment elle a été obtenue, l'information doit être traitée à mesure qu'elle est reçue. On obtient habituellement les meilleurs résultats en termes de renseignement dans les organisations « pleinement intégrées, qui observent un plan de recherche du renseignement centralisé et concerté, et pour qui travaillent une brochette de gestionnaires de base de données, de spécialistes de la fusion de données, d'analystes et d'autres experts du domaine du renseignement, qui s'acquittent de leurs tâches de façon structurée, objective et méthodique ».[33]

Pour fusionner les renseignements bruts avec un maximum d'efficacité, les organismes de renseignement utilisent ce que l'on appelle couramment le cycle du renseignement. Ce cycle, qui commence par l'orientation concrète, repose sur d'autres étapes distinctes qui sont axées sur la recherche, l'exploitation et la diffusion des renseignements bruts.[34] Ce cycle est le cadre dans lequel chacune des quatre opérations est exécutée, et, dans un monde idéal, chaque phase est synchronisée avec les besoins du commandant en termes de prise de décisions, afin que le renseignement utile puisse être produit en temps voulu pour influencer l'issue d'une opération « particulière ».[35]

Le cycle qui sert à traiter l'information comprend le regroupement, l'analyse, la synthèse et l'interprétation du matériel. Le personnel chargé de l'exploitation à cette étape du cycle comprend des préposés au renseignement qualifiés, qui peuvent compter sur l'aide de divers spécialistes dans les diverses disciplines de la recherche de renseignement. S'il y a lieu, des spécialistes d'autres armes et services peuvent également se joindre à l'équipe d'analyse. Par exemple, les préposés au renseignement technique, en raison des connaissances pointues qu'ils ont du terrain, des explosifs et de la construction des routes, pourraient aisément être adjoints au personnel.[36] C'est un genre d'expertise qui a une fonction à remplir, car les rebelles et les terroristes sont capables d'adapter très rapidement leurs tactiques, et un savoir-faire, une capacité d'analyse et des avis spécialisés sont nécessaires pour ne pas se laisser distancer par l'évolution, la transformation et les modifications des tactiques de l'ennemi. Ainsi, les combattants du Hezbollah ont perfectionné l'utilisation des explosifs dans le contexte d'embuscades soigneusement planifiées, cependant, ce sont les Irakiens qui se sont mis à employer les engins explosifs improvisés (IED) à grande échelle en puisant dans les énormes stocks d'anciennes munitions auxquels ils avaient accès. De fait, les Irakiens ont retenu les leçons de la lutte prolongée du Hezbollah contre les Israéliens, en se fondant sur leurs succès et en adoptant une approche combinant diverses menaces et méthodes qui se sont révélées beaucoup plus difficiles à contrecarrer que les genres de bombes et les ensembles d'objectifs plus uniformes avec lesquels les forces de sécurité avaient l'habitude de composer.[37]

Quoi qu'il en soit, la présence de spécialistes n'est jamais aussi incontournable que lorsqu'il est question d'IED. En termes clairs, les états-majors du renseignement ont besoin de l'expertise des techniciens de munitions. « Parce qu'ils ont suivi une formation poussée sur les explosifs, les dispositifs de mise de feu et l'inspection des armes, ils sont capables d'établir le renseignement sur les armes en collaboration avec les policiers et les experts en criminalistique. Cette discipline, qui repose sur des techniques comme la comparaison d'armes, permet de remonter jusqu'à la source d'approvisionnement d'une arme, de la relier aux projectiles tirés, de trouver l'origine des explosifs et détonateurs et ainsi de suite. »[38] Lorsque le travail de coordination se fait correctement, l'état-major du renseignement, en collaboration avec les spécialistes, peut commencer à brosser le tableau des fabricants de bombes, des intermédiaires, des réseaux d'IED, des zones d'opérations et des fabriques de bombes.

Toutes les menaces ne sont pas aussi compartimentées que les IED. Parmi les autres techniques qu'utilisent les équipes d'analyse pour mener la lutte contre-insurrectionnelle, mentionnons l'analyse des réseaux sociaux, par laquelle on tente de comprendre les relations entre les membres d'un groupe de rebelles comme entre les divers groupes engagés dans la guérilla. Dans ce domaine d'analyse, on emploie différentes « techniques de reconnaissance des formes afin de regrouper les facteurs qui alimentent la violence des insurgés pour ne retenir que quelques indicateurs, ou [on utilise] des techniques prévisionnelles pour mieux déterminer les endroits les plus susceptibles de connaître des flambées de violence dans l'avenir ».[39] On peut également appliquer la théorie des jeux pour étudier les stratégies relatives des divers groupes à la lumière des objectifs contre-insurrectionnels.[40] D'autres concepts reposent sur le recours aux techniques de détection des changements, qui servent à étudier « les effets des changements apportés aux modes de fonctionnement des forces de sécurité sur les habitudes d'attaque des rebelles ».[41]

Les rebelles commettent souvent des actes de violence particuliers, comme les assassinats, les attentats à la bombe et les enlèvements, et ce sont habituellement des organismes d'application de la loi qui réalisent les enquêtes à la suite de tels événements. Quand les corps policiers ne sont pas en mesure de mener de telles enquêtes, cependant, les militaires peuvent devoir s'en charger.[42] Quand c'est le cas, on met l'accent sur l'analyse des scènes de crimes, et les activités de renseignement militaire s'apparentent alors davantage aux techniques d'enquête policière.[43] La création de la cellule combinée d'exploitation des explosifs (CEXC) en Irak et en Afghanistan illustre bien ce genre d'amalgame entre les façons de faire militaires et civiles. Somme toute, toutes les différentes organisations mises sur pied l'ont été dans le but de « mener des enquêtes de type policier sur les fragments et les débris laissés sur les lieux d'actes de violence, le plus souvent la détonation d'engins explosifs improvisés (IED) ».[44]

L'aptitude à assurer le suivi des quantités astronomiques d'informations qui sont recueillies et à assurer également l'accès à ces renseignements bruts à l'analyste quand il en a besoin constitue une composante vitale des étapes de la recherche et de l'exploitation du renseignement. Pour ce faire, la plupart des organismes de renseignement se sont dotés d'un grand nombre de bases de données, qu'ils veillent à tenir à jour. Ces bases de données sont conçues pour regrouper et recouper d'innombrables données disparates et en apparence dérisoires, afin de produire un matériel utilisable, dont l'analyste pourra se servir pour faire son travail. L'analyste peut utiliser les renseignements bruts ainsi constitués pour définir le contexte et proposer des options utiles. Ce n'est qu'une fois ce processus terminé et le renseignement produit, qu'il est possible de le diffuser et de prendre ensuite les mesures nécessaires.

Pour dire les choses simplement, quand ce système fonctionne bien et que les forces de sécurité ont accès à un renseignement opportun, détaillé, adapté et fusionné de toutes sources, les opérations dans lesquelles on s'engage ont plus de chances d'être couronnées de succès. La réussite peut d'ailleurs souvent se révéler éclatante. Par exemple, le 9 avril 1973, un petit groupe de commandos israéliens atteignait le littoral libanais, où il avait rendez-vous avec des agents du Mossad, qui l'ont conduit jusqu'à Beyrouth. Les agents disposaient d'un renseignement exhaustif sur leurs objectifs. Ils savaient tout ce qu'il y avait à savoir sur le chef de l'organisation Septembre noir (responsable du massacre des Jeux de Munich en 1972), le chef des opérations de l'Organisation de libération de la Palestine (OLP) et le porte-parole de l'OLP à Beyrouth, sans oublier les appartements et les quartiers qu'ils habitaient. L'unité a donc pu mener des attaques efficaces contre ces objectifs, en plus de détruire, avec l'aide de parachutistes israéliens, les fabriques d'armes et les réservoirs de carburant de l'OLP dans le secteur de Tyr et Sidon.[45]

Dans le même ordre d'idées, le 12 juillet 1993, de « l'excellent renseignement » a permis aux Américains de mener avec succès un raid sur la « maison Abdi » en Somalie. Le bâtiment avait été identifié comme un quartier général important de la milice. De surcroît, le commandant du raid avait reçu des renseignements sur les réunions quotidiennes qui avaient lieu dans le bâtiment : l'heure des réunions, la pièce où elles avaient lieu et leurs participants habituels. Les officiers du renseignement avaient également identifié les leaders somaliens qui assistaient à ces réunions comme étant les responsables de la pose d'une mine qui avait causé la mort de militaires américains ainsi que de la planification et de l'exécution de tous les actes de violence dirigés contre les forces américaines et onusiennes jusque-là. Autre élément important : l'information transmise faisait état d'une période de cinq jours pendant laquelle une frappe pouvait avoir lieu sans mettre en danger la vie de civils innocents qui travaillaient dans le bâtiment ou le fréquentaient. En bout de piste, une menace grave a pu être neutralisée tout en ne causant qu'un minimum de dommages collatéraux.[46] Plus récemment, en 2007 et 2008, la force opérationnelle spéciale canadienne affectée à Kandahar, en Afghanistan, à qui avait été transmis un renseignement de toutes sources précis et opportun, a été en mesure d'éliminer toute une coterie de chefs talibans dans leur zone d'opérations.

Les opérations de ce genre reposent sur un renseignement détaillé produit à partir d'une information qui ne peut être obtenue qu'en mettant au point et en employant avec précision et discernement des moyens de recherche techniques efficaces, et ce, tout en exploitant des réseaux de renseignement au fondement desquels se retrouvent agents et informateurs. Il est important de souligner que ce dernier élément, c'est-à-dire l'exploitation de réseaux constitués d'agents et d'informateurs, peut être abordé de façon très audacieuse, afin de miner l'influence des rebelles et perturber leur cohésion et leur efficacité opérationnelle. Pour ce faire, informateurs et agents tentent d'infiltrer l'organisation des rebelles. Un agent est une personne qui a été recrutée, formée et entraînée dans le but explicite d'évoluer dans une organisation hostile pour y rassembler de l'information.[47] Il faut souligner qu'un agent n'est pas un informateur. Un informateur est « une personne qui, parfois sans avoir été sollicitée, communique à l'ennemi de l'information au sujet de son organisation, autrement dit, une source non contrôlée ».[48]

Traditionnellement, l'emploi d'agents était une activité de renseignement spécialisé qui est souvent dirigée à partir des échelons les plus élevés. C'est une option intéressante, puisque les gouvernements nationaux ont compris qu'un nombre relativement restreint d'agents fiables et infiltrés de façon judicieuse permet d'obtenir des renseignements bruts essentiels, habituellement à des endroits charnières de la structure de commandement des rebelles. C'est pourquoi on peut lire dans le manuel de contre-insurrection des Forces canadiennes, *Opérations de contre-insurrection* : « Lorsque les agents arrivent à s'immiscer jusqu'au sommet de la hiérarchie des rebelles et de leur organe de contrôle, il est possible d'en apprendre plus sur le déploiement de leurs stratégies, l'identité des principaux leaders, le système de liaison entre les branches militaire et politique du mouvement d'insurrection et les méthodes [qu'ils utilisent] pour acquérir des ressources. »[49]

Aux échelons inférieurs, les informateurs permettent d'obtenir de l'information sur « les personnalités, les plans tactiques et les caches d'armes ». Dans le manuel, on recommande qu'à « ces échelons, il est important, pour assurer la continuité, que le réseau d'agents s'étende à un rythme similaire à celui du mouvement d'insurrection; sinon, son utilité relative ira en s'amenuisant ».[50] Il vaut la peine de rappeler que pendant l'occupation soviétique de l'Afghanistan, dans les années 1980, les services de renseignement soviétiques ont voulu perturber les initiatives des rebelles en menant un certain nombre d'opérations de sape réunissant agents et informateurs afghans.

En misant sur la fragmentation de la population afghane, les Soviétiques ont réussi à persuader les chefs de certains villages de faire la trêve et de refuser de fournir leur soutien logistique aux rebelles. Ces villages étaient souvent situés à proximité des agglomérations les plus importantes, et ils étaient dotés de leur propre milice, qui avait pour tâche de protéger le village et de maintenir l'ordre public dans la collectivité.[51] Dans certains cas, il a été possible d'acheter l'allégeance de groupes rebelles, en donnant de l'argent et des terres aux chefs de tribu pour qu'ils acceptent de renoncer à appuyer les moudjahiddines. Ces techniques de récupération de la loyauté de la population ont eu pour effet de créer « une strate d'habitants qui en dehors des villes avaient des intérêts politiques et économiques dans le système, d'où leur plus grande propension à le défendre ».[52] Les Américains ont essayé d'employer les mêmes techniques en 2001, au cours de la campagne qu'ils ont menée pour renverser le régime taliban après les attentats du 11 septembre 2001.[53]

Chose intéressante, la subversion s'est révélée particulièrement efficace quand on y a fait appel pour diviser et semer la zizanie parmi les divers groupes de résistants. Parce que la société afghane, et par conséquent les groupes de rebelles qui en étaient issus, est fondamentalement morcelée et ravagée par les querelles, les Soviétiques ont sans cesse cherché à exploiter les schismes et à monter les groupes les uns contre les autres.[54] Des agents avaient infiltré ces organisations rebelles et s'efforçaient de faire circuler des rumeurs entre les divers groupes pour alimenter le conflit entre eux ou pour discréditer certains chefs précis des moudjahiddines aux yeux des autres. Comme le disait un leader moudjahiddin au sujet de l'efficacité de ces techniques dans certains secteurs, « les agents du KHAD (la police secrète afghane) ont réussi à complètement neutraliser les groupes moudjahiddines en les amenant à se battre entre eux ». Il ajoutait : « Pourquoi les Soviétiques devraient-ils se soucier de tuer des Afghans si les moudjahiddines le font à leur place? »[55] À n'en pas douter, l'aptitude à prendre de telles initiatives dépend pour une grande part du renseignement, dont le renseignement culturel, pour à la fois cerner les possibilités et les exploiter au fur et à mesure qu'elles se présentent ou sont mises au jour ou comprises.

Les forces d'opérations spéciales (FOS) constituent une importante ressource d'exploitation du renseignement fourni par les agents et les informateurs. Les FOS sont définies comme suit : « Des organisations formées de personnel choisi qui est organisé, équipé et entraîné pour mener des opérations spéciales à haut risque et à valeur élevée pour atteindre des objectifs militaires, politiques, économiques ou informationnels par l'emploi de méthodologies opérationnelles spéciales et uniques dans des régions hostiles, où l'accès est interdit ou controversé sur le plan politique pour obtenir les effets tactiques, opérationnels et/ou stratégiques désirés en temps de paix, de conflit ou de guerre. »[56] Les FOS sont donc un élément central des activités contre-insurrectionnelles.

Comme ce fut le cas lors de l'attaque du complexe en Oruzgan et du raid réussi sur la « maison Abdi », les missions d'action directe constituent une tactique de premier plan permettant aux FOS d'obtenir les résultats escomptés. Ces missions sont conçues pour capturer ou supprimer des objectifs dont l'importance est de moyenne à grande, et qui jouent un rôle déterminant dans le cadre du processus de planification et de prise de décisions d'un réseau rebelle. Essentiellement, en éliminant ces objectifs (p. ex. les principaux leaders, les intermédiaires, les spécialistes comme les fabricants de bombes, les financiers et les planificateurs), les FOS neutralisent « le cerveau et le système nerveux » d'une insurrection.

De par leur nature même, ces opérations sont enracinées dans le renseignement. Après tout, il faut disposer d'une information impeccable pour exécuter des opérations d'une précision chirurgicale en provoquant le moins de dommages collatéraux possible. À cet égard, le renseignement fournit des identités, des réseaux, des emplacements, des intermédiaires, des financiers, des filières clandestines, des caches et des sympathisants. On se met ensuite méthodiquement en quête des objectifs qui, une fois capturés, deviennent de nouvelles sources d'information, à partir desquelles on produit un renseignement plus étoffé, qui à son tour permet de poursuivre et d'assurer la véracité d'autres objectifs. Au bout du compte, un renseignement de qualité fait en sorte que les forces de la contre-insurrection peuvent employer les FOS pour appliquer des techniques très pointues pour découvrir ou neutraliser les plans des rebelles ou des terroristes et éviter ou régler les incidents en découlant, et ce, en habilitant les FOS à mener des missions planifiées avec précision présentant un risque minimal de dommages collatéraux.

Dans les faits toutefois, des données fiables, ou une information détaillée, sont indispensables non seulement dans le cadre des opérations des FOS mais également, et à dire vrai, pour assurer la réussite de toutes les opérations des forces de sécurité. En outre, on comprend que la collectivité du renseignement doit rester en communication et en liaison avec les forces de sécurité dans leur ensemble. L'expérience des Britanniques confirme cette évaluation de la situation. Dans une note de service sur les « leçons retenues », diffusée peu après l'invasion initiale de l'Irak, on déclarait que « le rythme et les effets des opérations terrestres, navales et aériennes étaient directement attribuables à la qualité, à la disponibilité et à l'opportunité du renseignement fourni, que l'accès aux sources américaines et coalisées a permis de nettement améliorer, et ce, à des moments critiques.[57]

Pourtant, une connaissance pleine et entière de la situation dans le contexte dynamique d'une insurrection nécessite plus qu'une information traitée. Elle exige de plus une compréhension approfondie de tous les facteurs en jeu dans la zone des opérations. Cela comprend les aspects politiques, économiques, sociaux, culturels et religieux de l'environnement. De plus, le commandant de la force doit envisager ce qu'il sait des opposants à ses efforts de stabilisation et de leurs motifs dans un certain contexte culturel.[58] Par conséquent, les connaissances que l'on a de la dynamique culturelle sont essentielles tant pour comprendre l'environnement dans lequel les forces évoluent et que pour mettre l'information en contexte.

En ce sens, le renseignement culturel, qui concorde avec l'intelligence culturelle ou le quotient culturel (QC), est au cœur de l'intersection entre renseignement et contre-insurrection. Le QC est défini comme suit : « L'aptitude à reconnaître les croyances, valeurs, attitudes et comportements qu'ont en partage les membres d'un groupe donné et à utiliser ce savoir pour atteindre un objectif précis ».[59] Quand on s'efforce de contrôler et d'influencer une population, il est essentiel de comprendre ce qui y est jugé important, comment on y réfléchit, quels sont ses us et coutumes, ses valeurs et ses normes, car les forces de sécurité peuvent alors mieux approcher les habitants et remporter leur adhésion. Essentiellement, le QC, comme l'explique Emily Spencer, Ph.D., dans des termes beaucoup plus simples, « c'est la capacité de voir les choses à travers les yeux des autres ».[60]

Chose intéressante, l'application militaire du QC n'est pas un phénomène propre à l'espace de combat du XXIe siècle. De fait, d'intrépides guerriers en tenaient souvent compte pour mener des opérations de guerre conventionnelle et irrégulière, et ce, en des temps aussi anciens que la guerre du Péloponnèse, au Ve siècle av. J.-C. À une époque plus récente, le QC a permis de remporter de brillantes victoires militaires au moyen de ressources étonnamment limitées. Par exemple, au cours de la Première Guerre mondiale, le Colonel T.E. Lawrence, qui était le célèbre Lawrence d'Arabie,[61] a pu mettre à profit sa compréhension de la culture arabe ainsi que la connaissance qu'il avait de la géographie du Moyen-Orient pour gagner la confiance de Feisal, le troisième fils de Sharif Hussein ben Ali. Ce faisant, il est devenu un vecteur central de l'organisation et de la poursuite de la révolte arabe contre les Turcs.[62] Le mouvement de rébellion a obligé l'armée turque à mobiliser des ressources importantes qui auraient pu être utilisées à bien meilleur escient ailleurs.[63]

Même si ce concept n'était pas évident à l'époque, la réussite de cette entreprise était une confirmation éclatante de l'usage que l'on peut faire du QC pour faciliter les relations, qui peuvent ensuite être exploitées pour mener à la victoire tactique ou opérationnelle. Une telle conscience du QC est particulièrement importante dans le cadre des opérations de contre-insurrection modernes, comme celles associées à la mission de l'OTAN en Afghanistan et au travail de coalition dirigée par les Américains en Irak. Cependant, malgré l'importance vitale du QC, les militaires des pays industrialisés ont encore de la difficulté à atteindre un niveau intéressant de QC, puisqu'ils continuent de voir le monde à travers une lorgnette idéologique, culturelle et religieuse avant tout occidentale. Par exemple, selon Cordesman, la collectivité américaine du renseignement n'était pas prête à faire face à l'ampleur de la tâche qui lui a été confiée en Irak. Même s'il admet que « la gravité réelle des problèmes auxquels a dû faire face la collectivité américaine du renseignement pour trouver et affecter du personnel dans le cadre de la guerre en Irak est hautement classifié », il laisse entendre qu'« au plus fort de la guerre, la plupart des analystes chargés des activités HUMINT avait peu ou pas d'expérience de l'Irak, et bon nombre d'entre eux n'avaient aucune connaissance du Moyen-Orient ».[64]

Il va sans dire que pour mener à bien des opérations dans le contexte d'une culture étrangère, le travail de contre-insurrection n'est efficace qu'à condition de coordonner les initiatives des entités nationales et internationales comme celles du pays hôte qui sont chargées d'assurer la sécurité, tout en harmonisant les réformes économique, politique et sociale, tout cela s'inscrivant dans le vaste effort de séduction de la population locale. Dans les situations de ce genre, on réalise des progrès quand on saisit bien les déclinaisons culturelles de la société concernée et qu'on prend mesures adaptées aux croyances, coutumes et perceptions locales, qui n'ont pas pour effet de se mettre à dos les gens mêmes que les autorités gouvernementales ou les forces coalisées tentent d'aider.[65] Ce n'est qu'après avoir bien compris les enjeux et les nuances culturelles que les opérations de sécurité peuvent être orientées sur l'atteinte d'objectifs précis et finir par donner les résultats voulus.

L'élément QC dans l'équation du renseignement est absolument fondamental. Il offre une clé importante pour régler un problème persistant de la contre-insurrection : réussir à distinguer les amis des ennemis. Comme on l'a déjà dit, les rebelles essaient de se fondre à la population pour à la fois s'y cacher et y trouver un soutien (que les habitants leur accordent ce soutien de leur plein gré ou de force, par la coercition et l'intimidation). Infiltrer un réseau déjà établi est difficile, voire impossible, à moins de comprendre le contexte culturel, et certains aspects en particulier, comme les affiliations tribales et claniques, les croyances, normes et valeurs sociétales, ainsi que les relations de pouvoir et les réseaux décisionnels locaux.

Et c'est là que les choses se compliquent. Pour arriver à influencer la population et mener une contre-insurrection efficace, il est primordial d'obtenir auprès de la population locale de l'information qui pourra être transformée en renseignement sur les rebelles. Pour ce faire, toutefois, on doit comprendre la société dans laquelle on réalise ses activités. Grâce à une telle compréhension, il devient important de séparer le plus rapidement possible les rebelles des citoyens innocents, afin d'empêcher les rebelles d'avoir accès à l'information et au soutien qu'ils recherchent, d'une part, et d'obtenir une information vitale pour l'exécution des opérations contre-insurrectionnelles, d'autre part.

Fait paradoxal, pour arriver à faire la différence entre les amis et les ennemis, les forces de sécurité doivent avant tout mener des opérations de renseignement pour lesquelles elles ont besoin de l'apport en information de la population même qui renferme peut-être déjà en son sein des rebelles. L'Adjudant Dominic Chenard décrit la situation comme suit : « Les paysans sont nombreux dans la région, mais nous ignorons ce qu'ils font, ce qu'ils pensent. Impossible de savoir qui est un ami ou un ennemi. Aujourd'hui, cet homme que nous croisons sur le bord de la route tient une fourche, mais la prochaine fois que nous le rencontrerons, il pourrait très bien pointer un lance-roquettes antichars dans notre direction. »[66]

C'est pourquoi la seule chance que nous ayons de remporter la victoire est d'acquérir des connaissances approfondies sur la population comme sur les rebelles. Un officier américain à la retraite, le Major-général Robert H. Scales Jr., résume les choses ainsi : « Il a été démontré qu'une connaissance intime des motifs de l'ennemi, de son intention, de son degré de détermination, de ses méthodes tactiques et de son milieu culturel est bien plus importante pour remporter la victoire que le recours aux bombes guidées, aéronefs télépilotés et bande passante impressionnante. »[67] La raison est simple. Ce savoir permet de déceler les failles entre la population et la guérilla, des failles qui peuvent être aggravées et exploitées.

Sous l'angle du renseignement, la compréhension des éléments culturels en jeu dans le pays hôte permet aux forces de sécurité de reconnaître et profiter des occasions quand elles se présentent. Par exemple, on peut exploiter les transgressions à l'intérieur des systèmes de valeurs et de croyances. De plus, les subtilités du discours, de la gestuelle et des liens tribaux peuvent constituer autant d'indices précieux quant au possible emplacement ou aux éventuelles intentions des belligérants, ce qui peut faciliter le déroulement des opérations. À cet égard, l'expérience a démontré que de bons interprètes peuvent faire bien plus que de produire des traductions fidèles pour le compte des forces de sécurité.[68]

De fait, en Afghanistan, les interprètes chevronnés sont capables d'expliquer des nuances qu'une personne qui n'a qu'une connaissance rudimentaire de la langue ne peut saisir et de transposer ces nuances en messages plus significatifs. Ils fournissent par conséquent une excellente information aux forces coalisées. Le message, selon la façon dont il est exprimé (p. ex. pauses, ambiguïtés, etc.), pourrait résider davantage dans la façon dont les choses sont dites que dans ce qui est dit en tant que tel.[69] À dire vrai, de solides compétences en matière de QC peuvent parfois aider les forces de sécurité à se rendre compte que beaucoup d'histoires sont bien plus riches que ce que laissent entendre les mots utilisés pour les raconter. Tout cela permet d'obtenir une information plus élaborée, qui peut ensuite être analysée pour en extraire le renseignement requis pour mener des opérations ciblées.

Aussi essentiel que soit le renseignement du point de vue de la contre-insurrection, on constate malheureusement que l'efficacité des diverses activités de renseignement exécutées pendant les opérations contre-insurrectionnelles et antiterroristes dépend de la capacité des différents organismes, dont les priorités et les mandats divergent, de travailler de concert en fonction d'un plan de recherche commun et de faire converger des ressources limitées en fonction d'un but précis. Bien que cette tâche puisse sembler passablement simple dans son principe, dans les faits, elle est beaucoup plus difficile qu'elle n'y paraît. Pour tout dire, parmi les principaux obstacles à surmonter pour arriver à produire le renseignement de façon efficace, les frictions entre organismes rivaux et dans bien des cas, entre sections d'un même organisme, occupent une place importante.

Le manque d'esprit d'équipe légendaire de la collectivité du renseignement a été crûment mis en lumière par les événements qui ont suivi l'attentat terroriste du 11 septembre 2001. Avant même que la poussière ne soit entièrement retombée, une litanie d'accusations et de révélations commençait à filtrer. Ainsi, dès le milieu de l'année 2001, de nombreuses personnes « dans le secret des dieux » — spécialistes du renseignement, policiers, bureaucrates d'une douzaine de pays — savaient qu'une frappe terroriste majeure était imminente et s'en inquiétaient.[70] À l'été 2001, les services du renseignement interceptaient suffisamment de conversations au sujet d'une attaque terroriste pour inciter le département de la Défense à mettre ses troupes sur un pied d'alerte dès le 22 juin. Le département a même ordonné à six navires de la Fifth Fleet stationnés à Bahreïn de faire une sortie en mer afin d'éviter toute attaque contre eux.[71] Au début de juillet, Ben Bonk, directeur adjoint du Counter-Terrorism Centre de la CIA, a fourni la preuve qu'Al-Qaïda planifiait « quelque chose de spectaculaire ». La preuve était, semble-t-il, très convaincante.[72]

Chose intéressante, le premier avertissement est venu de Phoenix, en Arizona, le 10 juillet 2001. Ken Williams, un agent d'expérience, spécialiste du terrorisme international, a rédigé une note de service dans laquelle il exposait ses soupçons à l'égard d'extrémistes islamiques qui avaient suivi des leçons de pilotage en Arizona. Ce qui est proprement fascinant toutefois, c'est d'apprendre que Ken Williams avait proposé de mener une enquête afin de vérifier si le réseau Al-Qaïda utilisait les écoles de pilotage ailleurs au pays. Il a transmis son rapport au quartier général ainsi qu'à deux bureaux régionaux, dont celui de New York. Aucune suite n'a été donnée à ce rapport, à aucun des trois emplacements.[73]

Le deuxième avertissement a été donné cinq semaines plus tard, soit le 13 août, quand Zacarias Moussaoui, un Français d'origine marocaine, s'est présenté à la Pan Am International Flight Academy, au Minnesota, pour y suivre une formation sur un simulateur de Boeing 747. Il voulait apprendre à faire voler un Boeing 747 en quatre ou cinq jours, ce qui a éveillé des soupçons chez les instructeurs. Un de ces derniers a donc communiqué avec le FBI. Moussaoui a été arrêté le lendemain. Pendant les deux semaines qui suivirent, on tenta de persuader le quartier général d'accorder un mandat aux agents locaux pour qu'ils puissent fouiller l'ordinateur de Moussaoui.[74]

Coleen Rowley, une critique virulente du FBI, a révélé que les agents du bureau local de Minneapolis étaient si frustrés de l'inaction de leurs supérieurs dans le cadre de leur enquête sur Moussaoui, le présumé vingtième pirate de l'air, qu'ils ont tenté de court-circuiter leurs patrons et d'alerter le Counter-Terrorism Centre de la CIA. Ils ont par la suite été réprimandés par la direction du FBI pour ne pas avoir suivi la filière habituelle. Rowley a affirmé que l'inertie face à leurs avertissements et à leurs demandes de mandat était si incompréhensible que, dans son bureau, les agents disaient à la blague que certains hauts gradés du FBI « devaient être des espions ou des taupes … qui travaillaient en vérité pour Oussama Ben Laden ».[75] Un agent, à la suite de l'arrestation de Moussaoui, a émis dans ses notes l'hypothèse que ce dernier « pourrait planifier de percuter le World Trade Center avec un aéronef ».[76]

Parallèlement à cela, un autre des terroristes, Khalid al-Midhar, a été identifié bien avant les événements. En janvier 2000, des membres du réseau Al-Qaïda se sont rencontrés à Kuala Lumpur, en Malaisie, pour planifier l'attentat contre le USS *Cole*. Les autorités malaisiennes ont enregistré la réunion et ont ensuite remis la cassette à la CIA. À l'été 2001, cette dernière a identifié comme étant l'un des participants à cette réunion le Saoudien al-Midhar qui, selon les agents du renseignement, serait entré aux États-Unis peu de temps après la réunion tenue en

Malaisie et aurait quitté le pays six mois plus tard. La CIA a inscrit son nom sur une liste de terroristes à surveiller, qu'elle a par la suite remise au Immigration and Naturalization Service, mais à ce moment-là, al-Midhar était déjà revenu aux États-Unis. Quelques jours plus tard, la CIA en a informé le FBI. Une chasse à l'homme effrénée a alors été lancée, mais elle s'est soldée par un échec. Les autorités croient qu'al-Midhar était un des pirates de l'air à bord du vol 77 d'American Airlines qui avait pour cible le Pentagone.[77]

Même lorsque les échecs sont aussi cuisants, il est très difficile de convaincre les divers organismes de coopérer, malgré leurs divergences en termes de priorités et de mandats, pour arriver à atténuer les frictions et à diffuser sans contrainte l'information entre les services de renseignement. La clé de la libre circulation de l'information et du renseignement dans un contexte de contre-insurrection consiste à coordonner tous les états-majors du renseignement à partir d'un noyau central, en commençant par établir un poste unique de directeur du renseignement, puis en établissant une autorité similaire à chaque échelon de commandement subordonné. Cela dit, le travail de coordination concret se ferait encore au sein de comités du renseignement, qui coordonneraient la recherche, l'exploitation et la diffusion de l'information et du renseignement.

Dans un tel modèle, chaque comité doit rendre compte à l'échelon qui lui est immédiatement supérieur, qui est tenu de veiller à l'efficacité et à l'intégration harmonieuse des efforts de renseignement du groupe subalterne. Pour que les organismes fonctionnent de façon mieux coordonnée, chaque service doit participer aux travaux des comités, et les membres de chaque comité doivent se réunir régulièrement pour échanger entre eux et discuter d'information et de renseignement. Ce mode de fonctionnement a pour but de permettre à l'organisation et au processus de contribuer à l'établissement des relations de travail nécessaires entre les divers organismes et services de renseignement.[78]

Le principal enjeu est de savoir s'il est possible ou pas qu'un comité du renseignement puisse englober tous les intervenants actifs dans le pays hôte. Après tout, le problème le plus préoccupant est l'infiltration par les rebelles, surtout dans les cultures et les collectivités étrangères où les liens tribaux et claniques forment le tissu même de la société. De fait, les forces coalisées en Afghanistan doivent actuellement composer avec ce problème, puisque l'on constate souvent, preuve à l'appui, que certaines des attaques les plus spectaculaires des talibans ont été facilitées grâce à la complicité active de hauts fonctionnaires afghans et/ou de dirigeants des forces de sécurité. On a de plus récemment découvert sur le cadavre d'un rebelle des fréquences et des codes secrets de l'armée de terre afghane, ce qui démontre encore une fois la gravité de l'infiltration.

Si on fait abstraction du défi de la contre-ingérence (CI), il est vital de procéder à une fusion du renseignement obtenu de tous les acteurs concernés. Quand la coordination ne peut être assurée à une telle échelle, la plaque tournante normale de la coordination du renseignement au jour le jour devient le centre du renseignement de toutes sources (CRTS) ou, quand une opération interarmées est prévue, comme c'est de plus en plus souvent le cas, le CRTS interarmées (CRTSI). La totalité du personnel du renseignement est regroupé au CRTS, ce qui comprend les spécialistes de la fusion et de l'analyse dont on a besoin pour transformer les informations brutes en renseignement traité. Cependant, la recette du décloisonnement en matière d'information et de renseignement consiste sans nul doute à réunir des représentants des divers organismes afin qu'ils travaillent ensemble au sein d'une seule organisation ou dans le même secteur.[79]

Un bon exemple d'une collaboration fructueuse de ce genre remonte aux années 1980, avec la création du Counter-terrorism Center de la CIA en 1986, qui allait permettre aux agents du FBI et de la CIA de travailler côte à côte. De 1989 à 2002, le personnel de ce centre a réussi à déjouer au moins trois attaques que le groupe terroriste Hezbollah avait projeté de perpétrer à l'extérieur du Moyen-Orient.[80] Ce centre fonctionne toujours aussi bien aujourd'hui, et c'est un exemple à suivre.[81]

Bien que l'on ne mène plus la guerre irrégulière moderne tout à fait comme cela se faisait, surtout en matière d'insurrection, le principe fondamental est resté le même. En ce sens, elle se résume pour une bonne part à tenter de gagner la surenchère des influences à laquelle est soumise la population, et pour remporter cette bataille, il faut disposer du renseignement détaillé requis pour mener des opérations ciblées très précises.

En bout de piste, un renseignement juste et précis facilite énormément le combat conventionnel. Il assure une meilleure protection de la force en mettant au jour les activités que planifie l'ennemi, que ce soit des embuscades, des attaques de convoi ou de base d'opérations avancée ou la pose d'IED. L'information permet non seulement de sauver des vies mais également de fournir les détails nécessaires pour mener des opérations qui aboutiront à la capture ou à l'élimination de rebelles. En outre, le renseignement peut servir à mieux protéger la population en dévoilant la position actuelle de l'ennemi, sa destination probable, sa zone de rassemblement, etc., permettant du même coup aux forces de sécurité de prendre les mesures requises. On peut ainsi surprendre l'ennemi, séparer les rebelles de la population, les empêcher de se mettre à l'abri et leur couper l'accès à leurs bases d'étape. Un renseignement précis permet aussi de déterminer quels sont les itinéraires d'entrée, les filières clandestines et les bases de soutien, et là encore, de fournir aux forces de sécurité les objectifs qu'elles devront supprimer. Pour résumer, un renseignement exact et opportun permet aux forces de la contre-insurrection de créer l'environnement stable et sûr nécessaire pour que puissent prendre racine les réformes politique, sociale et économique. Dans le monde complexe qui est le nôtre, c'est là le secret de réussite.

NOTES

1. Steven Metz, « New Challenges and Old Concepts: Understanding 21st Century Insurgency », *U.S. Army War College Quarterly: Parameters*, vol. XXXVII, n° 4, hiver 2007–2008, p. 22 et 23.

2. Département de la Défense, *Directive n° 3000.07, Irregular Warfare* (Washington, D.C., DoD, 1er décembre 2008), p. 11.

3. Département de la Défense, *The Joint Operating Environment (JOE)* (Suffolk, VA: U.S. Joint Forces Command, 2008), p. 46.

4. *Ibid.*, p. 46.

5. Ministère de la Défense nationale (MDN), Opérations de contre-insurrection (version provisoire) (Kingston, SDIFT, 2005), chapitre 1, p. 10–14.

6. Bard E. O'Neill, *Insurgency & Terrorism: Inside Modern Revolutionary Warfare* (Washington, DC: Brassey's Inc., 1990), p. 13. Au cours des dernières années, les pays occidentaux en sont venus à reconnaître le caractère transnational des guérillas modernes et définissent désormais l'insurrection comme « une confrontation entre

au moins un mouvement non étatique, utilisant des moyens pouvant aller jusqu'à la violence, et le pouvoir en place, dans le but d'opérer un changement politique ». (Définition établie par le groupe d'étude COIN pendant le séminaire *Joint Urban Warrior* 2005 du Corps des Marines des États-Unis. Extrait du manuel de l'Armée de terre du Canada, Opérations de contre-insurrection — ébauche, B-GL-323-004/ FP-004).

7. Opérations de contre-insurrection, manuel de l'Armée de terre du Canada, p. 11.

8. John J. McCuen, *The Art of Counter-Revolutionary War: The Strategy of Counter-Insurgency* (Londres: Faber and Faber, 1966), p. 30. Une partie de la citation de M. McCuen provient de l'ouvrage de Mao Zedong, « Strategic Problems in the Anti-Japanese Guerrilla War » *Oeuvres choisies*, vol. 2 (New York: International Publishers, 1954), p. 125.

9. Julian Paget, *Counter-insurgency Campaigning* (Londres: Faber and Faber, 1967), p. 23.

10. *http://earthops.org/sovereign/low_intensity/100-20.2.html*, site consulté le 20 octobre 2006.

11. Général (à la retraite) M.Y. Nawroz et Lieutenant-colonel (à la retraite) L.W. Grau, *The Soviet War in Afghanistan: History and Harbinger of Future War?* (Fort Leavenworth: Foreign Military Studies Office), p. 10.

12. Ministère de la Défense nationale, *Forces canadiennes — La doctrine du renseignement interarmées*, B-GJ-005-200/FP-000, J2 Plans pol, 21 mai 2003, p. 1–1. Cependant, être en possession de l'information appropriée au sujet d'une menace donnée n'est pas très utile pour le commandant militaire qui doit prendre les décisions tant et aussi longtemps que cette information n'a été suffisamment analysée pour que des déductions utiles puissent en être tirées. Pour être plus précis, l'information en soi n'est qu'un fait ou un ensemble de faits, et elle n'a à ce titre qu'une valeur limitée, quand elle n'est pas complètement inutile. Quand ces données sont analysées, toutefois, et mises en relation avec d'autres éléments d'information déjà connus, ou quand elles peuvent être situées dans le contexte d'une situation particulière, on peut arriver à produire un nouvel ensemble de faits ou de connaissances. C'est ce produit que l'on appelle le renseignement.

13. Adapté de l'*Intelligence Notebook*, accessible en ligne (en anglais seulement) dans le site Web de l'Association du Service du Renseignement des Forces canadiennes (ASRFC), à l'adresse *www.intbranch.org/engl/intntbk/int03.html*, site consulté le 25 septembre 2004.

14. Peter Harclerode, *Secret Soldiers: Special Forces in the War Against Terrorism* (Londres : Cassel & Co, 2000), p. 346.

15. Massimo Calabresi et Romesh Ratnesar, « Can We Stop the Next Attack? » *Time*, 11 mars 2002, p. 22.

16. Opérations de contre-insurrection, manuel de l'Armée de terre du Canada, ébauche, B-GL-323-004/FP.004, chapitre 7, p. 5–6, 30.

17. *Ibid.*, p. 6, 30.

18. *Ibid.*, p. 7, 30.

19. *Ibid.*, p. 7, 30.

20. Défense nationale, *Les opérations d'information de la Force terrestre : Manuel de campagne — Le renseignement* (Kingston : Directeur — Doctrine de l'Armée de terre, B-GL-357-001/FP-001, 2000), p. 1.

21. *Ibid.*, p. 8, 30.
22. Nawroz, p. 10.
23. Walt L. Perry et John Gordon, *Analytic Support to Intelligence in Counterinsurgencies* (Santa Monica, CA: RAND Corp, 2008), p. 15.
24. Seth G. Jones, *Counterinsurgency in Afghanistan*, étude RAND sur la contre-insurrection, v. 4 (Santa Monica : RAND National Defense Research Institute, 2008), p. 99.
25. *Ibid.*, p. 99.
26. *Ibid.*, p. 100. M. Jones souligne que « même si le renseignement produit à partir des habitants de la région peut être utile, on doit l'utiliser avec circonspection. Les sources HUMINT pourraient avoir d'autres motifs de divulguer de l'information, en raison de rivalités tribales par exemple, et ils pourraient aussi laisser transpirer de l'information au profit des rebelles ».
27. *Ibid.*, p. 100.
28. *Opérations de contre-insurrection*, manuel des Forces canadiennes (ébauche), chapitre 7, p. 15, 30.
29. *Ibid.*, chapitre 7, p. 15, 30.
30. Anthony H. Cordesman, *The Intelligence Lessons of the Iraq War(s)* (Washington, DC: Center for Strategic and International Studies, 6 août 2004), p. 75.
31. Nawroz, p. 10 à 12. Nawroz fait une comparaison intéressante entre les niveaux numériques des troupes soviétiques en Afghanistan et américaines au Vietnam : « Au Vietnam, les effectifs militaires américains ont atteint jusqu'à plus de 500 000 hommes, et les Américains ont dû mener de nombreuses opérations divisionnaires et multidivisionnaires. En comparaison, en Afghanistan, un pays cinq fois plus grand que le Vietnam, les effectifs soviétiques ont fluctué entre 90 000 et 104 000 hommes ». *Ibid.*, p. 2.
32. Lieutenant-colonel Ian Hope, exposé donné lors de l'assemblée générale annuelle de l'Association canadienne de l'infanterie, 25 mai 2007.
33. Opérations de contre-insurrection, manuel de l'Armée de terre du Canada, ébauche, B-GL-323-004/FP-004, chapitre 7, p. 23, 30.
34. Colonel Gary D. Payton, éd., « The Art of Intelligence by the General », *Airpower Journal*, hiver 1993, n° 5; et le Major L.H. Rémillard, « de toutes sources », une nouvelle façon de travailler — L'évolution du renseignement dans les opérations militaires modernes », *Revue militaire canadienne,* vol. 8, n° 3, automne 2007, p. 23.
35. Ministère de la Défense nationale, *Forces canadiennes — La doctrine du renseignement interarmées*, B-GJ-005-200/FP-000, J2 Plans et Pol, 21 mai 2003, p. 1–1.
36. Opérations de contre-insurrection, manuel de l'Armée de terre du Canada, publication inédite, B-GL-323-004/FP-004, chapitre 7, p. 17, 30. Le renseignement est souvent établi à partir de l'information recueillie pendant les opérations des forces amies (c.-à-d., contacts des troupes avec l'ennemi, interrogatoire tactique de détenus, interactions avec la population et forces de sécurité du pays hôte).
37. Cordesman, p. 88.
38. *Ibid.*, chapitre 7, p. 7, 30.
39. Walt L. Perry et John Gordon, p. 53.
40. *Ibid.*, p. 53.
41. *Ibid.*, p. 53.
42. *Ibid.*, p. 15.

43. *Ibid.*, p. 16.

44. *Ibid.*, p. 16.

45. Harclerode, p. 289–291. De plus, en 1976, la planification initiale de l'opération à Entebbe prévoyait quatre options. Les trois premiers scénarios dépendaient de la coopération des Ougandais pour assurer la réussite du retrait, une fois les otages sauvés par les FOS israéliennes. Cependant, après avoir appris, grâce à l'information dénichée par les agents du Mossad, qu'Idi Amin Dada aidait très activement les terroristes, on a commencé à planifier de façon détaillée l'exécution de la quatrième option : attaquer l'aéroport d'Entebbe, récupérer les otages et se réfugier en territoire ami.

46. « Ambush in Mogadishu — Interview with General Thomas Montgomery », *Frontline, www.pbs.org/wgbh/pages/frontline/shows/ambush/interview/montgomery. html,* site consulté le 9 juillet 2002.

47. *Opérations de contre — insurrection,* manuel des Forces canadiennes (ébauche), chapitre 7, p. 17, 30.

48. *Ibid.*, p. 17, 30.

49. *Ibid.*, p. 17, 30.

50. *Ibid.*, p. 17, 30.

51. Dans le cas de l'Afghanistan, cette façon de fonctionner est héritée de l'ancienne coutume tribale que l'on souvent décrite avec cette image : « Mon frère et moi contre mon cousin. Mon cousin, mon frère et moi contre le monde ». Cela tient également au fait que les troupes étrangères rentreront éventuellement dans leur pays, mais que les combattants sont déjà chez eux.

52. Alex, Alexiev, *The United States and the War in Afghanistan* (Santa Monica: RAND, 1988), p. 4.

53. Voir Gary C. Schroen, *First In: An Insider's Account of How the CIA Spearheaded the War on Terror in Afghanistan* (New York: Presidio, 2006) et Gary Berntsen, *Jawbreaker: The Attack on Bin Laden and Al-Qaeda* (New York: Three Rivers Press, 2005).

54. E.R. Girardet, *Afghanistan: The Soviet War* (New York: St. Martin's Press, 1985), p. 36. « l'application systématique des méthodes de subversion de style KGB, dont l'exercice de pressions psychologiques et économiques, le recours aux services d'informateurs et d'agents provocateurs, le versement de pots-de-vin, l'emprisonnement, les menaces et l'octroi de privilèges ... constitue une ... arme efficace pour un gouvernement qui s'efforce de gagner des alliés ou de créer des dissensions parmi les tribus, les groupes ethniques, les partis politiques en exil et les poches de résistance ».

55. *Ibid.*, p. 129.

56. Canada, *Commandement des forces d'opérations spéciales du Canada : un aperçu,* Ottawa, MDN, 2008, p. 6.

57. Citation tirée de l'ouvrage de Cordesman, p. 92.

58. Citation tirée de l'ouvrage de George W. Smith, « Avoiding a Napoleonic Ulcer: Bridging the Gap of Cultural Intelligence », *A Common Perspective*, mai 2006, vol. 14, n° 1, p. 23.

59. Emily Spencer, Ph.D., *Crucible of Success: Applying the Four Domain CQ Paradigm,* Institut de leadership des Forces canadiennes (ILFC), rapport technique 2007–05, mai 2007.

60. *Ibid.*
61. Stanly et Rodelle Weintraub, éd., *T.E. Lawrence. Evolution of a Revolt: Early Postwar Writings of T.E. Lawrence* (Londres: Pennsylvania State University Press, 1968), p. 9–29. Chose intéressante, Lawrence n'était pas un soldat de métier. De fait, après avoir décroché un diplôme de l'Université d'Oxford en 1910, il a obtenu une bourse d'études supérieures du Magdalen College et a effectué la plupart de ses recherches au Moyen-Orient, voyageant un peu partout en y réalisant des travaux archéologiques. Quand la Première Guerre mondiale a été déclarée en 1914, Lawrence s'est enrôlé et est devenu un officier du renseignement de l'armée britannique.
62. *Ibid.* Le Général Edmund Allenby a employé Lawrence comme officier de liaison auprès des Arabes, qui évoluaient à l'est des Britanniques. Il a conjugué leurs efforts afin de faire avancer ses forces mécanisées vers le nord pour affronter les Turcs, y menant des attaques fulgurantes, alors que les Arabes entravaient les mouvements de troupes et de matériel des Turcs.
63. *Ibid.*, p. 9–29.
64. Cordesman, p. 75.
65. David Kilcullen, « Counter-Insurgency Redux », *Survival* 48, 2006–2007, p. 122.
66. Doug Beazley, « Dig In, Stay Alive 60 Days Between a Rock and a Hard Place », *Winnipeg Sun*, 12 décembre 2006, p. 10.
67. Robert H. Scales Jr., « Culture-Centric Warfare », *Proceedings*, octobre 2004, p. 32.
68. Lorenzo Puertas, « Corporal Jones and the Moment of Truth », *Proceedings*, novembre 2004, p. 44.
69. Il est important d'être assez perspicace pour décoder les indices culturels, ce qui nous aide aussi à déterminer si un secteur est sous le contrôle de l'ennemi et si les habitants appuient les rebelles de leur plein gré. Grâce à une telle information, il est possible de savoir comment on arrivera à influencer le plus efficacement les perceptions des habitants. Par exemple, dans un coin de pays où les rebelles obligent les habitants à les aider sous la contrainte, en les menaçant de représailles, il est certainement utile de sécuriser le secteur et de convaincre les habitants que le gouvernement s'engage à long terme à leur endroit, ce qui contribuera à les persuader de prendre le parti des forces gouvernementales. Citation tirée de l'ouvrage du Colonel (à la retraite) W.N. Peters, *Shifting to the Moral Plane: The Canadian Approach to Information Operations* (Kingston: ILFC, rapport technique, 2007), p. 20 et 21. La définition de l'OTAN des opérations d'information est la suivante : « Les opérations d'information sont une fonction militaire destinée à produire les avis et à assurer la coordination des activités d'information militaires, afin de produire les effets désirés sur la volonté, la compréhension et la capacité des ennemis, des ennemis potentiels et les autres parties désignées par le Conseil de l'Atlantique Nord, à l'appui des objectifs et de la mission de l'Alliance ».
70. Michael Elliot, « They Had a Plan », *Time*, 12 août 2002, p. 25.
71. *Ibid.*, p. 25.
72. *Ibid.*, p. 33. Voir aussi Hirsh et Isikoff, p. 32; Romesh Ratnesar et Michael Weisskopf, « How the FBI Blew the Case », *Time*, 3 juin 2002, p. 21; Michael Isikoff et Daniel Klaidman, « The Hijackers We Let Escape », *Newsweek*, 10 juin 2002, p. 20 à 28.
73. Elliot, « They Had a Plan », p. 35. Voir aussi Elliot, « How the U.S. Missed the Clues », p. 23.
74. Elliot, « They Had a Plan », p. 36.

75. Ratnesar et Weisskopf, p. 21.

76. Hirsh et Isikoff, p. 33 et 34.

77. Elliot, « They Had a Plan », p. 36.

78. *Opérations de contre-insurrection*, manuel des Forces canadiennes (ébauche), chapitre 7, p. 11, 30.

79. *Ibid.*, p. 8, 30.

80. Massimo Calabresi et Romesh Ratnesar, « Can We Stop the Next Attack? » *Time*, 11 mars 2002, p. 22.

81. Gregory Treverton, un analyste principal de la politique à la RAND Corp, explique que « pendant la guerre froide, le secteur du renseignement était organisé, du côté de la recherche, autour des sources — transmissions (SIGINT), imagerie (IMINT) et espionage (renseignement humain ou HUMINT) — et, du côté de l'analyse, autour des organismes, comme la CIA ou la *Defense Intelligence Agency* (DIA) ». Il ajoute que « le changement législatif le plus fondamental a donné lieu à l'établissement des centres de renseignement nationaux, sous l'égide du *Director of National Intelligence* ou DNI, qui sont structurés en fonction des enjeux ou des missions. Les centres, dont le prototype a été le *National Counterterrorism Center* (NCTC), devaient être déployés et équipés grâce aux ressources informationnelles, technologiques et humaines des organismes existants : CIA, DIA, *National Security Agency*, etc. » Il poursuit en laissant entendre que « les centres devaient être la version 'renseignement' des commandements unifiés des militaires, se tournant vers les organismes de renseignement pour obtenir les systèmes technologiques, former leur personnel et exécuter les opérations planifiées par les centres de renseignement nationaux. Il est difficile de prédire s'il serait possible de reproduire ce genre de mécanisme dans le cadre d'une coalition, dont les divers acteurs ne sont pas traités uniformément. Cela dit, le renseignement est un ingrédient indispensable de la réussite des opérations militaires modernes et doit par conséquent être adapté à l'utilisateur et non à l'organisation qui crée le produit. Gregory F. Treverton, *The Next Steps in Reshaping Intelligence* (Santa Monica, CA: RAND Corp, 2005), p. viii.

4

LE « CASSE-TÊTE HUMAIN » :

l'importance de l'intelligence culturelle dans la contre-insurrection

Emily Spencer

« *En fin de compte, tout est culturel.* »

— Lieutenant-colonel Ian Hope,
commandant du Groupement tactique canadien
(Force opérationnelle Orion)[1]

UN ANCIEN COMBATTANT AMÉRICAIN qui avait participé à plusieurs interventions à l'étranger a un jour fait le commentaire suivant au sujet des forces armées américaines : « ce dont nous avons besoin c'est de l'intelligence culturelle. » Pour ajouter ensuite : « j'ai besoin [en tant que soldat] de comprendre comment ces sociétés fonctionnent. Qu'est-ce qui les motive? Qui prend les décisions? Qu'y a-t-il dans leur société qui est si différent dans ses valeurs, dans sa façon de penser de mes valeurs et de mes façons de penser? »[2] Plus récemment, le Brigadier-général David Fraser, ancien commandant de la Force internationale d'assistance à la sécurité (FIAS), Brigade multinationale (Sud) à Kandahar (Afghanistan), admettait : « J'ai sous-estimé un facteur, la culture. Je me servais de la mauvaise carte. Il m'aurait fallu consulter la carte tribale et non la carte géographique, qui datait d'il y a deux milles ans. » Peu importe où on se déploie dans le monde, il faut tenir compte de la culture. La culture affecte tout ce que l'on fait. Cette carte des tribus est la plus importante de toutes. Je n'ai pas réalisé cela au départ. Toutes les forces ennemies signalées n'étaient pas vraiment des talibans; l'identification des forces ennemies était souvent motivée par des facteurs culturels ».[3]

Plus particulièrement, dans la guerre de contre-insurrection, le combat fondamental vise principalement à influencer la population pour l'amener à appuyer l'autorité gouvernementale et à priver les insurgés de son appui et des informations dont ils ont besoin. Pour avoir quelque espoir d'influer sur les masses, et particulièrement pour les gagner à notre cause, il est d'une importance vitale de les comprendre et de comprendre leur culture. Si on ne parvient pas à comprendre leurs croyances, leurs valeurs, leurs attitudes et leur vision du monde, l'échec de la mission est assuré. Le succès de la mission repose fondamentalement sur la résolution du casse-tête de la population. À cet égard, l'intelligence culturelle (IC)[4] — ou la capacité de reconnaître les croyances, les valeurs, les attitudes et les comportements partagés par un groupe de personnes et, plus important encore, d'utiliser ces connaissances dans un but particulier, — est certainement l'une des clés, sinon la plus importante, des missions de contre-insurrection.

L'IMPORTANCE DE L'INTELLIGENCE CULTURELLE DANS LA LUTTE À L'INSURRECTION

L'approche non linéaire et asymétrique de l'environnement de défense contemporain, particulièrement dans le contexte de l'insurrection et de la contre-insurrection, exige des soldats qu'ils soient à la fois guerriers et techniciens, aussi bien qu'érudits et diplomates. Les solutions symétriques ne sont plus la panacée de la guerre. Il faut plutôt que les individus interprètent la réalité à laquelle ils sont confrontés du point de vue d'une autre culture, en particulier celle du groupe avec lequel ils sont en interaction, pour pouvoir adapter leurs attitudes et leurs comportements afin de mieux influer sur l'audience-cible pour atteindre des objectifs spécifiques. La connaissance culturelle contribue à cette fin, tandis que la compréhension de l'intelligence culturelle (IC) et, en particulier du paradigme des quatre domaines de l'IC, sert de gabarit dans l'utilisation de ces connaissances culturelles pour atteindre les objectifs souhaités.[5]

Les conflits actuels en Afghanistan et en Irak font ressortir l'importance d'une IC de haut niveau dans les campagnes de contre-insurrection. À cet égard, dans l'allocution qu'il a donnée à l'occasion de son départ à la retraite, le Général P. J. Schoomaker de l'armée américaine rappelait à son auditoire que : « Nous ne devons jamais oublier que la guerre se déroule dans la dimension humaine ».[6] Dans le même ordre d'idées, le Lieutenant-colonel Ian Hope, un commandant aguerri d'un groupement tactique canadien en Afghanistan, mentionnait : « en situation de combat, la personnalité, l'intelligence et l'intuition, la volonté et la confiance l'emportent sur le pouvoir de la technologie et du reste ».[7] Plus encore, le *Marine Corps Small Wars Manual* mentionne ce qui suit : « Les réactions humaines ne sont pas une science exacte, mais il existe certains principes qui devraient guider notre conduite. Il peut arriver des erreurs psychologiques qui mobilisent contre nous la population du pays occupé et tous les sympathisants étrangers; ce genre d'erreur peut avoir des conséquences énormes et exiger beaucoup de temps pour rétablir la confiance, le respect et l'ordre ».[8]

Par ailleurs, un des thèmes communs qui font surface dans les comptes rendus des soldats déployés en zone de conflit est le besoin de mieux connaître les populations du pays hôte. « Les écueils présentés par une culture différente et des systèmes judiciaire, administratif et politique locaux mal définis ou défaillants (ou non existants) sont énormes » selon le Major P.M. Zeman du Corps des Marines des États-Unis d'Amérique.[9] Le Major-général (retraité) Robert H. Scales Jr. de l'armée américaine fait écho à ces sentiments lorsqu'il décrit la phase « culturelle » vitale de la guerre au cours de laquelle « une connaissance intime de la motivation, de l'intention, de la volonté, de la méthode tactique et de l'environnement culturel de l'ennemi est beaucoup plus importante pour le succès que l'utilisation de bombes intelligentes, d'aéronefs sans pilote et d'une bande passante dispendieuse ».[10] Lorenzo Puertas, un membre de la Réserve navale américaine, ajoute judicieusement à cet égard : « Toute guerre est une guerre de persuasion. (…) nous devons détruire la volonté de combattre de l'ennemi. La persuasion est toujours délicate au plan culturel. Impossible de persuader quelqu'un si on ne comprend pas sa langue, ses motivations, ses craintes et ses désirs ».[11]

Le Général Zinni, de l'armée américaine, a décrit ainsi l'environnement turbulent et chaotique auquel les soldats modernes font face en opérations : « Les situations auxquelles vous allez être confrontés dépassent grandement celles pour lesquelles vous vous êtes entraînés dans une optique militaire très étroite. Elles deviennent des problèmes culturels; les problèmes d'une population traumatisée : le bien-être, la nourriture et un abri; des problèmes de gouvernance; des problèmes culturels, éthiques et religieux; des problèmes historiques; des problèmes économiques auxquels vous devez faire face et qui ne font pas nécessairement partie du processus METT-T [Mission, Ennemi, Troupes, Terrain et conditions climatiques, et Temps disponible]. Le point de vue militaire rigide peut vous mettre en difficulté. Ce que vous avez besoin de savoir n'est pas ce que notre système de renseignement est conçu pour trouver, analyser et vous présenter ».[12]

Après tout, en cette ère des médias mondiaux, les décisions que prennent les soldats dans des régions éloignées peuvent avoir de lourdes conséquences pour la population de leur pays d'origine et pour les populations locales. Pour illustrer cette affirmation, Puertas nous décrit les conséquences potentielles des décisions prises par un caporal après avoir essuyé des tirs dans une ruelle en Irak. « Sans formation culturelle, sa réaction sera fonction de ses expériences et de ses croyances personnelles. Il pourrait avoir des méconceptions culturelles qui pourraient l'entraîner dans de graves erreurs de jugement. Il pourrait échouer sa mission et susciter la haine d'un quartier pauvre ou d'un milliard de téléspectateurs horrifiés. La connaissance culturelle d'un espace de combat ne devrait pas être acquise sur le tas ».[13] Il a d'ailleurs été signalé à ce sujet que : « Dans les échanges culturels constants, une simple erreur peut devenir une obscénité sans que le coupable ne réalise même son erreur ».[14]

Comme le disait le Lieutenant-général Andrew Leslie, ancien commandant adjoint de la Force internationale d'assistance à la sécurité : « des individus ont été retournés chez eux [depuis l'Afghanistan]. Leur immaturité et leur incapacité de penser en dehors des schémas établis les rendaient inefficaces. Ils tentaient de transposer une expérience souvent très limitée, acquise dans un autre univers, dans un nouveau lieu en l'utilisant de la même manière. Cela ne fonctionnait pas. Chaque mission est unique et comporte ses propres catalyseurs, ses conditions culturelles, ses nuances locales et des relations particulières avec les autres alliés ou les autres combattants ». Il souligne également qu'au « problème afghan, il faut apporter une solution afghane ».[15] [Le lien avec la prochaine partie est insatisfaisant et j'ai essayé une solution — il faut tenter d'expliquer le concept du caporal stratégique et ce n'est pas évident. Il faut aussi faire le lien avec l'importance de la contre-insurrection.]

En réalité, dans l'environnement de sécurité actuel, tous ont besoin de posséder une intelligence culturelle, jusqu'au plus bas niveau. À l'ère des nouvelles instantanées diffusées 24 heures par jour sur CNN au fur et à mesure que les événements se déroulent un peu partout dans le monde, la négligence d'un simple soldat peut avoir des répercussions stratégiques. En ce qui concerne le concept du caporal stratégique, le Colonel Bernd Horn des Forces canadiennes mentionne que : « les perceptions des journalistes et des analystes de défense, qu'elles soient vraies ou fausses, très favorables ou très défavorables, ont une importance cruciale. Ces perceptions moulent celles des citoyens; les faits rapportés dans les diverses tribunes contribuent à forger l'opinion publique, influencent et façonnent les attitudes et les croyances des gens. Quand elles sont très répandues ou répétées suffisamment, les perceptions deviennent la réalité. Les forces militaires doivent toujours se soucier et tenir compte des perceptions des autres ».[16] Donc, dans le combat acrimonieux contre l'insurrection, qui est presque toujours sous la loupe des médias internationaux, tous les participants doivent posséder une bonne connaissance culturelle pour s'assurer qu'ils n'offensent pas ou ne se mettent pas à dos consciemment ou par inadvertance les audiences qui les observent, que ce soit au pays, à l'étranger ou dans la zone d'opérations.

Malgré le besoin évident de connaître la culture et de comprendre la meilleure manière d'utiliser cette connaissance pour faire avancer la mission, il y a des lacunes dans l'apprentissage et l'application des habilités connexes par le personnel militaire. Comme le soulignait le Major-général Robert Scales des États-Unis, les forces militaires américaines ont de grosses lacunes en matière d'intelligence culturelle. Il ne suffira pas simplement d'embaucher un plus grand nombre d'interprètes. Ce qu'il faut, surtout, c'est de communiquer notre point de vue, y compris notre intention, et pour ce faire, l'appréciation culturelle est primordiale.[17]

Pour aider à combler ces lacunes de connaissances, il faut d'abord comprendre ce qu'est la culture et d'où vient le concept de l'intelligence culturelle. Ensuite, il faut un gabarit efficace sur lequel placer les connaissances particulières à la culture pour qu'elles soient utilisables pour atteindre les objectifs militaires.

Comprendre la culture

L'intelligence culturelle est un concept qui découle de l'idée de culture et pour comprendre ce qu'est l'IC, il faut d'abord comprendre ce qu'est la culture. Le sujet de la culture lui-même foisonne de débats intellectuels. Mais pour pleinement comprendre l'IC, il faut interpréter ce débat intellectuel.

Les ouvrages spécialisés débordent de descriptions de ce qu'est la culture. Il s'agit d'un concept que les anthropologues et autres intellectuels analysent et discutent depuis longtemps, mais il n'y a toujours pas de consensus clair sur la définition de ce qu'est la culture. Comme le mentionne l'auteur Ralph Peters : « Il faut lutter contre notre tendance américaine à nous concentrer sur le matériel et les détails pour nous attaquer aux problèmes plus difficiles et subtils que posent le comportement humain et l'histoire régionale ».[18] À ce sujet, le ministère de la Défense américain a déclaré que : « La culture demeurera une source de friction et de conflits potentiels entre les sociétés. L'environnement opérationnel de l'avenir devra faire place à une tendance importante à la croissance du nombre et de l'importance des cultures et des sous-cultures. Alimentés par la mondialisation, la régionalisation et les technologies de l'ère de l'information, de nouveaux groupes se découvrent (ou quelquefois redécouvrent) une culture commune. Cette tendance complique la tâche pour nous de définir et de comprendre l'environnement opérationnel de l'avenir et d'influer sur lui ».[19] Ces défis ne se posent toutefois pas seulement qu'aux Américains.

La chose la plus importante à comprendre au sujet de la culture est son immense complexité, comme le souligne l'épigraphe du Lieutenant-colonel Ian Hope au début de cet article : « En fin de compte, tout est affaire de culture ». De plus, notre compréhension de la culture est limitée par notre compréhension du monde et est donc sujette aux erreurs de l'ethnocentrisme. Néanmoins, il faut cartographier ce champ de mines le plus efficacement possible.

Lorsqu'on utilise l'IC comme multiplicateur de la force, le but est de modeler le comportement des gens dans chacun des quatre domaines de l'IC — national, international, pays hôte et ennemi. Les comportements humains sont façonnés par de nombreux facteurs, notamment la situation immédiate. Fondamentalement, toutefois, le comportement humain repose sur les croyances, les valeurs et les attitudes au sujet du monde. Sans aller jusqu'à dire que les croyances, les valeurs et les attitudes sont les seules choses qui façonnent le comportement au niveau du groupe, le fait de comprendre certaines attitudes fondamentales des groupes soustendues par des paires croyance-valeur permet de comprendre comment certains groupes de la population fonctionnent. Cette compréhension aide à prévoir les comportements et fait ressortir les lignes de faille qu'on peut exploiter pour changer ces comportements. À ce sujet, rappelons que le changement culturel est lent et fait généralement l'objet d'une grande résistance.

La culture désigne un ensemble de croyances et de valeurs communes au sein d'un groupe de personnes qui, en se combinant, se transforment en attitudes qui s'expriment par des comportements.[20] (Voir la figure 1.) La culture aide à créer l'identité individuelle et collective. L'identité collective, ou la culture, se forge lorsque des individus qui partagent des attitudes et des comportements communs s'identifient mutuellement. Certains individus peuvent se joindre au groupe en ayant déjà intégré les attitudes et les comportements partagés, ou encore le groupe peut créer cette communauté d'attitudes et de comportements. Les valeurs, les croyances et les attitudes culturelles sont généralement durables et résistantes au changement. Elles se communiquent de génération en génération et sont souvent de nature inconsciente.

CROYANCE + VALEUR —> ATTITUDE —> COMPORTEMENT

FIGURE 1: *Rapports entre les croyances, les valeurs, les attitudes et les comportements.[21]*

Les croyances représentent des « faits » perçus au sujet du monde (et au-delà) dont la véracité n'a pas besoin d'être évaluée ou prouvée.[22] Par exemple, les païens croient à de nombreux dieux, les chrétiens croient en un seul dieu et les musulmans croient en Allah. Aucune de ces croyances religieuses en concurrence n'a été prouvée hors de tout doute. Le groupe peut même entretenir certaines croyances malgré des « faits » qui les réfutent. Cette situation peut entraîner des erreurs d'attribution dans lesquelles un rapport de cause à effet est mal compris à cause de la rigidité d'une certaine croyance. Par exemple, si vous croyez hors de tout doute que la technologie améliore la qualité de la vie, ou bien vous accepteriez qu'au fur et à mesure que la technologie progresse il en va de même de la qualité de la vie ou bien, face à des preuves flagrantes à l'effet contraire, vous présumeriez que la technologie n'était pas à l'origine du déclin constaté.

Malgré les limites que certaines croyances créent à la capacité d'un individu ou d'un groupe d'évaluer pleinement son environnement, les croyances communes demeurent au cœur de l'identité culturelle. Par exemple, la très grande majorité des Afghans et des Irakiens croient leurs chefs religieux et tribaux en ce qui concerne les motifs de la présence des occidentaux dans leur pays. Comme l'explique le stratège militaire américain Edward Luttwak : « L'alternative pour eux serait de croire l'incroyable, c'est à dire que des étrangers donnent leurs vies et dépensent leurs ressources de façon altruiste pour leur venir en aide. Eux-mêmes n'envahiraient jamais un autre pays sauf pour le piller, de la manière dont les Irakiens l'ont fait au Kuwait, ce qui avait rendu Saddam Hussein très populaire pendant un certain temps lorsque les soldats ont rapporté leur butin. Comme le démontrent de nombreux sondages d'opinion et d'innombrables incidents, les Américains et leurs alliés sont largement considérés comme les pires envahisseurs qui sont venus voler non seulement le territoire et le pétrole irakiens, mais également la religion et l'honneur familiale des Irakiens musulmans ».[23]

Liées aux croyances, les valeurs leur ajoutent une connotation morale et / ou pratique.[24] Par exemple, les chrétiens ne croient pas simplement en dieu, ils utilisent cette croyance pour interpréter ce qui est important dans la vie. En ce sens, les valeurs chrétiennes servent de code moral pour distinguer le bien du mal. D'un point de vue pratique, si vous croyez que les études universitaires permettent à ceux qui les font de gagner plus durant leur vie et si vous croyez que l'enrichissement est quelque chose d'important, alors vous allez accorder une grande « valeur » aux études universitaires.

Les rapports entre les croyances et les valeurs sont complexes et dynamiques. Les valeurs sont généralement associées à des croyances, mais le fait d'adhérer à certaines valeurs peut renforcer les croyances ou en créer de nouvelles. Paradoxalement, les individus et les groupes peuvent simultanément avoir des croyances et des valeurs en concurrence.

Souvent, l'importance attachée à une certaine croyance détermine le comportement. Par exemple, un pacifiste modéré peut à la fois être contre toute forme de violence et croire fortement à la préservation de soi et au droit à la légitime défense. Dans une situation où l'alternative serait de tuer ou d'être tué, le pacifiste pourrait très bien choisir de tuer son attaquant. Dans la même situation, un autre pacifiste convaincu optera pour mourir plutôt que d'aller contre ses croyances. Ainsi, ce que certains jugent irrationnel peut être complètement logique et rationnel pour d'autres à la lumière de leurs croyances et de leurs valeurs. Voilà un point particulièrement important à garder à l'esprit lorsqu'on aborde des cultures étrangères.

En se combinant, les croyances et les valeurs créent des attitudes. Les attitudes sont le reflet d'une réaction émotive constante à un duo croyance-valeur.[25] Pour modifier une attitude, il faut modifier soit la croyance soit la valeur qui y est associée. Pour revenir sur un exemple déjà mentionné, si vous croyez que les études universitaires augmentent les gains de toute une vie et que vous accordez de la valeur aux incitatifs économiques, vous aurez une attitude positive face aux études supérieures. Pour que cette attitude change, il vous faudra cesser de croire que les études supérieures mènent à des gains supérieurs ou modifier la valeur que vous accordez aux incitatifs économiques. À ce sujet, de nombreux duos croyance-valeur peuvent se combiner pour former, renforcer ou affaiblir une attitude. Pour poursuivre avec l'exemple des études universitaires, outre les gains supérieurs, vous pourriez aussi croire que les études universitaires donnent une plus grande marge de manœuvre sur le plan de la carrière, un autre facteur que vous jugez important pour la qualité de vie. Votre attitude favorable envers les études supérieures en serait ainsi renforcée.

Il est important de comprendre que les attitudes sont distinctes d'une simple combinaison de croyances et de valeurs, car une fois qu'elles sont formées il n'est pas si facile de les réduire à leurs composantes et ce sont les attitudes, bien plus que les simples croyances et valeurs, qui prédisent les comportements. Par exemple, les Afghans croient que la guerre est un conflit d'endurance dans le temps. Ils valorisent une démonstration de courage manifestée dans une attaque plus que le fait de tenir du terrain ou de prendre un objectif. Pour de nombreux Afghans, le but de la guerre est d'obtenir gloire et reconnaissance pour sa tribu.[26] Il ne fait aucun doute que pour les Afghans, la loyauté va au premier titre à la famille, au groupe familial, au clan ou à la tribu. De plus, les attitudes morales sont souvent strictes et rigides, et elles insistent sur l'honneur et la responsabilité individuelle dans l'exécution des rôles attendus.[27] Cependant, cela étant dit, la meilleure manière de modifier les attitudes est de cibler les paires fondamentales de croyances-valeurs tout en reconnaissant le fait que plusieurs de ces paires peuvent opérer en même temps. À cet égard, l'information et la connaissance peuvent aider à modifier les attitudes.

Le comportement est la manière dont les individus s'expriment et, pour les fins de cet exposé, il peut être verbal ou non verbal. Outre le fait qu'ils subissent l'influence des attitudes, les comportements subissent aussi une influence déterminante des motivations. La motivation peut être influencée par la force des croyances et des valeurs qui forment les attitudes (motivation interne) ou elle peut être externe, par exemple un pot de vin, mais il reste que l'applicabilité des influences externes subira aussi l'influence des croyances, des valeurs et des attitudes. Par exemple, soudoyer quelqu'un avec de l'argent pour le motiver à se comporter d'une certaine manière ne fonctionnera que si cette personne accorde de la valeur à l'argent.

La culture s'exprime par des comportements partagés, notamment la langue, la religion, les habitudes de travail, les loisirs, etc. Elle aide les gens à classer leurs expériences et à les communiquer symboliquement. Généralement, notre vie de tous les jours reflète nos croyances, nos valeurs et nos attitudes de multiples façons. Celles-ci façonnent notre vie et alimentent notre sens d'identité. La culture influe sur ce que nous faisons et sur ce que nous croyons être; nos croyances, nos valeurs et nos attitudes, qui s'expriment dans nos comportements, façonnent également la manière dont les autres nous voient.

Comme les paragraphes précédents le suggèrent, la complexité de la culture ne saurait être exagérée. Non seulement les cultures comprennent-elles de nombreuses couches de signification inter-reliées, mais elles sont des organismes vivants qui sont, paradoxalement, en état de changement continuel, malgré leur apparence statique. Le manuel du Corps des Marines américains sur la culture opérationnelle à l'intention des militaires qui se déploient en Afghanistan signale que : « L'étude de la culture n'est jamais terminée. Ce qui était vrai hier change lentement. La culture n'est pas une science exacte ».[28]

RACINES CULTURELLES

Outre le fait qu'elles aident les individus à comprendre le monde, les cultures se sont développées comme un moyen de survie.[29] En ce sens, elles ont des racines géographiques et géopolitiques.[30] Les croyances, les valeurs et les attitudes dont se compose l'identité culturelle ont leurs racines dans les perceptions du monde qui se sont créées à partir des perceptions des réalités géographiques et climatiques. Dans son ouvrage controversé, mais stimulant, sur le conflit imminent entre les civilisations, le politicologue Samuel P. Huntington a peut-être simplifié à outrance les choses en disant que : « les différences majeures dans le développement politique et économique d'une civilisation à l'autre s'enracinent à l'évidence dans leurs différences culturelles ».[31] Il est certain que le continent africain dans son ensemble n'a pas choisi une culture de pauvreté. Ce sont plutôt les facteurs de la géographie et de la géopolitique qui ont contribué au développement de la culture africaine. En fait, il n'est pas plus juste d'examiner l'incidence de la géographie et la géopolitique sur la culture que de faire l'inverse. (Voir la figure 2.) La géographie et la géopolitique influent sur la culture qui, à son tour, façonne la dynamique géopolitique et le degré auquel les caractéristiques géographiques sont manipulées (ou peuvent l'être).

Géographie + Géopolitique ⟺ Culture

FIGURE 2: *Rapports entre la géographie, la géopolitique et la culture.*

La géographie et la géopolitique aident les groupes culturels à se distinguer les uns des autres. À ce sujet Huntington a écrit : « on sait qui on est seulement si on sait qui on n'est pas. Et, bien souvent, si on sait contre qui on est ».[32] « Les peuples et les nations s'efforcent de répondre à la question fondamentale entre toutes pour les humains : qui sommes-nous? Ils se définissent en termes de lignage, de religion, de langue, d'histoire, de valeurs, d'habitudes et d'institutions. Ils s'identifient à des groupes culturels : tribus, ethnies, communautés religieuses, nations et, au niveau le plus large, civilisations ».[33]

En vertu de cette logique, nous, les occidentaux, en sommes venus à voir le monde en termes de nous contre eux ou de l'Occident contre le reste du monde. Ce point de vue présuppose une communauté culturelle occidentale en même temps qu'il admet que le reste (plutôt que l'Est) se compose de plusieurs entités non occidentales.

Même dans le paradigme « L'Ouest contre le reste », les États-nations demeurent les principaux acteurs du monde.[34] Voilà un facteur important à garder à l'esprit parce qu'il représente un paradoxe central dans la manière dont de nombreux peuples voient le monde. D'un côté, les nations sont groupées selon de vastes systèmes de croyances-valeurs auxquels contribuent les États-nations, mais qui s'étendent bien au-delà des frontières nationales. D'un autre côté, nos cadres juridiques et nos compréhensions par défaut restent au niveau de l'État-nation. Par exemple, bien qu'il soit clair que les insurgés en Afghanistan appartiennent à de nombreux groupes nationaux et que certains se réfugient au Pakistan, la communauté internationale n'a aucun recours légal à l'intérieur des frontières du Pakistan.

Si l'on comprend la culture et la manière dont elle se développe et continue à croître, il est possible ensuite d'apprendre à appliquer une intelligence culturelle de haut niveau. Mais l'IC est un concept complexe qu'il faudra aussi expliquer plus en détail.

DÉFINITION DE L'INTELLIGENCE CULTURELLE

L'IC est une nouvelle expression qu'on a associée à un vieux concept et qui, au fil des années, a entraîné la création de plusieurs définitions. Malgré le grand nombre de descriptions de ce qu'est l'IC, ce terme n'a toujours pas de définition claire et concise. Dans ce contexte, il importe d'établir une définition et un concept pratiques de l'IC dans son application à la communauté de la défense afin de créer une langue commune et une compréhension partagée du concept et de son application.

Malgré certaines différences fondamentales entre les ouvrages militaires et scientifiques se rapportant à l'IC, les écoles de pensée tant civiles et militaires sont inextricablement liées et chacune doit être expliquée plus en profondeur. L'un des auteurs les plus éminents du milieu civil sur l'IC est le chercheur P. Christopher Earley. Earley, en collaboration avec Elaine Mosakowski, a publié en 2004 dans le *Harvard*

Business Review un article décrivant l'IC comme la « … capacité d'un étranger d'interpréter les gestes non familiers et ambigus d'une personne de la même manière que les compatriotes et les collègues de cette personne le feraient, jusqu'au point même de les reproduire. Une personne qui possède un haut niveau d'intelligence culturelle parvient à interpréter parmi les comportements d'une personne ou d'un groupe ceux qui seraient vrais de toutes les personnes et de tous les groupes, ceux qui sont particuliers à cette personne ou à ce groupe, et ceux qui ne sont ni universels ni idiosyncratiques. Le vaste domaine qui existe entre ces deux pôles est la culture ».[35]

Dans une analyse plus élaborée de l'intelligence culturelle, Earley et Soon Ang définissent l'IC comme suit : « la capacité d'une personne de s'adapter efficacement à de nouveaux contextes culturels ». Quoi que cette définition soit un peu vague, les auteurs poursuivent en expliquant que l'IC a des aspects associés au processus et d'autres au contenu qui comprennent des éléments cognitifs, motivationnels et comportementaux.[36] Earley et Randall S. Peterson ont développé ce concept à partir du concept original de Earley et Ang à savoir que : « L'IC désigne la capacité d'adaptation interculturelle et reflète la capacité d'une personne de recueillir, d'interpréter et d'utiliser ces indices radicalement différents pour fonctionner efficacement dans divers contextes culturels ou dans une situation multiculturelle. L'IC reflète la capacité d'une personne de développer des comportements totalement nouveaux (par exemple la langue, les sons, les gestes, etc.), si nécessaire. Fondamentalement, l'IC se compose de trois éléments de base : la métaconnaissance et la connaissance (réfléchir, apprendre et établir des stratégies); la motivation (efficacité et confiance, persistance, congruence des valeurs et effet pour la nouvelle culture); et le comportement (imitation sociale et répertoire de comportements) ».[37]

D'autres chercheurs ont également examiné l'idée que l'IC se composait des domaines cognitif, motivationnel et comportemental ou de variations semblables de ce système à trois volets. Par exemple, James Johnson et un groupe de chercheurs ont défini l'IC en termes d'attitude, d'habiletés et de connaissances, tandis qu'un autre chercheur de ce domaine, David C. Thomas, parlait plutôt de connaissances, d'habiletés et d'attention.[38]

La majorité des auteurs, cependant, insistent pour dire que l'IC se rapporte à d'autres cultures et non à sa propre culture. Earley et Ang mentionnent clairement : « L'IC reflète l'adaptation d'une personne à de nouveaux environnements culturels et sa capacité d'interagir efficacement avec d'autres personnes qui ne possèdent pas le même bagage culturel commun ».[39] Ils ajoutent même que les individus qui font partie de leur propre intra-groupe culturel éprouveraient passablement de difficultés à s'adapter à un nouveau cadre culturel car ce pourrait être la première fois qu'ils se sentent exclus de l'intra-groupe culturel et que les leçons apprises dans une culture peuvent ne pas être utiles dans une autre.[40]

Cet argument ne tient cependant pas compte du soutien et des réactions de la population dans le pays d'appartenance. Même si ce concept peut fonctionner dans le domaine des affaires, il n'est pas acceptable pour les forces militaires au service des nations démocratiques. La capacité d'une personne de comprendre les schémas de comportement, les croyances, les valeurs et les attitudes de sa propre société demeure un aspect important de la définition de l'intelligence culturelle en ce qu'elle s'applique aux Forces canadiennes et aux autres forces militaires occidentales. La plupart des ouvrages militaires au sujet de l'IC reconnaissent d'ailleurs ce fait.

Pour aider à atténuer les problèmes découlant de l'incompréhension culturelle et pour maximiser le soutien à l'effort de guerre au pays et à l'étranger, les forces militaires occidentales commencent à définir l'IC et à souligner les aspects importants de la culture qui contribuent à la réussite de la mission. Par exemple, le U.S. Center for Advanced Defence Studies définit l'IC comme suit : « capacité d'adopter des comportements qui utilisent la langue, les habiletés et les qualités interpersonnelles de manière adaptée aux valeurs et attitudes culturelles de la population avec laquelle on est en interaction ».[41] Leonard Wong, un chercheur et universitaire de l'armée américaine, et son équipe décrivent la connaissance culturelle, ce que nous appelons l'IC, dans leur rapport soumis au U.S. Army War College, comme étant la compétence « qui permet à un officier de voir des points de vue à l'extérieur de ses limites. Cela ne signifie toutefois pas que l'officier abandonne la culture de l'armée ou des États-Unis en quête d'une vision réaliste du monde, mais bien que le chef stratégique de l'avenir se fonde sur les valeurs nationales et de l'armée et qu'il est également capable de prévoir et de comprendre les valeurs, les hypothèses et les normes d'autres groupes, organisations et nations ».[42]

Le commandant John P. Coles de la marine américaine nous donne une autre définition de l'intelligence culturelle comme suit : « information sociale, politique, économique et démographique analysée qui permet de comprendre l'histoire d'un peuple ou d'une nation, leurs institutions, leur psychologie, leurs croyances (comme la religion) et leurs comportements. Elle aide à comprendre pourquoi un peuple agit comme il le fait et ce qu'il pense. L'IC est une base de référence pour les études et pour concevoir des stratégies efficaces pour interagir avec les peuples étrangers, qu'ils soient alliés, neutres, habitants du territoire occupé ou ennemis. L'IC est plus que la démographie. Elle nous permet de comprendre non seulement comment les groupes agissent, mais pourquoi ils agissent ainsi ».[43]

Ce chapitre s'alimente tant dans les ouvrages civils sur l'IC que dans les concepts et définitions militaires de l'intelligence culturelle pour arriver à une compréhension claire de ce dont il s'agit. Comme je l'ai dit précédemment, l'IC est la capacité de reconnaître les croyances, valeurs, attitudes et comportements partagés par un groupe de personnes et, encore plus important, d'utiliser ces connaissances dans un but particulier.[44] Plus particulièrement, l'IC se rapporte aux capacités cognitives, motivationnelles et comportementales de comprendre et de réagir efficacement aux croyances, valeurs, attitudes et comportements des individus et institutions de leurs groupes, sociétés et cultures et d'autres groupes dans des circonstances complexes et changeantes afin de réaliser le changement souhaité. L'IC a donc quatre composantes principales (voir la figure 3) : premièrement, il faut comprendre l'objectif ou le but de sa nation dans l'exploitation de l'intelligence culturelle développée; deuxièmement, les individus ont besoin de connaissances et d'une sensibilité particulières à une région; troisièmement, ils ont besoin de la capacité ou des habilités et de la motivation nécessaires pour exploiter cette IC développée; et finalement, ils doivent afficher le comportement pertinent pour atteindre l'objectif désiré.

Composantes de l'intelligence culturelle

1. Objectif et / ou but national.
2. Connaissances / sensibilité particulières à une région.
3. Capacité (ou habileté) et motivation.
4. Comportement approprié.

Figure 3: *Composantes de l'intelligence culturelle.*

En outre, l'IC doit être exploitée dans un contexte national, international, du pays hôte ou de l'ennemi pour être efficace. Comme l'image sur le couvercle d'une boîte de casse-tête, le paradigme des quatre domaines de l'intelligence culturelle fournit le cadre qui permet de connaître la position des morceaux de connaissance culturelle individuels dans le contexte global. La sensibilité à une culture, à un pays ou à un domaine culturel particulier fournit des informations sur chaque morceau du casse-tête. Sans la conceptualisation générale fournie par le paradigme des quatre domaines de l'IC et sans l'identification des morceaux individuels du casse-tête grâce à la sensibilité culturelle au pays ou même à un domaine culturel particulier, il est impossible de reconstituer le casse-tête.

Le paradigme des quatre domaines de l'intelligence culturelle

L'IC habilite les personnes à voir la réalité à travers le regard d'une autre culture, en particulier celle avec laquelle ils interagissent. Cette capacité, à son tour, permet aux individus qui possèdent les habilités voulues d'adapter leurs attitudes et leurs comportements pour mieux influer sur l'audience-cible afin d'atteindre des buts précis. Par exemple, pour les Forces canadiennes, l'IC exige une appréciation du rôle des FC dans le spectre plus large de la société canadienne, du rôle des FC dans les alliances multinationales, des complexités qui peuvent se manifester lorsqu'il faut opérer dans un environnement outremer, en particulier avec les institutions et la population du pays hôte, ainsi qu'une compréhension profonde de « l'ennemi ». En outre, les interactions entre ces quatre domaines doivent être reconnues et comprises. L'IC exige que ces quatre domaines (voir la figure 4) soient continuellement équilibrés. C'est une tâche difficile qui est compliquée davantage par le fait que ces domaines, individuellement, et les rapports mutuels qu'ils entretiennent sont complexes et dynamiques.

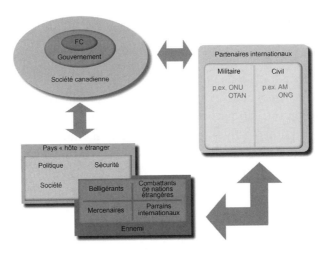

FIGURE 4: *Les quatre domaines de l'IC : national (c.-à-d. la société canadienne), international, pays hôte et ennemi.*

DOMAINE NATIONAL

Gagner et conserver l'appui des Canadiens

Pour les membres des FC, il est important de comprendre les croyances, les valeurs et les coutumes de la culture canadienne parce que les FC représentent cette culture et la servent. Il est impératif pour le succès de la mission d'exploiter cette connaissance pour maximiser l'appui de la population canadienne à la mission, ainsi que l'appui au sein des FC. Une institution militaire qui dessert une nation démocratique ne peut obtenir un succès complet si elle n'a pas l'appui de la population du pays à sa mission. L'omniprésence des médias au 21e siècle et leur capacité de diffuser les événements au fur et à mesure qu'ils se produisent dans le salon des spectateurs partout dans le monde accentuent ce besoin. Comme le disait le Colonel Fred Lewis, ancien commandant adjoint de la Force opérationnelle Afghanistan : « La volonté de la population canadienne est notre centre de gravité. Si ce centre de gravité est notre force et que notre force défaille, nous perdons ».[45]

Donc, pour les chefs des FC, l'exploitation de l'IC consiste, en partie, à comprendre les modèles de comportement, les croyances et les institutions de la société canadienne et à agir conformément à ces normes et coutumes culturellement acceptables afin de conserver l'appui du public canadien à la mission. Un exemple qui montre spécifiquement le désir du public canadien de voir ses valeurs, croyances et attitudes reflétées dans le comportement de ses soldats nous est donné par l'attention médiatique accordée au printemps 2007 aux présumées violences physiques subies par des détenus afghans qui avaient été capturés par des Canadiens et transférés aux autorités afghanes. Licia Corbella, une journaliste du *Toronto Sun* avait ironiquement mentionné que : « il ne faut pas s'étonner que les autorités afghanes battent les prisonniers lorsqu'on comprend un peu mieux la culture afghane. Est-ce que ce n'est pas cela que ça veut dire d'être ouvert au multiculturalisme? De comprendre les différences culturelles? Peut-être, en partie grâce au Canada, les prisons seront les premiers endroits en Afghanistan où les violences physiques ne sont pas la norme. Quelle ironie! »[46] La réaction des Canadiens au sort des détenus montre que beaucoup de citoyens du Canada ne veulent pas appuyer une mission qui ne maintient pas en permanence les croyances, valeurs et attitudes canadiennes même dans des régions qui ont des croyances et des valeurs clairement différentes et même contraires aux nôtres.[47]

Des sondages d'opinion publique montrent également que l'appui à l'effort de guerre diminue au fur et à mesure que le nombre de morts canadiens augmente.[48] Par exemple, un sondage du Strategic Counsel en 2006 révélait que 62 p. 100 des Canadiens étaient opposés à l'envoi de soldats en Afghanistan; un sondage Ipsos-Reid révélait une division nationale dans laquelle 52 p. 100 des Canadiens estimaient que les soldats remplissaient un rôle vital, tandis que 48 p. 100 croyaient que nos soldats devraient être rapatriés le plus tôt possible.[49]

Une des manières d'influer sur l'appui du public à l'effort de guerre est de souligner les avantages associés au déploiement de militaires des

FC en Afghanistan. Certes la mission doit être jugée valable pour les membres des FC et les civils qu'ils desservent. Comme le notait Michael Ignatieff : « Une force militaire dans une démocratie ne peut conserver sa légitimité et la confiance et l'appui du public que si elle respecte les règles, si elle refuse de combattre salement, même si toutes les guerres et tous les défis qu'il faut affronter nous viennent de populations qui combattent absolument et incontestablement de façon déloyale ».[50] À ce sujet, le Lieutenant-général James N. Mattis de l'armée américaine mettait en garde les militaires américains « de ne pas se faire plus d'ennemis qu'ils en éliminent en commettant des actes immoraux ».[51]

Alors que certains jugent de la valeur en termes d'avantages géopolitiques / stratégiques, de façon générale, les Canadiens la jugent en termes d'aspects de qualité de vie qui reposent sur des croyances et valeurs culturelles et sont généralement moins faciles à mesurer. Les gens veulent sentir que leur contribution fait une différence. Ce sentiment a été exprimé clairement par un officier d'information canadien basé à Kandahar comme suit : « Je vais le répéter jusqu'à en perdre la voix et je vous demande de le répéter aussi : Nous (la communauté internationale) faisons ce qu'il faut ici, même si le chemin est long. Le Canada joue un rôle important dans le sud [province de Kandahar], mais nous ne sommes pas seuls. Le partenariat ONU / OTAN, lorsqu'il est exécuté correctement avec la participation des Afghans, fonctionne. Ce qui m'impressionne le plus ici c'est de trouver confirmation d'une vieille maxime de l'auteure Margaret Mead voulant qu'il ne faut jamais douter de la capacité d'un petit groupe de personnes déterminées de changer le monde; l'histoire nous enseigne plutôt que c'est la seule approche qui n'a jamais fonctionné. Si vous êtes capables de communiquer de façon imaginative, claire et inspirante, les masses vont vous suivre pour le plus grand bien de la communauté. C'est peut-être utopique, mais comme étudiant en histoire, je n'ai d'autre choix que de croire que c'est vrai ».[52]

La valeur d'une mission est probablement plus évidente pour les membres des FC dans le théâtre. Les commandants des unités de combat ont donc la responsabilité d'informer leurs supérieurs des défis rencontrés et des succès obtenus dans le cadre de la mission. Le fait d'accueillir des officiers supérieurs et des fonctionnaires de haut rang dans le théâtre ainsi que le fait de maintenir des communications ouvertes et transparentes en tout temps peuvent aider le commandant de l'unité de combat à combler le fossé qui existe entre ce qui se passe dans le théâtre et ce qu'on croit qu'il s'y passe. Cela est un processus important car aussi bien les opérations de paix que la guerre sont généralement évaluées en termes de succès politiques plutôt qu'en simples victoires militaires, les aspects politiques et militaires prenant idéalement leur place. De plus, ce processus aide les chefs militaires et les politiciens de haut niveau à collaborer et à mieux expliquer et encadrer les messages qui garantissent l'appui du public.[53]

DOMAINE INTERNATIONAL

Jouer avec les autres — les coalitions militaires, les organisations intergouvernementales, les organisations non gouvernementales et les partenaires du pays hôte

Faire preuve d'intelligence culturelle devient plus important dans l'environnement opérationnel contemporain car un accent plus grand est mis sur les opérations coalisées, pour de multiples raisons. L'environnement de sécurité complexe d'aujourd'hui a nécessité la création de coalitions internationales pour partager la responsabilité de l'effort de stabilisation mondial. Les nations fournissent des membres aux coalitions militaires et aux organisations intergouvernementales. En outre, des individus de diverses nations se joignent à des organisations non gouvernementales. Toutes ces entités évoluent dans le même théâtre et chaque culture peut causer un certain nombre de problèmes. Pour faciliter la coopération et l'efficacité, et en particulier la réussite de la mission, les participants à tous les niveaux ont besoin d'une IC développée. Au plan organisationnel, chaque groupe peut avoir sa tâche particulière, mais l'objectif global est généralement d'instaurer la paix et la stabilité dans la région. Donc, tandis que ces groupes travaillent habituellement tous pour atteindre le même but, ils évoluent néanmoins dans tout un éventail de chaînes de commandement nationales et en vertu de restrictions particulières.

L'unité de commandement, c'est-à-dire le commandement global d'une région par une seule personne ou organisation, est rarement possible dans les scénarios complexes mettant en présence de multiples intervenants. Le problème tient en partie au fait que certaines organisations sont militaires, tandis que d'autres sont civiles ou une combinaison des deux. En l'occurrence, les organisations militaires visent l'uniformité, un plan clair, des décisions efficaces, la vitesse et l'acceptation du risque. Au contraire, les organismes d'aide et les diplomates préfèrent une approche plus lente, à long terme, sont plus réfractaires au risque, plus axés sur le dialogue et basés sur le consensus. Lorsqu'on veut progresser, il est important de tenir compte de ces différences. En outre, les chaînes de commandement organisationnelles peuvent sembler outrepasser même le commandement national dans le théâtre. Par exemple, aussi bien le ministère de la Défense nationale que le ministère des Affaires étrangères et du Commerce international ont des effectifs qui œuvrent en Afghanistan. Ces deux ministères sont au service du gouvernement du Canada, mais chacun a sa propre chaîne de commandement, ce qui dilue l'unité de commandement même entre ces deux ministères canadiens.

Il est cependant possible et souhaitable d'obtenir l'unité d'effort, c'est-à-dire un alignement coopératif des organismes sur le même but et un dédoublement d'effort minimal. Pour contribuer à cette unité d'effort, il faut s'assurer de minimiser les comportements redondants, de partager l'information pertinente entre les organisations et de travailler tous vers le même objectif à long terme. Le fait de comprendre les croyances, valeurs, attitudes et comportements culturels des autres organisations et d'en tenir compte et de savoir comment votre organisation est perçue par les autres (c.-à-d. l'IC développée) facilite la réalisation de l'unité d'effort.

Il est particulièrement important de manifester une IC développée dans l'environnement de défense actuel dans lequel, de plus en plus, les FC sont appelées à opérer avec des organisations intergouvernementales, par exemple l'ONU et l'OTAN, ainsi qu'au sein d'autres coalitions, et à collaborer avec d'autres ministères du gouvernement canadien et des organisations non gouvernementales (ONG) canadiennes et internationales. De plus, les membres des FC déployés outremer doivent souvent former des partenaires du pays hôte et collaborer avec eux.

Le fait de travailler avec des organisations intergouvernementales et au sein de coalitions, ce qui, dans le cas des FC, signifie de collaborer avec d'autres forces militaires nationales, peut être difficile pour diverses raisons. La divergence des pratiques, de l'éthique de travail et des normes de comportement sont autant de défis qui, à certains moments, peuvent être sources de frustrations. En outre, l'existence de règles d'engagement différentes parmi les partenaires d'une même coalition peut être particulièrement frustrante.

Les nuances culturelles de langage et de comportement peuvent être facilement mésinterprétées, même au sein de groupes qui partagent la même langue. Par exemple, en août 2006, un jeune capitaine canadien décrivait sa participation à la bataille de Panjwayi dans un courriel à ses amis et à sa famille. Beaucoup des problèmes auxquels les membres des FC font face lorsqu'ils servent en Afghanistan, par exemple le fait de faire partie d'une coalition et d'affronter les tirs ennemis, ressortent dans son récit du combat. Dans une section de son récit, le jeune capitaine décrit le dialogue qui s'est déroulé entre lui et un membre de l'équipe d'instruction intégrée (ETT) de la garde nationale américaine qui travaillait avec l'Armée nationale afghane (ANA). Cette conversation a eu lieu durant une période de combat intense. Le capitaine canadien essayait de s'assurer que son équipe était à distance de sécurité de l'ennemi en vue d'un bombardement de l'artillerie amie lorsque le capitaine américain a semblé dire : « Il n'y a pas d'ANA devant nous ». Le capitaine canadien a répondu « Reçu ». C'est seulement après que l'Américain a demandé la mission de tir que le capitaine canadien a réalisé que le capitaine américain ne l'avait pas réellement informé du fait qu'il n'y avait aucun membre de l'ANA devant eux, mais qu'il lui avait plutôt demandé s'il y en avait. Dans le bruit du combat, l'intonation de son interlocuteur américain avait été masquée. Après coup, le Canadien a rappelé à l'Américain : « … Je n'ai aucune idée de l'endroit où se trouvent *tes* ANA! Tu es supposé de t'en occuper! »

La collaboration avec d'autres organisations gouvernementales et agences canadiennes pose toute une série de problèmes complètement différents, mais l'IC peut atténuer les problèmes potentiels dans ces rapports. Les croyances et valeurs canadiennes, ainsi que les directives politiques au niveau national, sont communes au sein des organisations gouvernementales canadiennes. Certaines directives et certains mandats peuvent cependant ne pas être parfaitement parallèles. Cette situation peut s'aggraver du fait de l'existence de structures organisationnelles différentes ou même de langues différentes.[54] Il est important dans ce cas de vraiment insister sur l'idée d'unité d'effort et de reconnaître les similarités et les différences pour fonctionner à titre d'entité nationale cohérente. Le but général qui consiste à atteindre les objectifs nationaux avant les objectifs ministériels particuliers doit être souligné. Le fait de comprendre et d'intégrer les nuances culturelles différentes qui existent dans chaque ministère contribue grandement à l'unité d'effort dans l'ensemble des organisations et agences gouvernementales canadiennes. À cet égard, un officier supérieur de l'Armée de terre du Canada mentionnait au sujet du travail avec d'autres ministères du gouvernement canadien : « le plus grand problème, c'est l'ignorance. Aucun des intervenants ne connaît parfaitement les autres participants, leurs rôles, leur mandat ou leur fonctionnement. Les autres ministères (AMG) et les organismes civils ne sont généralement pas habitués aux manières directes ou à la structure de commandement des militaires ».[55] Il n'est pas surprenant de constater que les premières interfaces entre les membres militaires et civils de divers ministères se soldent souvent par des conflits ou des malentendus.

Parvenir à l'unité d'effort avec les ONG est peut-être encore plus difficile que de collaborer avec les organisations intergouvernementales ou d'autres ministères du gouvernement. Néanmoins, l'IC développée peut aider à faciliter le processus dans ces cas également. Le manuel américain sur la contre-insurrection en date de 2006 signale que de nombreuses ONG : « maintiennent une stricte indépendance par rapport aux gouvernements et belligérants et ne veulent pas être vues comme s'associant directement avec des forces militaires ». Le commentaire final de ce manuel est que : « Établir une connaissance de base de ces groupes et de leurs activités est peut-être le maximum que peuvent accomplir les commandants ».[56] Compte tenu du chevauchement général dans les objectifs stratégiques qui existe souvent entre le gouvernement canadien et les ONG, c'est-à-dire favoriser la stabilité du pays hôte et la livraison d'aide humanitaire, l'unité d'effort dans ces cas devrait aussi être réalisable; cependant, comme le dit le Colonel François Vertefeuille, ce n'est pas une tâche facile :

> Faire le pont entre le QG d'une coalition militaire et un
> groupe de personnes provenant du milieu diplomatique
> et d'organismes d'aide internationale fut une des tâches

les plus difficiles que j'ai eu à accomplir au cours de ma carrière. Amener ces personnes, dont certaines étaient ouvertement hostiles aux militaires, à discuter de sujets qui étaient liés aux opérations des ERP (unités militaires avec un objectif humanitaire) a été très laborieux.[57]

Domaine du pays hôte

Au pays d'Oz : Exploitation de l'intelligence culturelle dans un environnement non familier

Lorsqu'on opère dans un environnement étranger, il est essentiel de comprendre la culture de la population du pays. Comme on l'a dit précédemment : « La compréhension de la situation exige une parfaite connaissance de la dynamique en jeu dans la zone d'opérations interarmées, sur les plans politique, économique, social, culturel et religieux. Le commandant de la force de stabilisation interarmées doit savoir qui va s'opposer aux efforts de stabilisation et qu'est-ce qui les motive en ce sens ».[58] Comme le notait un général Irakien : « Si un officier Irakien parle à un officier américain, il ne veut pas qu'un Kurd fasse la traduction entre eux, pour toutes sortes de raisons. L'une d'elles est que c'est socialement inacceptable. Deuxièmement, il pense que cela peut présenter un risque pour la sécurité ».[59]

Il est certain que les membres des FC qui servent en Afghanistan travaillent dans une culture étrangère et quelque peu incompréhensible. Par exemple, le Colonel Horn décrivait ainsi la situation à laquelle a dû faire face le convoi dont il faisait partie au printemps de 2006 : « Le pays était désert, désolé et dur, mais avait quand même une beauté étrange. De la même manière, les sentiments de la population locale reflétaient une gamme étonnante de contrastes, de points de vue et d'attitudes. Les hommes âgés remarquaient à peine le convoi ou l'ignoraient complètement, comme s'il n'existait pas. Ils semblaient incarner un stoïcisme qui exprimait une résilience et une patience affirmant que cette épreuve aussi allait passer. Pour leur part, les enfants afghans manifestaient une `exubérance insouciante` en courant le long de la route et envoyant la main au convoi de passage. Par contre, les hommes jeunes et d'âge moyen regardaient intensément le convoi, à peine capables de dissimuler leur hostilité et leur ressentiment ». Mais au bilan, selon le Colonel Horn « il était à peu près impossible de distinguer les amis des ennemis ... l'environnement de la menace était extrême, même si la menace n'existe pas ». Sans avertissement, le convoi a été frappé par une bombe humaine au volant d'une Toyota sedan, qui n'a fait aucun mort. Dans son compte rendu des événements, le Colonel Horn observe avec justesse que : « Il est reconnu depuis longtemps que la culture est, pour l'insurrection, ce que le terrain est pour la guerre classique mécanisée. Cependant, comme je l'ai déjà dit, dans l'environnement de défense actuel il est parfois difficile de franchir la barrière culturelle ».[60]

De plus, comme le montre la figure 4 et comme le Colonel Horn l'a fait remarquer, il y a plusieurs éléments différents en jeu dans le domaine du pays hôte. La population du pays hôte peut généralement être divisée en éléments politiques, de sécurité, civils et belligérants. Un des objectifs des opérations de contre-insurrection est de sortir les belligérants du pays hôte. Comme le montre la figure, les belligérants peuvent se retrouver dans toute la société du pays hôte, notamment dans l'infrastructure politique et de sécurité. Comme le mentionnait le Lieutenant-colonel Shane Shreiber : « Les talibans ont une excellente capacité pour les opérations d'information — ils savent comment exploiter les situations; comment terroriser la population ».[61] Les politiciens, les forces de sécurité et les habitants peuvent être tentés de se joindre à l'insurrection par des moyens intrinsèques (sympathiser avec les idéaux et les objectifs des insurgés) ou extrinsèques (s'aligner avec les insurgés pour se protéger et protéger sa famille, son clan, etc.).

Le fait de comprendre les nuances de la langue et de la gestuelle (avec l'aide d'interprètes lorsque c'est nécessaire) peut fournir des indices sur la présence de belligérants, ce qui facilite la mobilité sur le terrain. Les bons interprètes en Afghanistan fournissent plus qu'une traduction mot-à-mot aux membres des FC. Ils expliquent aussi les nuances qui échappent aux personnes qui n'ont qu'une compréhension de base de la langue et peuvent traduire ces nuances en des messages plus significatifs. En fait, le message, à travers le moyen qui le communique (pauses, ambiguïtés, etc.), a souvent moins à voir avec les paroles prononcées qu'avec la manière dont elles sont prononcées.

La connaissance des indices culturels peut également aider à savoir si une région est sous l'influence de l'ennemi et si oui ou non les habitants de la région appuient « volontairement » les insurgés. Ces indices peuvent aider à décider comment influer sur les habitants pour les amener à partager votre point de vue. Par exemple, dans une région où les insurgés forcent les habitants à coopérer sous la menace de punitions, le fait de protéger la zone d'opérations et d'assurer aux habitants que vous êtes là à long terme peut vous aider à les faire pencher de votre côté. Pour atteindre ce but, il faut gagner la confiance de la population grâce à des gestes concrets. Sans une bonne compréhension de ce qui est important et des comportements qui seront perçus comme crédibles, la coopération des habitants est difficile à obtenir.

D'autre part, même si la culture nationale (souvent combinée à des directives politiques) peut parfois prendre le devant sur la culture militaire, la croyance en un éthos militaire universel peut aider à orienter la formation des militaires du pays hôte. L'exploitation de cette communauté perçue ou même l'établissement d'un espace culturel partagé fondé sur l'appartenance à la profession des armes aide à établir l'unité d'effort lorsqu'on entraîne les forces du pays hôte ou qu'on travaille avec elles. À cet égard, la plupart des vétérans de la campagne d'Afghanistan au sein des FC soulignent le potentiel militaire de l'ANA — une organisation que la population afghane respecte — en plus de reconnaître que cette armée représente l'avenir de l'Afghanistan; une ANA bien entraînée et équipée permettra aux forces étrangères de se retirer et de laisser la stabilité de l'Afghanistan entre de bonnes mains.

Il est intéressant de noter que lorsque les membres des FC travaillent avec les membres de l'ANA ou les forment, ils mettent l'accent sur le partage des valeurs culturelles communes de la profession des armes plutôt que sur les croyances et valeurs nationales particulières. Un vétéran canadien faisait observer au sujet de l'ANA : « Ce sont des soldats, ils veulent juste pratiquer leur métier avec nous. Peu importe d'où viennent les soldats, ils vont se rassembler et essayer de communiquer, ils vont partager le repas ensemble. Les Canadiens se faisaient des amis au sein des troupes afghanes … lorsqu'on vit ensemble comme ça, les amitiés sont inévitables ».[62] De plus, le soldat afghan peut fournir des ressources uniques. Comme le disait le Sergent d'artillerie du Corps des Marines américain, Rilon Reall, un conseiller en formation auprès d'un bataillon d'infanterie afghan : « Les soldats afghans sont des Afghans. Ils comprennent la langue, la population et la religion. Ils comprennent la vraie signification des choses ».[63]

Pour simplifier, la tâche d'établir la confiance et la crédibilité est longue et ardue. Comme l'affirmait le Lieutenant-colonel Ian Hope : « Impossible de remporter la victoire sans la confiance de la population locale. Cette confiance ne s'acquiert qu'avec le temps et grâce à une présence soutenue ».[64] De plus, pour gagner la confiance de la population locale, vous devez comprendre comment les autres vous perçoivent. Le fait de vous observer vous-même du point de vue des membres du pays hôte tout en comprenant l'environnement (humaine et physique) va vous aider à prendre de bonnes décisions lorsque vous essayez d'influer sur la population du pays hôte. De plus, établir la confiance et la crédibilité à l'égard de votre mission soutiendra le gouvernement national et peut mener à la stabilité et au redressement économique dans le pays hôte.

DOMAINE ENNEMI

Connaître l'ennemi

Contrairement à ce qui était le cas durant la guerre froide, où l'ennemi était prévisible et facilement identifiable, au point où son comportement, ses décisions et même ses tactiques, techniques et procédures (TTP) pouvaient être prévus dans le temps et dans l'espace, l'ennemi d'aujourd'hui est constitué d'un mélange qui englobe des criminels, des seigneurs de la guerre, des belligérants du pays hôte, des extrémistes religieux radicaux, des idéologues, des membres de la Jihad, des mercenaires et des combattants parrainés par des états étrangers. Contrairement à l'ennemi symétrique de la guerre froide, le nouvel opposant s'appuie sur des moyens asymétriques; ne suit aucun cadre organisationnel standard; n'observe aucune règle internationale; et ne suit aucune doctrine standard. Il est plutôt décentralisé, agile et non linéaire. Il est réseauté et utilise la technologie de pointe et les communications mondiales, en particulier l'Internet et le cellulaire, pour faciliter son financement, sa planification et le partage de ses TTP qui fonctionnent. Comme le disait le Major-général Robert Scales de l'armée américaine : « L'ennemi que nous affrontons exploite des TTP qui sont inacceptables aux nations occidentales. Il est organisé et réseauté, passionné et fanatique, engagé, infatigable et, suivant nos normes, sauvage ».[65] De plus, son approche non linéaire et asymétrique, en contraste direct avec la philosophie symétrique des opposants de la guerre froide, ne fait aucune distinction entre civils et militaires. Dans ce contexte, les opérations sont menées au sein des civils et de la société dans son ensemble et contre eux. Le Lieutenant-colonel Omer Lavoie décrit ainsi la situation en Afghanistan : « Ce n'est pas un champ de bataille linéaire et il est beaucoup plus difficile de mesurer les progrès. L'ennemi a toutes les ressources d'un insurgé. À un moment il a en main une pelle, l'instant d'après c'est un AK-47 ».

Ce qui exacerbe encore le défi de distinguer les amis des ennemis est le fait que dans de nombreux cas, comme en Afghanistan, les belligérants se retrouvent partout dans la société. Il peut se trouver des sympathisants, et même des combattants actifs, au sein de l'appareil de sécurité et de l'appareil politique du pays hôte. De plus, selon le Lieutenant-colonel Ian Hope : « Les talibans ont une capacité de régénération étonnante. La seule manière de vraiment les détruire est de les amoindrir aux yeux des autres Afghans ».[66] Il est donc difficile d'essayer d'opérer dans ce genre d'environnement de manière coopérative.

De plus, le fait de mener des opérations dans un environnement où l'ennemi cherche activement à se fondre dans la population et à utiliser cette dissimulation à son avantage ajoute une pression supplémentaire sur les forces de la coalition. Le Capitaine Matthew Dawe, qui a été tué par un dispositif explosif de circonstance (IED), avait à un certain moment exprimé de la colère et de la frustration à l'égard de la mission. Il se sentait trahi par les gens mêmes qu'il essayait d'aider et décrivait certains Afghans comme des « fermiers de jour et talibans ou tueurs la nuit ». Il mentionnait par ailleurs : « C'est ce qui est particulièrement frustrant au sujet de cette mission — c'est une guerre de guérilla ». Il concluait en disant : « On ne sait pas vraiment qui est l'ennemi ».[67] Un autre vétéran de l'Afghanistan expliquait que les Afghans « peuvent faire semblant d'être des manœuvres honnêtes et coopératifs lorsqu'ils sont en votre présence et se transformer en insurgés talibans qui posent des mines dans votre dos ».[68]

À n'en pas douter, les talibans vont exploiter toutes les faiblesses de la coalition à leur avantage, en particulier pour renforcer leur campagne d'opérations d'information (OI).[69] Chaque incident de tir fratricide, chaque civil tué ou chaque cas de dommages collatéraux joue en faveur des insurgés — en démontrant la nature oppressive et sans scrupule des envahisseurs étrangers. Comme le disait le Major-général Scales : « L'ennemi comprend parfaitement la guerre dans laquelle il s'est engagé : prendre et tenir le terrain culturel dominant — c'est son objectif — nous faisons du rattrapage ».[70] Dans le cas de l'Afghanistan, c'est un peu l'ancienne culture tribale qui est en jeu et qu'on a souvent caractérisée comme suit : « Mon frère et moi contre mon cousin. Mon cousin, mon frère et moi contre le monde ». Cela souligne aussi le fait que les troupes étrangères vont un jour repartir, alors que la plupart des insurgés sont déjà chez eux.

Essentiellement, l'IC développée offre l'une des rares solutions possibles à cet environnement opérationnel complexe. Le succès en matière de contre-insurrection, particulièrement dans des endroits comme l'Afghanistan, dépend de l'appui de la population. En réalité, la population du pays hôte est le centre de gravité pour obtenir du succès dans le théâtre (même si on peut en dire autant de l'appui de la population canadienne au maintien du contingent national en Afghanistan pour poursuivre la mission). Dans ce contexte, les opérations cinétiques ne sont pas la solution. Même si elles peuvent tuer des opposants, l'ennemi a démontré sa capacité de refaire ses effectifs rapidement pour continuer le combat. C'est donc la crédibilité et le soutien local des forces d'opposition qu'il faut détruire. Cela ne sera possible que lorsque la population du pays hôte aura accordé son plein appui au gouvernement national et aux partenaires de la coalition. Cependant, cela ne sera possible que lorsque cette population aura le sentiment que le gouvernement national et la coalition sont en position d'assurer sa sécurité et de lui fournir les services gouvernementaux de base.

Cela étant dit, le fait de gagner l'appui de la population n'est pas la seule fonction importante de l'exploitation de l'intelligence culturelle de haut niveau face aux forces ennemies. Ces forces, comme nous l'avons dit précédemment, ne sont pas homogènes; elles ont des croyances, des motivations, des incitatifs et des raisons disparates de combattre ou de s'opposer à l'autorité gouvernementale et aux forces coalisées. Par conséquent, l'IC devient essentielle pour comprendre l'ennemi, que ce soit dans le cadre de la campagne d'opérations d'information pour discréditer un opposant en particulier auprès d'une audience-cible spécifique, ou pour le bénéfice de la campagne de ciblage pour comprendre comment les décisions sont prises et par qui, ou encore pour attaquer les alliances ou le soutien selon les divisions tribales, pour tirer profit des tensions et de l'animosité historique. Un lieutenant canadien faisait observer au sujet du combat continu contre les talibans que ceux-ci ne sont pas seulement des opposants de taille parce qu'ils combattent sur leur sol, mais, ce qui est plus difficile à combattre, « parce qu'ils croient faire ce qui est bien. Lorsqu'on combat ce genre d'idéologie, il ne faut pas sous-estimer l'opposant ».[71]

Il est clair qu'une IC éclairée est essentielle à une force militaire qui souhaite renverser la force d'opposition, en particulier dans un environnement de sécurité complexe comme celui qui existe aujourd'hui en Afghanistan ou en Irak. C'est seulement à la condition de comprendre les attitudes, les croyances, les comportements, les motifs et les valeurs (pour ne nommer que quelques facteurs) de l'ennemi qu'une force militaire aura du succès. Avec ces connaissances, les forces amies peuvent commencer à cibler la campagne d'opérations d'information de l'ennemi, ainsi que ses opérations cinétiques et autres, pour éroder l'appui dont il bénéficie et gagner le soutien de la population du pays hôte.

JEU D'ÉQUILIBRE

Interaction entre les quatre domaines de l'intelligence culturelle

Il est important d'équilibrer les quatre domaines de l'IC pour que celle-ci puisse agir efficacement comme multiplicateur de la force. Cela ne veut pas dire que les gens doivent être des caméléons culturels lorsqu'ils passent d'un domaine à l'autre; ils doivent plutôt équilibrer les connaissances qu'ils acquièrent dans chaque domaine et les appliquer de manière à se rapprocher de leurs buts et à atteindre les objectifs nationaux nécessaires et souhaités. Dans le cas des FC, ces objectifs devraient ultimement s'aligner sur ceux du gouvernement et de la population du Canada et devraient refléter les valeurs culturelles canadiennes. Il est d'une importance cruciale d'équilibrer les quatre domaines de l'IC car il est essentiel de se comporter correctement dans chacun des domaines culturels pour obtenir le succès de la mission.

IMPLICATIONS DU LEADERSHIP

La capacité des chefs militaires de reconnaître ce qu'est l'IC et d'exploiter cette connaissance comme multiplicateur de la force a plusieurs implications au niveau de la réussite de la mission. L'IC aide à gagner l'appui de la population canadienne et de celle du pays hôte, ainsi qu'à obtenir la coopération des alliés militaires et d'autres organisations intergouvernementales et non gouvernementales. De plus, elle peut aider à conserver le soutien des militaires.

L'IC peut être exploitée aux niveaux tactique, opérationnel et stratégique. Il est important, dans la planification à chacun de ces niveaux, de connaître les quatre domaines de l'intelligence culturelle — national, international, pays hôte et ennemi — et de savoir comment ils interagissent et contribuent à la réussite de la mission. Divers niveaux de leadership peuvent avoir besoin d'accorder la priorité à des domaines particuliers; cependant, il est toujours nécessaire d'obtenir un équilibre entre les quatre.

Le paradigme des quatre domaines de l'IC permet aux chefs de combler consciemment le fossé culturel des connaissances à l'aide d'informations spécifiques concernant les diverses cultures qu'ils peuvent rencontrer en cours d'opérations. Pour ce faire, ils peuvent utiliser une combinaison de stratégies et de méthodes comme par exemple la formation programmée en sensibilisation culturelle; l'élaboration de listes d'ouvrage à lire comprenant des études scientifiques, des livres de voyage, des études sociologiques et anthropologiques, et des ouvrages littéraires; les discussions entre homologues et vétérans ayant une expérience particulière dans le pays en question; et par des jeux de rôle. À cet égard, lorsqu'on acquiert des connaissances particulières à la culture, il est important d'essayer de voir le monde du point de vue du groupe à l'étude. Cette pratique vous aidera à prendre les bonnes décisions et renforcera votre capacité d'amener les autres à penser comme vous.

CONCLUSION

Dans l'environnement de sécurité complexe d'aujourd'hui, les soldats doivent être des guerriers et des techniciens, mais également des érudits et des diplomates. Les solutions cinétiques ne sont plus la panacée de la guerre. L'IC, d'autre part, offre l'une des rares solutions possibles pour connaître du succès dans ce nouvel environnement opérationnel complexe.

Pour résumer, l'intelligence culturelle est la capacité de reconnaître les croyances, valeurs, attitudes et comportements partagés par un groupe de personnes et, plus important encore, d'exploiter cette connaissance dans un but particulier. Plus précisément, l'IC désigne les capacités cognitives, motivationnelles et comportementales qui permettent de comprendre les croyances, les valeurs, les attitudes et les comportements des individus et des institutions de son groupe, sa société et sa culture, ou d'autres groupes, sociétés et cultures, dans des circonstances complexes et changeantes dans le but d'opérer un changement souhaité; elle désigne aussi la capacité de réagir efficacement face à ces croyances, valeurs, attitudes et comportements. En particulier, l'IC doit être exploitée dans le contexte des domaines national, international, du pays hôte et de l'ennemi, dans le but premier de s'en servir comme d'un multiplicateur de la force.

Il est d'une importance capitale d'équilibrer les quatre domaines de l'intelligence culturelle (national, international, pays hôte et ennemi), pour qu'elle puisse agir efficacement comme multiplicateur de la force. Cela ne veut pas dire que les gens doivent altérer leurs propres valeurs et croyances lorsqu'ils passent d'un domaine à l'autre; ils doivent plutôt mettre en équilibre les connaissances qu'ils acquièrent de chaque domaine et les appliquer de façon à pouvoir se rapprocher de leurs buts et d'atteindre les objectifs nationaux nécessaires et souhaités. En réalité, l'IC développée exige des individus qu'ils connaissent leur audience afin de pouvoir adopter les comportements appropriés pour atteindre les objectifs souhaités.

À ce titre, l'IC est un des éléments habilitants clés, sinon le plus important, pour connaître du succès dans la mission de contre-insurrection. Un des points décisifs particuliers de la contre-insurrection est la capacité d'amener la population canadienne et la population du pays hôte à appuyer le gouvernement au pouvoir et / ou la coalition et à priver les insurgés de ce même appui. Essentiellement, il s'agit d'un combat pour gagner l'appui de la population. Pour ce faire, il faut comprendre les diverses audiences et pleinement saisir leurs attitudes, croyances, coutumes et valeurs de manière à ce que les attitudes, comportements et actions du gouvernement et des forces coalisées n'aliènent pas la population mais parviennent plutôt à gagner sa confiance et son appui. Cela est cependant plus facile à dire qu'à faire. Cependant, l'IC est un élément habilitant crucial dans ce processus de résolution du casse-tête de la population. Elle est donc un attribut vital des militaires dans l'environnement de sécurité complexe d'aujourd'hui.

Notes

1. Lieutenant-colonel Ian Hope, dans une présentation de perfectionnement professionnel devant l'Institut de leadership des Forces canadiennes de l'Académie canadienne de défense, Kingston (Ontario), novembre 2006.
2. Cité dans Frank G. Hoffman, *Principles for the Savage Wars of Peace*, dans Anthony Mc Ivor, *Rethinking the Principles of War* (Annapolis: Naval Institute Press, 2005), p. 304.
3. Brigadier-général David Fraser, ancien commandant de la brigade multinationale (Sud) FIAS, Kandahar (Afghanistan), dans une présentation à l'Assemblée générale annuelle de l'Association de l'infanterie canadienne, Edmonton, 25 mai 2007.
4. Il y a plusieurs terminologies différentes qui sont utilisées pour exprimer l'exploitation avantageuse de la connaissance culturelle. Ces termes incluent, notamment, la connaissance culturelle, l'astuce culturelle, la littératie culturelle, l'appréciation culturelle, l'expertise culturelle, le terrain humain, la sensibilité culturelle, la compétence culturelle et la compétence interculturelle; il y a aussi de nombreux acronymes proposés pour désigner l'intelligence culturelle, par exemple IC, CULTINT, CQ, etc.
    L'abréviation IC établit un parallèle avec l'expression plus répandue de quotient intellectuel (QI). Le QI repose sur les conclusions d'un psychologue allemand du début du 20ᵉ siècle nommé William Stern selon lesquelles le rapport entre l'âge mental et l'âge chronologique demeure relativement constant pendant toute la vie. L'hypothèse est donc que le QI d'une personne ne change pas tout au long de sa vie. *What Does IQ Stand for and What Does It Mean? www.geocities.com/rnseitz/Definition_of_IQ.html*, consulté le 14 juillet 2007.

La façon dont l'expression intelligence culturelle est utilisée dans ce chapitre affirme directement que les individus peuvent augmenter leur IC grâce à des connaissances et à leur motivation à utiliser ces connaissances dans un but particulier. En fait, P. Christopher Earley et Soon Ang, les auteurs de ce terme, sont clairs à ce sujet. Ils écrivent : « Nous utilisons l'abréviation IC comme moyen pratique de rappeler aux lecteurs qu'il s'agit d'un aspect de l'intelligence. Mais nous ne l'utilisons pas de la manière stricte dont on utilise QI; c'est-à-dire que nous ne voulons pas indiquer un rapport mathématique établi à partir de données normatives de capacité. Dans ce sens, notre usage est semblable à celui qui est fait dans les ouvrages sur l'intelligence émotionnelle. P. Christopher Earley et Soon Ang, *Cultural Intelligence: Individual Interactions Across Cultures* (Stanford: Stanford Business Books, 2003), p. 4.

J'ai retenu l'expression intelligence culturelle et l'abréviation IC pour ce chapitre pour la même raison que Early et Ang l'ont fait : IC souligne la composante intelligence de l'expression « intelligence culturelle ». Cependant, le terme IC ne limite pas le concept à un strict calcul mathématique d'une compétence statique. De plus, quelle que soit la manière de désigner le concept, en bout de ligne, l'objectif est de déterminer ce qui permet aux gens de fonctionner efficacement dans des contextes culturels.

5. L'IC et le paradigme des quatre domaines de l'IC seront expliqués plus en détail plus loin dans ce chapitre.

6. Message d'adieu du Général Peter J. Schoomaker, chef d'état-major de l'armée américaine, 35e chef d'état-major de l'Armée.

7. Lieutenant-colonel Ian Hope, « Réflexions sur l'Afghanistan : le commandement de la Force opérationnelle Orion » dans Bernd Horn (éd.), *Au péril de notre vie : « Le responsable, c'est moi » : les commandants militaires supérieurs durant les opérations* (Kingston: Presse de l'Académie canadienne de la Défense, 2008), p. 231.

8. Cité dans George W. Smith, « Avoiding a Napoleonic Ulcer: Bridging the Gap of Cultural Intelligence », *A Common Perspective*, mai 2006, vol. 14, n° 1, p. 23. Disponible à l'adresse, *www.dtic.mil/doctrine/jel/comm_per/common_perspective.htm*.

9. P.M. Zeman, « Goat-Grab: Diplomacy in Iraq », *Proceedings*, novembre (2005), p. 20.

10. Robert H. Scales Jr., « Culture-Centric Warfare », *Proceedings*, octobre (2004), p. 32.

11. Lorenzo Puertas, « Corporal Jones and the Moment of Truth », *Proceedings*, novembre (2004), p. 44.

12. Cité dans George W. Smith, *Avoiding a Napoleonic Ulcer*, p. 11.

13. Puertas, « Corporal Jones and the Moment of Truth », p. 43.

14. Roger Noble, The Essential Thing: Mission Command and Its Practical Application, Command Papers, Australian Defence College, mai 2007, p. 4.

15. Major-général Andrew Leslie (commandant adjoint FIAS, 2002), entrevue à l'ILFC, 8 février 2006.

16. Bernd Horn (sous la direction de), *Perspectives de l'extérieur : opinions de journalistes et d'analystes de la défense sur le leadership militaire au Canada* (Winnipeg: Presse de l'Académie canadienne de la Défense, 2007), p. 1–2.

17. Major-général Robert Scales, présentation à l'atelier intitulé « Cognitive Dominance Workshop », faite à l'académie militaire de West Point le 11 juillet 2006.

18. Smith, *Avoiding a Napoleonic Ulcer*, p. 12.

19. Department of Defence. Joint Operating Environment. Trends & Challenges for the Future Joint Force Through 2030 (Norfolk, VA: USJFCOM, décembre 2006), p. 12.

20. Allan D. English, *Understanding Military Culture: A Canadian Perspective* (Montreal: McGill-Queen's University Press, 2004), p. 12. Il y a un débat de longue date au sujet de la nature et de la définition de culture. Dans le manuel américain actuel sur la contre-insurrection, en date de 2006, par exemple, on fait la distinction entre structure culturelle et structure sociale. On y explique que la structure sociale comprend les rapports entre les groupes, les institutions et les individus d'une société; par contre, la culture (idées, normes, rituels, codes de comportement) donne un sens aux individus en société. On y définit la culture comme un réseau de significations partagées par les membres d'une société ou d'un groupe particulier au sein de la société. Le manuel explique ensuite la définition du point de vue de l'identité, des croyances, des valeurs, des attitudes, des perceptions et des systèmes de croyances de la population. Il souligne aussi le fait que la connaissance culturelle au sujet des insurgés, dans la mesure où elle intéresse les militaires, devrait être exploitée pour favoriser l'atteinte des objectifs nationaux des États-Unis. *Counterinsurgency*, p. 3–6, 3–8.

21. Adapté de English, *Understanding Military Culture*, p. 12.

22. *Ibid.*, p. 11–12.

23. Edward Luttwak, « Dead End: Counterinsurgency Warfare as Military Malpractice », *Harper's*, février 2007, p. 35.

24. English, *Understanding Military Culture*, p. 11.

25. *Ibid.*, p. 12–14.

26. Département de la défense américain, *Afghan Cultural Field Guide*, MCIA-2630-AFG-001-04, novembre 2003, p. 24.

27. Département de la défense américain, *Afghanistan Country Handbook*, DoD-2630-AFG-018-03, octobre 2003, p. 31.

28. Center for Advanced Operational Culture Learning (CAOCL), *Afghanistan: Operational Culture for Deploying Personnel* (CAOCL: Quantico, août 2006), p. 8.

29. English, *Understanding Military Culture*, p. 24.

30. La géopolitique s'intéresse aux rapports entre la politique, l'économie et à la géographie, tant humaines que physiques.

31. Samuel P. Huntington, *Le choc des civilisations* (Paris: Éditions Odile Jacob, 1997), p. 22.

32. Huntington, *Le choc des civilisations*, p. 20.

33. *Ibid.*

34. *Ibid.*

35. P. Christopher Earley et Elaine Mosakowski, « Cultural Intelligence », *Harvard Business Review*, octobre (2004), p. 139–140.

36. Earley et Ang, *Cultural Intelligence: Individual Interactions Across Cultures*, p. 59 et 67.

37. Earley et Peterson, *The Elusive Cultural Chameleon*, p. 105.

38. Johnson, Lenartowicz et Apud, *Cross-Cultural Competence in International Business*, p. 525–544; Thomas, *Domains and Development of Culutral Intelligence: The Importance of Mindfulness*, p. 78–96.

39. Earley et Ang, *Cultural Intelligence*, p. 12.

40. *Ibid.*, p. 94.

41. Équipe du Center for Advanced Defence Studies, « Cultural Intelligence and the United States Military », dans *Defence Concepts Series* (Washington, DC, juillet 2006), p. 1.

42. Leonard Wong, Stephen Gerras, William Kidd, Robert Pricone et Richard Swengros, « Strategic Leadership Competencies », *Report*, U.S. Department of the Army, p. 7.

43. John P. Coles, « Incorporating Cultural Intelligence into Joint Doctrine », *IOSpehere: Joint Information Operation Center*, printemps (2006), p. 7.

44. Cette définition et le concept du paradigme des quatre domaines de l'IC ont été élaborés par l'auteur après consultation de nombreuses sources sur le sujet de l'IC.

45. Entrevue avec le Colonel Fred Lewis par Adam Day, *Legion Magazine* (novembre 2006).

46. Licia Corbella, *Winnipeg Sun*, 2 mai 2007, p. 9.

47. Un récent rapport du ministère de la Défense nationale mentionne que : la perception [au sein de la population canadienne] des Forces canadiennes s'est clairement améliorée depuis le scandale de Somalie, et ce, en grande partie à cause de l'alignement général entre les valeurs militaires et les valeurs canadiennes ». Cité dans Allan Woods, *Toronto Star*, le 19 mai 2007.

48. Voir par exemple Horn, *Full Spectrum Leadership*, p. 206–207; Sayed Salahuddin, *Airstrikes Kill Scores of Afghan Civilians*, Yahoo News, *http://news.yahoo.com/s/ nm/20070707/wl_nm/afghan_violence_dc_3*, consulté le 7 juillet 2007; Greg Weston, « Battle for Public Opinion Desire to Have Troops Withdraw from Combat in Afghanistan Growing, Polls Show », *Winnipeg Sun*, 24 juin 2007, p. 13; et « Opposition Leaders Unite as War Toll Mounts », *Edmonton Sun*, 5 juillet 2007, p. 38.

49. John Geddes, « Canada in Combat », *Maclean's* (15 mars 2006), *www.macleans.ca/ topstories/world/article.jsp?content=20060320_123596_123596*.

50. Michael Ignatieff, *Virtual War: Ethical Challenges* (Annapolis: United States Naval Academy, mars 2001), p. 7.

51. Lieutenant-général James N. Mattis, *Ethical Challenges in Contemporary Conflict: The Afghanistan and Iraq Cases* (Annapolis: United States Naval Academy, mars 2001), p. 11.

52. Capitaine Allan Best, dans un courriel adressé à l'auteur en date du 17 mars 2007.

53. Ce point est mentionné par le Lieutenant-colonel Ian Hope dans une présentation de perfectionnement professionnel faite devant l'Institut de leadership des Forces canadiennes de l'Académie canadienne de défense à Kingston (Ontario) en novembre 2006.

54. Elizabeth Baldwin-Jones, directrice adjointe, Sécurité régionale, ministère des Affaires étrangères et du Commerce international du Canada, souligne ce point dans une allocution prononcée lors du Symposium 2007 — Le leadership des femmes dans la défense, "L'importance des sexes : le rôle des leaders dans un environnement de sécurité en constante évolution", tenu à Ottawa le 6 mars 2007. Dans son allocution, elle parlait principalement du rapport entre les membres du ministère des Affaires étrangères et du Commerce international du Canada et les membres des FC pendant leur séjour en Afghanistan en 2006.

55. Bernd Horn, « L'ensemble du spectre des défis du leadership en Afghanistan », dans Horn (éd.), *Au péril de notre vie : « Le responsable, c'est moi »*, p. 216.

56. *Ibid.*

57. Vertefeuille, « Opérations civilo-militaires », p. 207.

58. Cité dans Smith, *Avoiding a Napoleonic Ulcer*, p. 23.

59. Cité dans Michael Burnett, « Speaking the Language: Warfighters Listen for Translation Support », *Special Operations Technology*, volume 6, n° 3, avril 2008, p. 14.

60. Colonel Bernd Horn, « Hors de l'enceinte : quelques défis du leadership en Afghanistan », *Revue militaire canadienne*, vol. 7, n° 3 (automne 2006), p. 6–14.

61. Lieutenant-colonel Shane Shreiber, CEMA, QG de la Brigade multinationale, briefing du 1 GBMC, 22 janvier 2007.

62. Entrevues faites par Emily Spencer à la BFC Edmonton, janvier 2007.

63. Renata D'Alesio, *Afghan Troops Key to Victory*, CanWest News Service, TF 3-06 BG Notable News, *http://veritas.mil.ca/showfile.asp?Lang=E&URL=/Clips/National/061023/f00860DN.htm*, consulté le 23 octobre 2006.

64. Adnan R. Khan, « I'm Here to Fight: Canadian Troops in Kandahar », *Maclean's* (5 avril 2006), *www.macleans.ca/topstories/world/article.jsp?content=20060403_124448_124448*, consulté le 18 juillet 2006.

65. Major-général Robert Scales, dans une présentation intitulée *Cognitive Dominance Workshop*, donnée à l'académie militaire de West Point le 11 juillet 2006.

66. Lieutenant-colonel Ian Hope, dans une présentation à l'Assemblée générale annuelle de l'Association de l'infanterie canadienne le 25 mai 2007.

67. Cité dans Meagan Fitzpatrick, « Slain Son Believed in Mission: Family of Captain Dawe Describes His Commitment, His Frustrations », *National Post*, 12 juillet 2007, A4.

68. Cité par Don Martin, *Calgary Herald*, 14 juillet 2007, A17.

69. La définition de l'OTAN des opérations d'information est : « Les opérations d'information sont une fonction militaire qui a pour but d'orienter et de coordonner les activités d'information militaires afin de produire les effets souhaités sur la volonté, la compréhension et la capacité de l'adversaire, des adversaires potentiels et d'autres parties approuvées par le CAN à l'appui des objectifs de la mission de l'Alliance ». Cité dans Colonel W.N. Peters (retraité), *Shifting to the Moral Plane: The Canadian Approach to Information Operations* (Kingston: Canadian Forces Leadership Institute Technical Report, 2007), p. 20–21.

70. Major-général Robert Scales, dans une présentation intitulée *Cognitive Dominance Workshop*, donnée à l'académie militaire de West Point le 11 juillet 2006.

71. Entrevues faites par Emily Spencer à la base des Forces canadiennes Edmonton en janvier 2007.

5

DÉFINITION DU TERRORISME

Bernd Horn

L E CONCEPT D'INSURRECTION REVÊT une importance cruciale pour le monde occidental depuis au moins 2004. Les armées, les groupes de réflexion et les pontifes des médias des États-Unis (É.-U.), du Royaume-Uni (R.-U.) et du Canada, par exemple, se sont concentrés sur ce mode de conflit avec une vigueur qui pourrait faire croire qu'il s'agit d'un phénomène nouveau.[1] Or, si l'on en croit la doctrine militaire américaine, l'insurrection désigne « un mouvement organisé qui cherche à renverser un gouvernement établi en recourant à la subversion et au conflit armé »[2] ou ce que les érudits décrivent comme « une lutte entre un groupe qui n'est pas au pouvoir et le pouvoir établi où le groupe qui n'est pas au pouvoir se sert délibérément de moyens politiques (comme le savoir-faire organisationnel, la propagande et les manifestations) et de violence pour détruire, reformuler ou asseoir sa légitimité », et c'est un concept qui défie le temps.[3]

Il se trouve par hasard qu'en ce moment, l'insurrection nous touche tous plus directement. Nos soldats et notre argent sont inextricablement embourbés dans une opération de contre-insurrection en Afghanistan et, pour les États-Unis et le Royaume-Uni, également en Irak. Mais ce n'est là qu'un membre de l'équation. Le conflit livré dans ces pays n'est qu'une dimension de l'affrontement plus général. Les attentats terroristes commis à l'aide d'avions commerciaux bourrés de carburant et utilisés comme missiles contre les tours jumelles du World Trade Center de New York et contre le Pentagone à Washington ont inauguré une réalité nouvelle. C'est en effet ce jour-là que le monde a changé, pour reprendre les propos du célèbre magazine anglais, l'*Economist*.

Cette description alarmiste n'est nullement imméritée. En dehors des quelque 3 000 victimes et des milliards de dollars de dommages, le 11 septembre a déclenché une série d'événements qui ont métamorphosé le visage de l'environnement de sécurité mondial. Il en est résulté de nouvelles menaces et aussi des réponses sans équivoque aux périls, réels et perçus, auxquels les pays font face, en particulier en Amérique du Nord et en Europe. Même si les actes de terrorisme étaient loin d'être inconnus, la sauvagerie et l'ampleur des attentats du 11 septembre, de même que leur planification complexe, ont révélé que les terroristes étaient prêts à utiliser de nouvelles armes novatrices de destruction massive. De plus, la bombe humaine constitue désormais la munition intelligente suprême, capable de décider comment, quand et, en particulier, qui frapper.

Les Américains ont réagi en déclenchant la guerre mondiale contre le terrorisme, qui les a engloutis eux-mêmes et leurs alliés internationaux dans un combat mortel en Afghanistan, en Irak et dans le monde entier. Mais les prouesses militaires incontestées des États-Unis et de leurs alliés ont permis de dicter que les éléments hostiles, qui, sous bien des rapports, représentaient une insurrection internationale, devaient adopter des approches asymétriques.[4] Surtout, les technologies d'accès facile, les communications internationales et les technologies de l'information ont alimenté des réseaux terroristes mortels, extrêmement mobiles et fort bien subventionnés capables de porter des coups à travers le monde entier.

En termes très simples, le terrorisme est devenu une tactique de choix aussi bien dans les insurrections régionales en Afghanistan et en Irak que dans l'insurrection mondiale plus générale. Toutefois, cela n'est ni étonnant ni nouveau, étant donné que le terrorisme a toujours été l'instrument privilégié des insurgés. Pour les faibles, le terrorisme est une composante essentielle de l'insurrection. À vrai dire, le terrorisme est incontestablement devenu le centre d'attention de la plupart des pays occidentaux, en particulier des États-Unis. On peut attribuer cela dans une large mesure à la sauvagerie et à l'ampleur des attaques, de même qu'au caractère symbolique des frappes effectuées sur le sol nord-américain le 11 septembre 2001. Ainsi, le terrorisme international et la menace croissante de terroristes « maison » sont devenus un point important à l'ordre du jour. Mais qu'entend-on au juste par terrorisme?[5]

Ce chapitre se veut un abécédaire du terrorisme. De plus, il permettra d'établir un lien entre la notion de terrorisme et l'insurrection. En outre, il soulignera la façon dont la définition et l'utilisation du terrorisme évoluent dans l'environnement de sécurité d'aujourd'hui.

Ainsi, l'expression essentiellement périmée « guerre mondiale contre le terrorisme » est en quelque sorte impropre. Le terrorisme n'est pas une cause. C'est un outil, un instrument, une tactique en vue d'atteindre des objectifs précis. Par exemple, les attaques terroristes, en particulier les attaques suicide, suscitent la peur et l'incertitude au sein d'une population, de même que parmi les forces antisubversives. Ces types d'attaques retiennent par ailleurs toute l'attention des médias et façonnent ainsi l'image, à la fois sur le théâtre des opérations et à l'étranger, d'un potentiel d'insurrection exagéré. De la sorte, le terrorisme est un moyen pour atteindre une fin. De nombreux érudits soutiennent cependant que le terrorisme est également une forme de lutte, à défaut d'être une idéologie. Certains analystes pensent que le terrorisme est une tactique et une stratégie, de même qu'un mode de vie — tout à la fois. Il est significatif qu'Ariel Sharon, ancien premier ministre d'Israël, ait déclaré : « il n'y a pas de bon terrorisme ou de mauvais terrorisme, il y a seulement le terrorisme ».[6]

La notion de terrorisme se prête à de nombreuses définitions. Walter Laqueur, expert de renommée mondiale sur le terrorisme et l'insurrection, affirme que « le terrorisme désigne l'emploi illégitime de la force pour atteindre un objectif politique lorsque des innocents sont ciblés ».[7] De même, Benjamin Netanyahu, ancien soldat des forces spéciales et ancien premier ministre d'Israël, a défini le terrorisme comme « l'agression délibérée et systématique lancée contre des civils pour inspirer la peur à des fins politiques ».[8] Dans le même ordre d'idées, Brian Jenkins affirme que « le terrorisme est le recours ou la menace d'un recours à la force en vue de provoquer des changements politiques ».[9] Enfin, l'érudit Michael Walzer propose cette définition : « Le terrorisme est le meurtre aléatoire d'innocents, dans l'espoir de provoquer une peur omniprésente. » Et il ajoute : « La peur peut servir à bien des fins politiques. Le hasard et l'innocence sont des éléments névralgiques de la définition. »[10]

Le Federal Bureau of Investigation (FBI) des États-Unis définit le terrorisme en ces termes : « L'emploi illégitime de la force et de la violence contre des personnes ou des biens en vue d'intimider ou de faire pression sur un gouvernement, une population civile ou un segment de cette population afin d'atteindre des objectifs politiques ou sociaux. »[11] Les départements d'État et de la Défense américains définissent le terrorisme comme « des actes de violence prémédités et motivés sur le plan politique perpétrés contre des non-combattants par des groupes infranationaux ou des agents d'État clandestins, en général pour influer sur un public ».[12] Dans le contexte de l'OTAN, le terrorisme est défini comme « l'usage illicite ou la menace d'usage de force ou de violence contre des individus ou des biens en vue de forcer ou d'intimider des gouvernements ou des sociétés en vue d'atteindre des objectifs politiques, religieux ou idéologiques ».[13]

De même, le Code criminel du Canada définit le terrorisme en ces termes :

> Soit un acte — action ou omission, commise au Canada ou à l'étranger d'une part, commis à la fois au nom … d'un but, d'un objectif ou d'une cause de nature politique, religieuse ou idéologique, en vue … d'intimider tout[e] … la population quant à sa sécurité, entre autres sur le plan économique, ou de contraindre une personne, un gouvernement ou une organisation nationale ou internationale à accomplir un acte ou à s'en abstenir, que la personne, la population, le gouvernement ou l'organisation soit ou non au Canada, et d'autre part, qui intentionnellement, selon le cas cause des blessures graves à une personne ou la mort de celle-ci, par l'usage de la violence, met en danger la vie d'une personne, compromet gravement la santé ou la sécurité de tout ou partie de la population, cause des dommages matériels considérables, que les biens visés soient publics ou privés, dans des circonstances telles qu'il est probable que l'une des situations mentionnées

[ci-dessus, ou] perturbe gravement ou paralyse des services, installations ou systèmes essentiels, publics ou privés, sauf dans le cadre de revendications, de protestations ou de manifestations d'un désaccord ou d'un arrêt de travail qui n'ont pas pour but de provoquer l'une des situations mentionnées [ci-dessus, et] sont visées par la présente définition, relativement à un tel acte, le complot, la tentative, la menace, la complicité après le fait et l'encouragement à la perpétration ...[14]

Manifestement, il existe de multiples définitions différentes du terrorisme. Mais, surtout, ces définitions comportent toutes des éléments de base qu'il est indispensable de bien comprendre pour parfaitement saisir la notion de terrorisme :

- c'est un acte illicite;
- c'est un acte politiquement (et idéologiquement) motivé (et non pas criminel, c.-à-d. en vue d'en tirer un gain financier personnel);
- c'est un acte prémédité (et non pas une crise de rage impulsive);
- c'est un acte qui cible des innocents;
- c'est un acte qui inspire la crainte et la terreur;
- la violence a effectivement pour but de nuire à autrui (c.-à-d. pas expressément aux victimes); et
- ses actes sont résolument en dehors des limites acceptables imposées à l'emploi de la force dans la guerre (comme le ciblage de non-combattants). D'où sa nature asymétrique.

En fin de compte, l'objet général du terrorisme est de modifier le comportement et les attitudes de groupes spécifiques. Toutefois, cela n'écarte pas le recours au terrorisme pour atteindre des objectifs immédiats qui contribuent à des buts plus vastes (comme la prise d'otages en échange d'une rançon; la libération forcée de prisonniers; la publicité; la peur et la panique; le fait de contraindre un gouvernement à prendre des mesures draconiennes et répressives qui auront pour effet d'aliéner la société et de lui faire perdre des appuis au sein de la population; le fait de donner l'impression d'anarchie et d'un État incapable de protéger ses citoyens; et (ou) le fait d'obliger un gouvernement à prendre des décisions ou des mesures politiques contre son gré).

Les exemples d'actes de terrorisme sont abondants. Un tribunal néerlandais qui a analysé le filmage préenregistré de martyrs dans le cadre d'un procès sur un complot terroriste dans ce pays a conclu que les opérations suicide avaient expressément pour but de « provoquer la peur au sein du peuple néerlandais ».[15] En outre, l'attaque commise contre quatre trains de banlieue espagnols le 11 mars 2004, lorsque dix bombes ont explosé juste avant l'heure de pointe et ont fait 190 victimes et des centaines de blessés, a eu un impact considérable sur la population espagnole. Ces attentats terroristes, sur lesquels est venue se greffer la couverture des médias, ont effectivement insufflé la peur dans le cœur des Espagnols et ont même forcé un changement de gouvernement, balayant sur leur passage le premier ministre espagnol, Jose Maria Aznar.[16] Ils ont également entraîné le retrait des troupes espagnoles d'Irak. Deux années auparavant, en décembre 2003, un site Web islamiste avait déjà prédit :

> Nous estimons que le gouvernement espagnol ne pourra pas tolérer plus de deux, au maximum trois coups, après quoi il n'aura pas d'autre choix que de se retirer à cause des pressions populaires. Si ses troupes demeurent en Irak après ces attaques, la victoire du Parti socialiste est alors pratiquement assurée, et le retrait des forces espagnoles fera partie de son programme électoral.[17]

Plus récemment, la capture en juin 2006 de deux soldats américains près de Yusufiya, en Irak, a fourni l'occasion aux insurgés de semer la terreur parmi la population et leurs ennemis. Des membres du forum Al-Hesbah ont préconisé le tournage de vidéos illustrant la décapitation des soldats américains. « Il est préférable que l'abattage soit lent pour que nous puissions ressentir toute la joie qui en émane et inspirer la crainte dans l'âme de nos ennemis », ont-ils insisté.[18]

Un dernier exemple est l'utilisation de lettres nocturnes par les Talibans. Une missive imprimée d'une page distribuée dans le sud-est de l'Afghanistan en mai 2008 au nom du « Front militaire djihadiste de Khost de l'Émirat islamique d'Afghanistan » a averti « tous les habitants de Khost » que :

Les chefs tribaux ne doivent pas croire que les États-Unis sont plus forts qu'Allah et ne pas prononcer de verdicts contre les moudjahidins; car ils auront tôt fait de le regretter.

Ceux qui font de l'espionnage et qui travaillent pour le gouvernement infidèle et les forces militaires devront avoir quitté leur emploi avant le 20 juin; à défaut de quoi, ils verront quelque chose qu'ils n'ont jamais vu dans leur vie.

Ne vous approchez pas des forces infidèles à un moment quelconque ou dans un lieu quelconque.

Au cours des attaques contre le gouvernement et les forces infidèles, vous devez veiller à votre sécurité et ne pas leur accorder votre appui; si vous violez cette règle, votre mort sera identique à celle des Américains et de leurs marionnettes.

Nos mines sont réelles; nous ne permettons pas l'assassinat de civils, mais vous ne devez pas en révéler la présence aux infidèles et à leurs esclaves. Nous ferons la démonstration de notre puissance à ceux qui leur montrent où se trouvent nos mines terrestres ou qui leur fournissent des renseignements à notre sujet.

Lorsque vous voyez des forces infidèles dans les rues et sur les routes, arrêtez-vous là où vous êtes et n'allez pas plus loin.

Les mollahs qui célèbrent les obsèques de ceux qui sont tués dans la campagne — l'armée nationale, la police nationale et des frontières et les services secrets — seront tués par la torture; et n'oubliez pas : un tel mollah ne sera jamais pardonné.[19]

Ces exemples illustrent l'impact prévu, et réel, des tactiques des terroristes. Somme toute, le terrorisme est délibéré. Ceux qui y ont recours entendent atteindre des résultats précis, qui peuvent faire suite à une campagne soigneusement conçue pour atteindre des objectifs à court, à moyen et à long terme. Le but suprême, comme nous l'avons vu, est de changer le cadre politique ou décisionnel de l'État ou de la collectivité ciblé(e). Le recours aux tactiques terroristes est le résultat direct du déséquilibre du pouvoir et des moyens militaires des deux antagonistes. À ce titre, le terrorisme cherche à miner le soutien psychologique du régime ciblé en faisant naître la peur (sinon la terreur) dans la population, les fonctionnaires gouvernementaux de même que dans l'esprit des partisans nationaux et internationaux. En conséquence, c'est souvent un élément et un outil essentiels des insurgés.

Dans le nouvel environnement de sécurité, en dépit de tous les efforts déployés pour l'empêcher, le terrorisme offre des possibilités illimitées aux insurgés. La mondialisation, en particulier l'explosion des communications, des voyages internationaux et du financement, de même que la facilité d'accès aux informations et aux technologies de l'information, facilite grandement la tâche des terroristes. À un moment donné, les services de renseignement américains estimaient qu'Al-Qaïda (AQ) jouissait du soutien d'environ 7 millions de musulmans radicaux à travers la planète et que plus de 100 000 martyrs étaient prêts à mourir pour la cause. De plus, ils pensaient qu'Al-Qaïda avait environ 1 000 cellules en sommeil aux États-Unis et en Europe.[20]

Bien que le terrorisme ne soit pas une tactique nouvelle à proprement parler, de nombreux érudits soutiennent aujourd'hui que les motifs des terroristes ont changé. Alors qu'avant le 11 septembre, de nombreux groupuscules terroristes commettaient des actes pour faire de la publicité à leur cause et lui valoir des appuis, sans chercher nécessairement à faire de multiples victimes parmi les civils, leurs actes dans le nouveau millénaire visent de plus en plus cet objectif précis. D'aucuns soutiennent que l'un des principaux motifs des terroristes dans le nouvel environnement de sécurité n'est pas seulement d'obtenir des appuis pour leur cause, mais également de punir ceux qu'ils estiment responsables des injustices perçues, qu'elles soient d'ordre économique, idéologique, politique ou religieux. « Le motif principal aujourd'hui semble être d'asséner des coups physiques et psychologiques qui font le plus grand tort à leurs ennemis, et non pas seulement de vaincre un régime ou de l'obliger à se plier aux demandes des terroristes, insiste le Pr David Charters, mais plutôt de punir la cible parce qu'elle est dans son tort. »[21]

Et ce qu'il y a de plus menaçant, c'est l'évolution du terrorisme et de ceux qui le pratiquent. Les experts en contre-terrorisme nous expliquent qu'il est souvent difficile de savoir contre qui nous nous battons, car l'ennemi n'est pas toujours clairement identifié. Par exemple, Al-Qaïda est en train de se métamorphoser en une idéologie, ou un réseau virtuel de réseaux. En fait, Al-Qaïda est aujourd'hui le visage de plus d'une dizaine de groupes djihadistes qui emploient les mêmes tactiques. Ce sont des terroristes et des insurgés animés des mêmes intentions qui se sont entraînés dans les camps d'Al-Qaïda et ont tissé des liens avec elle. En outre, ils aspirent à exercer le même type d'influence et d'impact qu'Al-Qaïda.

Les nouveaux terroristes sont par ailleurs extrêmement intelligents et calés dans le domaine des conflits.[22] Ils sont parfaitement versés dans les opérations d'information et l'utilisation des technologies de l'information. Par exemple, Al-Qaïda tourne une nouvelle vidéo tous les trois jours pour aider à propager ses messages, à obtenir des appuis et à attirer des recrues. Certains experts affirment que l'ennemi ressemble beaucoup à un virus mutant qui s'adapte constamment — des cellules terroristes qui se divisent et se séparent, en se transformant toujours en cours de route. Et ce qu'il y a de plus sinistre, c'est que les nouveaux insurgés et terroristes se sont avérés très résistants et parfaitement capables de maintenir à la fois des sanctuaires physiques et virtuels (comme Internet et les régions tribales administrées par le gouvernement fédéral [FATA]).

Les experts en contre-terrorisme ont cherché à délimiter les nouveaux terroristes. Ils ont découvert que la nouvelle génération de terroristes se compose essentiellement d'individus ou de cellules (qui n'ont pas forcément des liens de commandement avec une organisation plus vaste comme Al-Qaïda). Ils sont fluides et indépendants et ont recours à une approche dirigeante de bas en haut. Ils se réunissent sur Internet (qui leur fournit à la fois des motifs, une inspiration et des moyens) et sont souvent déconnectés sur le plan physique. Enfin, la nouvelle génération de terroristes s'est métamorphosée en une insurrection ou un djihad mondial idéologique. Selon Mustafa Setmariam Nasar, grande figure idéologique de l'islam radical qui préconise un djihad mondial, « la future génération de djihadistes internationaux constituera un mouvement fluide non hiérarchisé de groupes armés autonomes qui lancent simultanément une lutte armée ».[23]

Un autre point important est le legs retentissant qu'Al-Qaïda a transmis au monde entier : sa redéfinition du djihad. Alors que le djihad avait été jusqu'ici assimilé aux combattants de la liberté dans des pays comme la Bosnie et l'Afghanistan, ce type de guerre sainte est devenu depuis peu, ce qui s'explique dans une large mesure par Oussama Ben Laden, synonyme de recours au terrorisme contre des cibles innocentes. Comme nous l'avons mentionné plus haut, les terroristes ne se contentent plus d'avoir un grand nombre d'observateurs, ils veulent maintenant un tas de morts. En bref, pour poursuivre leur insurrection mondiale, que ce soit à l'échelle régionale ou internationale, ils voient dans le terrorisme l'outil et l'idéologie agglomérante qui saignera l'Occident jusqu'à épuisement en procédant à des interventions dans le monde entier et en obligeant les pays occidentaux à créer les infrastructures, les organismes, les politiques et les procédés nécessaires pour protéger la mère patrie, les voyages internationaux et le commerce mondial.[24]

De nos jours, pour comprendre l'insurrection et espérer la déjouer, il faut bien saisir le terrorisme et le rôle central qu'il joue dans les insurrections, qu'elles soient régionales ou mondiales.[25] Aussi détestable que puisse être le terrorisme, c'est incontestablement une tactique privilégiée des faibles — qui met à l'épreuve le potentiel, la patience et le professionnalisme, sinon l'humanité, des forces antisubversives et des gouvernements au pouvoir. La compréhension du terrorisme, de ses atouts et de ses faiblesses, de même que des motifs qui se cachent derrière, est un premier pas dans la lutte contre le terrorisme.

NOTES

1. Les érudits ont répertorié quatre vagues de terrorisme : 1) l'anarchisme de la fin des années 1890; 2) l'anticolonialisme après la Deuxième Guerre mondiale; 3) la vague gauchiste des années 1970; 4) la vague religieuse qui a remplacé le marxisme comme idéologie radicale dominante d'aujourd'hui dans le monde arabe. Voir Angela Gendron, « AL Qaeda: Propaganda and Media Strategy », CIEM — Tendances en matière de terrorisme, n° 2, 2007.

2. U.S. Army Combined Arms Center, *Counterinsurgency FM 3-24* (Washington, DC: département de l'Armée, juin 2006), p. 1–1.

3. Bard E. O'Neill, *Insurgency & Terrorism: Inside Modern Revolutionary Warfare* (Washington, DC: Brassey's Inc., 1990), p. 13.

4. Le stratège américain, Steven Metz, affirme : « Dans le royaume des affaires

militaires et de la sécurité nationale, l'asymétrie agit, s'organise et pense différemment de l'adversaire pour maximiser ses propres avantages, exploiter les faiblesses de l'adversaire, atteindre l'initiative ou obtenir une plus grande liberté d'action. Elle peut être politique-stratégique, militaire-stratégique, opérationnelle ou une combinaison de ces éléments. Elle peut faire appel à différentes méthodes, technologies, valeurs, organisations, perspectives temporelles ou à une combinaison de ces éléments. Elle peut être à court terme ou à long terme. Elle peut être délibérée ou par défaut. Elle peut être discrète ou menée parallèlement à des méthodes symétriques. Elle peut avoir des dimensions à la fois psychologiques et physiques. » Steven Metz et Douglas V. Johnson II, « Asymmetry and U.S. military Strategy: Definition, Background, and Strategic Concepts », U.S. Army War College, Strategic Studies Institute, janvier 2001, p. 5–6. Sur le plan de la doctrine, une menace asymétrique est une notion « qui sert à décrire des tentatives de contourner ou de saper les atouts d'un adversaire tout en exploitant ses faiblesses, au moyen de méthodes qui diffèrent radicalement du mode d'action habituel de l'adversaire ». Voir Colonel W.J. Fulton, DDNBC, « Capacités requises du MDN : Menaces asymétriques et armes de destruction massive. Quatrième ébauche, 18 mars 2001, p. 2, 22 — J. Le Dr John Cowan explique que « l'asymétrie résulte partiellement de notre absence de préparation devant de telles menaces, mais également parce que les techniques asymétriques exploitent les libertés fondamentales dans les sociétés ciblées qui sont considérées dans tout autre contexte comme des atouts et non comme des faiblesses ». Dr John S. Cowan, « La menace asymétrique », rapport non publié présenté au Conseil consultatif sur les sciences appliquées à la Défense (CCSAD), mars 2003.

5. Le mot terrorisme vient du mot latin signifiant « terreur ». Il a été employé pour la première fois pour décrire le « règne de la Terreur » durant la Révolution française, 1789–1794. Blair Shewchuk, « Backlash of Bigotry: Terrorism After the Attack », Nouvelles de la CBC en ligne, *http://cc.msncache.com/cache.aspx?q=522http+www +cbc+ca+news=indepth=words*, consulté le 2 septembre 2008.

6. Cité dans Andrew Sinclair, *An Anatomy of Terror* (Londres: Pan Books, 2003), p. 362.

7. Barry Davies, *Terrorism: Inside a World Phenomenon* (Londres: Virgin, 2003), p. 14.

8. Benjamin Netanyahu, *Fighting Terrorism* (New York: Noonday Press, 1995), p. 8.

9. Barry Davies, p. 14.

10. Michael Walzer, « Terrorism and Just War », *Philosophia*, vol. 34, n° 1 (janvier 2006), p. 3.

11. Roger W. Barnett, *Asymmetric Warfare* (Washington DC: Brassey's Inc., 2003), p. 16.

12. John P. Holms, *Terrorism* (New York: Pinnacle Books, 2001), p. 20.

13. Publication administrative interalliée de l'OTAN (AAP-6), 2002, citée dans Joint Doctrine & Concept Centre, « Countering Terrorism: The U.K. Approach to the Military Contribution » (Londres: MOD, sans date), p. 7.

14. *Code criminel du Canada*, art. 83.01.

15. Angela Gendron, « Al Qaeda: Propaganda and Media Strategy », CIEM — tendances en matière de terrorisme, n° 2, 2007.

16. Anthony H. Cordesman, *The Ongoing Lessons of Afghanistan: Wargfighting, Intelligence, Force Transformation and Nation Building* (Washington DC: Center for Strategic and International Studies, 2004), p. 127.

17. *Ibid.*

18. Jane's Information Group, « Fourth Generation Warfare and the International Jihad », *Jane's Intelligence Review*, 1er octobre 2006.
19. Cité dans International Crisis Group, *Taliban Propaganda: Winning the War of Words*, Asia Report No. 158, 24 juillet 2008, p. 20.
20. Cité dans Andrew Sinclair, *An Anatomy of Terror* (Londres : Pan Books, 2003), p. 367.
21. David Charters et G.F. Walker, *After 9/11: Terrorism and Crime in a Globalised World* (Fredericton: Centre for Conflict Studies, 2004), p. 15.
22. Il faut signaler que les insurgés ne sont pas tous des terroristes, mais que tous les terroristes sont des insurgés.
23. Jane's Information Group, « Fourth Generation Warfare and the International Jihad », *Jane's Intelligence Review*, 1er octobre 2006. Il est intéressant de constater que Walter Laqueur a insisté sur le fait que « les terroristes proviennent non pas des quartiers les plus pauvres et les plus défavorisés, mais d'endroits où il y a de fortes concentrations de prêcheurs radicaux. Le retard, si tant est qu'il y en ait un, est intellectuel et culturel, et non pas économique et social ». Walter Laqueur, « The Terrorism to Come », rapport publié alors qu'il était coprésident de l'International Research Council au Center for Strategic and International Studies.
24. Les trois paragraphes qui précèdent reposent sur les délibérations et les présentations qui ont eu lieu à l'International Special Operations Force Conference à Tampa, en Floride, le 22 mai 2008, et comprennent la présentation d'idées de personnes comme le Dr David Kilcullen, Sebastian Gorka et le Dr Rohan Gunaratna.
25. L'avenir est difficile. Les experts affirment que 95 % des opérations stratégiques de contre-insurrection transforment le milieu dans lequel nous vivons. Il existe un certain nombre d'approches :

    - établir une réponse idéologique (c.-à-d. contrecarrer les croyances des groupes déviants);
    - établir une réponse éducative (p. ex. travailler avec les madrasas);
    - réponse des médias;
    - aide financière et économique;
    - partenariats (c.-à-d. alliés et approche pangouvernementale);
    - approche militaire (mais laissant une faible empreinte — approche FOS);
    - avantage asymétrique occidental — technologie, renseignement/intellect, relations; et
    - réponse patiente et persistante (déplacer le combat chez l'ennemi, pressions constantes, exploitation des fissures, refus de sanctuaires [physiques et virtuels], prévention de la régénération et recours à une approche indirecte et clandestine dans la coordination avec un réseau mondial.

6

L'ALCHIMIE OPÉRATIONNELLE EN IRLANDE DU NORD :

la relation mutuellement bénéfique entre les FOS et le renseignement

Andrew Brown

L A CONTRE-INSURRECTION (COIN) est une forme de guerre particulièrement difficile dans laquelle les insurgés jouissent souvent de l'avantage de pouvoir imposer le moment et le lieu des combats. À vrai dire, étant donné que ces soldats qui sortent de l'ordinaire combattent généralement d'une position d'infériorité militaire, ils n'ont d'autre choix que d'essayer d'imposer les conditions du combat, du moins au début d'une insurrection. Après tout, l'insurrection est une lutte des faibles contre les puissants.

Les campagnes d'insurrection cherchent à affaiblir la légitimité et le contrôle d'un pouvoir politique établi en vue de le remplacer par un nouveau pouvoir politique. À cause de leur relative faiblesse militaire, les insurgés cherchent à mobiliser simultanément le plus grand nombre de lignes d'opération possible. Mentionnons entre autres : les campagnes politiques; les appels lancés aux attitudes et aux valeurs religieuses et (ou) ethniques de la société ciblée; les leviers économiques; et les opérations militaires. De plus, ainsi que l'atteste leur insensibilité aux dommages collatéraux comme la mort de non-combattants, les insurgés ne sont pas limités par des codes comme le droit des conflits armés ou l'apparence de la décence humaine. Ils frappent délibérément partout là où ils pensent pouvoir atteindre leurs objectifs tactiques et stratégiques, sans trop se soucier de ceux qui sont pris entre deux feux. De fait, les insurgés se cachent le plus souvent au milieu de la population, ce qui leur confère le plus gros avantage, et en surgissent pour attaquer des points vulnérables uniquement lorsque les perspectives de succès sont bonnes. Tout cela se déroule sur une échelle de temps étalée, dont la logique est que le pouvoir politique établi ne peut ni se permettre ni justifier indéfiniment des opérations militaires et qu'il est ainsi possible de l'épuiser. Les insurgés reconnaissent que le temps joue en leur faveur.[1]

De leur côté, les forces contre-insurrectionnelles cherchent à utiliser tous les éléments du pouvoir national pour maintenir la structure politique en place et écraser l'insurrection. À cette fin, la contre-insurrection peut comporter des « mesures militaires, paramilitaires, politiques, économiques, psychologiques et civiques prises par un gouvernement pour venir à bout d'une insurrection ».[2]

La clé du succès du gouvernement local consiste à maintenir ou à gagner le centre de gravité d'une insurrection : les gens. Pour atteindre ce but, le pouvoir politique établi doit veiller au bien-être et à la sécurité de la population grâce à un programme exhaustif qui permet de synchroniser un large spectre de moyens politiques, sociaux et militaires. En outre, les forces militaires du gouvernement local doivent faire preuve d'une grande prudence dans l'usage de la force de manière à ne pas causer de dommages collatéraux, ce qui risquerait d'aliéner la population locale en lui faisant involontairement du tort ou en légitimant apparemment les allégations des insurgés selon lesquelles le pouvoir en place est insensible au bien-être de ses citoyens ou, à tout le moins, incapable d'assurer la sécurité de son peuple ou réticent à le faire.

De ce fait, pour conserver l'appui de la population locale, les forces contre-insurrectionnelles doivent lutter contre les insurgés de manière à minimiser les dommages collatéraux et à éviter des mesures draconiennes. Compte tenu de la complexité des opérations de contre-insurrection, il va sans dire que les effets éminemment ciblés et contrôlés avec précision des forces d'opérations spéciales (FOS) sont un élément logique de la solution.

On ne peut pas affirmer pour autant que les FOS soient le remède miracle. Leur efficacité dépend entièrement de leur capacité à déterminer avec précision dans le temps et dans l'espace les endroits où il faut attaquer l'ennemi; leur efficacité dépend aussi de leur capacité à faire de ces prévisions une réalité. C'est pourquoi des renseignements de qualité supérieure facilitent grandement les opérations de contre-insurrection des FOS.

À l'inverse, même si les FOS dépendent de renseignements de qualité supérieure provenant de sources extérieures, il peut arriver que les effectifs des FOS soient le mieux placés pour reconnaître des renseignements sensibles. Par exemple, le savoir-faire et l'entraînement des FOS peuvent être des facteurs inestimables dans la collecte de renseignements dans des théâtres où les conséquences d'une compromission peuvent être mortelles pour ceux qui recueillent les renseignements.[3] En outre, une FOS est un capteur idéal de renseignements qui peut être déployé pendant longtemps dans des zones à haut risque, fournissant ainsi des services d'observation et de surveillance fiables aux centres de fusion des renseignements.

En bref, la détection et l'attaque avec grande précision de ces cibles difficiles à atteindre que sont les insurgés, et ce afin d'éviter de faire des victimes parmi la population civile, ne sont possibles que s'il existe un rapport étroit entre les services de renseignement et les FOS. C'est incontestablement ce qui s'est produit en Irlande du Nord après 1969, lorsque l'IRA[4] souvent invisible mais farouchement résolue a créé une situation tactique difficile pour les forces britanniques. À vrai dire, le conflit en Irlande du Nord a démontré que les FOS et les services de renseignement sont des éléments mutuellement bénéfiques qui, lorsqu'ils collaborent ensemble, contribuent de manière cruciale à vaincre l'insurrection. C'est pourquoi la nature du rapport mutuellement bénéfique entre les FOS et les services secrets vaut la peine d'être examinée dans le contexte de l'Irlande du Nord.

Même si l'armée britannique bénéficiait d'une longue expérience de la lutte antisubversive à l'étranger avant la reprise des « violences » en 1969, la campagne d'Irlande du Nord a été menée en sol britannique où les opérations étaient encore plus soigneusement examinées par le gouvernement et surveillées de très près par l'appareil judiciaire. En outre, la très vive curiosité des médias britanniques a encore compliqué la situation en présentant les erreurs militaires, qui sont plus ou moins inévitables dans toute campagne importante, sous un jour bien moins flatteur que la réalité.[5] Ajoutons à cela que les forces britanniques, notamment les Special Air Services (SAS), étaient très limitées dans leur usage de la force et liées par les règles d'engagement décrites sur la « carte jaune » remise à tous les soldats. Ces règles stipulaient qu'il fallait se restreindre à un usage minimum de la force. Les soldats n'étaient autorisés à tirer que pour répliquer à un premier tir où s'ils étaient quasi certains que leur vie était menacée — et, même dans ce cas, dans la mesure du possible, ils devaient tirer un coup de semonce avant de se livrer à un type d'attaque quelconque.

Même si ces règles avaient pour but de protéger le public contre les tirs irresponsables, elles étaient un véritable fardeau pour les soldats, qui devaient s'y plier dans les situations les plus ambiguës.[6] La difficulté de la situation était d'autant plus flagrante qu'il était impossible d'appliquer en Irlande du Nord pour des raisons évidentes[7] la tactique des Britanniques dans les pays du tiers-monde qui consistait à séparer les insurgés de la population en déplaçant des collectivités entières dans des zones protégées, laissant ainsi les insurgés exposés dans les « zones de tir libre ».

Pendant ce temps, l'IRA utilisait sans retenue toutes les armes dont elle disposait, y compris des mitrailleuses de gros calibre, des mortiers et des charges explosives énormes. Elle avait accès à des armes et à des fonds de l'étranger et bénéficiait d'un refuge relativement accessible de l'autre côté de la frontière dans le sud.[8] L'Armée républicaine était agressive et bien organisée et bénéficiait de solides appuis en Irlande du Nord et de la part de groupes irlandais sympathisants à l'étranger, en particulier aux États-Unis. De plus, parallèlement à sa campagne militaire, elle menait un combat politique de haut niveau et fort bien subventionné.

Les « soldats » de l'IRA vivaient cachés parmi la population, ne ramassant leurs armes et ne revêtant leur uniforme qu'au moment des opérations. De surcroît, dans son effort extraordinaire d'obtenir l'appui de la population, l'IRA s'est toujours évertuée à être perçue comme étant le défenseur des intérêts de la communauté catholique.

Les propagandistes et les sympathisants de l'IRA en ont profité pour peindre les forces britanniques sous les traits de brutes sanguinaires et systématiques dont le seul objectif était de maintenir l'Irlande du Nord sous la botte de Londres. Parallèlement, ils affirmaient que la communauté catholique ne bénéficiait pas des mêmes droits civils que les Anglais.[9]

Dans cette conjoncture volatile et complexe, les SAS ont joué un rôle appréciable en aidant les services secrets à s'établir dans les premières années de la campagne en Irlande du Nord, soit entre 1969 et 1976. Durant cette période, l'architecture du renseignement en Irlande du Nord était insuffisante, sous-développée et (ou) mal coordonnée et parvenait donc mal à jouer le rôle névralgique qui lui revient pour vaincre les insurgés.[10] De fait, aux premiers jours du déploiement de l'armée britannique, l'architecture du renseignement militaire se composait uniquement d'un capitaine de Corps du renseignement et d'un sergent.[11] Cela ne constituait pas vraiment une solide base pour la lutte antisubversive qui commençait à se matérialiser.

Grâce à son programme standard de fouilles et d'interrogatoires, l'armée britannique a réussi à constituer une vaste base de données sur la population d'Irlande du Nord et elle a découvert des milliers d'armes et des centaines de milliers de projectiles. Elle a néanmoins été gênée dans ses efforts car ceux-ci allaient à l'encontre de l'idée selon laquelle, pour acquérir de solides renseignements, il faut pouvoir compter largement sur le zèle et la confiance de la population.[12] Ces défis ont été illustrés dans les années 1970 par le manque de coordination et l'antagonisme qui caractérisaient parfois la collaboration entre les divers organismes britanniques de recherche du renseignement. Le MI5, le MI6, l'antenne spéciale du Royal Ulster Constabulary (RUC) et l'armée menaient chacun de leur côté leurs propres opérations. Tous se disputaient âprement le contrôle des opérations, publiaient des analyses contradictoires et refusaient et contre-refusaient d'échanger des renseignements de qualité.[13] En bref, au début des années 1970, les services secrets britanniques en Irlande du Nord étaient schizophrènes et se caractérisaient par un ensemble complexe d'efforts non coordonnés et cloisonnés.

C'est dans ce milieu dysfonctionnel que les SAS ont démontré toute leur valeur. Le régiment avait toujours été tenu en haute estime pour sa compétence et sa rigueur en matière de planification et d'organisation, entre autres choses. À ce titre, à compter de mars 1972, les soldats des SAS ont été déployés dans des postes individuels au sein des services secrets pour agir à la manière d'un catalyseur et chercher à harmoniser l'effort global. Les officiers ont été affectés à des postes clés du renseignement militaire à l'échelle des brigades et au quartier général de l'armée en Irlande du Nord. En 1974, d'autres officiers des SAS sont venus gonfler les effectifs, à nouveau pour aider à unifier les services de renseignement décousus et également pour exercer un contrôle sur les agents.[14] Les SAS ont continué d'apporter leur appui au dispositif de renseignement en pleine croissance au moins jusqu'en 1976, lorsque l'architecture a fini par s'épanouir et s'est mise à évoluer seule, permettant ainsi aux SAS d'assumer le rôle plus traditionnel qui consistait à cibler les insurgés.[15]

Même si le recrutement d'excellents effectifs donne des résultats, et que la créativité et la cohésion d'une organisation chancelante ne sont pas vraiment des rôles traditionnels d'une FOS, le fait est que les SAS se sont acquittés avec brio des missions qui leur ont été confiées. À cette fin, lorsqu'on les a chargés de contribuer à l'effort de renseignement, selon Tony Geraghty, autorité reconnue sur les SAS, ces derniers « ont procuré certains des esprits les plus novateurs au dispositif de renseignement ».[16]

Les SAS ont par ailleurs contribué à faciliter les activités en dispensant une formation spécialisée aux responsables de la recherche de renseignements. La collecte secrète de renseignements, qui peut revêtir la forme d'une surveillance étroite, aussi bien dans les milieux ruraux qu'urbains, d'un ennemi qui se cachait parmi la population et en sortait avec une vitesse étonnante pour attaquer les spécialistes du renseignement suffisamment malchanceux pour être découverts, était une tâche particulièrement dangereuse. Les spécialistes avaient donc besoin d'excellentes techniques de campagne s'ils voulaient réussir à recueillir des renseignements avec efficacité tout en évitant d'être repérés, ce qui pouvait avoir des conséquences catastrophiques. Ils devaient aussi être parfaitement capables de se défendre dans des situations qui dégénéraient en l'espace de quelques secondes en scénarios de vie ou de mort.

Une unité qui avait besoin de tels talents était la Military Reconnaissance Force (MRF), créée dans le cadre des efforts déployés par l'armée au début des années 1970 pour se doter d'une solide capacité de recherche du renseignement. La MRF était chargée notamment de transporter les prisonniers de l'IRA qui avaient accepté de dénoncer leurs collègues en circulant à bord de véhicules banalisés, tâche à ce point dangereuse que très rares sont les renégats de l'IRA qui ont survécu pour être témoins du rétablissement éventuel de la paix. Mais, surtout, les entraîneurs de la MRF ont suivi leur entraînement dans le cadre d'opérations secrètes auprès d'instructeurs des SAS dans le cadre d'un cours intensif qui était dispensé avec l'aide du régiment.[17] C'est ainsi que les SAS ont permis à l'unité de recueillir les renseignements nécessaires à l'alimentation du dispositif de renseignement.

Une autre unité chargée de recueillir des renseignements qui devait parfaitement connaître les opérations secrètes était l'unité « E4 » du RUC, dont la tâche exclusive était de recueillir des renseignements sur l'IRA. Une sous-unité, l'« E4A », était chargée d'assumer les rôles les plus dangereux, notamment d'assurer la surveillance d'homme à homme, et ce, moyennant l'appui d'unités spéciales du RUC qui lui fournissaient au besoin « une puissance de feu, la vitesse et l'agression nécessaires ». Une fois de plus, on peut dire que la FOS était un précieux fournisseur de services. Les agents de l'« E4A » ont acquis leurs ensembles de compétences auprès d'instructeurs des SAS qui dispensaient leur formation en Angleterre.[18]

Les SAS ont également assuré l'entraînement spécialisé à la célèbre 14th Intelligence Company lors de sa création, unité qui devait jouer un rôle particulièrement crucial dans la collecte de renseignements. La 14th Intelligence Company, ou 14th Int, était une équipe délibérément obscure subdivisée en petites unités éminemment secrètes dont les opérations étaient dirigées directement depuis Londres. L'unité était à ce point secrète que l'appellation 14th Intelligence Company n'a pas été révélée avant 1988, soit plus d'une dizaine d'années après sa création.[19]

La 14th Int était aux premières lignes de la collecte de renseignements dans les zones dangereuses, ce qui obligeait tous ses membres à posséder des ensembles de compétences particuliers, notamment la capacité à travailler seuls dans des zones urbaines dominées par l'IRA et à faire preuve d'une adresse au tir infaillible chaque fois qu'ils étaient découverts.[20] Les membres de cette unité avaient pour mission de surveiller de près les terroristes connus de l'IRA, ce qui signifiait parfois qu'ils devaient assurer leur surveillance pendant des jours ou des semaines, souvent à quelques pieds de sujets armés d'une extrême violence.[21] À vrai dire, le prix d'un compromis était élevé, car tout agent de la 14th Int qui était pris par l'IRA était soumis à d'atroces tortures pour dévoiler tout ce qu'il savait au sujet de l'unité et de ses membres.[22]

Naturellement, on a fait appel aux SAS pour qu'ils fassent profiter de leur expertise la 14th Int. Lors de la création de la compagnie, son officier d'instruction était un militaire actif du 22nd SAS Regiment qui enseignait aux recrues les compétences dont ils avaient besoin pour agir et survivre, notamment la façon d'utiliser un véhicule comme base d'opérations et d'éviter les affrontements au moment d'être interrogées par des civils locaux suspicieux.[23] La formation des 50 premiers membres de la 14th Int a été dispensée partiellement par les SAS près de la base du régiment à Hereford. On leur a ainsi appris les techniques de base de la guerre secrète, comme la surveillance, les communications et la chasse aux agents. Le programme proprement dit a été conçu par les SAS et, du fait que les membres de la 14th Int utilisaient les tactiques des SAS, le régiment envoyait parfois des conseillers en Irlande du Nord pour savoir comment ses protégés se débrouillaient.[24]

Une fois opérationnel, le premier détachement a été déployé à Armagh au printemps 1974, et les soldats de la 14th Int circulaient dans des véhicules banalisés et utilisaient des armes spéciales, comme des pistolets-mitrailleurs Ingram munis d'un silencieux. Les membres de la 14th Intelligence Company étaient parfaitement entraînés à l'autodéfense, comme on en a eu la preuve lorsqu'un d'entre eux a réussi à se tirer d'une embuscade de l'IRA, entièrement seul, tuant deux terroristes et en blessant un troisième.[25]

Même si la FOS a joué un rôle clé dans l'entraînement et l'orientation des unités et des organismes de renseignement naissants, ce qui a à son tour contribué à la maturation des opérations de renseignement en Irlande du Nord, cela n'a pas été sa seule contribution. La FOS a également joué un rôle clé dans la recherche du renseignement en assurant l'entraînement spécialisé d'unités dans les bataillons de ligne conventionnels à qui l'on avait confié des missions complexes de recherche de renseignements. Vers le milieu des années 1980, l'armée britannique avait décidé que les troupes de l'armée régulière pouvaient et devaient mener des opérations clandestines, sous réserve qu'elles aient suivi l'entraînement nécessaire. À nouveau, on a fait appel à l'expertise des SAS, qui ont cette fois fourni à l'armée en général à la fois un centre d'excellence et un centre d'entraînement qui a permis aux bataillons de ligne de se livrer à des opérations clandestines.[26] Profitant de l'entraînement des SAS, l'armée a eu tôt fait de créer ses propres « pelotons de surveillance étroite » qui se sont lancés dans des opérations fructueuses, dont certaines ont fait tomber plusieurs terroristes dans des embuscades.[27]

Un autre pas important, qui a consolidé le lien naissant entre la FOS et les organismes/opérations de renseignement, a été franchi en 1980, lorsqu'une nouvelle organisation a été créée au sein de l'armée, à savoir l'Intelligence and Security Group (Int and Sy Group). Cette unité a placé la 14th Intelligence Company et les SAS sous l'autorité d'un seul commandant.[28] Attirant des recrues de l'armée régulière, son but était de mener des opérations de surveillance et de recueillir des renseignements. Les membres de l'Int and Sy Group formés par les SAS à la base du régiment à Hereford, en Angleterre, ont fait suivre aux stagiaires un régime de surveillance clandestine et de recherche du renseignement avant de les déployer en Irlande du Nord.[29]

Enfin, les SAS ont également facilité les activités de recherche de renseignements en Irlande du Nord en agissant eux-mêmes à la manière d'un capteur de renseignements. Au début des années 1970, l'armée était de plus en plus mécontente de l'inefficacité avec laquelle la direction spéciale du RUC lui fournissait des renseignements de qualité sur l'IRA. L'extrême impopularité dont elle était l'objet au sein de la communauté catholique l'avait rendue inefficace. Par conséquent, comme nous l'avons vu plus haut, l'armée a décidé de se doter de son propre potentiel de recherche du renseignement, qui devait reposer partiellement sur la reconnaissance et l'observation, et les membres des SAS étaient de véritables experts en la matière.

L'expansion globale des services de renseignement qui a suivi, notamment l'armée, les services secrets et les services de police, a abouti au déploiement de nombreux soldats chargés de recueillir des renseignements humains. Malheureusement, leurs efforts manquaient sérieusement de coordination. Il a fallu des années pour que les différents organismes parviennent à maturité et adoptent des tactiques, des techniques et des procédures (TTP) parfaitement efficaces.

Par hasard, entre-temps, les SAS se sont mis à recueillir des renseignements en se livrant à des opérations de surveillance et ont ainsi contribué à combler la brèche qui existait. Les postes-frontières ont été placés sous surveillance, de même que les maisons des principaux responsables de l'IRA. Les SAS ont également exercé une surveillance étroite sur les routes aux abords des localités où l'IRA maintenait une forte présence.[30] Mentionnons également l'adresse avec laquelle le régiment a réussi à maintenir sous surveillance étroite certains suspects, tâche intrinsèquement difficile qui se déroulait dans des quartiers où les étrangers se faisaient vite remarquer et dont la sécurité était très vite compromise.[31]

Manifestement, l'emploi par le gouvernement des SAS comme capteur de renseignements a été d'autant plus utile qu'il s'est produit à un moment où il y avait très peu d'autres organismes capables d'exercer cette fonction précise. Comme toujours, on fait appel à la FOS en cas de crise lorsque personne d'autre ne possède les compétences nécessaires.

S'il est vrai que la FOS en Irlande du Nord a grandement contribué à la fonction de renseignement, il est tout aussi vrai que le renseignement a favorisé la FOS. À vrai dire, grâce à l'essor éventuel d'organismes efficaces de recherche du renseignement, la FOS a réussi à avoir accès à des renseignements de qualité supérieure qui lui ont permis de laisser une profonde empreinte. En termes simples, les SAS sont devenus l'antenne d'action du renseignement.

En 1976, le dispositif de renseignement britannique en Irlande du Nord avait acquis une certaine maturité et plus d'efficacité. À cette date, les stratégistes ont également compris que leur stratégie COIN devait être soumise à un examen.

Dans le cadre de cet examen, les planificateurs du renseignement ont étudié la campagne COIN fructueuse de la Grande-Bretagne en Malaisie occidentale. Ils ont vite compris que la clé de son succès dans cette campagne avait été la séparation de la population et des insurgés. Alors que cette séparation s'était faite par le déplacement de la population dans des villages hautement sécurisés, laissant ainsi les insurgés exposés et vulnérables, une telle tactique était impossible en Irlande du Nord. Le plan prévu pour l'Irlande du Nord visait à atteindre le même résultat par des moyens différents. Ainsi, l'armée britannique entendait recourir à un système de renseignement solide pour isoler les terroristes de l'IRA.

C'est ainsi que, comme nous l'avons déjà vu, les divers services de renseignement britanniques ont été élargis et améliorés. Cela a inauguré une époque où la FOS n'était plus tenue de recueillir des données et de les transformer en renseignements. La force spécialisée était désormais nécessaire pour donner suite aux renseignements obtenus.

Le renseignement jetait souvent de la lumière sur des terroristes endurcis de l'IRA qui s'apprêtaient à perpétrer une attaque et dont la capitulation devant les forces de répression était improbable. Dans ce genre d'affrontement, l'escalade de la situation pouvait être extrêmement rapide. De surcroît, l'obligation de faire un usage minimum de la force, même dans les situations qui réclamaient manifestement l'usage d'une force précise et mortelle, créait pour les forces de sécurité un contexte opérationnel complexe, voire ambigu. Ce genre de situation n'était pas fait pour des forces conventionnelles et exigeait la participation des soldats des SAS parfaitement entraînés et capables d'opérations secrètes.[32]

C'était à vrai dire un milieu opérationnel dans lequel s'opposaient des soldats à qui l'on avait donné l'ordre de faire un usage minimum de la force et un ennemi impitoyable qui profitait de la rigueur des règles d'engagement des soldats et n'hésitait jamais à tuer. Les soldats classiques étaient manifestement défavorisés, ce qui pouvait avoir des conséquences mortelles, comme l'attestera plus tard le nombre de soldats tombés au combat. Par exemple, le 16 mars 1978, le Caporal suppléant Jones, un soldat du régiment de parachutistes détaché auprès de la 14th Int, est sorti d'une cachette pour affronter trois terroristes de l'IRA. Sans hésitation, le dirigeant du trio a visé Jones au ventre, le blessant mortellement, et a tiré sur son partenaire qui a été blessé dans l'attaque.[33]

Les techniques de la FOS étaient manifestement un atout dans des situations aussi complexes que celle-ci. Il ne faut donc pas s'étonner que les SAS, en tant qu'antenne d'action, aient très vite revêtu une importance cruciale pour la direction spéciale du RUC, à qui il manquait à la fois l'entraînement et les équipements nécessaires pour donner suite aux renseignements recueillis. De fait, lorsque des membres des SAS ont été déployés en grand nombre en Irlande du Nord au début de 1976, ils ont constaté que la direction spéciale disposait de solides renseignements sur d'importantes figures de l'IRA, mais qu'il lui manquait l'adresse et les ressources pour s'en servir. Les SAS ont vite comblé ce vide et noué un rapport avec la direction spéciale en vertu duquel le régiment était sommé d'intervenir lorsque l'on recueillait des renseignements de qualité.[34] À la fin des années 1980, ce partenariat s'était à ce point développé que le Tasking and Coordination Group (TCG) de la direction spéciale du RUC confiait officiellement des missions aux SAS.

Avec le temps, le TCG a également confié des missions à d'autres unités spécialisées de l'armée et de la police selon celle qui était la plus apte à les accomplir. Il n'en reste pas moins que le rapport spécial qui s'était établi entre le TCG et les SAS est demeuré très fort. De fait, l'étroite relation entre les SAS et le TCG a évolué à tel point que ce dernier était responsable des opérations du régiment et, lorsqu'il fallait prendre des décisions d'ordre opérationnel, comme le fait de devoir modifier ou non l'ampleur d'une opération selon la situation tactique, les SAS s'inclinaient devant le TCG.[35]

Il est significatif que les SAS aient également noué un rapport de travail avec la 14th Intelligence Company qui était fondé sur la coopération dans la recherche du renseignement et les opérations de précision. Lors du premier déploiement des SAS en 1976, ceux-ci comptaient essentiellement sur le RUC pour obtenir les renseignements utilisables dont ils avaient besoin pour identifier et cibler des membres clés de l'IRA. Toutefois, la crédibilité du RUC a subi un sérieux revers lorsqu'on s'est mis à le soupçonner de collaboration avec des extrémistes protestants. C'est la raison pour laquelle le chef d'état-major général de l'armée britannique, le Feld-maréchal Sir Michael Carver, a donné l'ordre à l'armée de se mettre à utiliser les renseignements provenant de sources militaires. Cela a donné lieu à un rapport où la 14th Int est devenue « un commanditaire » des SAS.[36] En vertu de ce rapport, la 14th Int recherchait et recueillait des renseignements sur l'IRA et, lorsqu'une intervention était nécessaire, on faisait alors appel au tir des SAS.[37] Les SAS, avec leur longue expérience des opérations secrètes dangereuses et leur adresse sans égale à la manipulation des armes, ont ainsi déployé des soldats capables de lancer des tirs de précision et ont offert une solution au problème complexe qu'éprouvaient l'armée et les pouvoirs publics britanniques.

Ce rapport payant entre le renseignement et les SAS, qui a donné d'excellents résultats, souvent significatifs, dans des situations extrêmement dangereuses, sera d'autant mieux compris que l'on examinera certaines opérations notoires. L'opération *Judy*, qui s'est déroulée en mai 1987, constitue une excellente étude de cas.

En mai 1987, les forces de sécurité britanniques avaient reçu d'excellents renseignements leur signalant que l'IRA prévoyait d'attaquer le poste de police de Loughgall, dans le comté de North Armagh, avec des armes légères et une énorme bombe qui devait être cachée dans une pelle mécanique que quelqu'un devait conduire juste devant le poste. Heureusement ou malheureusement selon le cas, l'intégralité du plan de l'IRA a été compromise. Les forces de sécurité britanniques connaissaient le plan dans ses menus détails, savaient à peu près quand il serait déclenché et que les hommes impliqués comportaient certains des éléments les plus dangereux de l'IRA.

C'est ainsi que, le 7 mai, une force de près de 40 hommes des SAS, sans compter les signaleurs de soutien et d'autres, a été réunie pour une séance de renseignement durant laquelle le plan de l'IRA lui a été dévoilé. Les SAS se sont déployés peu de temps après en plaçant de nombreux effectifs camouflés dans les arbres à côté du poste de police, un autre groupe à l'intérieur de l'édifice visé et d'autres équipes le long de la route d'arrivée/sortie prévue de l'IRA.[38] Les SAS étaient convaincus qu'une force de sécurité de cette ampleur était nécessaire en raison du groupe anormalement nombreux déployé par l'IRA qui comptait certains de ses membres les plus impitoyables, célèbres pour leur violence.

L'équipe de l'IRA était dirigée par Patrick Kelly, commandant de l'organisation Tyrone de l'IRA et homme directement associé au Northern Command de l'IRA dont il était le chef d'état-major. Parmi les autres, il y avait Jim Lynagh, qui était le membre de l'IRA le plus recherché par les forces de sécurité. C'était un homme impitoyable qui inspirait la crainte et dont les tendances violentes étaient jugées excessives, même dans les rangs supérieurs de l'IRA. Lynagh avait également fait partie d'une poignée de membres de l'IRA qui s'étaient rendus en Lybie en 1986 pour s'entraîner à la manipulation des armes que le Colonel Kadhafi envoyait à l'époque en Irlande. Le troisième membre de l'équipe était Padraig McKearney, qui avait purgé deux peines d'emprisonnement pour avoir fait exploser une usine et s'être livré au trafic d'armes. Il s'était échappé de la prison de Long Kesh dans le cadre d'une audacieuse évasion en 1983. Un autre était Gerard O'Callaghan, qui, aux côtés de Lynagh et de McKearney, était un membre de haut rang de l'East Tyrone Active Service Unit (ASU) de l'IRA. Enfin, Declan Arthurs, Seamus Donnelly, Tony Gormly et Eugene Kelly étaient les plus jeunes membres de l'équipe, mais pas moins expérimentés.[39] Ensemble, ils constituaient un groupe d'hommes extrêmement dangereux. Les renseignements signalant leur attaque imminente ont toutefois fourni aux forces de sécurité la chance inespérée de porter un coup fatal à l'IRA.

Les SAS, avec le concours du RUC, décidèrent de ne pas rater cette chance. À 19 h 15 le 8 mai, une fourgonnette avec à son bord cinq des membres de l'IRA s'approcha du poste de police pour un tour de reconnaissance rapide. Puis elle rebroussa chemin. Peu de temps après, la fourgonnette réapparut accompagnée de la pelle mécanique. Les deux véhicules s'approchèrent du poste. Trois membres de l'IRA sortirent de la fourgonnette et l'un d'entre eux, Patrick Kelly, se mit à tirer sur le poste de police avec un fusil automatique. Les SAS répliquèrent par un tir nourri, tuant les trois hommes sortis de la fourgonnette et les deux restés dedans (qui portaient tous deux une combinaison pare-balles). Les trois hommes à bord de la pelle mécanique furent eux aussi tués, mais pas avant que l'un d'entre eux eut le temps de mettre le feu à la fusée de la bombe. Sa détonation provoqua une gigantesque explosion qui détruisit une partie du poste et un central téléphonique voisin. En définitive, les huit hommes de l'IRA armés jusqu'aux dents furent tués dans des circonstances parfaitement justifiées qui ne purent pas être exploitées par les propagandistes de l'IRA, alors que les forces de sécurité n'eurent à déplorer aucune victime.[40]

L'opération fut un succès retentissant et démontra les bienfaits du partenariat entre le renseignement et la FOS. Le service du renseignement qui avait prévenu de l'attaque était tout bonnement remarquable. Il avait renseigné les SAS sur l'itinéraire probable que suivrait l'IRA, sur la construction de la bombe et la composition de l'équipe de renfort de l'IRA. Le renseignement avait par ailleurs parfaitement établi les armes que porteraient les hommes. Les SAS avaient été avertis qu'il y aurait trois fusils d'assaut Heckler and Koch de 7,62 mm, deux fusils automatiques FN de 5,56 mm, un fusil de chasse et un revolver Ruger, qui étaient tous placés dans une cache d'armes dont le RUC assurait la surveillance constante.[41] Même si on ne sait pas au juste de quelle façon ces renseignements ont été obtenus, du moins dans le domaine public, ils étaient d'une précision extrême et ont donné le signal aux SAS d'agir, ce qui s'est soldé par une écrasante victoire.[42]

À vrai dire, le remarquable succès des services de sécurité britanniques à Loughgall a largement contribué à miner la campagne stratégique de l'IRA. L'opération a eu beaucoup plus d'effets que la simple élimination du terrain de huit insurgés notoires. L'opération *Judy* a pratiquement éliminé l'East Tyrone Brigade de l'IRA en faisant le plus grand nombre de victimes parmi les insurgés depuis 1969. Ainsi, l'IRA a perdu plusieurs de ses membres les plus aguerris, les plus résolus et les plus difficiles à remplacer. En outre, la disparition subite de ces hommes a été un coup terrible pour le moral des troupes de l'IRA et de ses partisans. Et qui plus est, certains des insurgés tués devaient jouer un rôle dans la supposée

« offensive du Têt » de l'IRA,[43] plan ambitieux qui prévoyait d'utiliser d'énormes quantités d'armes achetées à la Lybie pour intensifier le conflit et venir à bout de la détermination de la Grande-Bretagne à poursuivre sa lutte antisubversive. De fait, la défaite subie par l'IRA à Loughgall sera la première d'une série qui obligea l'organisation à abandonner son offensive du Têt.[44]

En outre, en conséquence du succès de l'opération de *Judy*, l'IRA se retourna contre elle-même et devint obsédée par la question de savoir s'il y avait des traîtres dans ses rangs. Dans tout le comté de Tyrone, l'IRA et ses partisans furent saisis d'une « quasi-paranoïa » qui obligea l'organisation à cesser ses opérations et à s'observer de très près pour savoir s'il y avait des fuites.[45] Enfin, l'opération *Judy* porta un tel coup au potentiel et au moral de l'IRA qu'on finira par y voir le moment décisif qui a poussé l'IRA à s'engager dans le processus de paix.[46] Du fait de ses effets profonds et durables, l'opération illustre on ne peut mieux le potentiel à même de résulter de la collaboration entre des services de renseignement hypercompétents et des forces spécialisées.[47]

L'opération *Flavius* est une autre opération très risquée, dirigée par le renseignement et exécutée par la FOS, qui a porté un rude coup à l'IRA en empêchant une équipe dépêchée à Gibraltar de perpétrer une attaque catastrophique contre une garnison britannique locale. Peu de temps après la catastrophe de Loughgall, le conseil de l'armée de l'IRA décida qu'une attaque vindicative était nécessaire pour réparer le moral brisé des troupes et ébranler le peuple britannique. Si la garnison britannique à Gibraltar a été sélectionnée comme cible, c'est que la sécurité y était relativement relâchée et qu'elle était éminemment symbolique (on pouvait y voir se déployer le grand apparat britannique chaque jour lorsque l'unité locale sillonnait les rues de la ville en grand tralala). C'est ainsi que l'IRA était convaincue qu'une attaque contre cette garnison susciterait une importante couverture médiatique internationale. L'IRA n'était pas insensible au fait que le Royal Anglian Regiment procédait quotidiennement à la relève de la garde à l'extérieur de la résidence du gouverneur général, relève durant laquelle 70 soldats défilaient en grande pompe. L'attaque devait se produire dans un parc tranquille qui servait de point de dispersion du défilé, où l'IRA avait l'intention de placer une voiture piégée pour tuer le plus grand nombre de soldats possible. Le conseil de l'armée de l'IRA ordonna la création d'une unité de service actif spéciale pour cette mission critique.

À l'instar de l'opération de Loughgall, on sélectionna certains des plus grands talents de l'IRA pour cette mission. À la tête de l'opération, on nomma Mairead Ferrell, femme dure, instruite et farouchement résolue, qui avait purgé dix ans de prison pour avoir attaqué un hôtel à la bombe et qui était inexorablement acquise à la cause républicaine. Parmi les autres recrues, il y avait Danny McCann, un personnage d'une extrême violence à qui le RUC attribuait 26 assassinats. On disait de lui qu'il était la sommité de l'IRA pour ce qui est des assassinats à bout portant. Le troisième membre était Sean Savage, homme plus jeune mais plein d'enthousiasme qui avait été sélectionné pour son expertise technique. Enfin, une femme non identifiée avait été choisie pour reconnaître Gibraltar et la cible avant les autres. En bref, l'IRA avait une fois de plus réuni un ensemble d'insurgés particulièrement dangereux, cette fois-ci dans l'intention de perpétrer une attaque symbolique et choquante qui devait faire de multiples victimes.[48]

Le niveau des renseignements acquis avertissant de l'attaque était extrêmement détaillé et faisait état d'une menace si sérieuse qu'on jugea que l'appui des SAS était nécessaire. En novembre 1987, les services de renseignement ont appris que McCann et Savage s'étaient rendus munis de faux passeports de la Costa del Sol espagnole jusqu'à Belfast, faisant naître des soupçons que l'IRA prévoyait de lancer une attaque en Espagne. On détermina que Gibraltar était la cible la plus vraisemblable. Les services de sécurité ouvrirent immédiatement une enquête approfondie pour connaître les intentions de l'IRA et créer un plan de contre-offensive. Le 23 février 1988, et à nouveau le 1er mars, une femme se rendit à Gibraltar munie d'un faux passeport sous le nom d'emprunt de Mary Parkin. Au cours de ces deux voyages, elle fut pistée par le MI-5 tandis qu'elle suivait l'itinéraire du défilé de la cérémonie de relève de la garde. On put déterminer qu'elle menait une mission de reconnaissance avant l'attaque.

Le 2 mars, le Joint Intelligence Committee du gouvernement britannique reçut d'autres renseignements en provenance d'Irlande du Nord précisant qu'une attaque aurait lieu sous peu. On prit donc la décision de déployer une équipe spéciale de 16 hommes des SAS à Gibraltar. En un très court laps de temps, les services de renseignement avaient reconstitué tous les éléments de l'attaque. Les trois membres de l'ASU, dont Ferrell, McCann et Savage, furent identifiés. On connaissait les noms figurant sur leurs faux passeports. Les autorités britanniques étaient à peu près convaincues que l'attaque aurait lieu le 8 mars. Elles savaient que la cible était la relève de la garde et également que l'attaque serait menée au moyen d'une voiture piégée dont la bombe serait déclenchée à distance.[49] Les quelques failles qui demeuraient furent vite comblées par une analyse rationnelle du *modus operandi* de l'IRA depuis 1969. Par exemple, les SAS savaient qu'ils auraient affaire à des membres de l'IRA renommés pour leur violence. On présuma donc qu'ils seraient tous armés. On se dit aussi qu'ils utiliseraient leurs armes en cas d'affrontement et qu'ils feraient exploser la bombe immédiatement s'ils étaient pris à partie.[50]

De fait, c'est ce tableau du renseignement détaillé qui a amené la police de Gibraltar à demander l'appui des SAS. C'est la Special Branch de Gibraltar qui tenait la piste de l'opération *Flavius*, mais, en raison de la nature extrêmement violente des terroristes et du fait que l'on savait qu'ils en étaient aux derniers stades de la planification d'une attaque meurtrière, il fallait que les SAS soient prêts à prêter main-forte en cas de besoin.

Dans les jours qui précédèrent le 8 mars, l'équipe formée des services de police, de la FOS et des services de renseignement était sur le qui-vive en prévision de l'arrivée des terroristes à Gibraltar. Puis, le 5 mars, Savage fut repéré à Gibraltar par un spécialiste du renseignement vigilant et pisté jusqu'à une Renault stationnée exactement à l'endroit où le défilé quotidien prenait fin. On put l'observer assis à bord du véhicule pendant quelques minutes qui réglait quelque chose à l'intérieur. On en déduisit qu'il avait installé la bombe et qu'il armait le dispositif de détonation. Après que Savage eut quitté le véhicule, un soldat des SAS fut dépêché sur les lieux pour procéder à une inspection rapide de la Renault. Même s'il n'eut pas assez de temps pour l'examiner, il put constater que le véhicule neuf avait une antenne rouillée; aussi signala-t-il que la voiture contenait sans doute une bombe. En l'espace de quelques minutes, on put observer Farrell et McCann qui franchissaient la frontière pour entrer à Gibraltar. Les trois terroristes ayant été repérés presque simultanément, sans compter la présence de Savage dans la Renault, on pensa tout de suite que l'attaque était imminente.

Les trois terroristes étaient placés sous la surveillance étroite des SAS et l'on vit Farrell et McCann qui déambulaient avant de rejoindre Savage. Peu de temps après, le commissaire de police signa un document qui conférait aux SAS le pouvoir de tenter une arrestation. Sur ces entrefaites, Savage se sépara de Farrell et McCann et partit de son côté. À ce moment-là, on entendit retentir une sirène de police, ce qui incita McCann à se retourner et à établir un contact oculaire avec les forces des SAS qui le suivaient. Parfaitement conscients que McCann était la plus grande sommité de l'IRA en combat rapproché, les membres des SAS le virent gesticuler avec son arme, ce qu'ils interprétèrent comme une tentative de faire détonner la bombe, et ils tirèrent dessus et le tuèrent sur le coup. Apparemment, Farrell fit un geste du même ordre, avec son sac à main, et elle aussi fut abattue par les forces britanniques. Ces coups de feu incitèrent Savage à se retourner, et un soldat des SAS lui cria d'arrêter alors que Savage s'apprêtait à porter sa main droite à sa poche. À nouveau, craignant qu'il en sorte une arme ou qu'il fasse détonner la bombe, le soldat lui tira dessus et le tua. Les membres des SAS alléguèrent par la suite qu'ils craignaient vivement que l'un des trois terroristes se mette à tirer en cas d'affrontement et déclenche à distance le dispositif de détonation de la bombe.[51]

L'effet obtenu par l'équipe du renseignement/FOS ne fut pas négligeable. Il ne fait pas l'ombre d'un doute que les trois membres abattus de l'IRA préparaient une attaque massive à la bombe qui ciblait le Royal Anglian Regiment dans un secteur public. À ce titre, l'opération *Flavius* fut immédiatement perçue comme un énorme succès, puisqu'elle avait permis d'empêcher une attaque qui aurait fait un grand nombre de victimes et des blessés graves parmi les soldats et la population civile. Une fois de plus, des membres clés de l'IRA avaient été éliminés du terrain. Mais, surtout, l'attentat à la bombe de Gibraltar devait être l'un des signes précurseurs de l'offensive du Têt de l'IRA sur le continent européen. Le fait qu'elle ait pu être déjouée avec une telle efficacité amena le conseil de l'armée de l'IRA à procéder à une enquête interne pour déterminer les causes de cet échec. Il en vint à la conclusion que les membres de l'ASU avaient sans doute eux-mêmes compromis la mission par leurs conversations insouciantes. Assez curieusement, le conseil de l'armée ne pensa jamais que l'IRA avait sans doute été infiltrée dans ses échelons supérieurs, en dépit des catastrophes de Loughgall et de Gibraltar, qui pointaient manifestement vers une trahison de haut niveau.[52] Il n'en reste pas moins que l'échec de Gibraltar eut pour effet d'accentuer le sentiment de paranoïa de l'IRA, ce qui empêcha le conseil de l'armée de lancer l'infortunée offensive du Têt.[53]

Et pourtant, l'IRA réussit à récupérer l'échec de Gibraltar sur le plan des relations publiques lorsque le gouvernement britannique omit de rendre compte du déroulement de l'incident avec précision dans les jours qui suivirent l'opération.[54] On peut néanmoins affirmer que le renseignement avait une fois de plus mis la FOS au courant d'une opération qui avait porté un rude coup à l'insurrection.

Les opérations de Loughgall et Gibraltar illustrent à merveille les effets que l'on peut obtenir lorsqu'on recueille des renseignements de qualité supérieure qui sont exploités par les FOS évoluant dans des milieux à haut risque. Il y a eu quantité d'autres opérations qui ont moins retenu l'attention du public, mais qui ont néanmoins prouvé l'efficacité de ce genre de partenariat et qu'il vaut la peine de mentionner brièvement. Par exemple, en janvier 1977, des sources de renseignement ont appris que l'IRA s'apprêtait à utiliser une voiture stationnée sur une route de Culderry, dans le comté d'Armagh, dans le cadre d'une opération. Les SAS ont alors déployé une patrouille de quatre hommes pour qu'ils surveillent la voiture de près et, au besoin, qu'ils l'interceptent. Comme prévu, un véhicule n'a pas tardé à s'approcher du véhicule stationné et s'est arrêté à quelques pas de l'équipe de surveillance des SAS. Un homme de l'IRA, Seamus Harvey, en est sorti revêtu de sa tenue de combat, d'une cagoule noire et d'une ceinture bourrée de cartouches à balle. Deux soldats des SAS se sont alors approchés de lui dans l'intention de l'arrêter. Mais un groupe de couverture caché de l'IRA a alors ouvert le feu sur les SAS. Les deux soldats des SAS se sont mis à l'abri précipitamment et leur propre groupe de couverture a répliqué au tir. En fin de compte, Harvey a été tué dans l'échange, et deux des treize balles qui l'ont touché ont été tirées par son propre groupe, dans des circonstances qui étaient inattaquables sur le plan juridique et éthique, même par les célèbres propagandistes de l'IRA qui profitaient de la moindre occasion pour accuser les SAS d'être des assassins.[55]

Un autre excellent exemple de l'efficacité du partenariat entre le renseignement et les FOS est survenu durant l'été 1988, lorsque les forces de sécurité ont appris que l'IRA prévoyait d'assassiner un officier à la retraite de l'Ulster Defence Regiment (UDR) dans le cadre d'une campagne visant à semer la terreur parmi les partisans du RUC et de l'UDR. Les forces de sécurité britanniques ont décidé que leur seule et unique option consistait à prendre l'IRA en flagrant délit de tentative d'assassinat. La capture des assassins d'une autre façon, par exemple pendant qu'ils se rendaient à leur cache d'armes en prévision de l'opération, risquait facilement d'être manipulée par les propagandistes. Le plan des SAS consistait donc à mettre un soldat dans le camion de la cible pendant que le service de renseignement prévenait que l'assassinat était imminent et à s'arranger pour que le camion « tombe en panne » sur une route, où une équipe des SAS serait camouflée en attendant l'arrivée des assassins. Certes, le plan était extrêmement dangereux, car le chauffeur des SAS serait dans une situation très précaire. En outre, on savait que le commando de l'IRA se composerait de trois hommes extrêmement dangereux qui, à eux trois, avaient commis au moins 32 assassinats. De fait, à peine quelques semaines auparavant, l'un des hommes de l'IRA, Gerard Harte, avait fait exploser une bombe de circonstance qui avait fait se retourner un autocar transportant des troupes, tuant huit soldats et en blessant vingt-sept autres dans une scène de carnage atroce. Quoi qu'il en soit, le plan des SAS fut exécuté sans la moindre anicroche.

Le service de renseignement avait averti que le commando était allé retirer des armes de sa cache et que l'opération était en cours. Les SAS ont alors pris position et ont feint la panne du camion. L'IRA a vite appris que sa cible était immobilisée au bord de la route et s'est mise en route pour l'exécuter. Le commando s'est rendu jusqu'au véhicule tombé en panne et a confronté le soldat des SAS, qui se faisait passer pour la cible de l'UDR. Puis il a ouvert le feu avec un fusil automatique. L'homme des SAS a bondi hors de la ligne de tir alors que des balles fusaient de toute part. L'équipe camouflée des SAS a alors engagé le combat contre le commando de l'IRA, dont tous les membres ont été tués. Ce faisant, elle a pris le commando de l'IRA en flagrant délit de tentative d'assassinat et a usé d'une force létale dans une situation qui était entièrement justifiée, éliminant du même coup trois membres de l'IRA aussi radicaux que violents.[56] L'IRA a fini par être écrasée par un réseau de renseignement qui l'empêchait complètement d'agir.

Dans les années qui ont suivi la dernière série de « violences » en 1969, le milieu du renseignement britannique en Irlande du Nord a lentement évolué pour devenir un dispositif extrêmement perfectionné et remarquablement capable qui a réussi à paralyser l'IRA jusqu'à ce que cette dernière ne dispose plus que d'une infime marge de manœuvre.[57] Dans bien des cas, les FOS sont devenues le partenaire naturel du renseignement, assumant même les deux rôles pour commencer. Il importe de signaler que les FOS n'ont pas été les seuls, ni toujours les meilleurs partenaires du renseignement. Pas plus que les FOS n'ont été le facteur décisif dans la défaite finale de l'IRA.[58] Cependant, les FOS ont incontestablement joué un rôle clé dans les premières années en facilitant l'essor et l'évolution du dispositif de renseignement en Irlande du Nord pour devenir plus tard un élément important de l'utilisation de renseignements acquis de haute lutte pour mener des opérations percutantes. De plus, les succès des FOS ont jeté une ombre sur l'IRA. Cette dernière a vite compris qu'elle était aux prises avec une menace persistante et inquiétante et que l'une quelconque de ses opérations risquait d'être compromise et par la suite empêchée par les SAS. Ce qu'il faut retenir, c'est que les SAS ont obtenu ce succès spectaculaire avec un nombre de soldats relativement restreint. Après 1976, la présence des SAS en Irlande du Nord s'est limitée à des effectifs d'une trentaine d'hommes, des renforts étant envoyés de Grande-Bretagne en cas de besoin.[59]

Il faut signaler que l'expérience des SAS en Irlande du Nord a prouvé que les opérations de contre-insurrection menées grâce aux renseignements des FOS peuvent facilement être manipulées par un ennemi qui est expert en opérations d'information. À cette fin, la propagande des insurgés peut sérieusement compromettre les effets engendrés par l'équipe du renseignement des FOS. La nature même des opérations des FOS en Irlande du Nord, qui ont dressé des soldats on ne peut mieux entraînés et endurcis par la guerre contre des terroristes impitoyables et intraitables de l'IRA, a souvent provoqué la mort de ces derniers. Cela a parfois permis aux propagandistes et aux partisans de l'IRA de peindre les SAS sous les traits d'un commando de tueurs.[60] À quelques rares reprises, d'innocents civils ont été pris entre deux feux, fournissant des munitions à l'IRA et à ses partisans pour leurs opérations d'information et leurs accusations selon lesquelles les FOS britanniques victimisaient la population locale.

Les faits sont cependant révélateurs et ils réfutent la propagande de l'IRA. Au moment du cessez-le-feu de juillet 1997 qui a pratiquement mis fin au conflit, les SAS avaient abattu environ 38 insurgés, mais en avaient arrêté plusieurs fois plus, parfois dans des situations où la force létale aurait été parfaitement justifiée si elle avait été utilisée. Quant aux victimes parmi la population civile, cinq civils innocents ont perdu la vie durant les opérations des SAS, dont certains dans des situations où les circonstances ambiguës justifiaient parfaitement l'usage de la force létale.[61] Même si ces morts sont des événements tragiques, on peut affirmer en toute bonne foi que ce nombre est infime dans le contexte général des campagnes de contre-insurrection après 1945, ce qui souligne le fait que les FOS mènent effectivement des opérations de précision qui ont pour effet de réduire le nombre de victimes parmi les civils.

Comme l'histoire et les événements d'actualité le prouvent, la contre-insurrection est une forme de guerre complexe et difficile qui dure généralement longtemps et qui n'affiche pas des progrès tangibles avant des années. Une insurrection résolue qui bénéficie quelque peu du soutien de la population peut être extrêmement difficile à vaincre. C'est pourquoi il est utile d'examiner des conflits antérieurs pour en tirer des leçons qui peuvent toujours s'appliquer aujourd'hui et à l'avenir. La campagne de contre-insurrection en Irlande du Nord a été particulièrement ardue, menée comme elle l'a été par les forces britanniques en territoire britannique contre un ennemi très capable jouissant de nombreux appuis dans la population locale et sous le feu des projecteurs des médias. Les forces spéciales ont joué un rôle appréciable dans ce conflit en contribuant à la mise sur pied d'un système de renseignement remarquablement efficace et en tenant lieu d'antenne d'action au dispositif de renseignement, surtout dans les situations qui exigeaient des nombres restreints de soldats discrets qui pouvaient user instantanément d'une force létale d'une grande précision en cas de besoin. À vrai dire, la campagne de contre-insurrection fructueuse en Irlande du Nord, qui a duré pendant presque 28 ans, prouve que les forces spéciales et les services de renseignement sont des éléments qui s'habilitent mutuellement pour former une équipe précieuse, laquelle peut apporter des contributions concrètes au processus long et fastidieux qui consiste à venir à bout d'une insurrection.

NOTES

1. United States Army and Marine Corps, *Counterinsurgency*, FM 3–24/MCWP 3–33.5, 2006, p. 1–1 et 1–28.

2. *Ibid.*, p. 1–1.

3. Le mot « intelligence » (renseignement en français) provient du verbe latin « intellegere », qui signifie « comprendre ». Le renseignement militaire est une discipline de l'armée qui facilite le processus décisionnel d'un commandant en s'assurant qu'il dispose des données traitées/analysées nécessaires provenant du plus vaste éventail possible de sources sur le terrain, sur l'ennemi et les forces alliées et les conditions environnementales. Afin de permettre cette analyse éclairée, il faut commencer par cerner les besoins d'informations du commandant et confier la responsabilité de leur recherche à des organisations formées et équipées pour recueillir et traiter les renseignements ainsi rassemblés. Le processus de renseignement compte effectivement quatre phases : la collecte, l'analyse, le traitement et la diffusion. Les FOS ont joué un rôle important au commencement dans la collecte d'informations pour que les spécialistes du renseignement puissent analyser les données et fournir les renseignements nécessaires aux commandants pour leur permettre de déterminer les mesures à prendre.

4. L'IRA s'est fractionnée à cause de divergences politiques en 1970, peu de temps après le début de la dernière série de « violences ». Par la suite, l'IRA officielle s'est composée de ceux et celles qui étaient convaincus qu'ils pouvaient atteindre leurs objectifs par le biais du processus politique. D'autres pensaient qu'il fallait mener une action militante. Ils ont donc créé l'IRA provisoire (PIRA) et se sont mis à utiliser des tactiques terroristes. Robin Neillands, *In the Combat Zone: Special Forces Since 1945* (Londres: Weidenfeld et Nicholson, 1997), p. 225. Désormais dans le présent article, on emploiera le sigle IRA, même s'il fait essentiellement allusion à l'IRA provisoire.

5. J. Paul de B. Taillon, *The Evolution of Special Forces in Counter-Terrorism: The British and American Experiences* (Westport, CT: Praeger Publishers, 2001), p. 35–36.

6. Neillands, *In the Combat Zone*, p. 235.

7. Tony Geraghty, *Inside the Special Air Service* (Londres: Methuen, 1980), p. 161.

8. Tony Geraghty, *Who Dares Wins* (Londres: Little, Brown and Company, 1992), p. 235. Geraghty dit de l'IRA : « Le perdant, ce n'est pas elle ».

9. David Bonner, avocat qui déclare que, pour contrer les menaces terroristes, il faut insister sur la primauté du droit et recourir aux procédures judiciaires criminelles, affirme que le problème auquel se sont heurtés les Britanniques en Irlande du Nord était exceptionnel, en ce sens que la menace terroriste provenait d'un groupe éminemment organisé qui bénéficiait de solides appuis à l'intérieur comme à l'étranger et à cause de l'enchâssement des traditions constitutionnelles et juridiques du Royaume-Uni. David Bonner, « The United Kingdom Response to Terrorism ». In *Western Responses to Terrorism*, éd. Alex P. Schmid et Ronald D. Crelinsten, (Londres: Frank Cass, 1993), p. 200–201.

10. Le rôle névralgique du renseignement dans les opérations de contre-insurrection est largement admis, tout comme son importance pour la campagne de contre-insurrection en Irlande du Nord. Par exemple, Brian Jackson, chercheur scientifique sur la sécurité nationale et le terrorisme à la Corporation RAND, fait

observer que le renseignement joue un rôle essentiel dans les opérations COIN en facilitant l'identification de l'ennemi et en permettant de déterminer comment le neutraliser ou l'isoler. Brian A. Jackson, « Counterinsurgency in a Long War: The British Experience in Northern Ireland », *Military Review*, janvier-février (2007) : p. 74. De même, John Newsinger, professeur et historien, affirme qu'une architecture de renseignement efficace est une condition préalable au succès des opérations de contre-insurrection, car le problème primordial n'est pas de savoir si les forces de sécurité peuvent vaincre les insurgés, mais plutôt de les identifier et de les trouver. Il ajoute que, sans bons renseignements, les forces de sécurité agissent à l'aveuglette. John Newsinger, « From Counter-Insurgency to Internal Security: Northern Ireland 1969–1992 », *Small Wars and Insurgencies*, vol. 6, n° 1 (1995), p. 96. Tony Geraghty, journaliste et écrivain, affirme tout bonnement que « l'arme la plus importante dont dispose l'un ou l'autre camp dans ce type de guerre [sont] des renseignements de précision ». Tony Geraghty, *The Irish War: The Hidden Conflict Between the IRA and British Intelligence* (Londres: The John Hopkins University Press, 2000), xxix. Enfin, Kiran Sarma, professeur et psychologue médico-légal, affirme qu'à certains moments durant l'insurrection en Irlande du Nord, des informateurs « ont littéralement paralysé l'IRA » en permettant l'arrestation ou la mort d'activistes, en empêchant des opérations et en saisissant des caches d'armes. Kiran Sarma, « Informers and the Battle Against Republican Terrorism: A Review of 30 Years of Conflict », *Police Practice and Research*, vol. 6, n° 2 (2005) : p. 177.

11. Geraghty, *Inside the SAS*, p. 140.
12. Keith Jeffery, « Security Policy in Northern Ireland: Some Reflections on the Management of Violent Conflict », *Terrorism and Political Violence*, vol. 2, n° 1 (1990) : p. 21–34.
13. Geraghty, *Inside the SAS*, p. 146–147.
14. *Ibid.*, p. 145–147.
15. Geraghty, *The Irish War*, p. 123.
16. *Ibid.*, p. 139.
17. Anthony Kemp, *The SAS: Savage Wars of Peace* (Londres: Signet, 1995), p. 121.
18. Martin Dillon, *The Dirty War* (New York: Routledge, 1990), p. 363–364.
19. Dillon, p. 150–151. L'unité portait le nom de 14th Intelligence Company depuis sa création, même si, pendant des années, elle a été connue du public sous d'autres noms, notamment la Northern Ireland Training Advisory Team, la HQ Company et l'Int and Sy Group. Michael Westaway McCue, « Intrigue: Britain's Shadowy 14 Company », *Military History*, vol. 22, n° 10 (2006) : p. 18.
20. Geraghty, *Who Dares Wins*, p. 222.
21. McCue, p. 18.
22. Neillands, p. 231.
23. Geraghty, *Who Dares Wins*, p. 221–222.
24. James Adams, Robin Morgan et Anthony Bambridge. *Ambush: The War Between the SAS and the IRA* (Londres: Pan Books, 1988), p. 72–73. Selon les auteurs, le déploiement secret de la 14th Int Company en Irlande du Nord explique sans doute les spéculations, sans fondement d'ailleurs, selon lesquelles les SAS ont été déployés en grand nombre avant le déploiement dont on a beaucoup parlé en janvier 1976.
25. Geraghty, *Who Dares Wins*, p. 221–222.

26. David A. Charters, « From Palestine to Northern Ireland: British Adaptation to Low-Intensity Operations ». In *Armies in Low Intensity Conflict: A Comparative Analysis*, éd. David A. Charters et Maurice Tugwell (Londres: Brassey's Defence Publishers, 1989), p. 232.

27. *Ibid.*, p. 248 (note 224).

28. Kemp, p. 129.

29. Adams, Morgan et Bambridge, p. 94.

30. Neillands, p. 230–232.

31. Jackson, p. 80.

32. Geraghty, *The Irish War*, p. 74–75 et p. 122–123.

33. Geraghty, *Who Dares Wins*, p. 244

34. Geraghty, *The Irish War*, p. 119–120.

35. Gaz Hunter, *The Shooting Gallery* (Londres: Orion, 1998), p. 223–226.

36. McCue, p. 18.

37. Geraghty, *Who Dares Wins*, p. 225.

38. Geraghty, *The Irish War*, p. 124–125.

39. Ed Maloney, *A Secret History of the IRA* (Toronto: Penguin Canada, 2002), 306–307. Geraghty donne également des précisions sur les hommes de l'IRA qui ont lancé l'attaque de Loughgall dans *The Irish War*, p. 124–125.

40. Geraghty, *The Irish War*, p. 126–127.

41. *Ibid.*, p. 125.

42. Il peut tout simplement s'agir du résultat d'une analyse approfondie du renseignement fondée sur la connaissance des méthodes de l'IRA. L'IRA avait déjà attaqué des postes de police au préalable en utilisant le même plan que pour l'opération de Loughgall. C'est pourquoi, lorsqu'on a appris qu'une pelle mécanique et une fourgonnette avaient été volées à Dungannon, ville proche de Loughgall, on a tout de suite compris qu'une attaque était sans doute imminente. Le fait que le poste de police de Loughgall fut l'un des très rares postes de police à être à peine défendus dans le secteur a incité à penser qu'il était la cible visée. Des membres de haut rang de l'IRA ont été mis sous surveillance alors que le personnel du renseignement a eu recours à des équipes de surveillance pour trouver d'autres indices qu'une attaque était imminente, comme le déplacement de protagonistes clés de l'IRA en direction de Loughgall. Adams, Morgan et Bambridge, *Ambush*, p. 110–118. Les auteurs soulignent le rôle joué par la surveillance et l'analyse dans l'avertissement de l'attentat. Ils affirment toutefois par ailleurs que « la décision de s'unir à la brigade Monaghan/Armagh de Lynagh pour lancer une attaque conjointe et, pour l'IRA, une attaque massive, avait abouti à des fuites … », ce qui laisse supposer que les auteurs n'écartent pas l'hypothèse de la participation d'un informateur de l'IRA. p. 117. Par ailleurs, d'autres informations incitent à penser que le renseignement était plus que le résultat d'analyses et de surveillance, et qu'un informateur de haut rang au sein de l'IRA, qui était sans doute connu des services de renseignement sous le nom de « Steak Knife », a fourni les renseignements utilisables. Bradley Bamford, « The Role and Effectiveness of Intelligence in Northern Ireland », *Intelligence and National Security*, vol. 20, n° 4 (2005) : p. 596–597. Selon Bamford, Steak Knife était un agent de haut rang membre de l'unité de sécurité interne de l'IRA, « the Headhunters », dont le mandat était d'identifier, d'interroger en utilisant la torture et d'exécuter les traîtres au sein de l'IRA. Steak Knife a sans doute été

directement responsable de l'exécution d'au moins une douzaine d'informateurs soupçonnés de l'IRA. Bamford formule une observation intéressante, qui peut être particulièrement utile pour les campagnes de contre-insurrection menées aujourd'hui, sur la façon dont le renseignement britannique utilisait des agents. Il déclare que les Britanniques recrutaient de jeunes hommes afin de les convaincre d'adhérer à l'IRA. Il fait également remarquer que les Britanniques ont infiltré l'IRA à divers échelons, ce qui leur permettait de sacrifier un informateur s'ils apprenaient que l'IRA soupçonnait qu'un traître était à l'œuvre. Il affirme que « ces méthodes de fonctionnement sont entrées dans une zone grise sur le plan de la légalité et de l'acceptabilité morale ». *Role and Effective of Intelligence*, p. 592. Bamford a tout à fait raison, mais, si l'on tient compte du rôle considérable que le renseignement humain a joué dans la défaite de l'insurrection en Irlande du Nord, il faudrait sans doute lancer un débat sur la question de savoir dans quelle mesure les services de renseignement d'aujourd'hui doivent accepter de pénétrer dans la « zone grise » de l'éthique et de la moralité pour utiliser des agents hautement efficaces.

43. Maloney, p. 304–305.

44. L'offensive du Têt était un plan qui, à l'instar de l'offensive originale vietnamienne, avait pour but de montrer au monde entier que le conflit s'intensifiait et qu'il ne serait pas facile d'y mettre fin. Le plan prévoyait une gigantesque série d'attentats contre les forces britanniques qui obligeraient le Royaume-Uni à réintroduire la politique d'internement, utilisée pour la première fois en 1971, qui, à son tour, rallierait les nationalistes, enflammerait l'opinion internationale et pousserait le public britannique à s'interroger sur les politiques de son gouvernement en Irlande du Nord. Le plan prévoyait l'utilisation des 105 tonnes d'armes livrées à l'IRA en octobre 1986 par la Lybie. L'offensive ne s'est jamais matérialisée en raison de la catastrophe survenue à Loughgall, de l'interception du navire Eksund en novembre 1987 qui transportait des armes en provenance de Lybie, de l'échec de l'attaque de l'IRA à Gibraltar en mars 1988 et, enfin, de la « colonne volante » interceptée qui avait tenté d'attaquer un poste de contrôle et une garnison britanniques à Roslea. *Ibid.*, p. 327–334.

45. Maloney, p. 315.

46. *Ibid.*, p. 308.

47. Tout examen attentif de l'opération *Judy* doit cependant tenir compte du fait que l'opération n'était pas sans prêter à controverse. La population locale ignorait bien entendu qu'une opération d'une telle envergure devait se dérouler dans sa localité, et rien n'a été fait pour évacuer les habitants du cru du voisinage immédiat afin d'assurer la sécurité des opérations. Cela a ajouté un élément de risque à l'opération qui, malheureusement, a fait des victimes qui n'étaient pas prévues. Deux hommes, les frères Anthony et Oliver Hughes, se sont approchés du poste avec leur voiture juste avant l'explosion de la bombe. Étant donné que les hommes venaient tout juste de réparer un camion, ils portaient des combinaisons bleues qui ressemblaient étrangement à celles des membres de l'IRA. En arrivant sur le lieu des opérations, ils ont décidé de rebrousser chemin. Les soldats des SAS ont présumé qu'il s'agissait de membres de l'IRA et ils ont tiré sur leur véhicule, tuant Anthony et blessant grièvement Oliver. Cette tragédie est extrêmement regrettable, et une forte indemnité a été versée à l'épouse d'Anthony et à Oliver. Plusieurs personnes ont réclamé une enquête publique, mais en vain. On a pu lire également de nombreux

reportages dans les journaux comme quoi les hommes de l'IRA auraient dû être arrêtés plutôt que piégés. Kemp, *Savage Wars of Peace*, p. 140. Ces doléances étaient courantes lorsque des membres de l'IRA étaient tués et elles émanaient en général de commentateurs bien intentionnés qui ne comprenaient pas toujours les risques élevés qui se rattachaient à l'interception de terroristes armés ou de partisans de l'IRA qui ne rataient pas la moindre chance de peindre les forces de sécurité britanniques sous les traits de forces inutilement répressives. Une autre tragédie fut évitée de justesse à Loughgall. En effet, les troupes britanniques étaient prêtes à tirer sur un autre véhicule qui s'éloignait de la scène, celui-ci étant conduit par une femme avec sa petite fille à l'arrière. L'un des soldats des SAS qui avait compris que la voiture n'était pas une menace a même risqué sa vie pour empêcher le tir, acte qui lui a valu la Médaille militaire. Geraghty, *The Irish War*, p. 127. Voir aussi Jack Holland et Susan Phoenix, *Phoenix: Policing the Shadows* (Londres: Coronet Books, 1996), p. 205–218.

48. Les données de ce paragraphe sont extraites du compte rendu détaillé de l'opération *Flavius* que l'on trouve dans Adams, Morgan et Bambridge, p. 132–143.

49. *Ibid.*, p. 144–148.

50. *Ibid.*, p. 160. La préférence de l'IRA pour les bombes télécommandées et les progrès techniques des détonateurs à distance, étaient bien connus des autorités britanniques.

51. Cet aperçu de l'opération *Flavius* est extrait du compte rendu détaillé que l'on trouve dans Adams, Morgan et Bambridge, p. 144–167, et dans Neillands, p. 240–244.

52. Maloney, p. 329–333.

53. *Ibid.*, p. 336.

54. L'opération *Flavius* souleva rapidement la controverse pour les SAS et le gouvernement britannique. Aucun des trois terroristes n'était armé au moment où ils ont été abattus. De plus, on a découvert que la Renault 5 n'avait pas de bombe à bord, en dépit des premières allégations publiques du gouvernement. Il s'est avéré que les trois terroristes menaient une opération de reconnaissance avant leur mission finale, et que la Renault 5 avait été postée à Gibraltar pour garder la place de stationnement d'un autre véhicule dans lequel devait se trouver la bombe. La voiture piégée a par la suite été découverte par les autorités espagnoles dans la ville de Marbella, située à une heure et demie en voiture de Gibraltar. À l'intérieur du véhicule, on a retrouvé 144 livres de l'explosif Semtex entouré de près de 200 cartouches de munitions pour AK-47 et d'un détonateur qui devait faire exploser la bombe à 11 h 40, moment où le défilé militaire offrait le maximum d'exposition. Bamford, « Role and Effectiveness of Intelligence », p. 598–599. Les journalistes n'ont pas tardé à soupçonner que le gouvernement cherchait à étouffer l'affaire et que les SAS avaient usé d'une force excessive. La question centrale était de savoir si oui ou non il aurait fallu arrêter les terroristes et, par association, si les SAS suivaient une politique consistant à tirer pour tuer. Malgré les allégations d'un usage excessif de la force, sans compter que les terroristes n'étaient pas armés, l'hypothèse des services de renseignement au commencement de l'opération *Flavius* selon laquelle les trois terroristes étaient sans doute armés et portaient un détonateur était parfaitement fondée, compte tenu des renseignements disponibles. De fait, d'aucuns ont affirmé que les membres qui ont participé à l'opération *Flavius* n'auraient pas pu raisonnablement en arriver à une conclusion analytique

différente. Adams, Morgan et Bambridge, *Ambush*, p. 159. D'autres font remarquer à juste titre que l'aide des SAS était absolument nécessaire car les terroristes étaient connus pour être particulièrement dangereux et que l'on s'exposait à l'explosion d'une bombe massive si la menace n'était pas immédiatement anéantie au moment de l'affrontement contre les terroristes. C'est pourquoi il appartenait aux SAS de neutraliser la menace en fonction de leur entraînement. Il ne faut sans doute pas s'étonner que la force létale ait été utilisée si vite, étant donné que les hommes des SAS tenaient à s'assurer que les terroristes ne pourraient pas faire exploser leur bombe et qu'ils n'auraient pas la moindre chance de tirer sur les soldats venus les arrêter. Quoi qu'il en soit, une enquête de deux semaines a eu lieu en septembre 1988. Neuf jurés contre deux ont estimé que le meurtre des terroristes était parfaitement légal. En définitive, l'incident de Gibraltar a soulevé la question de savoir si les forces spéciales sont faites pour mener des opérations risquées à la place de la police dans une campagne de contre-insurrection. Robin Neillands offre un point de vue précieux à cet égard. Il déclare que les forces spéciales ont manifestement un rôle à jouer dans une campagne antisubversive, en particulier pour atténuer l'impact fâcheux que les opérations massives des forces conventionnelles peuvent avoir sur la population, pour assurer la surveillance dans les scénarios risqués et pour faire tomber l'ennemi dans une embuscade lorsqu'on fait appel à leur savoir-faire. Toutefois, Neillands affirme qu'il y a une zone grise dans laquelle le recours aux forces spéciales menace d'usurper le rôle de la police, en particulier lorsque les actions des forces spéciales font des victimes que les insurgés peuvent utiliser dans leur propagande. Il en déduit qu'une « combinaison tactique gagnante » existe lorsque la collecte et l'analyse des renseignements provenant de toutes les sources aboutissent à des possibilités de ciblage que la police peut exploiter, moyennant la participation de l'armée lorsque la police juge qu'elle est nécessaire. Neillands, p. 245–246. Voir aussi Holland et Phoenix, p. 198–200.

55. Adams, Morgan et Bambridge, p. 82–83.

56. *Ibid.*, p. 5–20. Les auteurs constatent qu'à titre de fâcheuse postface à l'opération, les autorités britanniques ont tardé à diffuser des informations au public, ce qui s'explique partiellement par les erreurs commises durant l'opération *Flavius* lorsque la diffusion accidentelle de renseignements erronés immédiatement après l'opération a servi à alimenter la critique des forces de sécurité. Cela a permis aux propagandistes de l'IRA d'attiser les allégations selon lesquelles les SAS étaient en train d'assassiner l'IRA. Avant que la vraie histoire ne soit rendue publique, à savoir que l'IRA avait décidé de commettre un assassinat, que ses auteurs étaient des terroristes connus, qu'ils étaient bien armés et qu'ils avaient tiré en premier, la propagande de l'IRA avait alimenté les craintes selon lesquelles le gouvernement de la première ministre Thatcher avait autorisé les SAS à agir comme des hors-la-loi.

57. Jackson, p. 75.

58. Comme le fait observer Keith Jeffery dans une communication qu'il a préparée pour un groupe sur la sécurité interne et la police politique à une conférence à l'Université de Warwick, les FOS ne sont qu'un élément utilisé dans les opérations de contre-insurrection. À elles seules, les opérations militaires ne peuvent pas mettre fin à des conflits comme celui qui s'est déroulé en Irlande du Nord. La défaite d'une insurrection est une entreprise complexe et multidimensionnelle au

cœur de laquelle doit se trouver un pouvoir politique reconnu qui a des comptes à rendre au public. Jeffery, p. 32–33.

59. Geraghty, *The Irish War*, p. 116.

60. Certains écrivains qui ne cachaient pas leurs sympathies pour l'IRA se sont donné beaucoup de mal pour peindre les SAS comme un commando d'assassins du gouvernement britannique. À une extrémité, se situent des écrivains comme Raymond Murray, prêtre catholique qui prétend que les échelons supérieurs du gouvernement britannique, notamment le Cabinet et la première ministre, se sont fait les défenseurs d'une politique consistant à tirer pour tuer. Selon lui, les opérations des SAS ont évolué de la simple collecte de renseignements à la déstabilisation de la communauté catholique pour finalement assumer « un rôle 'terroriste' actif ». Raymond Murray, *The SAS in Ireland* (Dublin: The Mercier Press, 1990), p. 453. Murray va jusqu'à imputer aux SAS la responsabilité de certains des actes terroristes les plus spectaculaires de l'IRA. Par exemple, selon lui, les opérations des SAS à South Armagh ont abouti à l'assassinat par l'IRA de l'ambassadeur de Grande-Bretagne, Christopher Ewart-Biggs, le 21 juillet 1979, à l'assassinat d'Earl Mountbatten le 27 août 1979 et à une attaque contre le régiment de parachutistes à Warren Point le même jour qui a fait 18 morts parmi les soldats. *Ibid.*, p. 453. Même si Murray représente le groupe d'écrivains extrême, sinon outrancier, qui accusent les SAS d'avoir joué des sales tours, d'autres écrivains et les médias du courant dominant ont effleuré les mêmes thèmes, ce qui a exercé d'énormes pressions sur les SAS pour s'assurer que leurs opérations concordaient sans l'ombre d'un doute avec l'impératif d'user du minimum de force et qu'il devenait impossible de les percevoir comme agissant à l'encontre des valeurs de la société britannique.

61. Geraghty, *The Irish War*, p. 116.

7

LA LUTTE CONTRE LES MOUDJAHIDIN:

leçons tirées de l'expérience de contre-insurrection des soviétiques en Afghanistan

Tony Balasevicius et Greg Smith

DANS LE CADRE DE la coalition de l'Organisation du Traité de l'Atlantique Nord (OTAN), les Forces canadiennes (FC) mènent actuellement une campagne de contre-insurrection en Afghanistan pour faire obstacle à une menace résurgente des talibans. Circonscrire cette menace s'est avéré une opération difficile étant donné que les talibans, reconnaissant la supériorité de la puissance militaire de l'OTAN, ont commencé à employer des méthodes d'action asymétrique visant à miner la détermination de la coalition par l'effet cumulatif d'actions terroristes et d'opérations militaires de petite envergure. Il est évident que l'OTAN doit prendre des mesures pour contrer cette tactique; toutefois, se concentrer uniquement sur les aspects militaires du problème ne suffira pas à éradiquer la menace de fond.

En effet, la réelle nature de la menace posée par les talibans repose sur la force politique de cette organisation, et non sur ses capacités militaires. Pour briser l'influence des talibans dans la région, toute intervention militaire doit être accompagnée de mesures politiques, sociales et économiques. Aborder ces enjeux de manière cohérente est un exercice extrêmement complexe; toutefois, dans le cas de l'Afghanistan, cet exercice n'est pas sans précédent. En effet, il est intéressant de constater que les Soviétiques ont éprouvé essentiellement les mêmes difficultés lors de la campagne de contre-insurrection qu'ils ont menée contre les moudjahidin pendant une grande partie des années 1980.[1]

L'expérience des Soviétiques devrait intéresser les membres de la coalition car elle représente un exemple contemporain des défis liés aux opérations de lutte de contre-insurrection en Afghanistan. Contrairement à la croyance populaire, les Soviétiques ont suivi une stratégie de lutte de contre-insurrection logique et en plusieurs volets en Afghanistan, même si cette dernière a été quelque peu brutale. Un examen critique de leurs résultats révèle que bon nombre des lacunes des Soviétiques sont directement attribuables à un manque de ressources et, à cet égard, on décèle un nombre surprenant de similarités entre le contexte opérationnel dans le cadre duquel les Soviétiques ont mené à l'époque leurs interventions et celui au sein duquel l'OTAN opère actuellement. À ce titre, nous examinerons dans ce chapitre divers aspects des opérations de contre-insurrection menées par les Soviétiques pendant leur occupation de l'Afghanistan. Plus précisément, nous examinerons les forces et les faiblesses de l'approche soviétique et tirerons des leçons applicables à la situation actuelle. Toutefois, avant d'aborder certains aspects spécifiques de l'intervention soviétique, il est important de commencer par comprendre la dynamique des insurrections.[2]

En termes simples, une insurrection peut être vue comme un soulèvement contre une forme d'autorité établie telle qu'un gouvernement ou des forces d'occupation.[3] Brad E. O'Neill, qui est un spécialiste reconnu en la matière, définit l'insurrection comme une « lutte entre un groupe non dirigeant et les autorités au pouvoir en vertu de laquelle le groupe non dirigeant utilise consciemment des ressources politiques (p. ex., expertise organisationnelle, propagande et manifestations) et le recours à la violence pour détruire, reformuler ou soutenir les principes légitimes d'un ou plusieurs aspects du régime politique ».[4] Dans ce contexte, les insurrections sont souvent utilisées par les groupes dissidents qui reconnaissent leur incapacité à mettre en échec les forces militaires conventionnelles et qui ont par conséquent recours à des actions qui exploitent les griefs populaires et attaquent la volonté et la motivation de l'autorité établie.[5]

À l'inverse, les opérations de contre-insurrection sont menées par l'autorité établie et cherchent à détruire le mouvement d'insurrection par l'utilisation de réformes politiques, sociales et économiques qui visent en priorité à répondre aux mêmes griefs que ceux que les insurgés tentent d'exploiter. L'autorité établie doit entreprendre des réformes tout en attaquant simultanément les entités physiques de l'appareil militaire et politique des insurgés.[6] Toutefois, en essayant de détruire les capacités physiques des insurgés, les forces de contre-insurrection doivent être très prudentes dans leurs actions étant donné qu'elles doivent priver les rebelles des conditions opérationnelles et tactiques dont ces derniers ont besoin pour soutenir l'insurrection, tout en limitant parallèlement les dommages collatéraux infligés à la population.

C'est un équilibre qui est plus difficile à atteindre qu'il n'y paraît de prime abord. Les insurgés tentent généralement de se fondre au sein de la collectivité de manière à pouvoir commencer à mettre en place les conditions tactiques nécessaires à la réussite de l'insurrection. Ainsi, il devient très difficile de les attaquer sans attaquer, en même temps, la population.

De plus, cet équilibre souligne le fait qu'il est essentiel, aussi bien pour les insurgés que pour l'autorité établie, de « gagner les cœurs et les esprits » de la population locale. En effet, la coopération de la population permet d'assurer un soutien opérationnel à long terme et représente un critère clé pour mettre en place les autres conditions qui constituent des conditions préalables essentielles à la réussite des opérations des deux parties.

Pour que l'autorité établie puisse « gagner les cœurs et les esprits » des habitants locaux, elle doit d'abord être capable de montrer qu'elle peut protéger la population et mettre les insurgés en échec.[7] Comme l'énonce le Lieutenant-colonel John McCuen, officier militaire et auteur d'écrits traitant de la guerre contre-révolutionnaire, « l'élément le plus important d'une opération de contre-insurrection consiste à organiser la population de manière à ce qu'elle puisse assurer sa protection [...] Même à cette étape précoce de la guerre, l'organisation d'une milice et de forces de police auxiliaires à l'échelle locale devrait être le premier impératif des autorités au pouvoir. »[8] Par conséquent, établir un environnement sûr en Afghanistan était une première étape essentielle à la réussite des mesures de contre-insurrection des Soviétiques. Malheureusement, mettre en place cette condition préalable essentielle à la réussite des opérations s'est avéré un exercice extrêmement difficile pour les Soviétiques une fois qu'ils ont eu pénétré le territoire afghan.

La genèse de l'intervention soviétique en Afghanistan a débuté à la fin des années 1970, lorsque le Parti démocratique du peuple d'Afghanistan (PDPA), une organisation marxiste, a pris le contrôle du gouvernement à Kaboul, le 27 avril 1978. Peu après que le PDPA eut pris le pouvoir, le nouveau gouvernement a annoncé l'adoption d'un certain nombre de réformes générales et mal conçues qui ont eu pour effet de lui aliéner de vastes pans de la population. En outre, ce dernier a fait peu d'efforts pour mettre en œuvre ces réformes, se mettant également à dos les segments de la population qui auraient éventuellement pu soutenir leur application.[9] Par conséquent, la rébellion a éclaté dans le Nouristan, une région située dans la partie orientale de l'Afghanistan pour se propager, au cours des mois suivants, dans d'autres parties du pays. Afin de maîtriser l'agitation croissante, le PDPA a de plus en plus fait appel à l'aide militaire des Soviétiques. Toutefois, en octobre 1979, la situation était devenue si précaire que le gouvernement afghan s'est vu contraint de demander officiellement l'intervention des Soviétiques.

Bien qu'hésitants au départ, les Soviétiques ont finalement consenti à cette demande et déployé la 40e armée, qui comprenait trois divisions de fusiliers motorisés, une division aéroportée, une brigade d'assaut, deux brigades de fusiliers motorisés indépendantes et cinq régiments de fusiliers motorisés distincts.[10] Cette force a envahi l'Afghanistan en décembre 1979, prenant rapidement le contrôle des principaux centres de population et sécurisant des lignes de communication essentielles.[11]

Alors que l'occupation du pays s'est déroulée avec une efficacité militaire impressionnante de rapidité, la pacification de la société afghane, de tradition rurale et guerrière, s'est avérée beaucoup plus difficile. Peu après l'invasion du pays, l'Afghanistan a vu surgir un mouvement de révolte populaire contre les forces d'occupation. Dès le début du soulèvement, les Soviétiques ont été confrontés à un certain nombre de difficultés, notamment la géographie du pays, une société fragmentée qui ne portait aucune allégeance à une autorité centrale et une structure de force totalement inappropriée au type de conflit dans lequel ils s'étaient engagés.[12] Toutefois, le problème le plus important qui a entravé l'action des Soviétiques pendant leur occupation du pays, et qu'ils n'ont en fait jamais rectifié, a été un manque de ressources, ces derniers manquant notamment d'« hommes sur le terrain » pour instaurer la sécurité.[13]

Les Soviétiques ont déployé et maintenu une force d'environ 100 000 hommes en Afghanistan qui, de l'avis général, était totalement inadéquate pour la tâche qu'elle était censée entreprendre. D'après les estimations des services de renseignement américains, « une augmentation d'environ 100 000 à 150 000 hommes aurait [pu permettre] aux Soviétiques de libérer ou de protéger les grandes villes et de nombreuses régions rurales d'une infiltration massive du Pakistan et de l'Iran, même s'il est peu probable qu'ils aient pu lutter sur les deux fronts … Un renfort encore plus important de 200 000 à 400 000 hommes aurait probablement [pu permettre] à Moscou de sérieusement saper le mouvement d'insurrection si les efforts avaient pu être soutenus. »[14]

Plusieurs théories ont été avancées quant à la raison pour laquelle les Soviétiques ont manqué d'effectifs pour répondre aux besoins générés par le théâtre des opérations afghan. Tout indique qu'au départ, les Soviétiques sont intervenus en Afghanistan avec le mandat très limité de fournir leur appui à l'autorité au pouvoir. D'après des rapports militaires américains déclassifiés, les Soviétiques ont imposé des limitations à la taille de leurs effectifs en Afghanistan parce qu'ils croyaient « que [le] principal objectif de l'intervention soviétique en décembre 1979 consistait à assumer des responsabilités liées à la sécurité, de manière à ce que les forces du gouvernement [afghan] puissent mettre toute leur énergie à écraser le mouvement croissant d'insurrection ».[15]

Même si les Soviétiques s'étaient initialement attendus à ce que ce soit l'armée afghane qui aille au front pour lutter contre les rebelles, cette idée s'est rapidement avérée irréaliste, du moins à court terme. En effet, le fait est que le soldat afghan moyen manquait singulièrement d'aptitudes au combat et, dans la plupart des cas, refusait même de se battre.[16] En fait, le moral dans de nombreuses unités était si bas et les désertions vers le camp des moudjahidin si courantes qu'en août 1980, les Soviétiques ont été contraints de retirer toutes les armes antiblindées et antiaériennes des mains des unités afghanes, de peur qu'elles ne passent entre celles des résistants. L'incapacité des Afghans à contribuer efficacement aux efforts de lutte de contre-insurrection pour maintenir la sécurité a forcé l'armée soviétique, déjà débordée, à prendre en charge des responsabilités supplémentaires. Ce faisant, cette dernière est devenue le centre de gravité sur lequel a reposé la réussite des opérations[17] : essentiellement, tout espoir de vaincre les insurgés reposait désormais sur les épaules des Soviétiques.

Incapables d'accroître leur capacité militaire en augmentant les effectifs de l'armée afghane, les Soviétiques se sont attachés en priorité à garder sous leur giron les principales villes et agglomérations du pays.[18] Compte tenu des circonstances, cette approche représentait la ligne d'action la plus logique : en effet, il n'aurait pas été réaliste pour les Soviétiques d'imaginer reprendre le contrôle de la situation tant qu'ils n'avaient pas assuré leurs propres bases stratégiques. Malheureusement, ils n'ont jamais eu les ressources nécessaires pour mener leurs opérations au-delà de la consolidation des principales villes étant donné que près de 85 p. 100 des quelque 100 000 hommes présents dans le théâtre des opérations étaient déjà requis pour assumer des fonctions de sécurité de base, telles que protéger des endroits clés au sein des bases stratégiques, ainsi que les avant-postes situés le long d'axes de ravitaillement d'importance capitale en provenance de l'Union soviétique.[19]

L'incapacité des Soviétiques à étendre leur contrôle au-delà de leurs bases stratégiques leur a coûté cher étant donné que plus de 80 p. 100 de la population du pays vivait en région rurale et que c'est un fragment de la population qu'ils n'ont pas pris le soin de protéger de l'influence des moudjahidin.[20] À cet égard, une condition essentielle à la réussite des efforts de lutte de contre-insurrection semble avoir été occultée dès le début de la campagne.

Fait intéressant, l'échec des Soviétiques à offrir une infrastructure de sécurité permanente à la population ne les a pas empêchés d'essayer de persuader les gens d'arrêter de soutenir les insurgés. En fait, les méthodes utilisées par les Soviétiques pour « gagner les cœurs et les esprits » des Afghans étaient assez sophistiquées et radicalement différentes en fonction de la région ciblée. Par exemple, peu après leur occupation, les Soviétiques ont institué un certain nombre de réformes destinées à renforcer la relation entre la religion et l'État. Ils ont confié au gouvernement à Kaboul le contrôle de ses propres finances, dont la capacité de distribuer des largesses aux mosquées du pays. Les chefs religieux ont été dispensés de service militaire et ont eu le droit de recevoir une gratification pour se rendre à La Mecque. Grâce à ces concessions, les Soviétiques ont rapidement rallié à leur cause les mollahs afghans et ces derniers sont devenus une importante source de soutien pour les Soviétiques, prêchant que l'islam et le marxisme poursuivaient le même but et dénonçant les activités des résistants.[21] Entre autres initiatives visant à « gagner les cœurs et les esprits », le service de relations avec les médias du gouvernement afghan a insisté sur l'intention du gouvernement de respecter et d'observer les principes de l'islam qu'il considérait comme une « religion sacrée ». Afin de montrer l'indépendance de l'Afghanistan, les Soviétiques ont autorisé le pays à utiliser le drapeau traditionnel afghan. En outre, ils ont examiné les réformes agraires, tenté un *rapprochement* avec leurs anciens ennemis de classe et libéré un grand nombre de prisonniers politiques.[22] Les Soviétiques ont également pris un certain nombre de mesures pour créer une société plus homogène au sein de l'Afghanistan en familiarisant tranquillement le pays à la philosophie marxiste.

Le régime soutenu par les Soviétiques à Kaboul a également transformé de manière importante le système d'éducation du pays. Le programme scolaire a été modifié pour imiter le modèle soviétique grâce à l'utilisation de manuels scolaires soviétiques traduits où abondait la propagande marxiste.[23] Le gouvernement a également réécrit l'histoire afghane officielle pour faire transparaître des liens historiques plus harmonieux avec l'Union soviétique, et remplacé par le russe toutes les autres langues étrangères enseignées dans les écoles afghanes, langue qui est alors devenue un prérequis pour passer à un niveau d'enseignement supérieur. Ces techniques ont été simplement connues sous le terme de « russification » de l'Afghanistan et visaient, sur une période à long terme, à pacifier l'Afghanistan.[24] Ces réformes et ces programmes ont été accompagnés d'une campagne de propagande de grande ampleur et en plusieurs volets qui visait plus particulièrement à rallier la population aux valeurs soviétiques.

En fait, la propagande et la guerre psychologique sont devenues un aspect clé de la campagne soviétique pour « gagner les cœurs et les esprits » étant donné que les Russes ont essayé d'utiliser cet avantage pour légitimer le régime secondé par les Soviétiques à Kaboul tout en sapant la croyance des rebelles en leur cause. Pour ce faire, ils ont ciblé les populations urbaines les plus éduquées en s'attachant plus particulièrement à convaincre ces groupes des bienfaits de leur présence. À cette fin, ils ont utilisé la radio, la télévision et la presse écrite pour représenter les Russes comme des héros, défenseurs de la liberté afghane, et comme des amis de longue date du peuple afghan. Ces moyens ont également été employés pour convaincre la population urbaine de la sécurité du régime de Kaboul. Pour illustrer ce point, la propagande communiste a mis en exergue le nombre de réfugiés qui avaient quitté le Pakistan pour revenir chez eux, estimant qu'ils pouvaient désormais le faire en toute sécurité.[25]

Dans la région dominée par la chaîne de montagnes Hindu Kush, dans le nord de l'Afghanistan, où la population est ethniquement reliée aux populations des républiques d'Asie moyenne soviétique, la propagande soviétique a pris une couleur radicalement différente. Dans ces régions, les liens ethniques ont été soulignés à maintes reprises et souvent intégrés à la culture populaire afghane par le biais de films documentaires et de chansons d'amour. Les Soviétiques ont également tenté de faire valoir leur homogénéité avec les républiques d'Asie moyenne soviétique ainsi que les avantages du communisme. Ils ont continuellement entretenu chez ces populations un sentiment de fierté ethnique et leur ont rappelé leurs traditions, leur culture et leur langue communes, renforçant ces messages par des échanges culturels et par le biais de divers autres médias.[26]

Toutefois, en dépit de ces efforts, les Soviétiques ne sont jamais parvenus à rallier un soutien important de la part de la population ou à délégitimiser de manière appréciable la cause des insurgés. Leur échec est principalement dû au fait que leur stratégie n'a eu aucun impact dans les régions où ils ont été incapables d'établir des forces de sécurité permanentes. Au fil du temps, les Soviétiques ont constaté que tout effort visant à convaincre les Afghans des régions rurales, surtout dans le sud du pays, de la légitimité et des avantages de leur occupation s'avérait vain. Ils ont ainsi fini par clore tous les programmes visant à rallier la population à leur cause dans ces régions[27] et ont été obligés, à la place, d'essayer de prendre le contrôle de la population en utilisant ce que l'on appelle communément la technique du bâton pour « gagner les cœurs et les esprits ».[28]

Il y a plusieurs façons d'employer la technique du bâton, qui peut inclure des punitions mineures telles que des « couvre-feux, des amendes collectives, la détention de suspects et diverses restrictions imposées aux libertés individuelles ».[29] Comme l'explique Julian Paget, « un «bâton» très puissant dans la bataille pour s'assurer le soutien de la population locale consiste à user de représailles et à infliger des mesures punitives sévères dans l'espoir que la population craigne davantage les forces de sécurité que les forces rebelles ».[30]

Pendant tout le temps qu'a duré la guerre, ces mesures sont devenues une pièce maîtresse de la stratégie soviétique dans des régions où les moudjahidin avaient établi une ferme autorité. Sachant que les forces rebelles recevaient un soutien de la part de diverses collectivités en Afghanistan, et qu'ils étaient incapables de déployer suffisamment d'hommes dans la région pour briser ce soutien, les Soviétiques ont employé la manière forte pour tenter de séparer les moudjahidin des villages. Pour utiliser la comparaison de Mao, à savoir que les guérilleros sont soutenus par la population de la même manière que les poissons nageant dans la mer sont portés par les flots, l'approche des Soviétiques en Afghanistan a consisté à vider progressivement le bocal de son eau, tuant ainsi le poisson.[31] Les Soviétiques ont essayé de « vider le bocal » en utilisant des attaques de représailles et en semant la terreur, causant ce qui a été souvent décrit comme un génocide migratoire.[32]

Cette stratégie a été fondée sur la prémisse que toute attaque rebelle contre des troupes soviétiques entraînerait une réaction militaire massive contre les villages situés dans la zone voisine immédiate de l'assaut.[33] En outre, dans certaines régions rurales marquées par un fort contingent de forces rebelles, les Soviétiques ont lancé des attaques à l'aide de forces lourdement mécanisées dans le simple but d'exterminer la population rurale.[34]

Par ailleurs, pendant ces opérations, les Soviétiques ont détruit le système agricole et pastoral dont la population locale était lourdement tributaire. Les systèmes d'irrigation, le bétail, les vergers, les vignes, les puits d'eau et les cultures ont été activement ciblés dans le but express de détruire l'infrastructure rurale, forçant ainsi les civils à choisir entre la fuite et la famine.[35] Après une attaque de ce type, un officier suédois a déclaré : « Les soldats russes ont tiré sur tout ce qui bougeait dans six villages — personnes, ânes, poules — et ont ensuite pillé tout ce qui pouvait encore avoir de la valeur. »[36]

En termes quantitatifs, l'ampleur de cette politique a été impressionnante. À la fin de 1986, le Haut Commissariat des Nations Unies pour les réfugiés (UNHCR) a déclaré qu'il y avait environ 3,2 millions de réfugiés afghans au Pakistan et 50 000 autres éparpillés en Europe, en Inde et aux États-Unis.[37] Vers la fin de la guerre, on estime qu'il y avait plus de cinq millions de réfugiés au Pakistan et en Inde et que deux autres millions d'Afghans avaient cherché refuge à Kaboul et dans d'autres centres de populations afghans. Dans leur tentative d'éliminer toute base de soutien potentielle, on estime que les Soviétiques ont exterminé jusqu'à 9 p. 100 de la population qui vivait en Afghanistan avant l'invasion.[38]

Bien qu'extrême, la décision des Soviétiques de concentrer leurs efforts sur l'élimination des bases et du soutien logistique des moudjahidin par la relocalisation n'est pas surprenante.[39] Les rebelles ont besoin d'un endroit sûr à partir duquel ils peuvent mener leurs opérations et se reposer, s'entraîner, s'organiser, s'approvisionner et assurer le contrôle de leurs effectifs. De toute évidence, l'importance des bases et du soutien logistique apporté aux insurgés fait de ces bases une cible de premier ordre des forces de contre-insurrection.[40] En conséquence, étant donné que les Soviétiques ont été incapables d'assurer le contrôle de bon nombre des villages par l'occupation et, ainsi, d'éliminer leur utilisation par les moudjahidin, ils ont adopté une politique de destruction totale.

La principale difficulté liée à cette politique a été qu'elle s'est retournée contre les Soviétiques, suscitant l'indignation de la communauté internationale et accroissant le soutien local et international en faveur des moudjahidin. De plus, fait important pour les Soviétiques, cette stratégie contre-productive n'a pas été efficace pour éliminer les bases rebelles, le cœur même du problème qu'elle était censée résoudre. En effet, outre les bases situées dans les villages, les moudjahidin avaient établi un certain nombre de bases, ou sanctuaires, hautement sécurisés le long de la frontière entre l'Afghanistan et le Pakistan et à partir desquels ils se regroupaient et continuaient à planifier et à exécuter leurs opérations.[41]

Comprenant l'importance de ces refuges où ils étaient à l'abri de tout danger, les Soviétiques ont déployé des efforts concertés pour clore le territoire frontalier dans le but d'isoler les rebelles afghans de leurs sanctuaires.[42] Dans un premier temps, ils ont tenté de créer des postes gouvernementaux le long de la frontière afghano-pakistanaise à partir desquels ils pouvaient lancer des attaques contre les colonnes de moudjahidin. Cette tactique s'est avérée infructueuse en raison de la longueur même de la frontière, et les Soviétiques ont alors essayé de s'assurer la collaboration des tribus qui vivaient dans la région par des incitatifs financiers, afin qu'elles harcèlent les bandes de moudjahidin qui traversaient régulièrement la frontière. Toutefois, cette tactique s'est également avérée inefficace.[43]

Face à l'échec de ces mesures, les Soviétiques ont commencé à intervenir directement des deux côtés de la frontière. Même s'ils étaient hésitants au départ à violer l'espace aérien du Pakistan, en 1986, les Soviétiques étaient devenus si désespérés qu'ils attaquaient toutes les bases rebelles connues, par voie aérienne ou au moyen de l'artillerie. En fait, les analystes estiment que 700 attaques aériennes et 150 attaques de l'artillerie ont été lancées à l'intérieur même du Pakistan dans la dernière partie de la guerre.[44]

En fin de compte, toutes les mesures visant à éloigner les moudjahidin de leurs sanctuaires se sont avérées vaines. Même en 1986 qui, d'un point de vue logistique, a été la pire année pour les rebelles afghans, les Soviétiques n'ont intercepté qu'un tiers du ravitaillement qui traversait la frontière.[45] Cet échec à détruire les sanctuaires des moudjahidin a permis à ces derniers de poursuivre leurs opérations à long terme et de maintenir leur capacité à miner les effectifs soviétiques par l'effet cumulatif d'un combat à long terme.

Tentant désespérément de retourner les attaques lancées par un ennemi fantôme, les Soviétiques ont commencé à entreprendre des opérations militaires de grande envergure avec leurs réserves mobiles sur des positions rebelles présumées.[46] Employant des techniques que les médias occidentaux ont souvent définies comme des opérations « marteau et enclume », les Soviétiques ont établi des positions d'arrêt, puis entrepris des opérations mécanisées massives de balayage visant à écraser tous les rebelles qui pouvaient se trouver entre les deux forces. Aussi incroyable que cela puisse paraître, ces opérations de grande envergure, qui s'appuyaient sur des forces lourdement mécanisées, devinrent une tactique de contre-insurrection standard pour les Soviétiques au début de leur campagne; toutefois, à long terme, cette tactique s'est avérée futile, notamment en raison de la mauvaise formation des soldats dans ces unités et du fait que cette tactique était totalement inappropriée au contexte de l'Afghanistan.[47]

Au fil du temps, les Soviétiques se sont rendu compte des limites de ces interventions et ont été capables d'adapter leur organisation et leurs opérations en conséquence. Délaissant les unités d'infanterie motorisée dont ils dépendaient habituellement, ils ont commencé à alléger leurs effectifs et à s'appuyer sur des soldats mieux entraînés et plus professionnels, notamment à déployer des forces aéroportées, des forces d'assaut aériennes et des forces d'emploi spécial (*spetsnaz*). Ils ont également introduit de nouveaux types de formations tels que des bataillons de fusiliers motorisés et élaboré des entraînements et des tactiques qui se concentraient plus précisément sur les exigences opérationnelles dans le théâtre même des opérations.[48]

Malgré ces réformes, qui ont effectivement accru leur efficacité opérationnelle, les Soviétiques ont été incapables d'atteindre des résultats décisifs. Ceci s'explique principalement par le fait que ces réserves mobiles ne fonctionnaient pas conjointement avec les unités territoriales, les forces de police et les milices locales qui avaient été organisées et coordonnées pour fournir les solutions nécessaires en matière de sécurité. Ce manque de profondeur au sein de l'appareil de sécurité, combiné à un arrivage continu de fournitures, a permis aux moudjahidin de maintenir leur mobilité et d'esquiver les attaques des Soviétiques qui tombaient souvent sur une campagne déserte, ces derniers étant rarement capables de fixer l'ennemi ou de le surprendre par une manœuvre tactique.[49]

L'incapacité des Soviétiques à obtenir un effet de surprise est également dû au fait que les insurgés recevaient de l'information sur les forces de sécurité de la part de la population alors que les Soviétiques ne bénéficiaient pas des mêmes faveurs. Comme il fallait s'y attendre, le contrôle exercé par les moudjahidin sur la population leur a permis de mettre en place un vaste réseau d'observateurs et de messagers dans une grande partie du pays, qui surveillait pratiquement continuellement les mouvements des Soviétiques.[50] De leur côté, les Soviétiques ont été contraints de privilégier les renseignements techniques par l'utilisation de la reconnaissance aérienne, de l'écoute des réseaux radio et, dans certains cas, en faisant appel à des agents (sources d'information humaines). Malheureusement, ces sources parvenaient rarement à générer des renseignements tactiques utilisables de manière opportune. En outre, étant donné que les forces sur le terrain manquaient continuellement d'éléments de combat, les forces de reconnaissance, qui auraient pu fournir les renseignements humains (HUMINT) dont les Soviétiques avaient désespérément besoin — et dont ils manquaient cruellement — étaient souvent utilisées dans des missions de combat rapproché.[51] Les Soviétiques ont également essayé de perturber les opérations menées par les rebelles et d'obtenir de l'information au moyen d'opérations subversives, qui étaient entreprises par les services de renseignement soviétiques à l'aide d'espions et de collaborateurs afghans. Exploitant la nature fragmentée du paysage, les Soviétiques ont été capables de persuader certains villages de conclure une trêve et de rejeter toute demande de soutien logistique de la part des rebelles. Ces villages se trouvaient souvent près des principaux centres de population. Ils formaient généralement leur propre milice qui protégeait le village et faisait appliquer la loi et l'ordre au sein de la collectivité. Dans certains cas, les Soviétiques parvenaient à convaincre des groupes rebelles sensibles à la corruption de prêter allégeance, et achetaient les chefs de tribu en leur offrant terre et argent pour qu'ils renoncent à offrir leur soutien aux moudjahidin. Ces techniques pour s'assurer la collaboration de la population ont eu pour effet de créer une « strate de personnes dans la campagne ayant un intérêt politique et économique dans le système et qui sont susceptibles de le défendre ».[52]

Les techniques de subversion ont donné des résultats particulièrement fructueux lorsque ces dernières ont été utilisées pour propager le conflit et la division entre les divers groupes de résistance. La société afghane et les groupes rebelles qui en sont nés étaient par nature fragmentés et sujets à la désunion.[53] Les Soviétiques ont tenté à plusieurs reprises d'exploiter ces divisions pour monter les groupes les uns contre les autres. Des agents ont été infiltrés dans ces organisations rebelles et ont tenté d'assassiner les chefs moudjahidin ou, à tout le moins, de communiquer de l'information sur les mouvements et les tactiques des insurgés. Les agents propageaient également des rumeurs entre les groupes de résistants et utilisaient des techniques de désinformation pour créer des conflits entre différentes bandes rebelles ou discréditer les chefs moudjahidin aux yeux d'autres résistants. Le fait que les rebelles agissaient de manière indépendante et qu'ils ne possédaient pas de moyen de communication moderne leur permettant de résoudre ces conflits artificiels renforçait l'efficacité de cette technique. Un chef moudjahidin a discuté de l'efficacité de ces techniques dans certaines régions : « Les agents du KHAD (police secrète de la République démocratique d'Afghanistan) ont rendu les groupes de moudjahidin complètement inutiles en les retournant les uns contre les autres. » Il ajoute : « Pourquoi les Soviétiques s'occuperaient-ils de tuer les [insurgés] afghans puisque les moudjahidin le font pour eux? »[54]

Malgré cette réussite, la politique des Soviétiques visant à monter les diverses bandes moudjahidin les unes contre les autres n'a eu qu'une portée limitée. En effet, les Soviétiques ont constaté que leurs tactiques de subversion étaient souvent minées par les mêmes faiblesses qu'ils essayaient eux-mêmes d'exploiter, à savoir, la nature fragmentée du peuple afghan. Un analyste a ainsi fait remarquer : « À la base des difficultés éprouvées par les Soviétiques, militaires autant que politiques, réside le fait que l'Afghanistan est moins une nation qu'une agglomération de quelque 25 000 États-villages, autonomes et autosuffisants. »[55] Comme l'a fait remarquer un universitaire : « On a beaucoup écrit sur le manque d'unité au sein des rangs des insurgés; toutefois, on a peu évoqué les difficultés extraordinaires que ce manque d'unité a posées aux forces antiguérillas. »[56]

Relever la gageure que représentait le manque d'unité dans le pays aurait été essentiel pour les Soviétiques, puisqu'elle leur aurait permis en fin de compte de remporter la campagne de contre-insurrection et de pacifier l'Afghanistan; toutefois, la réalité sur le terrain a été toute autre puisque les Soviétiques n'ont jamais été réellement capables de démarrer le processus, notamment parce qu'ils manquaient des ressources nécessaires pour accomplir la tâche qu'on leur avait confiée. Le Général (retraité) M.Y. Nawroz et le Lieutenant-colonel (retraité) L.W. Grau ont déploré ce fait dans leur article « The Soviet War in Afghanistan: History and Harbinger of Future War » :

> La guerre en Afghanistan a forcé la 40e armée à modifier sa tactique, son équipement, son entraînement et sa structure de force. Toutefois, en dépit de ces changements, l'armée soviétique n'a jamais eu suffisamment de forces en Afghanistan pour gagner la bataille. À l'origine, les Soviétiques ont sous-estimé la puissance de leur ennemi. Du point de vue logistique, ils ont eu de la difficulté à maintenir une force plus importante sur le terrain et, même s'ils avaient pu tripler la taille de leurs effectifs, ils auraient tout de même probablement perdu cette guerre.[57]

L'impact direct de cette limitation a été l'incapacité des Soviétiques à établir une présence permanente dans les zones rurales, où vivait la majorité de la population. Ce simple facteur a empêché les Soviétiques de créer les conditions de sécurité élémentaires qui auraient été nécessaires pour « gagner les cœurs et les esprits » de la population. Ceux-ci étant dépourvus du soutien de la population locale, la défaite était inévitable.

Cette leçon est la plus importante pour les forces de l'OTAN actuellement présentes dans le théâtre des opérations. Dans un conflit où la présence sur le terrain est essentielle pour mettre en place des conditions propices à la réussite des opérations, la coalition n'a que 40 000 soldats actuellement présents dans le pays.[58] Comparons ce chiffre à la force de 100 000 hommes déployée par les Soviétiques qui, de toute évidence, s'est révélée totalement inadéquate face à l'ampleur de la tâche. Pour surmonter cette lacune, l'OTAN devra entraîner une force de sécurité afghane efficace et dotée d'un effectif suffisant pour accomplir adéquatement les fonctions de sécurité des forces de police et de la milice et les fonctions de défense territoriale qui permettront d'instaurer la sécurité dans tout le pays et d'offrir un certain niveau de capacité mobile. Une telle stratégie permettra de déplacer le centre de gravité de la conduite des opérations, qui passera des mains de l'OTAN à celles du gouvernement afghan. Toutefois, sans une augmentation notable de l'effectif des troupes, l'OTAN n'aura pas la capacité d'établir les conditions nécessaires pour influencer la population, une condition sans laquelle la coalition a peu de chances de créer les conditions opérationnelles nécessaires à la réussite des opérations en Afghanistan.

Une autre faiblesse des Soviétiques a été leur incapacité à isoler les moudjahidin de leurs sources de ravitaillement, surtout le long des frontières du pays. En fait, les forces de l'OTAN sont actuellement confrontées au même problème. Si elles ne parviennent pas à localiser, à attaquer et à détruire les bases et les sanctuaires des talibans, ces derniers seront capables de poursuivre la lutte, même avec des effectifs considérablement réduits. Cette situation leur permettra quant à elle de continuer à attaquer les forces de l'OTAN, et de finir par éroder la détermination de la coalition par les effets cumulatifs de combats prolongés. En conséquence, l'OTAN et les forces nationales afghanes doivent éliminer les bases et les sanctuaires des talibans, quel que soit le lieu où ils se trouvent. En outre, en détruisant une grande partie de l'infrastructure des talibans en une seule frappe massive, l'OTAN a plus de chances d'invalider les talibans suffisamment longtemps pour lui permettre d'entraîner les forces nationales afghanes de sécurité, de les organiser et de les déployer de manière à pouvoir mener des missions de défense territoriale.

Enfin, l'incapacité des Soviétiques à fixer les moudjahidin pour une bataille décisive était notamment due au fait que les Soviétiques avaient accordé trop d'importance à la recherche de renseignements techniques, laquelle produisait rarement des renseignements en temps opportun. La leçon importante qu'il conviendrait de tirer de cette lacune est que rien ne remplace le renseignement humain dans des opérations de contre-insurrection. Pour réussir à détruire les talibans et d'autres insurgés par des opérations militaires, l'OTAN doit d'abord être capable de trouver et de fixer l'ennemi, et elle n'y parviendra pas si elle n'a pas en main des services de renseignement de premier ordre. Pour ce faire, un réseau d'informateurs doit être établi dans tout le pays pour rendre compte des mouvements des insurgés. Ce doit être une priorité pour l'appareil de renseignement de la coalition.

Pour résumer, bien qu'ils aient suivi une stratégie de contre-insurrection logique et en plusieurs volets qui reconnaissait clairement les principes fondamentaux d'une réussite tactique et opérationnelle, les Soviétiques ont été gênés tout au long de leur campagne par un manque de ressources. En fin de compte, en raison de cette faiblesse, ils n'ont pu priver les insurgés des ressources essentielles à leur réussite.

L'échec des Soviétiques est principalement dû à leur incapacité à sécuriser le pays. Les rebelles ont par conséquent pu continuer à opérer librement en maintenant des bases, en préservant leur mobilité et en ayant accès à du ravitaillement et à de l'information. À cet égard, les Soviétiques ont été incapables d'influencer une population qui leur est devenue de plus en plus hostile. Incapables de rallier la population par la persuasion, les Soviétiques se sont tournés vers des options militaires conventionnelles dans le but de contenir une résistance croissante.

Malheureusement pour eux, face à l'échec de ces méthodes, ils ont choisi la tactique de la terreur, ce qui a finalement eu pour effet de leur aliéner la population et de faire perdre à leur intervention en Afghanistan toute trace de légitimité. À l'inverse, ayant établi les conditions de base essentielles à leur survie, les moudjahidin ont été capables, en dépit d'importantes causalités, de continuer à saper les effectifs ennemis en prolongeant le conflit, forçant au bout du compte les Soviétiques à se retirer. Forts de ces leçons, la question que l'on doit désormais se poser est la suivante : l'OTAN peut-elle mettre à profit les fautes commises par les Soviétiques?

NOTES

1. Moudjahidin : Combattants ayant participé au djihād (Guerre sainte islamique) « Soldiers of Islam ». Voir *www.rawa.org/glossary.html*. Document consulté le 21 octobre 2006.

2. Le concept d'insurrection n'est pas nouveau dans le domaine des opérations militaires. En fait, les insurrections existent depuis pratiquement aussi longtemps que les guerres organisées. On trouve des exemples de tels conflits en ancienne Égypte et en Chine, et les empires romain, ottoman et napoléonien ont chacun dû gérer divers types d'insurrection tout au long de leur histoire. Voir Gérard Chaliand, *Guerrilla Strategies: A Historical Anthology from the Long March to Afghanistan* (Berkeley: University of California Press, 1982), p. 1–7.

3. Canada, *Canadian Army Counter-Insurgency Operations* (version provisoire) (Kingston: LFDTS, 2005), chapitre 1, p. 10–14.

4. Bard E. O'Neill, *Insurgency & Terrorism: Inside Modern Revolutionary Warfare,* (Washington, DC: Brassey's Inc., 1990), p. 13. Au cours des dernières années, les pays occidentaux en sont venus à reconnaître la nature transnationale des insurrections modernes. Ils définissent désormais l'insurrection comme « une compétition mettant en jeu au moins un mouvement non étatique qui utilise divers moyens, dont la violence, contre une autorité établie pour instituer un changement politique ». Cette définition a été élaborée par un groupe d'étude de la lutte de contre-insurrection pendant un exercice ciblé du U.S. Marine Corps Joint Urban Warrior en 2005. Cité dans *Canadian Army Counter-insurgency Operations*.

5. O'Neill, p. 11.

6. *http://earthops.org/sovereign/low_intensity/100-20.2.html*, document consulté le 20 octobre 2006.

7. Julian Paget, *Counter-insurgency Campaigning* (Londres: Faber and Faber, 1967), p. 168.

8. John J. McCuen, *The Art of Counter-Revolutionary War: The Strategy of Counter-Insurgency* (Londres: Faber and Faber, 1966), p. 107.

9. Lester W. Grau, « The Soviet-Afghan War: A Superpower Mired in the Mountains » (Foreign Military Studies Office, Fort Leavenworth, KS). Cet article avait déjà été publié dans *The Journal of Slavic Military Studies* en mars 2004, vol. 17, n° 1. *http://fmso.leavenworth.army.mil/documents/miredinmount.htm*, document consulté le 1er décembre 2007.

10. *Ibid.*

11. Stephen J Blank, *Afghanistan and Beyond: Reflections on the Future of Warfare* (U.S. Army Strategic Studies Institute, Pennsylvanie, 1993, rapport spécial du SSI), p. 9–10.

12. Les groupes ethniques en Afghanistan sont catégorisés en pourcentage comme suit : Pachtounes 42 %, Tadjiks 27 %, Hazaras 9 %, Ouzbeks 9 %, Aimaks 4 %, Turkmènes 3 %, Baloutchi 2 %, autres 4 %, *www.cbc.ca/news/background/afghanistan/canada.html*, document consulté le 12 octobre 2006.

13. Grau.

14. Defense Intelligence Agency, *The Economic Impact of Soviet Involvement in Afghanistan* (Directorate for Research, DIA Declassification Release, mai 1983), p. 17.

15. United States Army, « Lessons from the War in Afghanistan » (National Security

Archive : déclassifié le 9 octobre 2001), p. 22, *www.gwu.edu/~nsarchiv/NSAEBB/NSAEBB57/us.html*, document consulté le 1er novembre 2006. L'objectif initial des Soviétiques était de contrôler les principales villes et agglomérations, de sécuriser les principales lignes de communications et de former et d'équiper les forces du gouvernement.

16. Le Général (à la retraite) M.Y. Nawroz et le Lieutenant-colonel (à la retraite) L.W. Grau, *The Soviet War in Afghanistan: History and Harbinger of Future War?* (Fort Leavenworth : Foreign Military Studies Office), 2. Remarque : Nawroz établit une comparaison intéressante entre le nombre des troupes soviétiques en Afghanistan et celui des troupes américaines au Vietnam : « Au Vietnam, la puissance militaire américaine s'est élevée à plus de 500 000 hommes et les Américains ont utilisé de nombreuses opérations divisionnaires et multidivisionnaires. En comparaison, en Afghanistan, une région cinq fois la taille du Vietnam ... » Voir p. 2.

17. Blank, 21.

18. Bulletin du Département d'État, *Afghanistan: Eight Years of Soviet Occupation* (Département d'État des États-Unis : vol. 88, no 2132, mars 1988), p. 2.

19. Nawroz et Grau, p. 7–9.

20. Raimo Vayrynen, *Focus on Afghanistan* (Journal of Peace Research, vol. 17, no 2, numéro spécial sur l'impérialisme et la militarisation, 1980), p. 93–102 (JPR-1), *http://links.jstor.org/sici?sici=0022-3433%281980%2917%3A2%3C93%3AA%3E2.0.CO%3B2-9&size=LARGE*, document consulté le 28 octobre 2006.

21. Ed R. Klass, *Afghanistan: The Great Game Revisited* (Londres: Freedom House, 1987), p. 309. Voir également Arnold, p. 106.

22. *Ibid.*, p. 149.

23. J.B. Amstutz, *Afghanistan: The First Five Years of Soviet Occupation* (Washington, DC: National Defence University, 1986), p. 304.

24. M. Hauner et R.L. Canfield, *Afghanistan and the Soviet Union: Collision and Transformation* (Boulder: Westview Press, 1989), p. 55.

25. A. Arnold, *Afghanistan: The Soviet Invasion in Perspective* (Stanford: Hoover Institution Press, 1985), p. 106.

26. R.H. Shultz Jr., R.L. Pfaltzgraff, Jr., U. Ra'anan, W.J. Olson et I. Lukes, *Guerrilla Warfare and Counterinsurgency: U.S.-Soviet Policy in the Third World* (Toronto: Lexington, 1989), p. 285.

27. *Ibid.*, p. 285. En conséquence, ces personnes se sont retrouvées étroitement ciblées par les pratiques soviétiques plus directes et plus violentes fondées sur le principe : « tuez-en un, effrayez-en mille ».

28. Paget, p. 169. Paget insiste sur le fait qu'« il est peu probable que, de nos jours, ce soit une politique acceptable pour une puissance occidentale. Il est en effet moralement inacceptable qu'un gouvernement tente de rivaliser avec les forces rebelles pour faire régner la terreur. »

29. *Ibid.*

30. *Ibid.*

31. Klass, p. 174.

32. T.T. Hammond, *Red Flag over Afghanistan: The Communist Coup, the Soviet Invasion, and the Consequences* (Boulder: Westview Press, 1984), p. 161.

33. Klass, p. 341.

34. Amstutz, p. 145.

35. Cité dans J. Laber et B.R. Rubin, *A Nation Is Dying* (Evanston: Northwestern University Press, 1988), p. 62. L'importance de ces attaques n'a pas échappé aux villageois : « Le système d'irrigation a été construit sur plusieurs générations pour rendre ce paysage propice à la vie humaine ».

36. Amstutz, p. 145.

37. Klass, p. 91.

38. *Ibid.*, p. 173.

39. Klass, p. 343.

40. Paget, p. 170.

41. E.R. Girardet, « Afghanistan: Eight Years of Soviet Occupation », *Bulletin du Département d'État*, vol. 88, n° 2132 (mars 1988), p. 37. Voir également « Lessons from the War in Afghanistan », p. 6.

42. *Ibid.*, p. 37. Cette tentative a été compliquée par la longueur et la nature extrêmement austère de la frontière entre les deux pays, soit plus de 1 400 milles comptant environ 320 passes montagneuses.

43. Klass, p. 180.

44. *Ibid.*, p. 181.

45. O. Roy, *The Adelphi Papers: Lessons of the Soviet/Afghan War* (Londres: Brassey's Inc., 1991), p. 22. Voir également du Colonel F. Freistetter, « The Battle in Afghanistan: A View from Europe », *Strategic Review*, vol. 9, n° 1 (hiver 1981), p. 41.

46. Ceci représentait environ 15 p. 100 de leur force, soit entre 15 000 et 20 000 hommes. Pour accroître ce nombre, ils auraient dû retirer des hommes de certaines fonctions de sécurité dans des zones paisibles.

47. Shultz, p. 345.

48. Nawroz et Grau, p. 9.

49. Arnold, p. 100. En fait, en 1984, les Soviétiques déploraient 30 000 victimes pour une guerre qui leur avait coûté 12 milliards de dollars et dans le cadre de laquelle ils avaient perdu 536 aéronefs, 304 chars, 436 TTB et 2,758 autres véhicules.

50. Nawroz, p. 10.

51. *Ibid.*, p. 10.

52. Alexiev, p. 4.

53. E.R. Girardet, *Afghanistan: The Soviet War* (New York: St. Martin's Press, 1985), p. 36.

54. *Ibid.*, p. 129.

55. Arnold, p. 97.

56. Shultz, p. 164.

57. Nawroz, p. 8.

58. Même avec ce petit nombre, les restrictions nationales empêchent de nombreuses troupes déployées en Afghanistan d'être utilisées dans des points chauds tels que Kandahar, où elles seraient en réalité nécessaires.

8

OPÉRATIONS DE GUERRE NON CONVENTIONNELLE EN AFGHANISTAN — SEPTEMBRE À DÉCEMBRE 2001

V.I.

L E RÔLE QU'ONT JOUÉ les forces d'opérations spéciales (FOS) durant les premières semaines de l'opération *Enduring Freedom* (OEF) a engendré une foule de théories. Les faits sont simples : quelques centaines de membres des FOS et du personnel de la Central Intelligence Agency (CIA), avec l'aide de la force aérienne et en collaboration avec l'Alliance du Nord, ont réussi à renverser le régime taliban et à empêcher Al-Qaïda de continuer à entraîner, à organiser et à regrouper ses forces en toute impunité en Afghanistan. Ce sont des faits que peu de gens contestent. Cependant, quel a été l'apport au juste des FOS dans cette victoire? En bout de piste, l'analyse démontre que les FOS ont grandement contribué à déloger les talibans du gouvernement afghan en 2001.

Au début de l'OEF, on savait clairement que l'on s'engageait dans une campagne de guerre non conventionnelle, même si elle différait quelque peu de ce à quoi on s'attendait selon la doctrine traditionnelle de l'US Army. La campagne a été couronnée de succès, puisqu'elle a permis de faire basculer la balance du pouvoir politique en Afghanistan et de renverser le gouvernement taliban. Comment? En arrivant à synchroniser la capacité de manœuvre des forces de la résistance afghane sur le terrain avec la puissance de feu des ressources aérienne américaines. Les FOS ont été déterminantes dans cet effort de synchronisation.

Dans le présent chapitre, on étudie la mission des FOS en Afghanistan en 2001 ainsi que l'apport tant de la CIA que des forces spéciales de l'armée américaine dans le cadre de cette mission. La campagne démontre que la conception doctrinale de la guerre non conventionnelle devrait s'étendre au-delà du domaine de l'insurrection. Cette campagne a également permis de tirer plusieurs autres leçons pratiques au profit des futurs spécialistes de la guerre non conventionnelle, qui leur seront utiles en matière de renseignement, pour connaître le degré de préparation requis pour mener une guerre non conventionnelle, du point de vue des compétences et de l'organisation requises, sans oublier la nécessité de la coopération et de l'entraînement interorganisations. Chacun de ces aspects fera l'objet d'un examen plus poussé, mais il est important de d'abord récapituler les moments forts de la campagne.

La situation en Afghanistan — 11 septembre 2001

Depuis le début de sa longue histoire, l'Afghanistan est marqué au fer rouge d'incessantes rivalités tribales et querelles intestines qui se sont traduites par une accablante succession de conflits.[1] Le 11 septembre 2001, l'Afghanistan était scindé en deux. La région qui forme le coin nord-est du pays s'est retrouvée sous le contrôle de l'Alliance du Nord (AN). L'AN reposait sur une vague coalition de chefs de guerre afghans, qui regroupait surtout des combattants d'origine ouzbèke et tadjike, auxquels s'étaient joints quelques Pachtounes.[2] Le reste du pays était sous le contrôle des intégristes musulmans talibans. Les deux factions n'avaient jamais cessé de s'affronter depuis le départ des Soviétiques et l'effondrement subséquent en 1992 du gouvernement communiste fantoche.[3]

La situation militaire avait atteint une impasse. Aucun des deux camps ne disposait de la puissance de combat nécessaire pour remporter une victoire décisive. Un front en forme de L s'étirait du nord à l'est, à partir de la base aérienne de Bagram, entre les deux camps, qui de chaque côté s'étaient retranchés dans des positions défensives très élaborées. L'AN arborait à peu près toutes les caractéristiques de forces armées conventionnelles en termes d'organisation et de discipline, mais son matériel laissait nettement à désirer, tant les équipements individuels que collectifs. Les talibans étaient par ailleurs perçus comme étant moins disciplinés et compétents, bien que les combattants étrangers des unités d'Al-Qaïda qui avaient été incorporés aux talibans se révélaient passablement plus motivés et mieux entraînés. Les combattants étrangers formaient environ 25 p. 100 du total des troupes combinées des talibans et d'Al-Qaïda, et ils étaient souvent envoyés dans les secteurs les plus névralgiques du front.[4] Selon l'estimation la plus précise dont on dispose, les troupes talibanes auraient compté de 40 000 à 50 000 hommes à l'automne 2001.[5]

Les armes légères et les mortiers étaient leurs armes de prédilection. Ils utilisaient surtout des voitures, des camions et des bêtes de somme pour se déplacer. Les deux camps avaient aussi en leur possession quelques blindés et pièces d'artillerie.[6] Rien ne permet de supposer que ces équipements ont été utilisés dans une formation interarmes, probablement en raison de la nature même du terrain et de la pénurie de munitions, les munitions d'artillerie se faisant particulièrement rares. Le manque d'entraînement et d'expérience en matière d'opérations offensives d'envergure faisait que les attaques perpétrées par de petites unités constituaient la forme de combat la plus courante.[7]

Au début du mois de septembre 2001, les Américains avaient peu de ressources militaires en Afghanistan et dans la région avoisinante. L'Afghanistan est un pays enclavé, et à l'époque, les pays limitrophes se montraient en règle générale peu enclins à accepter une présence militaire importante et déclarée de la part des États-Unis. L'Iran n'ouvrirait de toute évidence jamais ses frontières à une force armée américaine, alors que les anciens pays satellites de l'Union soviétique, le Tadjikistan et l'Ouzbékistan, même s'ils se montraient moins ouvertement hostiles à l'endroit des États-Unis, n'étaient manifestement pas des alliés très enthousiastes. Les Américains avaient travaillé en étroite collaboration avec les Pakistanais, lorsque les États-Unis appuyaient la résistance afghane face aux Soviétiques dans les années 1980, mais cette fois-ci, la présence militaire américaine rencontrait une forte opposition politique à l'intérieur du pays.[8] Parce que le pays n'a pas d'accès à la mer, la puissance navale américaine n'offre pas de grandes possibilités en Afghanistan. Il a fallu, en bout de piste, déployer des efforts diplomatiques importants pour faciliter l'accès des États-

Unis à l'Afghanistan, surtout pour que la Russie accepte une présence américaine dans ses anciennes républiques.[9]

La CIA était toutefois déjà secrètement présente dans la région. Pendant la guerre afghane contre les Soviétiques, la CIA avait apporté un soutien important à la résistance afghane.[10] Au début des années 1990, la CIA en était toutefois venue à ignorer à peu près complètement la région. Cependant, à la fin de la dernière décennie, la CIA avait entrepris de reconstituer ses ressources et ses réseaux afghans dans le but de contrer la présence grandissante d'Oussama Ben Laden et d'Al-Qaïda. C'est en se lançant aux trousses de Mir Aimal Kasi que la CIA a recommencé à s'intéresser à l'Afghanistan. Le 25 janvier 1993, Mir Aimal Kasi avait fait feu avec un fusil d'assaut AK-47 sur les employés qui attendaient à l'entrée du stationnement du quartier général de la CIA, tuant et blessant plusieurs d'entre eux. Les gens de la CIA croyaient qu'il s'était réfugié en Afghanistan et ont commencé à établir un réseau d'agents locaux pour le retrouver et l'appréhender. Il a été capturé au Pakistan en 1998.[11] Plutôt que de démanteler le réseau de renseignement humain (HUMINT) dont elle disposait désormais, la CIA en a réorienté la mission pour l'axer sur la surveillance de Ben Laden.[12]

Plus la menace que posait Ben Laden s'intensifiait, et surtout après ses attaques, en août 1998,[13] contre les ambassades américaines en Afrique et l'attentat suicide contre le USS *Cole*, en octobre 2000,[14] il est devenu plus important que jamais de pouvoir compter sur l'HUMINT et des ressources opérationnelles en Afghanistan. On a sérieusement envisagé aux plus hauts échelons du gouvernement d'organiser une opération clandestine pour capturer Ben Laden et le traduire en justice devant un tribunal américain.[15] Aux derniers jours de l'administration Clinton, la CIA a élaboré un plan d'opération clandestine complet, évalué à plusieurs centaines de millions de dollars, qui consistait à financer sous le manteau une offensive de l'AN pour renverser le gouvernement taliban. Afin de faciliter la planification de cette opération, la CIA a mené plusieurs missions en Afghanistan pour rétablir ses liens avec l'AN, dont Ahmed Shah Massoud était à l'époque le chef.[16] En septembre 2001, la CIA avait déjà adopté le plan de base à partir duquel serait établi le plan de campagne en vue d'une guerre non conventionnelle en Afghanistan.

MISSION

Après les attentats du 11 septembre 2001 à New York, les États-Unis visaient deux objectifs stratégiques connexes en Afghanistan. La principale mission avait pour but de déloger les talibans et de faire en sorte que l'Afghanistan cesse d'être un refuge pour les terroristes, un lieu où ils peuvent s'entraîner et s'organiser à leur guise. La mission secondaire devait aboutir à la mort ou à la capture d'Oussama Ben Laden et de ses principaux lieutenants.[17] L'organisation des FOS, comme on l'explique ci-dessous, devait être le fer de lance des Américains dans le cadre de cette mission. Il était essentiel de réagir rapidement aux attaques du 11 septembre sous l'aiguillon de la politique intérieure américaine. On avait vite écarté l'hypothèse d'une intervention rapide de forces conventionnelles en raison de l'isolement géographique de l'Afghanistan et de l'éloignement de toute véritable présence militaire américaine. Les Américains n'avaient donc pas d'autre choix que de faire appel aux FOS, dont la mobilité et la souplesse autorisaient un déploiement immédiat.

Exécution — Vue d'ensemble

Pour réaliser l'objectif de renversement du gouvernement taliban, on comptait sur une stratégie de guerre non conventionnelle. Le plan de campagne était très similaire à celui proposé par la CIA, qui était inspiré de ses propres plans précédents. Le 17 septembre 2001, le président Bush approuvait le plan de la CIA et demandait que l'agence envoie immédiatement du personnel sur le terrain en Afghanistan.[18] Les forces afghanes, avec l'aide des FOS américaines, devaient constituer le principal élément terrestre de la campagne.[19] On supposait que l'appui des Américains augmenterait suffisamment la puissance de combat de la résistance afghane pour faire pencher la balance au détriment des talibans et du même coup débloquer l'impasse. On pourrait ensuite remplacer le régime taliban par un gouvernement plus favorable aux intérêts américains.

Selon la doctrine américaine, utiliser les forces locales comme élément central d'une campagne terrestre correspond au concept de « guerre non conventionnelle ». La définition doctrinale de la guerre non conventionnelle est la suivante :

> Large éventail d'opérations militaires et/ou paramilitaires, généralement de longue durée, essentiellement réalisées via, avec ou par des forces autochtones ou auxiliaires qui sont organisées, entraînées, équipées, soutenues et dirigées à des degrés divers par une source extérieure. Les opérations de guerre non conventionnelle peuvent être menées à tous les niveaux de la gamme des conflits contre des forces régulières et irrégulières. Ces forces peuvent être parrainées par l'État ou pas.[20]

Il vaut la peine de souligner que la doctrine officielle américaine en matière de guerre non conventionnelle est inutilement restreinte et ne décrit que partiellement une méthodologie dont la portée est plus grande. Quoi qu'il en soit, la principale notion de cette définition, et par conséquent, l'axe central selon lequel les Américains entendaient exécuter l'OEF, veut que les forces locales soient employées comme des agents au service d'abord et avant tout des intérêts américains.

En réalité, l'OEF reposait sur une stratégie de guerre non conventionnelle plus large que celle définie dans la doctrine militaire américaine actuelle. Comme on le constate en lisant la définition de la guerre non conventionnelle donnée ci-dessus, la doctrine existante suppose que les forces autochtones peuvent être utilisées pour employer la force (« opérations militaires et/ou paramilitaires ») contre un ennemi pour obtenir un résultat politique. Les auteurs du plan stratégique de l'OEF visaient un but encore plus ambitieux : persuader non seulement ceux qui étaient déjà sympathiques aux intérêts américains d'utiliser la force contre un ennemi mais aussi tenter d'activement convaincre les comparses des talibans et d'Al-Qaïda de changer de camp. Comme l'a dit Henry « Hank » Crumpton, l'agent de la CIA qui dirigeait la campagne de la CIA :

> (…) le centre de gravité se trouvait dans la tête des chefs de ces milices tribales dispersées, qui s'étaient alliés aux talibans et à Al-Qaïda par nécessité ou opportunisme politique. Les gens de la CIA comprenaient cette dynamique politique et pouvaient par conséquent définir l'ennemi dans les termes les plus étroits — par

exemple, les membres d'Al-Qaïda et les intraitables chefs talibans — tout en considérant l'ensemble des talibans et les milices associées aux talibans comme des alliés potentiels. Autrement dit, l'ennemi n'était pas l'Afghanistan, pas plus que les Afghans ou l'armée afghane, et à dire vrai, pas même les talibans en tant que tels. L'ennemi était Al-Qaïda, des envahisseurs étrangers qui avaient dépouillé le peuple afghan de son gouvernement. La stratégie de la CIA dépendait de la capacité à convaincre les milices alliées aux talibans de ce point de vue et de persuader ces alliés potentiels que leur avenir se trouvait du côté des petites équipes de la CIA et de l'armée américaine (…)[21]

C'est pourquoi on a amorcé la campagne en s'efforçant de convaincre le plus grand nombre d'Afghans possible de se rallier aux Américains pour l'avancement de leurs intérêts. On n'allait employer la force militaire que dans le cas de ceux sur qui les efforts de persuasion n'avaient aucune emprise.

Pour réussir, cette stratégie devait conjuguer plusieurs éléments. Il fallait d'abord établir des relations politiques. Les États-Unis et la résistance afghane devaient s'entendre au sujet des grands objectifs. Il fallait qu'un lien de confiance unisse les deux parties : croire d'une part que les Afghans allaient agir dans le sens des intérêts des Américains et croire d'autre part que les État-Unis allaient fournir le soutien nécessaire. Une fois ce climat de confiance instauré au plus haut niveau politique, il fallait le reproduire aux niveaux tactiques inférieurs, tant chez les Américains qu'au sein de la résistance afghane. Sans une telle confiance, toute coopération était impossible.

Après avoir tenu compte des exigences politiques, il fallait répondre à une pléthore de besoins militaires. Pour augmenter la puissance de combat de l'AN, il fallait d'abord réaliser un important travail de renseignement sur les emplacements, équipements et dispositifs des forces amies et ennemies. Une fois cela connu, les Américains pouvaient utiliser leur puissance aérienne pour s'attaquer aux talibans. Par ailleurs, le renseignement compilé sur la résistance permettait aux Américains de fournir les armes, équipements et conseils techniques appropriés.

Il était également évident qu'une approche interorganisationnelle devait être adoptée pour que les États-Unis puissent mener une campagne de guerre non conventionnelle en Afghanistan en 2001. Seule la CIA avait établi une relation avec les chefs de l'AN et avait par conséquent pour mission d'obtenir leur engagement sur le plan politique et de s'assurer qu'ils agissaient dans le sens des intérêts américains. Les militaires, et en premier lieu les forces spéciales de l'armée américaine (USSF), possédaient les capacités cinétiques requises pour organiser et appuyer l'AN dans un environnement de guerre non conventionnelle et pour obtenir des résultats tactiques sur le terrain. Il fallait manifestement combiner les deux pour qu'une campagne de guerre non conventionnelle puisse être efficace.

L'aspect interorganisationnel de la campagne a conféré une texture unique au concept de FOS. En Amérique du Nord, l'acronyme FOS renvoie habituellement aux forces qui sont rattachées à l'US Special Operations Command (USSOCOM). Pendant l'OEF, l'apport de la CIA à la campagne de guerre non conventionnelle a été plus que notable. En raison de la participation directe de la CIA à diverses tâches et à la campagne de guerre non conventionnelle et en raison aussi des ensembles de compétences du personnel de la CIA, les éléments de l'agence concernés sont considérés, dans le cadre du présent chapitre, comme faisant partie des FOS.[22]

Exécution — Rôle de la CIA

Après les attentats du 11 septembre 2001, la CIA était en position de commencer ses activités sans délai en Afghanistan. En premier lieu, il y avait la longue histoire de la CIA dans le pays, qui remontait à la guerre qu'ont menée les Afghans contre l'occupant soviétique. En deuxième lieu, on disposait d'un plan opérationnel complet axé sur le renversement des talibans par l'entremise des groupes armés de l'AN. En troisième lieu, on avait rempli cinq missions de liaison auprès de l'AN à la fin des années 1990 et au début des années 2000.[23] De fait, la CIA avait fait l'acquisition d'un hélicoptère militaire (MI-17) dans le matériel de surplus russe et s'en était servi pour faciliter l'insertion d'officiers dans le nord de l'Afghanistan.[24] On peut par conséquent affirmer que du point de vue de la CIA, une opération de guerre non conventionnelle avait été amorcée avant le 11 septembre 2001, même si cette opération pouvait être qualifiée d'embryonnaire.

La mission des équipes de la CIA après le 11 septembre 2001 consistait à évaluer la situation des forces amies et ennemies, de convaincre les éléments de la résistance de collaborer avec les États-Unis et d'entreprendre les préparatifs requis pour assurer l'insertion des USSF.[25] La première équipe de la CIA (dont le nom de code était *Jawbreaker*) était insérée le 26 septembre 2001 dans le nord de l'Afghanistan.[26] L'équipe avait à sa tête l'équivalent d'un général trois étoiles et était composée du chef de l'équipe, de son adjoint, d'un officier des opérations, de deux officiers paramilitaires, d'un technicien des communications et d'un infirmier. Le personnel d'exécution était en possession d'un renseignement fouillé et avait suivi un entraînement paramilitaire intensif.[27] Cette première équipe devait être l'élément de liaison auprès du commandant de l'AN. Dans la mesure où l'AN était une coalition plus ou moins stable de chefs de guerre locaux, des équipes supplémentaires devaient être dépêchées auprès de chacun des commandants et chefs de guerre de l'AN.[28] À mesure que progressait la campagne, la participation de la CIA s'est étendue au-delà de l'AN jusqu'à l'ensemble de la résistance afghane.

Les équipes de la CIA ont fait un travail remarquable, surtout quand on sait qu'en 2001, la CIA n'avait que 110 hommes sur le terrain en Afghanistan.[29] Les équipes ont récolté une imposante somme de renseignement sur les forces amies et ennemies. Une partie de ce renseignement avait été recueillie par une cellule de renseignement interarmées, que l'on avait arrimée au propre réseau de renseignement de l'AN, qui était lui-même très étendu.[30] Au cours des six premiers mois du déploiement, les équipes de la CIA ont généré près de deux milles rapports HUMINT, plus que de nombreuses autres stations de la CIA réunies.[31] Le renseignement amassé comprenait des levés GPS détaillés des lignes amies et ennemies, ce qui allait par la suite servir à diriger la puissance aérienne avec précision et à éviter les tirs fratricides.[32] Le renseignement sur les forces amies a également permis de cerner les lacunes en termes de matériel et de ravitaillement et du même coup de mieux assurer dès le départ la distribution à partir des réserves stratégiques américaines. Enfin, la CIA a établi des zones d'atterrissage et des zones de largage pour recevoir tant le ravitaillement que les troupes des USSF.[33]

La capacité militaire de ces équipes était limitée. Le principal rôle de la CIA n'est pas de mener des opérations militaires. Même si l'agence de renseignement avait voulu être un acteur plus important des opérations militaires, elle ne disposait manifestement pas des ressources nécessaires. Pendant la plus grande partie des années 1990, les opérations clandestines et la capacité militaire de la CIA avaient connu un déclin. Les membres du personnel de l'agence n'étaient tout simplement pas assez nombreux pour que soient possibles des opérations paramilitaires d'envergure.[34] En 2001, on évaluait les effectifs de la section des opérations militaires de la CIA, la Special Activities Division, à au plus 500 personnes, dont 120 étaient des commandos paramilitaires.[35] Après avoir obtenu la coopération politique de la résistance, il incombait aux USSF d'exécuter la portion militaire de la campagne de guerre non conventionnelle.

Exécution — Rôle des USSF

Dans la doctrine traditionnelle des USSF, on décrit la guerre non conventionnelle comme un processus en plusieurs étapes qui va de la préparation politique jusqu'aux combats classiques en passant par l'organisation souterraine dissimulée et la guérilla.[36] La situation dans le nord de l'Afghanistan était très différente. On y retrouvait les unes en face des autres des forces passablement conventionnelles, retranchées dans des positions défensives fixes. Par conséquent, le rôle des USSF consistait davantage à appuyer des forces de type conventionnel qu'à fomenter une insurrection.

Dès le départ, les militaires des USSF avaient compris que leur participation divergerait de leur conception habituelle de la guerre non conventionnelle. Même si les divers éléments de la résistance n'avaient pas tous atteint le même niveau d'efficacité au combat, on convenait qu'il était possible de comprimer le processus entre les différentes étapes. Le Major-général Geoffrey Lambert, le commandant des USSF, jugeait qu'il n'était pas nécessaire de passer par une lente progression phase après phase et que la « guerre aurait 'un rythme et un mouvement propres' ».[37] Cette conviction était apparente dans la directive du Major-général Lambert à l'intention du détachement opérationnel Alpha (ODA), le premier à avoir été inséré en Afghanistan. « Soyez prêts, disait-il, à livrer une bataille conventionnelle, y compris avec des blindés ».[38] Il ajoutait : « Oubliez la guerre non conventionnelle, un concept flou de l'armée de terre moderne ».[39] Le Major-général Lambert déclarait de plus : « Prenez ce qu'il y a à prendre dans votre entraînement des forces spéciales et de guerre non conventionnelle, et intégrez ça à ce que vous pensez être nécessaire pour livrer une *bataille conventionnelle* ».[40]

Plusieurs tâches devaient être exécutées pour mener à bien la mission d'appui à la résistance afghane. D'abord, les USSF devaient être les yeux et les oreilles tactiques sur le terrain. Des agents de la CIA étaient présents dans le théâtre d'opérations, mais ils étaient peu nombreux et n'étaient pas en mesure d'évaluer la situation tactique comme en étaient capables les militaires. Les USSF ont ensuite consolidé les forces de la résistance en dispensant l'entraînement requis et en assurant leur soutien matériel. Après le début des hostilités, leur troisième tâche consistait à affaiblir l'ennemi par des attaques aériennes ciblées sur les objectifs ennemis. Ils ont enfin fait office de conseillers auprès des commandants tactiques locaux en matière de combat : ils leur transmettaient le renseignement utile, assuraient la coordination, leur donnaient des conseils techniques et leur expliquaient les objectifs de la politique étrangère américaine.[41]

Le 20 octobre 2001, les premières troupes des USSF faisaient leur entrée dans le nord de l'Afghanistan. Deux ODA ont été insérés, un premier détachement devait relever du Général Mohammed Fahim Khan (ODA 555), alors que l'autre détachement a rejoint le Général Rashid Dostum (ODA 595). Les deux équipes ont été insérées durant la nuit par hélicoptère, et les forces de l'AN les attendaient à la zone d'atterrissage.[42]

L'ODA 555 était exemplaire de l'organisation et de la mission des USSF dans le cadre de l'OEF. Cette équipe de douze hommes a été insérée pour venir en aide au Général Fahim.[43] L'insertion a été coordonnée avec l'équipe *Jawbreaker* de la CIA, dont les membres étaient sur place pour les accueillir.[44] L'équipe était formée de onze militaires des USSF et d'un aviateur des escadrons tactiques spéciaux de l'aviation américaine, la U.S. Air Force (USAF).[45] Le Chief Warrant Officer David Diaz était à la tête de cette équipe. En 1987, ce militaire avait participé durant près d'une année à des opérations clandestines menées sous l'égide de la CIA au Pakistan et en Afghanistan.[46]

Peu de temps après leur arrivée, la moitié des membres de l'ODA 555 a été envoyée en première ligne, à la base aérienne de Bagram. Une fois sur place, ils ont repéré, à moins d'un kilomètre de distance, une « formidable formation talibane, comptant au moins cinquante chars, transports de troupes blindés et camions équipés de canons anti-aériens de type ZSU ».[47] Il a fallu moins d'une journée de bombardements à guidage de précision en appui aérien rapproché pour annihiler l'opposition talibane à Bagram, ce qui a ouvert la voie de Kaboul aux forces du Général Fahim Khan.[48]

L'ODA 595 a été insérée pour venir en aide au Général Dostum. Après son insertion, l'ODA a été divisé en deux éléments de six hommes. Le premier élément, dont le commandant de l'ODA faisait partie, s'est avancé vers le front aux côtés du Général Dostum, alors que le second élément est resté à l'arrière pour évaluer les besoins en approvisionnement et établir les zones de largage en vue du ravitaillement. Le groupe du Général Dostum se déplaçait surtout à dos de mule et de cheval. Au départ, la présence américaine ne représentait qu'une source d'approvisionnement aux yeux du Général Dostum. Cependant, après avoir constaté l'efficacité de l'appui aérien rapproché des Américains, le général afghan les a rapidement intégrés à son plan de bataille.[49]

Un rythme s'est rapidement imprimé au déroulement des combats. Les USSF commençaient par cibler les positions talibanes fixes avec des bombardements aériens à guidage de précision. Les forces de l'AN attaquaient ensuite quasi simultanément la position talibane, à pied ou à cheval, en profitant du désordre créé par l'attaque aérienne. Plus le temps passait, plus les USSF perfectionnaient leur technique. Pour arriver à maintenir un appui aérien constant sur un front étendu, on a jugé nécessaire de diviser l'ODA en quatre groupes de trois hommes chacun. On a ainsi pu couvrir un vaste territoire, tout en assurant une certaine profondeur.

Les talibans privilégiaient les positions défensives en contre-pente. Leurs blindés, plus particulièrement, étaient positionnés en contre-pente. Il fallait donc que les membres des USSF prennent position sur le flanc des positions talibanes ou derrière elles pour arriver à guider les bombes sur ces positions en contre-pente. En progressant par bonds d'une position à l'autre, ils sont arrivés à suivre la cavalerie du Général Dostum, tout en assurant une couverture continue en appui aérien rapproché.[50]

Les ODA 555 et 595 sont représentatifs du genre d'opérations menées par les USSF un peu partout en Afghanistan. Plus le temps passait, plus les membres des ODA travaillaient en étroite collaboration avec les commandants locaux de la résistance, qu'ils assistaient de manière similaire. Le détachement opérationnel Charlie, essentiellement la version simplifiée d'un poste de commandement de bataillon prêt à mener des opérations de guerre non conventionnelle, a aussi été inséré auprès des principaux chefs de la résistance afghane, afin d'améliorer la coordination et la liaison militaire.[51] Les militaires des USSF évaluaient la puissance de combat locale, établissaient des zones de largage et organisaient le parachutage d'armes, de munitions, de matériel et de vivres, assuraient la liaison avec les commandants de la résistance et les aidaient à élaborer un plan tactique, supervisaient l'utilisation de la puissance aérienne à guidage de précision et participaient aux attaques terrestres. Une fois atteinte une masse critique d'ODA sur le terrain, les talibans et Al-Qaïda ont vite plié sous la pression exercée par les forces d'une résistance ragaillardie. L'implacable puissance aérienne américaine a rapidement soumis les forces talibanes, qui se sont effondrées, tant matériellement, avec la destruction de leurs fortifications et équipements de combat, que moralement, car les talibans se rendaient désormais bien compte qu'ils couraient à leur perte, voire à leur anéantissement, s'ils poursuivaient le combat.

À la suite de leur défaite au nord, les talibans ont fui vers le sud. Ils n'ont laissé à peu près personne derrière eux pour défendre Kaboul, ce qui a permis aux forces de l'AN, qui convergeaient d'un peu partout vers la ville, de facilement occuper la capitale. Les Américains ont alors été confrontés à un dilemme stratégique. La résistance était presque exclusivement composée des forces de l'AN. Le sud de l'Afghanistan n'offrait que quelques germes de résistance organisée. Envisagée dans ses composantes ethniques, l'AN était avant tout une force tadjike, ouzbèke et hazara. On craignait qu'en laissant l'AN dominer le pays, un climat d'instabilité politique s'installerait une fois le conflit terminé. Les États-Unis tenaient à ce que le nouveau gouvernement afghan accorde une large place aux Pachtoune.[52]

À cet égard, Hamid Karzaï, le futur chef de l'État afghan, était arrivé dans le sud de l'Afghanistan le 8 octobre 2001 pour y consolider le mouvement de résistance contre les talibans.[53] Pour la CIA, il était le leader le plus prometteur du sud du pays.[54] Le 14 novembre 2001, l'ODA 574 était inséré pour soutenir Karzaï. La situation dans le sud était très différente de celle qui prévalait dans le nord. La résistance n'y disposait d'aucune force structurée. Les résistants qui entouraient Karzaï avaient été réunis de façon aléatoire. Ils manquaient d'armes et n'étaient ni entraînés ni organisés. Bien que l'ODA se soit efforcé de leur offrir un entraînement rudimentaire et leur ait largué du matériel, l'état de préparation au combat des forces (environ 150 hommes) dans le sud de l'Afghanistan laissait toujours nettement à désirer au début du mois de novembre 2001.[55]

La situation dans le sud était particulièrement grave, parce que Kandahar était la base de soutien des talibans. Après avoir appris que Karzaï se trouvait à Tarin Kowt, les talibans ont attaqué la petite ville. Parce que les forces locales étaient très réduites, les USSF ont dû s'en remettre à peu près entièrement à l'appui aérien pour repousser cette attaque. Heureusement, l'ODA a repéré une portion de terrain sillonnée de canaux qui allait constituer un emplacement idéal pour tendre des embuscades. Même s'il a par la suite été délogé et a dû se replier, l'ODA a su employer les bombardements aériens à guidage de précision avec une grande efficacité contre les assaillants talibans, qui ont fini par être vaincus. Les survivants talibans se sont réfugiés à Kandahar.[56]

La victoire remportée à Tarin Kowt était importante, parce qu'elle a convaincu de nombreux habitants de la région de l'efficacité de Karzaï et a par le fait même favorisé l'expansion de ses troupes. À la fin novembre, les forces de Karzaï comptaient plus de sept cents hommes.[57] À mesure que la résistance gagnait en importance dans le sud, les talibans étaient encerclés de plus en plus étroitement autour de Kandahar, jusqu'à leur éventuelle débandade, ce qui a permis aux forces des États-Unis et de la résistance d'entrer dans Kandahar après avoir négocié leur reddition avec les talibans. La chute de Kandahar a été le symbole de la victoire définitive contre les talibans et Al-Qaïda, dont les membres ont été repoussés vers quelques coins reculés du pays. Cette victoire a été le fait de quelques 316 militaires des USSF et 110 agents de la CIA, présents sur place en Afghanistan à l'époque.[58]

Déroulement de la campagne

Les événements sont récapitulés ci-dessous afin de mieux situer dans le temps les faits saillants de la campagne :[59]

26 septembre 2001 : Insertion de la première équipe de la CIA (*Jawbreaker*)

7 octobre 2001 : Début des bombardements

20 octobre 2001 : Insertion des ODA 555 et 595

Début novembre : Insertion de plus d'ODA à l'appui des commandants locaux de la résistance

9 novembre 2001 : Chute de Mazar-e-Sharif — défaite des talibans au nord

11 et 12 novembre 2001 : Occupation de Kaboul et d'Herat

14 novembre 2001 : Arrivée de l'ODA 574 auprès de Hamid Karzaï et mouvement vers Tarin Kowt

18 novembre 2001 : Bataille de Tarin Kowt — retraite des talibans à Kandahar

1er décembre 2001 : Mouvement des troupes de Hamid Karzaï vers Kandahar

7 décembre 2001 : Entrée de Hamid Karzaï et des USSF dans Kandahar

3 au 17 décembre 2001 : Tora Bora — évasion des principaux chefs d'Al-Qaïda

ÉVALUATION DU DEGRÉ DE RÉUSSITE DE LA MISSION

Comme on l'a déjà mentionné, les États-Unis visaient deux objectifs stratégiques en Afghanistan. Le premier avait pour but de renverser le gouvernement taliban, puis d'installer un régime ami des États-Unis, afin d'empêcher l'Afghanistan d'être un refuge pour les terroristes. Le deuxième objectif était de capturer Oussama Ben Laden. La première mission a été accomplie. Le 7 décembre 2001, Kaboul était sous l'autorité de la résistance afghane, et les talibans et Al-Qaïda étaient confinés dans des secteurs relativement isolés et sans importance au plan stratégique. Les talibans avaient de toute évidence été détrônés et le contrôle était assuré par une coalition d'Afghans sympathiques aux Américains. La principale mission avait été couronnée de succès grâce à une méthodologie de guerre non conventionnelle.

La mission secondaire, toutefois, n'avait pu être menée à bien. Cet objectif n'était cependant pas au centre de la campagne de guerre non conventionnelle. Tous les détails de la mission secondaire sont encore sous le sceau du secret, d'où l'impossibilité d'en faire une analyse approfondie pour le moment. Néanmoins, dans la mesure où le présent chapitre porte sur la guerre non conventionnelle et son rôle lors de l'OEF, l'échec de l'objectif secondaire, qui reposait beaucoup moins sur la guerre non conventionnelle et beaucoup plus sur une action directe unilatérale de l'USSOCOM, revêt moins d'importance dans le cadre de cette analyse particulière.

D'un point de vue purement théorique, la réussite ou l'échec d'une campagne de guerre non conventionnelle dépend pour une très grande part d'un certain nombre de facteurs politiques, économiques et sociaux. La victoire remportée en Afghanistan est une preuve convaincante de l'efficacité de la guerre non conventionnelle. Certains détracteurs affirment cependant que la victoire en Afghanistan n'a été qu'un heureux accident de parcours et qu'en l'absence des conditions particulières qui y régnaient, une guerre non conventionnelle aurait donné des résultats moins probants. Divers facteurs sont énoncés pour justifier cette prétention que la situation en Afghanistan était unique et que tout était en place pour remporter une victoire facile par la voie d'une guerre non conventionnelle. À dire vrai, l'Afghanistan présentait les caractéristiques suivantes :

- Le piètre moral de l'ennemi ou son manque de motivation;
- Un ennemi mal entraîné et dépourvu d'un véritable savoir-faire;
- Le peu d'appui dont jouissait le régime taliban au sein de la population;
- La facilité avec laquelle on change de camp dans la culture afghane;
- L'effet de surprise (p. ex. la vitesse et violence des attaques, les tactiques);
- La dépendance des talibans envers des appuis extérieurs fragiles; et
- L'accès à des territoires limitrophes sûrs pour le ravitaillement et le rééquipement des milices.[60]

Il est donc important de garder à l'esprit que la situation afghane est sous certains angles, très particulière, ce qui en fait un lieu plus propice à la conduite d'une guerre non conventionnelle. Au-delà de ces critiques, le présent chapitre a néanmoins pour but de déterminer quels sont les aspects opérationnels et militaires qui ont rendu la victoire possible, outre le fait que le pays était un terreau fertile pour une guerre non conventionnelle. En d'autres termes, compte tenu des cartes qu'elles avaient en mains, quel a été le jeu des FOS qui leur a permis de réussir?

FACTEURS DE SUCCÈS

Pour assurer sa réussite en Afghanistan, il fallait modifier l'équilibre politique du pouvoir : renverser le régime taliban et installer un régime ami des États-Unis. Pour ce faire, les États-Unis avaient adopté une stratégie en deux volets. Dans le premier volet, les Américains devaient convaincre le plus grand nombre d'Afghans possible d'appuyer les intérêts américains. Dans le second volet, les Américains allaient employer la force contre les Afghans et les combattants étrangers qui ne pouvaient être gagnés à leur cause par la persuasion, afin de les empêcher d'exercer leur influence sur les affaires afghanes.

On s'y est pris de deux façons pour tenter de persuader les Afghans d'appuyer la cause des États-Unis : de manière non coercitive et de manière coercitive. Les chefs de guerre locaux se voyaient offrir des sommes en espèces en échange de leur appui. Il était possible d'acheter la coopération des commandants talibans locaux pour 50 000 $ à 100 000 $ américains.[61] En cas d'échec de la méthode non coercitive, on pouvait recourir à une foule de moyens coercitifs. Il est arrivé plus d'une fois que les négociations avec des chefs talibans locaux aboutissent rapidement après qu'une bombe à guidage de précision explose à proximité de leur quartier général.[62]

Peu importe les efforts de persuasion déployés, il y a toujours une grappe d'irréductibles qui doivent être délogés par la force, ce à quoi servait le second volet de la stratégie américaine. Au tout début de l'OEF, compte tenu que seulement quelques centaines de membres des FOS étaient sur le terrain, il était impossible de « faire cavalier seul ». La guerre non conventionnelle était la méthode par laquelle la force était employée contre les parties imperméables à toute autre forme d'influence. La puissance de combat se trouvait du côté des Afghans sur le terrain, qui bénéficiaient de l'appui aérien des Américains. Les éléments tactiques de base de la campagne s'apparentaient à ceux que connaissent bien les théoriciens militaires orthodoxes : un élément de manœuvre (les autochtones afghans) appuyé par un élément de tir (la puissance aérienne américaine).[63] L'explication la plus simple qui puisse être donnée de la réussite des opérations menées en Afghanistan consisterait donc à dire que les Américains ont su utiliser avec plus d'efficacité que les talibans et Al-Qaïda les éléments conventionnels de tir et de manœuvre, leur permettant ainsi de remporter la victoire au plan militaire.

Il est plus difficile de répondre à la question du « comment » les Américains ont-ils été en mesure de tirer un meilleur parti de la capacité de tir et de manœuvre, mais c'est une question inévitable si l'on veut comprendre ce qui a permis à une guerre non conventionnelle et à l'emploi des FOS de se traduire par une victoire en Afghanistan. Bien que sur le plan tactique, le style de combat ressemblait à ce que l'on a pu observer lors de nombreuses batailles conventionnelles précédentes, l'organisation et la synchronisation des éléments de tir et de manœuvre dans le contexte d'une guerre non conventionnelle était une tâche d'une grande complexité. Si ce n'avait été de la présence des FOS, les Américains et les résistants afghans n'auraient pas été en mesure de collaborer aussi étroitement qu'il le fallait pour synchroniser ces deux éléments. Dans les sections qui suivent, on analyse de façon plus détaillée le rôle qu'ont joué les FOS pour obtenir un tel résultat.

Élément de manœuvre : la résistance

Les éléments de manœuvre faisaient tous partie des forces de la résistance afghane. Bien que l'emploi du terme « résistance » semble renvoyer à une entité unifiée, il n'en était rien. Il a fallu des négociations intenses et un travail de persuasion inlassable pour convaincre des factions dont les intérêts divergeaient de prendre part à la campagne. Pour dire les choses simplement, il fallait persuader les membres de la résistance d'agir dans le sens des intérêts américains. La CIA s'est chargée du travail de persuasion et de coordination au niveau politique et stratégique, alors qu'il fallait convaincre les leaders afghans d'appuyer les objectifs de politique étrangère des États-Unis. Les équipes des USSF devaient exercer leur influence jusqu'à l'échelon tactique le plus bas, ce qui pouvait consister à convaincre les commandants locaux de suivre un plan d'action tactique précis ou à prendre la tête de troupes afghanes pendant les opérations. Toutes les interactions entre les FOS et les Afghans reposaient sur l'aptitude à influer sur la relation, une nécessité permanente et d'une importance vitale. Les membres des FOS étaient tout désignés pour exercer une telle influence en raison de leur connaissance de la langue, de leur sensibilité au contexte culturel, de leurs ensembles de compétences et de leur accès à la puissance aérienne américaine.

En mettant à profit leurs aptitudes et leurs ressources, ils sont arrivés à moduler le comportement des résistants afghans au moyen d'incitatifs financiers, d'un appui concret et matériel ainsi que par la coercition.[64] En ce qui concerne l'influence financière, on évalue que la CIA a dépensé 70 M$ U.S. en Afghanistan. Outre les sommes versées pour inciter les talibans à faire défection, l'argent a aussi été un moteur essentiel de la coopération et de la constitution de la puissance de combat des forces afghanes, en permettant de faire l'acquisition d'armes, de vivres et d'autres matériels.[65]

Le soutien matériel fourni a été un rouage déterminant de la victoire américaine. Malgré cela, il n'était pas possible d'acheter l'opposition d'Al-Qaïda. Il a fallu au bout du compte transformer l'argent en puissance de combat pour qu'il soit d'une valeur quelconque. Le soutien matériel direct, comme les armes, les munitions, les vivres et les vêtements, était précieux et les Afghans en faisaient souvent la demande; les membres des FOS se sont sans cesse efforcés de leur en procurer. Vous trouverez une description détaillée de ce soutien ci-dessous. Ce qu'il faut toutefois retenir, c'est que la promesse de biens matériels a contribué à influencer les attitudes des résistants afghans.

Enfin, la coercition a également été un facteur important. La démonstration constante de l'efficacité et du pouvoir de destruction de la puissance aérienne américaine a souvent fini par convaincre des commandants afghans qui hésitaient à se ranger derrière les intérêts américains.

En manipulant habilement les divers types d'influence, il a été possible d'obtenir la collaboration des Afghans. Il fallait toutefois bien plus pour que cette bonne volonté se transforme en résultats tactiques sur le terrain. Les FOS devaient s'assurer que les forces de la résistance étaient capables de s'acquitter de la tâche de manœuvre qui était la leur. Malgré son expérience du combat, l'AN manquait d'armes, d'équipements et de provisions. Après que la CIA et les USSF eurent évalué l'état des forces locales afghanes, ils ont commandé les armes et les équipements appropriés, délimité des zones de largage et formé des groupes affectés à la réception des marchandises. Les avions de la USAF ont ensuite parachuté les stocks requis. Les livraisons qui ont ainsi été effectuées ont atteint une ampleur remarquable. De la mi-octobre à la mi-décembre 2001, 1,69 million de livres de matériel ont été larguées lors de 108 sorties sur 41 zones de largage différentes un peu partout en Afghanistan.[66]

Sans les FOS, cet effort militaire aurait connu moins de succès et aurait peut-être même échoué. L'exemple qui suit est convaincant. On s'est aperçu dès le début de la campagne que les membres des forces de l'AN avaient besoin de nourriture, tant pour eux-mêmes que pour leur famille. Le personnel de la CIA a fait part de cette situation au quartier général supérieur et a choisi une zone de largage. Pour livrer la nourriture, les équipages de l'USAF larguaient sans parachute les repas préemballés, qui se présentaient sous une forme très similaire aux repas préparés de l'armée américaine (MRE).[67] Les emballages arrivaient au sol en pièces en raison des changements de pression de l'air, aggravés par l'impact avec le sol, ce qui fait que la plus grande partie de la nourriture était perdue ou rendue impropre à la consommation. L'absence d'aliments comestibles mettait les Américains dans l'embarras et les présentait comme incapables de tenir une promesse. Comme si cela ne suffisait pas, la nourriture avariée a rendu de nombreuses personnes malades. Ce n'est certainement pas ainsi que l'on allait gagner la confiance de la résistance afghane. Les membres des FOS sur le terrain ont rapidement diagnostiqué le problème. La CIA a déposé une réquisition via sa filière d'approvisionnement habituelle afin d'obtenir des parachutes à matériel, et le problème a pu être corrigé.[68]

Les FOS ont également pris part aux combats au sol. Certains observateurs ont l'impression que les forces terrestres se contentaient de marcher vers les objectifs après que toute résistance des talibans et d'Al-Qaïda ait été neutralisée à la suite des attaques aériennes dévastatrices des Américains. Ce n'était pas le cas. Les combats au sol étaient intenses et incontournables. Comme l'a expliqué l'érudit et analyste militaire Stephen Biddle :

Si la puissance aérienne dirigée selon les indications des FOS avait simplement anéanti les forces talibanes à distance de sécurité, comme certains le présument désormais, il aurait suffi à une armée même des plus rudimentaire de marcher sur l'objectif et d'occuper les ruines fumantes. En Afghanistan toutefois, bien que la puissance aérienne permettait de détruire la plus grande partie d'une force hostile, elle ne pouvait complètement raser des défenses élaborées, pas plus qu'elle ne pouvait à elle seule freiner des assauts ordonnés et bien préparés. Il a donc fallu engager fréquemment l'ennemi au combat rapproché; c'est une guerre qui n'a par conséquent pas été menée exclusivement à distance de sécurité. Et lors de ces combats, il suffisait d'une poignée de survivants d'Al-Qaïda, motivés et armés d'armes automatiques modernes, pour faucher un grand nombre de soldats autochtones inexpérimentés s'avançant à découvert. Pour survivre assez longtemps et être en mesure d'exploiter la formidable puissance de feu que leur procurait l'appui aérien américain, les combattants devaient posséder certaines habiletés militaires fondamentales : savoir se mettre à l'abri, se dissimuler, se déplacer de façon coordonnée par petites unités dispersées et utiliser un tir de suppression localisé.[69]

Non seulement les combats au sol étaient-ils essentiels, mais les FOS ont joué un rôle de premier plan lors de ces combats. En temps normal, on commence d'abord par l'entraînement pour constituer une force de résistance. Les forces de l'AN avaient déjà des années d'expérience du combat à leur actif. Le traditionnel plan d'instruction des USSF destiné à une force de résistance, qui consistait à dispenser un entraînement élémentaire en tactique d'infanterie individuelle et en petite unité, n'était à peu près pas utile, puisqu'il y avait des années que les forces de l'AN se battaient en petites unités.[70] Les chefs de l'AN s'y connaissaient toutefois très peu en matière d'opérations offensives de grande envergure. Bien que les USSF aient été instruites et structurées de façon à pouvoir assurer l'entraînement et l'encadrement au niveau du bataillon,[71] on n'avait pas le temps de dispenser une telle instruction. La campagne a démarré trop rapidement. Parce qu'il n'était pas possible d'entraîner les forces de la résistance, les FOS ont dû participer activement aux opérations de combat au sol.

Le meilleur exemple à cet égard est l'ODA 574, dont les membres ont mené les combats à peu près seuls lors de la bataille de Tarin Kowt, dont il a déjà été question. Dans le sud du pays, les membres de la résistance étaient très inexpérimentés, ce qui obligeait les FOS à faire quasi toute la planification et à assumer le leadership lors des premiers combats qui y ont été engagés. La situation était plus favorable dans le nord, mais les FOS y ont tout de même joué un rôle unique et actif, comme ce fut le cas lors de la prise de Mazar-e-Sharif. Les FOS ont essentiellement mené les opérations suivantes lors des combats qui ont mené à la chute des talibans et d'Al-Qaïda en 2001 :[72]

- Les FOS ont dirigé les frappes aériennes;
- Elles ont assuré la liaison entre les trois factions afghanes antérieurement séparées et opposées, en réussissant à les convaincre de se placer sous les ordres du Général Dostum;
- Elles ont coordonné l'action offensive des trois factions de la résistance, qui n'avaient jamais collaboré auparavant, et dont les commandants n'avaient que peu d'expérience des offensives coordonnées et de grande envergure;
- Elles ont fait le suivi et rendu compte de la progression des offensives, car la plupart des commandants de sous-unité ne savaient pas lire les cartes;
- Elles ont fourni les radiocommunications, l'AN n'ayant pas de radios ou, quand elle en avait, ses radios n'étaient pas interopérables; et
- Elles ont imposé des mesures de contrôle afin d'éviter les tirs fratricides, car les membres de l'AN n'avaient pas d'uniforme et ne pouvaient être identifiés visuellement.

De toute évidence, les FOS ont été au cœur de l'organisation des éléments de manœuvre sur le terrain. Aucune autre entité n'aurait pu y arriver, car la maturité et l'entraînement propres aux FOS ont été des ingrédients indispensables de cette réussite. Les FOS ont fourni aux membres de la résistance des armes et du matériel, les ont dirigés sur le champ de bataille, ont assuré la coordination à l'échelle du théâtre des opérations et ont rendu la synchronisation possible avec l'élément de tir (puissance aérienne).

Élément de tir : puissance aérienne

La puissance aérienne américaine a constitué l'élément de tir. La victoire américaine repose pour une bonne part sur la capacité que la puissance aérienne avait d'influencer le comportement de la résistance. La perspective d'affaiblir les forces talibanes au moyen de la puissance aérienne américaine et, du même coup, de passablement réduire les pertes dans les rangs de la résistance afghane plaisait aux commandants afghans et les a incités à participer aux opérations terrestres. De fait, au sein du commandement supérieur de la résistance afghane, les décisions de passer à l'action, autrement dit, d'attaquer, étaient prises en fonction de la disponibilité de la puissance aérienne américaine. En ce sens, les délais initiaux qui ont retardé le recours direct à la puissance aérienne en première ligne dans certains secteurs du nord du pays ont beaucoup nui à la crédibilité des FOS aux premiers jours de la campagne.[73] Aux échelons tactiques inférieurs, plusieurs des membres des ODA des USSF ont raconté qu'il n'a fallu que quelques sorties et bombardements à guidage de précision pour obtenir l'appui des troupes et des commandants locaux. Après avoir constaté de leurs propres yeux l'utilité de la puissance aérienne américaine, les ODA ont été rapidement acceptés et intégrés à tous les plans tactiques locaux.[74]

Surtout, la puissance aérienne a beaucoup augmenté la puissance de combat dans le contexte réel du conflit. Sans puissance aérienne, une guerre non conventionnelle aurait pu conduire à la victoire, mais cela aurait certainement été plus long. Lorsque les planificateurs militaires ont élaboré le plan de campagne en vue d'une guerre non conventionnelle en Afghanistan, ils avaient prévu plusieurs mois pour équiper et entraîner les forces de la résistance afghane, et ils n'envisageaient pas d'offensive terrestre avant le début avril ou mai 2002.[75] C'est en partie parce que l'on avait sous-estimé la capacité de combat de l'AN que la campagne s'est déroulée aussi rapidement, mais l'efficacité de la puissance aérienne américaine explique en très grande partie cette célérité inattendue.

La capacité de viser avec précision les positions des talibans et d'Al-Qaïda et de les détruire a rendu la victoire possible sur le terrain, et ce, tout en réduisant substantiellement les pertes tant humaines que matérielles. Sans les FOS, toutefois, l'application de la puissance aérienne n'aurait pas été aussi efficace. Ce sont les membres des FOS sur le terrain qui repéraient et situaient les objectifs, qui guidaient les bombes sur les objectifs, qui évaluaient les dommages causés par les bombardements et enfin, et ce n'était pas la moindre de leurs tâches, qui synchronisaient l'assaut au sol. Les FOS devaient recourir à une foule de compétences et de ressources pour mener leur mission à bien, dont l'habileté technique à utiliser les munitions à guidage de précision, l'aptitude tactique à déterminer la meilleure façon et le meilleur moment pour recourir aux bombardements et les qualités de diplomate requises pour montrer aux commandants afghans sur le terrain comment s'y prendre pour profiter de façon optimale des dommages causés par la puissance aérienne. Même si la puissance aérienne a permis d'infliger des dommages importants à l'ennemi, sans les FOS, ces résultats n'auraient pas été pleinement exploités.

Leçons retenues

La réussite de la guerre non conventionnelle menée pendant l'OEF offre aux spécialistes de la guerre non conventionnelle plusieurs leçons importantes. Voici un résumé des leçons les plus probantes.

Le nouveau paradigme de la guerre non conventionnelle : une conception élargie de la guerre non conventionnelle

La guerre non conventionnelle a toujours entretenu un lien étroit avec l'insurrection et la guérilla. La définition donnée précédemment de la guerre non conventionnelle, telle qu'elle figure dans la doctrine militaire américaine, ne restreint pas explicitement la guerre non conventionnelle aux insurrections et aux guérillas, mais pour être franc, c'est l'axe dominant de la doctrine américaine.[76] L'OEF a permis de démontrer qu'il n'est pas obligatoire qu'une guerre non conventionnelle repose sur une guérilla. Lors de l'OEF, on a permis à des forces autochtones d'engager le combat, dans le contexte d'un conflit relativement conventionnel, le long de lignes de confrontation fixes et dans le cadre d'opérations interarmes, même si c'était à petite échelle. Cela permet de supposer que le concept de guerre non conventionnelle fondée sur la guérilla n'est qu'un des modèles d'un assortiment conceptuel plus large pour ce qui concerne l'utilisation de forces locales sous l'égide de FOS. La guerre non conventionnelle peut occuper divers points sur une gamme plus étendue, à commencer par la guérilla conventionnelle, et il est important que ce champ d'application plus ouvert soit intégré à la doctrine.[77]

L'OEF a été l'illustration de l'étendue bien réelle de l'éventail des scénarios possibles. La réalisation de l'objectif politique ne dépend pas exclusivement du recours à des capacités cinétiques. Pour citer Sun Zi, « remporter cent victoires en cent batailles n'est pas le comble du savoir-faire. Soumettre l'ennemi sans le combattre, voilà le sommet de l'habileté. »[78] Dans les faits, c'est ce qu'ont réussi à faire les FOS (avant tout avec l'apport des agents de la CIA) en Afghanistan. En employant à la fois des incitatifs et des moyens coercitifs, on a convaincu une foule de talibans de faire défection, ce qui s'est traduit par une importante diminution de la puissance de combat de l'alliance entre les talibans et Al-Qaïda. Cette étape préliminaire a grandement facilité la phase cinétique de la campagne. Cette tactique devrait être incorporée à la doctrine sur la guerre non conventionnelle et utilisée à l'avenir, quand cela est possible.

L'importance du renseignement dans le cadre d'une guerre non conventionnelle

Le renseignement récolté dans le cadre d'une guerre non conventionnelle présente plus de facettes que celui recueilli pour mener des opérations plus traditionnelles, dans la mesure où le renseignement doit communiquer de l'information tant sur les dispositifs amis que les dispositifs ennemis. Pendant une campagne conventionnelle, la plus grande partie du renseignement porte sur les dispositifs de l'ennemi. Il est aisé de comprendre que lorsque les forces amies sont réunies au sein d'une seule armée, les dispositifs amis laissent peu de place au doute. Cependant, la guerre non conventionnelle dépend de la capacité à exercer son influence sur les agents autochtones. Ces agents autochtones peuvent être plus ou moins sympathiques à la cause de leur allié. De fait, comme en fait foi la citation de Henry Crumpton rapportée plus tôt, on peut même considérer que des forces au premier abord hostiles constituent un allié potentiel, à condition de pouvoir les influencer suffisamment pour les rallier à sa cause.

Il est essentiel de d'abord disposer de l'information pertinente pour exercer l'influence voulue de façon efficace. Pour persuader les acteurs de la résistance, il faut connaître leurs préférences, leurs allégeances politiques, leurs moyens économiques et la disposition de leur force militaire. Il faut comprendre tous les éléments de leur situation politique, militaire, économique et sociale pour connaître leurs préférences. Grâce à ces connaissances, il est possible de leur offrir la forme d'assistance la plus efficace en échange de leur appui envers les objectifs des États-Unis.

Plus important encore, la CIA a aussi amassé un renseignement abondant sur la disposition des forces amies. La récolte de renseignement de type HUMINT s'est accélérée vers la fin des années 1990. Le 10 septembre 2001, la CIA pouvait compter sur plus d'une centaine de sources et de sources secondaires HUMINT actives en Afghanistan. Ces sources se retrouvaient dans toutes les classes sociales et tous les groupes ethniques.[79] En outre, l'équipe *Jawbreaker* avait déjà accompli cinq missions en Afghanistan, en plus d'avoir rencontré à plusieurs reprises les chefs de la résistance afghane à l'extérieur de l'Afghanistan.[80] Ces premiers contacts étaient des occasions spontanées d'évaluer les attitudes des résistants afghans et de déterminer concrètement quelle était la disposition des forces amies sur le terrain. Si la CIA n'avait pas été en possession d'un tel renseignement, la campagne de guerre non conventionnelle aurait été plus longue ou n'aurait peut-être même pas été possible.

Le renseignement sur les forces ennemies revêtait également une grande importance. La CIA disposait bien sûr d'une grande somme de renseignement technique et de renseignement par imagerie. L'HUMINT n'a pas non plus été négligé. En 1999, la CIA avait passablement intensifié la recherche de renseignement en Afghanistan. En février 1999, la CIA amorçait des opérations de renseignement interarmées avec les forces de l'AN, ce qui comprenait l'échange d'information, des équipes de reconnaissance et le recrutement de sources humaines.[81] Les ressources HUMINT de l'AN couvraient toutes les régions de l'Afghanistan. Les autochtones afghans pouvaient circuler à peu près sans entraves sur l'ensemble du territoire. Il était étonnant de constater que les hommes non armés étaient souvent autorisés à traverser les positions fortifiées pour aller visiter leurs proches dans les autres régions du pays.[82] Plus important encore, il était possible d'exploiter les relations préétablies à tous les niveaux. La connaissance du numéro de téléphone satellitaire d'un chef taliban local et de l'histoire de sa famille constituait un atout d'une valeur inestimable.

Les préparatifs d'une guerre non conventionnelle

L'OEF a démontré qu'une guerre non conventionnelle commence bien avant le premier contact ou le premier combat. Étant donné qu'une présence américaine avait été assurée bien avant 2001 dans le nord de l'Afghanistan, un renseignement suffisant avait été recueilli et des relations interpersonnelles avaient déjà été établies, ce qui a permis de faciliter le déroulement d'une campagne de guerre non conventionnelle. Les membres des USSF étaient de plus prêts à prendre part à une campagne de guerre non conventionnelle et bien entraînés pour s'y engager sur le terrain. Enfin, les Américains disposaient de ressources de soutien suffisantes, de telle façon qu'il a été possible de les déployer en un bref laps de temps. Le fait que l'on soit arrivé à réunir 1,7 million de livres de matériel, de nature tant humanitaire que militaire, et à livrer toutes ces marchandises en deux mois à peine démontre que la campagne avait été bien préparée au sein de l'institution militaire américaine.

Il est indéniable qu'il faut des ressources et une solide préparation pour entreprendre une guerre non conventionnelle. Pour que l'infrastructure requise en vue d'une guerre non conventionnelle soit prête, les leaders politiques et militaires doivent être assez clairvoyants pour prédire où éclateront les conflits et être capables de déterminer si ce seront des théâtres d'opérations propices pour une campagne de guerre non conventionnelle. Parmi les préparatifs requis, disposer d'un nombre suffisant de spécialistes bien entraînés et expérimentés de la guerre non conventionnelle est l'un des plus importants éléments, dont le délai de préparation est également l'un des plus longs.

Le personnel

Une des ressources les plus critiques pour mener une guerre non conventionnelle est un personnel des FOS soigneusement sélectionné et ayant suivi une instruction poussée, des militaires capables d'attacher toutes les ficelles d'une campagne de guerre non conventionnelle. La guerre non conventionnelle menée lors de l'OEF permet de tirer de nombreuses leçons au sujet du type de personnel et des compétences qu'il doit posséder. Dans le cadre de la campagne de guerre non conventionnelle dont il est ici question, les fonctions étaient réparties entre les membres de la CIA et de l'USSOCOM.[83]

Les agents de la CIA apportaient avec eux leur expérience et leur maîtrise de l'art de la diplomatie, et ces compétences ont été fructueusement mises à profit pour rechercher et obtenir l'HUMINT et par la suite atteindre les objectifs de la guerre non conventionnelle. Surtout, c'est la capacité d'appliquer l'HUMINT à l'exécution des opérations de guerre non conventionnelle qui a été au cœur de la victoire américaine. Il est intéressant de constater que la guerre non conventionnelle et l'HUMINT exigent des ensembles de compétences qui se recoupent. Par exemple, la maîtrise des langues parlées en Afghanistan a permis d'établir des relations avec les dirigeants politiques afghans. À ce titre, les équipes de la CIA comptaient des membres qui parlaient le farsi et le dari, l'ouzbek, le russe et/ou l'arabe.[84] Ces agents étaient de plus des spécialistes de l'influence politique et avaient de grandes habiletés en communications interpersonnelles et en gestion des relations. Pour jouer un tel rôle, il fallait des gens particulièrement expérimentés et matures. De fait, l'âge moyen du personnel de la CIA au sein de l'équipe *Jawbreaker* était de 45 ans, et ces agents avaient en moyenne à leur actif 25 années d'expérience.[85] Le grade du chef de l'équipe *Jawbreaker*, Gary Schroen, équivaut au sein de la CIA à celui d'un général trois étoiles de l'armée, et il avait reporté le moment de son départ à la retraite pour participer à cette mission.[86] Il est important de souligner que toutes les fonctions des agents de la CIA ont été remplies dans des conditions rudimentaires et dans un environnement hostile, et qu'elles exigeaient une connaissance de base des techniques de campagne, des armes et de la tactique.[87]

Les membres des USSF, quant à eux, apportaient avec eux les capacités cinétiques. Ils étaient les spécialistes des armes, de la tactique et de la logistique. Ils se sont de plus montrés capables d'appliquer les principes de la tactique conventionnelle dans des milieux non conventionnels. La doctrine militaire américaine était peu étoffée pour les aider à mener à bien leurs activités, mais parce que l'on avait insisté sur l'importance primordiale de la souplesse et de l'adaptabilité pendant l'instruction et l'entraînement qu'ils avaient suivis pour se préparer à prendre part à une guerre non conventionnelle, ils sont arrivés à résoudre les problèmes imprévus auxquels ils étaient confrontés.[88]

Le recours expert et habile à la force ne signifie pas que des compétences plus générales, le savoir-être et l'entregent, n'étaient pas tout aussi nécessaires. Comme on l'a déjà dit, chaque niveau de la guerre non conventionnelle, qu'il soit stratégique, opérationnel ou tactique, exige de coopérer avec les agents locaux et par conséquent, d'être sensible aux réalités culturelles, de parler la langue et de faire preuve d'empathie. De fait, il est parfois arrivé que les membres des ODA des USSF ne disposent pas des ressources linguistiques qui leur aurait permis de communiquer avec leurs hôtes afghans, d'où des retards dans le déroulement des opérations, des délais qui ont atteint des semaines dans quelques cas.[89] À cet égard, on peut affirmer que les compétences cinétiques sont essentielles mais insuffisantes. Les artisans de la guerre non conventionnelle doivent par conséquent posséder un amalgame bien dosé de compétences cinétiques et de compétences moins techniques.

La coopération interorganisations

La répartition des responsabilités opérationnelles entre l'USSOCOM et la CIA a créé certains problèmes de coopération interorganisations. Dès le tout début, des querelles de clocher politique, aux échelons les plus élevés, ont nui à l'efficacité opérationnelle. De plus, les FOS militaires sont arrivées dans le théâtre des opérations plus d'un mois après la CIA parce que le département de la défense américain contestait le leadership de la CIA au début de la campagne.

Bien que les militaires de l'USSOCOM s'entraînent régulièrement dans un contexte interarmées réunissant l'USAF, l'US Navy et les éléments terrestres de l'armée américaine, il semble que les opérations interarmées entre la CIA et l'USSOCOM ne fassent pas l'objet d'une bien grande planification ou d'exercices vraiment conséquents. C'est une situation que semble confirmer un certain nombre d'événements décrits dans la documentation. Par exemple, les membres des USSF avaient difficilement accès au renseignement de la CIA au sujet des chefs de l'AN parce que trop peu d'entre eux détenaient une autorisation de sécurité pour l'information classifiée « Très secret ». Le problème est devenu suffisamment préoccupant pour que le commandant du 5th Special Forces Group fasse provisoirement fi du règlement, jugeant que c'était là la seule façon sensée de procéder compte tenu des besoins pressants qui se posaient dans les circonstances.[90]

L'insertion de l'ODA 555 est également exemplaire du climat de méfiance qui semblait régner entre la CIA et l'USSOCOM. L'ODA 555 avait établi d'étroites communications avec l'équipe *Jawbreaker*, dont il allait partager le même emplacement. Les membres de l'équipe *Jawbreaker* avaient procédé à la reconnaissance et à la signalisation des zones d'atterrissage et avait formé un groupe chargé de l'accueil. Peu importe, les membres de l'ODA 555 ont effectué l'insertion comme s'ils arrivaient en territoire ennemi. Ils ont survolé la zone d'atterrissage dûment identifiée, puis se sont posés plus loin, en ayant d'abord pris soin de se diviser en deux équipes distinctes. Ils n'ont de plus informé l'équipe de la CIA sur place de leur arrivée que très peu de temps avant leur atterrissage. Cette attitude a engendré une grande confusion et augmenté le risque de tirs fratricides, l'ODA s'étant comporté d'une façon à laquelle le personnel de la CIA ne s'attendait absolument pas.[91]

De toute évidence, pour qu'une campagne de guerre non conventionnelle puisse être menée par différentes parties, les organisations concernées doivent être mieux intégrées à plusieurs niveaux. Elles doivent en premier lieu partager une même doctrine. Elles devraient ensuite participer à des exercices interarmées et favoriser les permutations. Les activités de ce genre sont indispensables pour que les diverses organisations arrivent à créer le climat de confiance réciproque nécessaire pour mener des opérations aussi dangereuses. Ainsi, l'USSOCOM et la CIA, dans l'éventualité où d'autres campagnes similaires étaient à leur ordre du jour, doivent atteindre un degré de collaboration aussi grand que ce qui existe entre les différents services de l'USSOCOM.

CONCLUSION

Les opérations des FOS en Afghanistan, telles qu'elles se sont déroulées aux premiers jours de l'OEF, offrent de nombreuses leçons à propos de l'exercice de la guerre non conventionnelle. Plusieurs raisons permettent d'expliquer le succès de la campagne. La présence préalable et précoce de la CIA a permis de bâtir un solide renseignement et d'établir de véritables relations avec les forces locales. Le fait que la CIA reconnaissait le caractère tout à fait particulier de la culture afghane et a réussi à remplacer la force brute par le versement de sommes en espèces et le recours à divers moyens de persuasion a permis de restreindre la portée de la mission militaire en diminuant la taille et les ressources de l'opposition. La CIA a également joué un rôle de premier plan en obtenant la collaboration de factions afghanes amies, ce qui a permis de s'assurer de leur appui et de faciliter leur participation quand il fallait employer la force.

Par ailleurs, les membres des USSF ont assumé le gros du travail de la campagne militaire, en tant que spécialistes des armes, de la tactique et de la logistique. Leur maturité, leur ouverture au contexte culturel et leur aptitude générale à établir des rapports avec les gens leur ont permis d'exploiter ces compétences avec efficacité dans le contexte d'une guerre non conventionnelle. Ces habiletés ont été exploitées pour bâtir et renforcer les forces de la résistance à partir de l'infrastructure militaire préexistante. En livrant des armes et des approvisionnements, en assurant la liaison, en donnant des conseils tactiques, en offrant une technologie et des techniques de pointe (comme des radios et des marqueurs d'objectif à laser), les USSF ont réussi à former un élément de manœuvre au sol et à le synchroniser avec l'élément de tir dans les airs. On est ainsi arrivé à détruire la capacité des talibans à rester au pouvoir en Afghanistan. Après avoir perdu le contrôle dans l'arène politique, Al-Qaïda ne pouvait plus se servir du pays comme d'un refuge sûr. On peut par conséquent affirmer que les FOS ont obtenu une victoire politique en menant une guerre non conventionnelle.

La doctrine de la guerre non conventionnelle devrait être étoffée de façon à bien intégrer toutes les tactiques, techniques et procédures qui ont été utilisées pendant l'OEF. On devrait accorder une plus grande importance au renseignement, tant celui portant sur l'ami que sur l'ennemi, dans le cadre de la guerre non conventionnelle, sans oublier la nécessité d'obtenir la plus grande part de ce renseignement par le truchement de sources HUMINT.

La préparation de la guerre non conventionnelle doit être confiée à des spécialistes compétents et expérimentés, dont les compétences sont aussi grandes dans le domaine de la politique que dans celui des opérations cinétiques. Pour qu'une campagne de guerre non conventionnelle soit efficace, ce personnel doit être sur place bien avant le début des combats sur le terrain. Quand les compétences requises pour mener une campagne de guerre non conventionnelle proviennent d'organismes gouvernementaux différents, il faut porter une attention particulière aux éléments susceptibles de provoquer des frictions entre les organisations, puis la doctrine et l'instruction doivent être unifiées.

Le présent chapitre a permis de se pencher sur bon nombre des leçons les plus évidentes portant sur la guerre non conventionnelle qui ont été apprises lors de l'OEF, mais le travail dans ce domaine est loin d'être terminé. Les campagnes de guerre non conventionnelle ne sont pas très fréquentes. On doit par conséquent tout mettre en œuvre pour tirer les leçons qu'il est possible de retenir en étudiant dans leurs moindres détails les quelques exemples concrets dont nous disposons, pour ensuite mettre à profit ces nouvelles connaissances aussi rapidement que possible en produisant de nouvelles stratégies et une nouvelle doctrine.

NOTES

1. Voir Shah M. Tarzi, « Politics of the Afghan Resistance Movement: Cleavages, Disunity, and Fragmentation », *Asian Survey*, vol. 31, n° 6 (juin 1991), p. 479–495, pour une analyse du contexte politique de la désunion afghane. Voir aussi Stephen

Tanner, *Afghanistan: A Military History from Alexander the Great to the Fall of the Taliban* (New York: Da Capo Press, 2003), pour un survol historique complet.

2. Hors de l'AN, on peut dire qu'il n'y avait pour ainsi aucune résistance organisée anti-talibane. À mesure que la campagne avançait, c'est un état de fait qui a créé une situation délicate : comment s'y prendre pour que la majorité Pachtoune soit équitablement représentée au sein de la structure politique post-talibane? Hamid Karzaï, avec l'aide des États-Unis, a ultimement été en mesure de former un modeste élément de résistance pachtoune dans le sud du pays. Cependant, toutes les pertes importantes infligées aux talibans l'ont été lors des opérations de combat de l'AN. Nous employons deux termes dans le présent document pour désigner les éléments anti-talibans. L'Alliance du Nord (AN) ne s'applique qu'à la coalition plus ou moins formelle de minorités ethniques du nord de l'Afghanistan. Le terme « résistance afghane », ou plus simplement « résistance », englobe toutes forces anti-talibanes, ce qui comprend l'AN et les éléments de la résistance mis sur pied dans les derniers temps de la campagne américaine dans le sud du pays.

3. Kenneth Katzman, *Afghanistan: Post-War Governance, Security, and U.S. Policy* (Washington, DC: Congressional Research Service, 6 novembre 2006), p. 3.

4. Stephen Biddle, *Afghanistan and the Future of Warfare: Implications for Army and Defense Policy* (Carlisle, PA: U.S. Army War College, 2002), p. 13–14.

5. *Ibid.*, 14, note 30.

6. L'auteur n'est pas arrivé à trouver un résumé concis de l'ordre de bataille des talibans ou de l'AN. Cependant, plusieurs comptes rendus des combats confirment ces données. Consulter plus particulièrement à ce sujet les discussions avec le Général Dostum *in* Gary Berntsen et Ralph Pezzullo, *Jawbreaker* (New York: Crown Publishers, 2005), p. 135 et Robin Moore, *The Hunt for Bin Laden: Task Force Dagger* (New York: Random House, 2003), p. 69–72.

7. « The Liberation of Mazar-e Sharif: 5th SF Group Conducts UW in Afghanistan », *Special Warfare*, vol. 15, n° 2 (juin 2002), p. 36.

8. Mark Anderson et Greg Barker, producteurs, « Campaign Against Terror », *Frontline*, Public Broadcasting Service, septembre 2002, audioscript accessible en ligne à l'adresse *www.pbs.org/wgbh/pages/frontline/shows/campaign* (entrevue avec Pervez Musharaf, p. 7–8), site consulté le 15 juin 2008.

9. *Ibid.*, reproduction d'entrevues avec Condoleezza Rice, Colin Powell et Vladimir Putin, p. 4–11.

10. Voir George Crile, *Charlie Wilson's War* (New York: Grove Press, 2003), pour un compte rendu profane des événements.

11. Un résumé des faits entourant l'incident Kasi est présenté *in* George Tenet, *At the Center of the Storm* (New York: Harper Perennial, 2007), p. 41–42.

12. Tenet, p. 112.

13. *Ibid.*, p. 114.

14. *Ibid.*, p. 127.

15. Voir Steve Coll, *Ghost Wars* (New York: Penguin Books, 2004), p. 501–506, pour certains des enjeux politico-militaires du possible recours aux FOS pour tuer ou capturer Oussama Ben Laden avant le 11 septembre 2001.

16. Steve Coll, « Ahmad Shah Massoud Links with CIA », *Washington Post*, 23 février 2004, site consulté le 21 mai 2008 à l'adresse *www.rawa.org/massoud_cia.htm*. Cet article est un résumé succinct de la relation entre la CIA et l'AN à la fin des années

1990. Pour un compte rendu exhaustif de l'évolution de la relation, voir Steve Coll, *Ghost Wars*.

17. Par la force des choses, le présent texte ne porte que sur la mission principale. La mission secondaire, qui devait permettre d'éliminer ou de capturer Ben Laden, avait également été confiée aux FOS. La plupart des détails concernant l'exécution de cette mission sont cependant toujours secrets, et il n'y a que peu de données qui pourraient être présentées ou analysées.

18. Tenet, p. 208 et Richard L. Kiper, Ph.D., « 'Find Those Responsible': The Beginnings of Operation Enduring Freedom », *Special Warfare*, vol. 15, n° 3 (septembre 2002), p. 4. Il vaut la peine de rappeler que la CIA est restée l'organisme directeur de fait jusqu'à la fin octobre 2001, moment de la signature d'un protocole d'entente entre le Department of Defense et la CIA, par lequel les militaires étaient investis de pouvoirs plus importants dans le cadre de la campagne (Tenet, p. 216).

19. Même s'il semble que d'autres pays avaient des FOS sur le terrain, leurs activités ne sont à peu près jamais mentionnées dans la documentation existante, et c'est pourquoi le présent chapitre met l'accent sur le rôle des FOS américaines.

20. *Field Manual n° 3–05 — Army Special Operations Forces* (Washington, DC: Department of the Army, 2006), p. 2–1.

21. Henry A. Crumpton, « Intelligence and War: Afghanistan, 2001–2002 », *in Transforming U.S. Intelligence*, édité par J. Sims et B. Gerber (Washington, DC: Georgetown University Press, 2005), p. 164. Il faut savoir que Henry « Hank » Crumpton a participé de près au plan de campagne de guerre non conventionnelle qui a été utilisé pour renverser le régime taliban, selon George Tenet, qui était à l'époque le directeur de la CIA (voir *Center of the Storm*, p. 214–217). L'article de Crumpton offre ainsi une version des faits qui est celle d'un initié.

22. Deux autres facteurs tendent à démontrer cette conclusion. D'abord, la CIA est elle-même un avatar de l'Office of Strategic Services (OSS), qui remonte à la Deuxième Guerre mondiale, qui est reconnue comme formant une FOS. Lors de la Deuxième Guerre mondiale, les ressources requises pour mener une guerre non conventionnelle étaient regroupées au sein d'une seule organisation : l'OSS aux États-Unis et la Special Operations Execution (SOE) en Grande-Bretagne. À peu près tous les spécialistes s'accordent à dire que l'OSS et la SOE sont des FOS. C'est pourquoi la distinction entre les capacités de renseignement et les capacités cinétiques nécessaires pour mener une guerre non conventionnelle, entre l'USSOCOM et la CIA, créent une démarcation inutile. Ce sont toutes des ressources dont ont besoin les FOS. Ensuite, bon nombre des agents que la CIA avait envoyés en Afghanistan étaient eux-mêmes d'anciens membres des FOS américaines traditionnelles. Parmi les sept membres de la première équipe insérée auprès de l'AN, deux avaient servi au sein de la SEAL (sea-air-land team), un autre avait fait partie des USSF et un autre encore était passé par le Corps des Marines des États-unis (USMC). Une présence aussi grande de l'entraînement des FOS atteste bien du lien étroit qui unit l'USSOCOM à la branche paramilitaire de la CIA et des tâches qu'ils ont en commun. Voir Gary C. Schroen, *First In* (New York: Presidio Press, 2005), p. 17–24.

23. Steve Coll, « Ahmad Shah Massoud Links with CIA », *Washington Post*, 23 février 2004, site consulté le 21 mai 2008 à l'adresse *www.rawa.org/massoud_cia.htm*, et Tenet, p. 207.

24. Tenet, p. 209.

25. Schroen, p. 38.

26. *Ibid.*, p. 78.

27. *Ibid.*, p. 17–24.

28. Tenet, p. 213.

29. Bob Woodward, « CIA Led Way with Cash Handouts », *Washington Post*, 18 novembre 2002, cahier A01.

30. Schroen, p. 111–112.

31. Crumpton, *Intelligence and War*, p. 171.

32. Schroen, p. 121–128.

33. *Ibid.*, p. 165–166.

34. Douglas Waller, « The CIA's Secret Army », *Time*, édition canadienne, vol. 161, n° 5 (3 février 2003), p. 18.

35. Major Vincent Paul Bramble, *Covert Action Lead — Central Intelligence Agency or Special Forces?* (Monographie inédite rédigée dans le cadre de l'Advanced Military Studies Program, U.S. Army Command and General Staff College, 2007), p. 22. L'auteur ne produit aucune citation à l'appui de cette information, hormis le fait qu'il dise avoir réalisé des entrevues au « quartier général de la CIA ». Cet ordre de grandeur quant aux effectifs paramilitaires de la CIA correspond à l'observation empirique relatant une pénurie généralisée de personnel paramilitaire de la CIA à cette époque.

36. *Field Manual n° 31–20 — Doctrine for Special Forces Operations* (Washington, DC: Department of the Army, 1990), p. 9–1 à 9–4.

37. Charles H. Briscoe et coll., *Weapon of Choice* (Fort Leavenworth, KS: Combat Studies Institute Press, 2003), p. 93.

38. Robin Moore, *The Hunt for Bin Laden: Task Force Dagger* (New York: Random House, 2003), p. 42.

39. *Ibid.*, p. 40.

40. *Ibid.*, p. 42 [c'est nous qui soulignons]. Mentionnons que la perception voulant que le conflit relève plutôt de la bataille conventionnelle ne signifiait pas que tous prévoyaient un dénouement aussi rapide que ce qui est advenu sur le terrain. De fait, on s'attendait à consacrer des mois à l'organisation de la résistance en une force de combat solidaire. Voir Kalev I. Sepp, Ph.D., « The Campaign in Transition: From Conventional to Unconventional War », *Special Warfare*, vol. 13, n° 3 (septembre 2002), p. 24.

41. Moore, p. 40–42.

42. Briscoe et coll., p. 96.

43. Moore, p. 89.

44. Schroen, p. 221–216.

45. Moore, p. 91.

46. *Ibid.*, p. 89.

47. *Ibid.*, p. 92.

48. *Ibid.*, p. 95.

49. *Ibid.*, p. 66–67.

50. *Ibid.*, p. 69–75.

51. Briscoe et coll., p. 98, et Moore, p. 80–81.

52. Mark Anderson et Greg Barker, producteurs, « Campaign Against Terror », *Frontline*, Public Broadcasting Service, septembre 2002, audioscript accessible en ligne à

l'adresse *www.pbs.org/wgbh/pages/frontline/shows/campaign*, site consulté le 15 juin 2008, p. 26–28.

53. Briscoe et coll., 154.

54. *Ibid.*, p. 154.

55. *Ibid.*, p. 154–158.

56. *Ibid.*, p. 154–158.

57. Moore, p. 214.

58. Woodward, « CIA Led Way », cahier A01.

59. Chronologie des événements adaptée de celle trouvée à l'adresse *www.pbs.org/wgbh/pages/frontline/shows/campaign/etc/cron.html*, site consulté le 15 juin 2008.

60. Biddle, *Afghanistan and the Future of Warfare*, p. 12. Biddle examine chacun de ces facteurs et soutient que les faits tendent à démontrer que la situation afghane n'était pas unique en son genre.

61. Woodward, « CIA Led Way », cahier A01.

62. *Ibid.*

63. Le concept de réduction des éléments tactiques clés aux éléments de tir et de manœuvre a été mis de l'avant par Biddle, *Afghanistan and the Future of Warfare*, p. 41–49, pour qui les combats menés lors de l'OEF sont similaires, dans leurs aspects théoriques fondamentaux, à ce qui a été observé lors de la Deuxième Guerre mondiale, des conflits israélo-arabes et de la guerre du Vietnam. Selon Biddle, la victoire remportée en Afghanistan est beaucoup plus conventionnelle que ce que l'on croit habituellement, et il attribue cette victoire à une exploitation efficace des capacités de tir et de manœuvre, plutôt qu'à une situation tout à fait particulière.

64. Cette classification est sous-entendue par Henry Crumpton dans *Intelligence and War*, p. 168–169.

65. On a accordé une grande importance à ces paiements en espèces pour ce qui était d'obtenir la collaboration des Afghans, mais dans une économie primitive comme celle de l'Afghanistan, un afflux aussi massif de dollars américains a bien sûr enclenché un cycle inflationniste, puisqu'une quantité grandissante de dollars permettait d'acquérir une quantité relativement stable de ressources. Si la campagne avait duré plus longtemps, il serait sans doute devenu de plus en plus difficile de gagner des Afghans à la cause américaine en leur versant de l'argent.

66. Crumpton, p. 168.

67. Un sachet autoclavable en plastique contenant des aliments cuisinés — chaque sachet contient une portion correspondant à un repas.

68. Schroen, p. 168, 180 et 188.

69. Biddle, *Afghanistan and the Future of Warfare*, p. 42.

70. Voir *Guerrilla Plan of Instruction* (Fort Bragg, NC: John F. Kennedy Special Warfare Center, non daté). Même si les USSF étaient certainement en mesure de dispenser une instruction plus avancée, le caractère fulgurant de la campagne a été un autre facteur important qui rendait un peu futile l'entraînement de la résistance.

71. *Special Forces Basic Tasks — Soldier's Manual and Trainer's Guide, CFM 18* (STP31-18-SM-TG) (Washington, DC: Department of the Army, 1991), p. 3–375.

72. On a dressé cette liste à partir des leçons présentées dans « Liberation of Mazar-e Sharif: 5th SF Group Conducts UW in Afghanistan », *Special Warfare*, vol. 15, n° 2 (juin 2002), p. 34–41. Cet article a été rédigé par des membres du 5th Special Forces Group qui ont participé à l'OEF.

73. Schroen, p. 148–149 et p. 152–156.
74. Moore, un exemple est fourni à la p. 111.
75. Briscoe et coll., p. 94.
76. *Field Manual n° 31–20 — Doctrine for Special Forces Operations* (Washington, DC: Department of the Army, 1990), p. 9–1 à 9 –16. Par exemple, se reporter au chapitre 9, dans lequel la progression en sept étapes d'une insurrection (une version plus étoffée des fameuses trois phases de Mao) est vue comme formant l'assise d'une campagne de guerre non conventionnelle. Veuillez prendre note que ce manuel a depuis lors été remplacé par le FM 3-05.201 — *Special Forces Unconventional Warfare Operations*, publié en avril 2003, un manuel auquel le grand public n'a pas accès. De ce fait, la version précédente du FM 31-20 est la seule source d'information accessible au grand public sur la doctrine officielle des USSF en matière de guerre non conventionnelle. Si l'auteur avait eu accès à l'édition la plus récente du manuel de campagne, certaines des conclusions énoncées dans le présent texte auraient peut-être été différentes.
77. L'incidence de l'OEF sur la doctrine de la guerre non conventionnelle est étudiée avec soin par Hy S. Rothstein, *Afghanistan and the Troubled Future of Unconventional Warfare* (Annapolis, MD: Naval Institute Press, 2006), un ouvrage que nous recommandons.
78. Sun Zi, *L'art de la guerre*, traduit en anglais et publié par James Clavell (New York: Dell, 1988), p. 15.
79. Crumpton, p. 163.
80. *Ibid.*, p. 163 et Shcroen, p. 89.
81. Crumpton, p. 163.
82. Gary Berntsen et Ralph Pezzullo, *Jawbreaker* (New York: Crown Publishers, 2005), p. 110–111.
83. Il ne faut pas entendre par là que c'était une séparation délibérée. Que ce schisme ait été le résultat des aléas de l'histoire ou soit survenu à la suite de disputes bureaucratiques est une question qui reste à éclaircir.
84. Tenet, p. 213.
85. *Ibid.*, p. 209.
86. Schroen, p. 22.
87. Tous les membres de l'équipe *Jawbreaker* étaient équipés de fusils d'assaut (AK-47), de pistolets (Browning Hi-Power) et d'équipement de vision nocturne (Schroen, p. 28), et on peut supposer qu'ils savaient se servir de ce matériel. Pour en apprendre plus sur l'instruction paramilitaire des recrues du service clandestin de la CIA, il est utile de consulter l'ouvrage de Lindsay Moran, *Blowing My Cover: My Life as a CIA Spy* (New York: G.P. Putnam's Sons, 2005), p. 59–110. Avant de suivre un cours de six mois sur le métier du renseignement, toutes les recrues du service clandestin participent à un stage d'entraînement paramilitaire du genre que suivent les FOS, qui comprend (vers 1998) un entraînement physique et un parcours du combattant, une initiation générale à la vie et à la discipline militaire, une semaine de formation en orientation terrestre, deux semaines sur les techniques de conduite défensive et offensive, une semaine d'instruction sur les explosifs et la démolition, une semaine sur la manœuvre des petites embarcations, la préparation des zones de largage et d'atterrissage et sur les opérations de ravitaillement aérien, une semaine sur les armes à feu tactiques et le maniement des armes, une semaine sur

le combat corps à corps et le secourisme, deux semaines d'entraînement au saut en parachute à ouverture automatique et deux semaines d'exercice d'entraînement en campagne sur les opérations de guérilla (dont une phase porte sur la résistance à l'interrogation et la survie en captivité).

88. « The Liberation of Mazar-e Sharif: 5th SF Group Conducts UW in Afghanistan », *Special Warfare*, vol. 15, n° 2 (juin 2002), p. 41.

89. Après son insertion, l'ODA 585 ne disposait d'aucun locuteur dari, d'où sa parfaite inefficacité durant ses deux premières semaines sur le terrain. Le détachement n'a même pas été autorisé à se rendre en première ligne, du moins jusqu'à ce qu'un interprète soit enfin déniché. Moore, p. 108.

90. Briscoe et coll., p. 57.

91. Voir Shroen, p. 198–201 et p. 212–216, et Moore, p. 91–93, pour connaître les points de vue de la CIA et des USSF au sujet de cet événement.

9

DE LA GUERRE FROIDE À L'INSURRECTION :

la préparation des chefs aux opérations dans l'environnement opérationnel contemporain

Bernd Horn

L'INSTITUTION MILITAIRE SE PRÉPARE toujours à la guerre précédente. Un simple cliché, mais en général, c'est vrai. Ainsi, n'importe quel auteur peut aisément prétendre faire preuve de clairvoyance, d'intelligence, de discernement ... à la mesure de sa perception du problème. Les militaires sont investis d'une mission sans equivoque : défendre leur pays et l'intérêt national. Cependant, c'est un défi de taille. Les institutions militaires des démocraties occidentales industrialisées font rarement partie des priorités budgétaires des gouvernements. Par conséquent, presque toutes peinent à obtenir les ressources de première nécessité.

On connaît aussi la propension des leaders militaires au conservatisme, leur conscience du risque et leur connaissance parfaite des conséquences de l'échec. Les chefs militaires de tous les niveaux sont aussi prisonniers de leur expérience. Faute de référence claire et décisive sur l'espace de combat de l'avenir, ils se fient intuitivement au modèle connu et familier et d'une efficacité éprouvée dans le passé. On s'aventure parfois dans de nouvelles expériences, mais risquer l'échec sur la base de nouveaux concepts ou de prévisions quant à l'issue d'éventuels conflits armés serait manquer de prudence. On s'y hasarde très rarement. Par conséquent, les cataclysmes ont invariablement été à l'origine de l'évolution et de la transformation militaires à grande échelle et partant, des nouvelles orientations.

De toute évidence, les armées devraient s'efforcer de prévoir et de changer le plus rapidement possible afin de s'adapter aux transformations de l'environnement de sécurité. Cependant, ce n'est pas toujours possible en raison des contraintes organisationnelles et politiques, y compris les capacités et les compétences de leadership, le perfectionnement professionnel, les ressources et les politiques gouvernementales, pour ne donner que quelques exemples.

À titre d'exemple concret, prenons l'évolution, depuis la guerre froide, de l'institution militaire canadienne dont les activités se concentrent actuellement sur l'insurrection. Elle s'est engagée dans chaque phase de son cheminement en Afghanistan avec un bagage de leçons douloureuses, ses propres membres l'accusant d'être plutôt préparés pour la dernière rotation de la mission que pour la situation qui les attendait sur le terrain. Par exemple, les premiers soldats dépêchés à Kaboul en 2004 se disaient entraînés pour un environnement et un conflit de type « Bosnie » (résultat de l'engagement canadien de longue date dans cette région). De la même façon, lors de la transition de Kaboul à la province de Kandahar en 2006, où la situation était plus instable, nos soldats se plaignaient d'être préparés à un environnement de type « Kaboul », qui ne ressemblait guère à leur nouvelle réalité.

Bref, il importe que les armées préparent leurs leaders et leurs soldats à affronter l'inconnu, ainsi que les situations ambiguës et complexes. Nous ne pouvons l'ignorer, c'est ce qui caractérise l'environnement de sécurité actuel et celui de l'avenir, de même que l'insurrection qu'ils combattent en ce moment. Il est donc important d'étudier les leçons retenues durant l'évolution de l'institution militaire canadienne afin de préparer le mieux possible son personnel aux opérations auxquelles il participe maintenant et qu'il poursuivra, surtout en ce qui a trait à la présente insurrection afghane.

Tout d'abord, il est important de comprendre la nature de la transformation qui s'est produite. Le débat politique et public sur la participation des Forces canadiennes (FC) à une mission de contre-insurrection (COIN) aussi dangereuse, et en apparence souvent ingrate, en Afghanistan, fermente toujours, tant au Canada que dans d'autres pays occidentaux. Le désir de se limiter à de « simples opérations de maintien de la paix », sur le modèle des opérations décrites au chapitre VI, comme ce fut le cas pour le déploiement de la Force des Nations Unies chargée du maintien de la paix à Chypre (UNFICYP) durant plusieurs décennies, est compréhensible. Ces opérations étaient relativement simples. Le rôle des Casques bleus consistait à faire respecter un cessez-le-feu ou un accord de paix au terme d'un combat. Leur emploi, approuvé par les deux belligérants, se situait toujours à l'intérieur de limites prescrites, soit la zone tampon séparant les deux parties précédemment en conflit. Leur environnement opérationnel était très clair. Chacun avait sa ligne fortifiée. Chaque côté était délimité par une ligne de front et tous les militaires portaient les uniformes clairement identifiables de leur pays. De plus, la totalité de la zone opérationnelle était en quarantaine et on avait rarement affaire à des civils ou à des représentants des médias. Et quand il y en avait, c'était dans des circonstances rigoureusement contrôlées, les intervenants externes étant toujours escortés. Essentiellement, on permettait aux militaires de travailler dans un isolement quasi total.

La fin de la guerre froide, normalement associée à la chute du mur de Berlin à la fin du mois de novembre 1989, a entraîné un changement important dans l'environnement de sécurité international. De nombreux États protégés qui bénéficiaient du soutien ou des subsides de l'une ou l'autre des superpuissances ont été abandonnés et sont partis à la dérive jusqu'à l'effondrement total. Le chaos créé par cet effondrement a transformé les opérations de maintien de la paix. Le conflit de la guerre froide, fondé sur un paradigme interétatique, a pris une dimension intra-étatique. Les états défaillants sont tombés dans l'anarchie et l'absence de gouvernement a été comblée par les seigneurs de la guerre, les milices paramilitaires et les organisations criminelles. Les guerres civiles et l'agitation qui ont suivi l'effondrement des États étaient incroyablement sauvages et menaçaient souvent de s'étendre au-delà de leurs frontières. En 1995, Boutros Boutros-Ghali, secrétaire général des Nations Unies écrivait : « La fin de la guerre froide a fait disparaître les contraintes qui empêchaient les conflits dans l'ancienne Union soviétique et ailleurs, si bien que toute une série de guerres, souvent à caractère religieux ou ethnique et souvent aussi marquées par une violence et une cruauté exceptionnelles, ont éclaté à l'intérieur des États nouvellement indépendants ».[1]

Le paradigme sûr, modélisé et bien connu de la guerre froide a pratiquement fondu en une nuit. Le nouvel environnement de sécurité a pris la forme de la complexité, de l'ambiguïté. Les médias omniprésents, les ennemis immoraux et les menaces incrustées dans le contexte des États défaillants et en déroute ont transformé les missions de maintien de la paix. De statiques, isolées ou conduites avec l'accord de toutes les parties, elles sont devenues exponentiellement plus dangereuses.

Un tout nouveau lexique a fait son apparition, dans lequel le terme « opérations de soutien de la paix » englobait le maintien de la paix, l'imposition de la paix et les missions de rétablissement de la paix. La nature dynamique, fluide et combative de la nouvelle architecture de sécurité a donné naissance au nouveau concept de la « guerre à trois volets » exigeant que les forces militaires mènent des opérations humanitaires, de maintien de la paix et de combat, souvent le même jour et dans un espace aussi restreint que trois pâtés de maisons. En d'autres termes, les forces militaires déployées pour le soutien de la paix devaient maîtriser de nombreuses compétences, y compris l'habileté au combat.

Mais l'évolution des opérations de soutien de la paix n'était pas achevée. L'attaque terroriste des tours jumelles du World Trade Centre le 11 septembre 2001 a déclenché le virage le plus dramatique, sinon radical, de la politique de sécurité occidentale depuis la fin de la guerre froide. En fait, le magazine d'influence « The Economist » a désigné le 11 septembre comme le « jour où le monde a basculé ». Il est la raison d'être de deux conflits majeurs en Afghanistan et en Irak. Il est aussi à l'origine de la lutte contre le terrorisme à l'échelle mondiale qui, de l'avis de certains, a suscité un extraordinaire ressentiment anti-occidental dans une grande partie du monde musulman. Qu'on le veuille ou non, les opérations de soutien de la paix traditionnelles des Nations Unies, qui sont destinées à renforcer les États défaillants ou à procurer une aide humanitaire, ne sont plus dissociables du macro-conflit qui fait rage à l'heure actuelle. La mondialisation a enclenché des avancées exponentielles dans le domaine des communications, du transfert de l'information et de la technologie. Ces changements ont alimenté les conflits de la génération suivante.

Pour résumer, bien que de nombreuses menaces soient confinées géographiquement, les réseaux terroristes internationaux (comme Al-Qaïda) représentent une menace planétaire. Leurs objectifs et leurs méthodes opérationnelles, ainsi que leur capacité d'adaptation ont modifié la nature des insurrections entre pays. Ils ont recours à des stratégies d'attaque asymétriques suivant une doctrine de propagande par l'action. Ils utilisent des tactiques de terrorisme et de guérilla afin d'atteindre leurs objectifs et ont raffiné d'autres techniques perturbatrices comme les attentats suicide à la bombe, les dispositifs explosifs de circonstance et autres attaques causant des pertes civiles massives. De plus, tel que mentionné, ils exploitent la mondialisation (les télécommunications, le financement et l'interconnectivité Internet pour des opérations d'information et le partage des leçons retenues et des techniques, tactiques et procédures).[2] La prolifération de la technologie contribue également à hausser leur capacité et la portée de leurs interventions. En résumé, ces organisations réseautées, multicouches et complexes sont capables de planifier dans les moindres détails, de synchroniser et d'exécuter des opérations, et d'en augmenter continuellement la portée.

Une réaction du genre « Et alors? » est tragique. Aucune région, aucune nation n'est immunisée. La scène internationale n'a jamais été aussi diversifiée et est maintenant peuplée d'une pléthore d'acteurs interconnectés et sans scrupules. « Nous avons affaire à un ennemi impitoyable » explique le Lieutenant-général du U.S. Marine Corps, James N. Mattis, « vous [l'armée] avez la responsabilité de les arrêter le plus loin possible de nos frontières ».[3] Selon le Major-général Robert Scales, les ennemis que nous affrontons « utilisent des tactiques, techniques et procédures (TTP) inacceptables pour les nations occidentales; ils sont organisés et réseautés; passionnés et fanatiques; engagés; implacables et sauvages ».[4] Robert Kaplan, auteur, érudit et analyste respecté, prédit : « [nous affronterons] des guerriers primitifs, fantasques, aux alliances toujours changeantes, habitués à la violence et aucunement intéressés par l'ordre civil ».[5]

De cet état de fait, certains théoriciens concluent que nous sommes entrés dans la guerre de quatrième génération (G4G). Dans ce type de conflit, l'ennemi a recours à des tactiques largement asymétriques pour atteindre son but; dans un contexte où les solutions humaines (non cinétiques) et non technologiques sont d'une importance capitale; et où les opérations intégrées (coopération et coordination entre tous les acteurs — forces interarmées [les quatre services militaires], organismes d'application de la loi, autres ministères gouvernementaux, partenaires de coalition, alliés et organismes nationaux et internationaux) représentent notre meilleure chance de succès.

Dans l'environnement de sécurité actuel, les forces militaires ont besoin de soldats, de dirigeants et de commandants dotés de jugement, de sagesse et de compétences de raisonnement — et non seulement de connaissances spécialisées. Il apparaît de plus en plus que nous ne sommes peu disposés ou incapables de mettre en application notre supériorité technologique. « Vous devrez affronter des adversaires qui ne jouent pas selon les règles », fait observer Michael Ignatieff, politicologue de la Harvard University « et vous devrez combattre des personnes qui sont infiniment plus prêtes que vous à tout risquer, y compris leur vie. Cela fait partie des défis qui vous attendent ».[6]

L'environnement de sécurité opérationnel est chaotique, volatil, incertain, et en perpétuel changement. La nature ambiguë et les conditions asymétriques de la plupart des conflits actuels exigent que les militaires puissent rapidement déployer des forces capables de mettre en application des ensembles de compétences spécifiques dans les circonstances et les environnements les plus diversifiés, afin d'accomplir des missions difficiles en temps de paix, de conflit ou de guerre. Bien que l'équipement de haute qualité puisse apporter une supériorité technologique, les forces en déploiement doivent être composées de leaders et de soldats adaptatifs et agiles. En fin de compte, il incombe à toutes les institutions militaires de préparer leur personnel aux opérations complexes, comme les insurrections, auxquelles elles font face maintenant.

Dans le présent chapitre, nous examinons les concepts théoriques qui servent à concevoir les opérations dans l'environnement de sécurité actuel. Nous abordons également les leçons de leadership qui permettront de préparer les dirigeants à l'environnement opérationnel actuel dans le contexte de l'engagement canadien de COIN en Afghanistan. Il est intéressant de rappeler que le désir du gouvernement canadien de soutenir les efforts des Nations Unies dans la reconstruction d'un État défaillant est à l'origine de cet engagement.[7]

LE CONCEPT DE LA GUERRE À TROIS VOLETS

Tel que mentionné plus haut, l'espoir naïf qu'entretiennent certains politiciens et le public de participer à de simples « missions de maintien de la paix » est compréhensible. Un tel mandat permet aux armées de minimiser l'entraînement et les besoins en équipement de leur personnel et comporte beaucoup moins de dangers. Historiquement, dans un tel contexte, les pertes ont toujours été minimes et normalement attribuables à des accidents de parcours ou à l'explosion de mines. Mais le monde a changé, et les missions de simple maintien de la paix appartiennent au passé.

L'après-guerre froide a été le point de départ d'une ère de transformation. Le concept de la « guerre à trois volets », qui englobe les opérations militaires autres que la guerre liées à un conflit de moyenne intensité, a d'abord été proposé au début des années 1990 par le Général Charles C. Krulak, ancien commandant du United States Marine Corps (USMC). Partant du principe que la plupart des conflits de l'avenir auraient lieu dans les villes en raison de l'urbanisation, son questionnement était avant tout relié à l'évolution des opérations de soutien de la paix. Il explique que dans ce type de guerre, les soldats devront, au cours d'une même journée et dans un espace de trois pâtés de maisons, faire face à toutes les formes de défis tactiques, soit fournir de l'aide humanitaire, maintenir la paix et combattre l'ennemi ».[8]

L'ampleur de ce paradigme repose sur la prémisse, certains diront la réalité, que le personnel militaire doit être capable d'évoluer dans un espace de combat ambigu, chaotique, volatil et en perpétuel changement. De plus, les militaires doivent adopter un modèle de pensée non traditionnel, non occidental, et se mettre dans la peau de l'ennemi. Aussi important, les leaders et les suiveurs doivent aussi être capables de se glisser sans qu'il n'y paraisse d'une phase à l'autre du spectre des conflits — essentiellement, ils doivent pouvoir mener une guerre à trois volets. En termes simples, le personnel militaire doit être apte à migrer des opérations humanitaires, tâches de soutien de la paix ou de stabilité au combat de haute intensité de niveau moyen, possiblement le même jour et dans la même zone d'opérations.[9]

La guerre de quatrième génération

Signe des temps, le concept de la guerre à trois volets s'est imposé dans les années 1990. Les États défaillants et les États en déroute, tels la Somalie et l'ancienne Yougoslavie, ont accaparé les efforts des Nations Unies et des pays occidentaux. D'autre part, le Lieutenant-colonel William S. Lind proposait déjà en octobre 1989 le concept de la guerre de quatrième génération (G4G) dans un article publié dans la *Marine Corps Gazette*. Il tentait alors de projeter les tendances des guerres de l'avenir. D'abord éclipsée par d'autres théoriciens, son idée a nettement prédominé après les événements du 11 septembre.[10]

Selon Lind, la guerre de première génération était caractérisée par la linéarité et l'ordre; elle reflétait le monopole des États dans l'espace de combat et l'utilisation de la guerre à des fins politiques. Concept dérivé de la Première Guerre mondiale, guidé par le mantra « l'artillerie conquiert et l'infanterie occupe », la guerre de deuxième génération (G2G) était caractérisée par la puissance de feu et les mouvements. Le concept de la guerre de troisième génération (G3G), également ébauché au cours de la Première Guerre mondiale par les unités de choc allemandes, est perfectionné et prédomine tout au long de la Deuxième Guerre mondiale, tel qu'illustré par la Blitzkrieg, ou tactique de guerre-éclair, que pratiquent les Allemands. Pour simplifier, la G3G était une guerre de manœuvre.

La guerre de quatrième génération (G4G) s'inscrit comme une approche non-linéaire, asymétrique, de la guerre où l'agilité, la décentralisation et l'initiative sont des facteurs de succès. Dans la G4G, les antagonistes emploient généralement des tactiques indirectes et asymétriques, tout en déployant l'entière panoplie de capacités, militaires et autres, afin d'éroder le pouvoir, l'influence et la détermination de l'adversaire. Essentiellement, « la G4G cherche à convaincre les décideurs et leaders politiques de l'ennemi que leurs objectifs stratégiques sont inaccessibles ou d'un coût démesuré par rapport aux avantages perceptibles. Au cœur du débat : le précepte fondamental selon lequel la volonté politique supérieure, utilisée à bon escient, peut vaincre les plus grandes puissances économiques et militaires ».[11] Ce type de conflit touche toutes les facettes des activités sociétales et humaines — politiques, militaires, économiques et sociales. En bref, la G4G vise à influencer et à affecter la population non-militaire d'une nation. Il s'agit, comme l'affirme le Général Sir Rupert Smith, « d'une guerre entre peuples ».[12] La G4G tente de provoquer l'effondrement interne de l'ennemi plutôt que sa destruction physique.

De plus, la G4G s'écarte radicalement du modèle traditionnel dans lequel la conduite de la guerre était l'apanage des États et elle a pris naissance dans les conditions totalement différentes de l'après-guerre froide. L'enjeu de la guerre n'est pas la conquête ni le territoire. L'ennemi n'est pas l'État-nation et son peuple. Dans la G4G, des acteurs non étatiques tels que le Hamas, Al-Qaïda et les Talibans sont devenus de redoutables adversaires, capables de frapper en dehors de leurs zones d'opérations traditionnelles.

Le terme « combattants » revêt dans le contexte de la G4G un sens bien différent de celui que lui donnent les lois traditionnelles du conflit armé. La G4G est non-linéaire, largement dispersée et indéfinie. On ne lui associe que peu ou pas de champs de bataille définissables et il est souvent difficile de faire la différence entre l'identité « civile » ou « militaire » de ses protagonistes.[13]

Le concept de la G4G n'est pas à l'abri de toute critique. D'après certains analystes, il est trop vague et enveloppant, au point d'inclure toutes choses, et en définitive, il n'a pas beaucoup de valeur.[14] Il fournit néanmoins une assise permettant de jeter la lumière sur les tactiques asymétriques et l'évolution de la conduite de la guerre. Pris dans un contexte de conflits persistants, il délimite les contours des intentions et des tactiques, techniques et procédures (TTP) ennemies et permet de modéliser la préparation de nos propres forces.

Asymétrie

Nous avons fait allusion précédemment à la nature asymétrique du conflit actuel et à son effet dramatique sur nos méthodes de combat. « L'asymétrie, selon le stratège Steven Metz, est le fait d'agir, de s'organiser et de penser d'une façon différente de celle de ses adversaires afin de maximiser ses propres avantages, d'exploiter les faiblesses des autres, de prendre l'initiative ou de jouir d'une plus grande liberté d'action […]. Elle peut comporter différentes méthodes, technologies, valeurs, organisations, perspectives temporelles ou une combinaison de ces éléments [...] et inclure des facteurs psychologiques et physiques ».[15] En termes de doctrine, la menace asymétrique est un concept « utilisé pour décrire les actions destinées à contrer ou à saper les forces de l'adversaire en exploitant ses faiblesses à l'aide de méthodes qui sont très différentes du mode de fonctionnement habituel de l'adversaire ».[16]

Fondamentalement, l'asymétrie ne vise pas à remporter la victoire sur un champ de bataille, mais à dérouter, à déconcentrer, à déconcerter et, en définitive, à épuiser un adversaire qui devrait en principe être le plus fort. Comme l'explique le stratège Colin Gray : « Il est difficile de réagir avec modération et discernement. De par leur nature, les menaces asymétriques sont susceptibles de poser un dilemme aux victimes en ce qui concerne le genre de mesures qu'elles devraient prendre. Les représailles militaires sont généralement trop dévastatrices, sinon totalement inappropriées, mais vouloir réagir sur le plan politique avec précision et pondération peut donner lieu à un processus interminable qui bloque toute action réelle ».[17]

Gray signale aussi que les menaces asymétriques diminuent la crédibilité des menaces coercitives et que celles-ci posent même des problèmes au moment d'entrer en guerre, comme l'ont montré récemment la guerre contre le terrorisme et l'absence de soutien international à la guerre contre l'Irak en 2003. Les menaces asymétriques rendent également de plus en plus difficile la réalisation des objectifs opérationnels et tactiques. Comme l'écrit Gray : « Qu'est-ce que la réussite? » Est-ce d'avoir amené Oussama Ben Laden à se cacher ailleurs ou d'avoir évincé Saddam Hussein? Par ailleurs, il ne suffit pas que les réactions « aux menaces asymétriques soient efficaces; elles doivent aussi être politiquement et moralement tolérables ».[18]

Là réside la difficulté pour les praticiens. Les commandants devront travailler dans des milieux ambigus et incertains, et s'y sentir à l'aise. Il ne leur sera pas toujours loisible de recourir à la force et il faudra qu'ils s'adaptent physiquement et théoriquement aux changements dans la zone opérationnelle immédiate et tout comme dans l'environnement de sécurité international. Étant donnée l'incertitude qui régnera, il faudra aussi que les individus, les unités et les formations soient rapides, flexibles et capables de réagir à des situations imprévues et inattendues.

La complexité sera également due au type d'ennemi engendré par la guerre asymétrique et à l'évolution de la façon dont les Occidentaux font la guerre. La résilience des adversaires augmentera à mesure que s'accroîtra la supériorité militaire. Il est probable que l'ennemi s'appuiera de plus en plus sur des réseaux complexes regroupant de petites organisations composées d'un petit nombre de membres éparpillés qui communiqueront entre eux, coordonneront et mèneront des campagnes au moyen d'un inter-réseautage. Comme ces groupes seront variés, endurants, redondants et tentaculaires, il sera difficile de recourir à la force. Ils n'auront probablement pas de commandement centralisé qui puisse constituer une cible. La question se pose donc : Comment vaincre un pareil ennemi?[19]

LEÇONS RETENUES DE LEADERSHIP

Ayant posé les paramètres théoriques d'opération dans l'environnement d'aujourd'hui, en particulier dans un contexte d'insurrection, il convient maintenant d'examiner le déroulement réel des opérations et les difficultés auxquelles font face les commandants et les leaders. Les leçons apprises sont nombreuses, et le présent chapitre ne fait qu'effleurer le sujet. Plusieurs sont imbriquées et s'appuient les unes sur les autres; ce qui suit nous mène à cette évidence. Assurément, les opérations canadiennes en Afghanistan ont mis en lumière quelques problèmes de taille qui ont imposé un changement dans les méthodes d'éducation et d'instruction du personnel militaire. Dans la plupart des cas, la mise en œuvre de ces changements a été couronnée de succès (qu'ils soient nécessaires, circonstanciels ou intentionnels est une autre question).

Se préparer à la complexité

Affirmer que l'espace de combat moderne est complexe serait un formidable euphémisme. La nature de la G4G et l'approche asymétrique de l'ennemi qui la caractérise posent des défis aux proportions herculéennes dans un univers d'opérations en terre étrangère où règnent des conditions impitoyables, inhospitalières et l'inconnu, et où se côtoient une pléiade d'acteurs (membres de la coalition, alliés, pays hôtes, autres ministères gouvernementaux, organismes nationaux et internationaux, organismes non gouvernementaux [ONG]). Le Major-général Scales fait observer à ce sujet que : La victoire s'apparentera plus à la conquête psychoculturelle qu'à la prépondérance géographique. » Il explique :

> La compréhension et l'empathie deviendront des armes plus importantes en temps de guerre. La conduite du soldat sera aussi importante que son habileté à manier les armes. La sensibilisation aux autres cultures et l'aptitude à tisser des liens de confiance protégeront nos troupes plus efficacement que les gilets pare-balles. Les leaders seront davantage à l'affût de la sagesse et de l'agilité mentale, mais réfléchie, qu'à la recherche d'habiletés sur le plan des opérations et de la planification comme outils d'intellect essentiels pour garantir les victoires futures.[20]

Sa réflexion trouve de nombreux échos. « L'absolue complexité de l'espace de combat moderne », reconnaît le Lieutenant-colonel Shane Schreiber, ancien officier des opérations de la brigade multinationale de l'OTAN en Afghanistan, « exige une agilité et une adaptabilité mentales. L'adaptabilité intellectuelle, et non la technologie nouvelle, la surveillance ou les armes, sera le meilleur atout du soldat canadien ».[21]

Dans l'environnement d'aujourd'hui, l'emphase s'est déplacée de l'accent traditionnel sur les procédures internes d'état-major vers une compétence à composer avec l'engrenage chaotique et imprévisible de la G4G. Par conséquent, on doit désormais se concentrer sur l'ennemi et sur les exigences situationnelles. L'initiative individuelle du leader et du soldat prime sur l'adhérence stricte et aveugle aux IPO et l'obéissance. Il est devenu beaucoup plus important de comprendre l'intention du commandant et d'y répondre que de suivre des ordres détaillés spécifiques.[22] Essentiellement, l'environnement de notre époque est passé :

DES :	AUX :
menaces prévisibles/symétriques	menaces mues par la surprise, l'incertitude et l'asymétrie
menaces à cible unique	défis multiples et complexes, tant au pays qu'à l'étranger
menaces intra-étatique	réseaux décentralisés terroristes et criminels, et ennemis non étatiques
interventions post-crise	actes préventifs visant à contrecarrer, à désamorcer et à dissoudre les menaces
modèles uniques de dissuasion	gestes de dissuasion sur mesure visant les États voyous, les terroristes et les pairs compétiteurs

La nature non discriminatoire et asymétrique intrinsèque de la G4G requiert une agilité mentale et la conduite rapide et flexible des opérations, de même que la décentralisation et l'appui sur les initiatives prises aux échelons tactiques les moins élevés. Il s'agit la plupart du temps d'une guerre livrée par de petites unités. À cet égard, les commandants subordonnés doivent être libres de mener les opérations au gré des circonstances. Une culture d'adaptabilité et d'agilité mentale est indispensable. Mais le commandant opérationnel doit s'assurer que le recours aux forces tactiques permettra d'atteindre des objectifs bien définis ou conformes au plan global de la campagne opérationnelle.

Le contexte opérationnel vient ajouter à la complexité de la situation. D'abord, le commandant dispose rarement d'outils habilitateurs en nombre suffisant (p. ex., aviation, appui aérien rapproché, systèmes de surveillance, artillerie, opérations psychologiques) et ceux qui se trouvent dans le théâtre des opérations appartiennent aux États et, à ce titre, sont contrôlés par leurs pays donateurs respectifs. En définitive, le commandant n'a pas d'autorité sur la priorité d'utilisation et les restrictions nationales. De plus, le commandant ne maîtrise tout simplement pas l'espace de combat dans cet environnement d'une extrême complexité. Par exemple, un commandant peut devoir composer avec une trentaine d'incidents d'importance par jour, dont un impliquant des pertes massives; un tir catastrophique déclenché par des forces amies quelques minutes avant l'heure « H » lors d'une offensive de brigade; et cinq opérations spéciales différentes, chacune menée par les forces d'opérations spéciales (FOS) d'un pays différent, chacune opérant dans la même zone d'opérations (ZO) et relevant de chaînes de commandement différentes. Ces problèmes sont exacerbés par les restrictions nationales sur l'utilisation de la force, par le nombre insuffisant d'outils habilitateurs que le commandant ne possède pas tous; par les agendas cachés au niveau international; les limites du pays hôte, sans oublier les facteurs culturels et politiques ou les impératifs nationaux, pour ne donner que quelques exemples. À tout cela s'ajoute, dans cet environnement opérationnel extrêmement complexe, la difficulté de distinguer l'ami de l'adversaire et la poursuite d'opérations militaires sur un terrain où règnent les conditions les plus difficiles qu'il soit possible d'imaginer.

Et encore faut-il composer avec l'immense défi que représentent les restrictions et limites découlant du contexte de coalition qui sont imposées au commandant opérationnel. Tel que mentionné brièvement ci-dessus, les leaders doivent composer avec des intérêts divers, les intérêts centrés sur la nation et, dans certains cas, des intérêts nationaux divergents dans la poursuite de la mission, toutes questions devant transiter par des chaînes de commandement complexes. Dans une perspective de politique et de développement, cela signifie également que les acteurs doivent obtenir des directives politiques et des autorisations avant d'agir. Les limites nationales relatives à l'emploi de la force s'ajoutent à ces restrictions. Par exemple, un officier d'état-major révélait que durant l'opération *Medusa*, dans la province de Kandahar en septembre 2006, le commandant de la brigade canadienne recevait toutes les heures des appels du commandant de la FIAS et des officiers supérieurs de son état-major lui rappelant que « cette opération était la plus importante jamais entreprise par l'OTAN jusqu'ici, que l'avenir de l'OTAN en dépendait, que le sort de l'Afghanistan reposait sur cette operation ». Il ajoutait : « La pression psychologique exercée sur le commandant était énorme » et l'urgence « de finir le travail le plus tôt possible » se répercutait sur les commandants subordonnés. D'autre part, au niveau national, les mêmes commandants étaient soumis à « beaucoup de pressions » et on leur disait clairement : « Vous ne pouvez pas subir d'autres pertes, la situation politique est précaire ».[23] C'était la quadrature du cercle en quelque sorte.

À cette complexité s'ajoute le fait étonnant que les pays fournisseurs de forces armées ne sont pas tous disposés à laisser combattre leurs armées. Ce facteur de coalition se complique encore en présence de différences culturelles et organisationnelles, sans compter les egos des personnalités, en particulier ceux des commandants. Bâtir des relations interpersonnelles revêt alors une importance primordiale. Souvent, dans cet environnement du pays hôte et des forces de coalition, on accomplit plus par la diplomatie, la confiance sur le plan individuel, la réciprocité et les contacts personnels qu'en essayant de faire valoir son autorité, son poste ou son grade.

En définitive, l'un des défis les plus ardus consiste peut-être à mettre en équilibre la réalité sur le terrain et les attentes nationales. Les programmes nationaux et les attentes liées aux progrès et aux bonnes nouvelles (p. ex. : la reconstruction pour un monde meilleur en Afghanistan) afin de justifier les pertes humaines et matérielles des Canadiens sont souvent contraires à la réalité sur le terrain. Les leaders subissent des pressions les incitant à « aller de l'avant » tout en luttant contre les dangers réels des menaces de l'environnement qui ne leur laissent pas les coudées franches pour agir et où ils ne trouvent pas la collaboration nécessaire pour mener à bien les programmes de développement et de reconstruction. De plus, les limites des ressources de la coalition et les restrictions imposées par les pays hôtes sur leurs forces participantes peuvent placer un fardeau démesuré sur les pays les mieux en mesure d'assurer la sécurité dans leurs zones de responsabilité.

Le terrain dans toute sa réalité accroît encore la complexité de l'espace de combat moderne, surtout lors d'opérations en milieux urbains. Les cibles, petites et éparses, surtout des gens, sont situées dans un environnement désordonné, densément peuplé et dissimulé. La conception des villes, avec l'abondance et la variété de leurs infrastructures, limite et restreint l'utilisation des moyens militaires actuels : furtivité, mobilité, exigences opérationnelles (commandement, contrôle, communications et informatique), ISTAR (renseignement, surveillance, acquisition d'objectifs et reconnaissance), GPS (système mondial de positionnement), navigation et désignation de cibles. De plus, livrer combat dans les zones bâties ne fait pas partie des compétences de base de la plupart des armées. L'incapacité des soldats et des commandants de penser en trois dimensions par manque de formation et d'exercice ajoute encore à la problématique.

Ces défis et ces limites produisent un effet de nivellement. Les villes servent également de couverture à l'ennemi. Comme on l'a vu, les centres urbains neutralisent la technologie, surtout les armes à longue portée. Les soldats doivent donc mener des combats rapprochés, un processus normalement très lent, qui coûte cher en ressources humaines et matérielles. Qui plus est, la densité et le fouillis font que les villes se prêtent idéalement au camouflage, à la dissimulation, à la déception et aux attaques surprises. Les plus récents conflits en Irak et en Afghanistan ont démontré que l'adversaire pouvait cacher des soldats, du matériel ou des armes dans des églises, des centres communautaires, des hôpitaux et des écoles, et que des soldats habillés en civils pouvaient se mêler à la population. Dans un compte rendu après action officieux, l'ennemi est décrit de la manière suivante : « Astucieux, flexibles. Ils se servent de tous les moyens dont ils disposent. Ils ont transporté des munitions dans des camions civils, pointé des armes sur leurs compatriotes et se sont fait passer pour des médecins soignant des enfants asthmatiques. Ils font semblant de se rendre et ouvrent ensuite le feu ».[24] Pas étonnant, préviennent deux stratèges chinois : « À la guerre, on ne reculera devant aucuns moyens [à l'avenir], et il n'existe ni territoire, ni méthode qui ne puissent être utilisés concurremment ».[25]

Ce déplacement vers la « guerre sans restriction et asymétrique » adoptée par certains antagonistes en augmente considérablement la complexité pour les commandants et leurs soldats. Malgré le caractère odieux de la cause du conflit et la pourriture morale des organisations qui combattent, les forces militaires des démocraties occidentales industrialisées sont censées respecter les valeurs et principes fondamentaux de leur société. Les combats seront de plus en plus complexes dans les années à venir en raison de pressions politiques et de contraintes telles que l'intolérance de nos sociétés pour les pertes de soldats amis, le cadre temporel des opérations et les dommages collatéraux, ou la demande croissante d'engagements de précision.[26] Lorsque le recours à la force sera autorisé, les mesures prises devront comporter le minimum de risques pour qu'il y ait le moins de victimes et de dommages collatéraux possibles, mais en même temps, elles devront être exécutées le plus rapidement possible.

Cela a des conséquences paradoxales. Un dilemme se pose souvent aux commandants. S'ils gagnent parce qu'ils ont utilisé une force suffisante, on risque de leur reprocher d'avoir causé des pertes humaines et matérielles excessives. Sinon, on leur reprochera de ne pas avoir employé une force suffisante et d'avoir ainsi risqué de perdre, ou encore d'avoir utilisé une stratégie et/ou mené une campagne avortée et inefficace (au cours des premières phases des campagnes au Kosovo en 1999, en Afghanistan en 2001 et en Irak en 2003, par exemple).

Les adversaires sont conscients de ce paradoxe, qui leur donne une autre raison d'utiliser les centres urbains : la couverture politique. Comme un conflit prolongé en milieu urbain risque de faire un grand nombre de victimes civiles, des dommages collatéraux et de provoquer une crise humanitaire, ce qui sera constamment couvert par les médias, ce type de guerre peut avoir un effet de nivellement sur le champ de bataille, voire donner un certain avantage à l'ennemi. Les contraintes politiques qui en résultent (c.-à-d. des règles d'engagement restrictives) et la nécessité d'investir beaucoup de ressources dans l'aide humanitaire et les affaires publiques afin de compenser la négativité de la couverture médiatique peuvent détourner les forces armées de leur mission principale et miner leur efficacité. Cela pourrait aussi prolonger le conflit, ce que le grand public, qui n'est guère tolérant, risque de juger inacceptable.

De par leur fonction, les commandants et les leaders à tous les niveaux doivent se familiariser davantage avec les autres méthodologies et ressources disponibles. L'effet de lever des forces d'opérations spéciales (FOS) grâce à leur précision cinétique chirurgicale, par exemple, peut être mis à profit pour s'emparer de cibles de grande valeur en contexte urbain afin d'éviter des dommages collatéraux. On doit aussi accorder plus de crédibilité, d'importance et de confiance aux réseaux et sources du renseignement humain (HUMINT), et en favoriser l'établissement et le perfectionnement. Il faut admettre que la question de l'HUMINT suscite toujours une réaction émotionnelle, car il repose sur des gens — sur des humains qui, pour une foule de raisons, décident d'offrir leur aide. Néanmoins, l'HUMINT est sans contredit l'un des plus importants facteurs de réussite, car il fait appel à l'individu qui connaît sa communauté et la société dans laquelle il vit, de même que ses codes culturels, et où il a sa place. Plus important encore, il sait qui sont les « vilains ». Sans être à toute épreuve, l'HUMINT est un bon outil de recherche du renseignement. Par conséquent, l'excès de confiance envers les moyens technologiques ne doit pas priver le personnel militaire de l'apport vital de l'HUMINT dans un contexte de COIN.

En fin de compte, la complexité de l'espace de combat actuel et futur exigera que les militaires fassent preuve d'agilité et d'adaptabilité mentales. L'aptitude intellectuelle du leader et du soldat moyen à s'adapter, à utiliser toutes les ressources disponibles et à poser les bons gestes deviendra l'arme la plus précieuse de l'institution militaire. Les valeurs intériorisées, la détermination et les habiletés intellectuelles seront les seuls attributs à la hauteur du mandat.[27] La priorité ne sera ni la nouvelle technologie ni les systèmes de surveillance ni les armes. « Nous ne devons jamais oublier que la guerre est un phénomène de dimension humaine », rappelle le Général Peter Schoomaker, ancien chef de la United States Army. Il explique :

> Vaincre nos ennemis requiert une compréhension commune de la menace et un consensus stratégique. Un effort concerté et l'utilisation de tous les éléments du pouvoir — diplomatiques, informationnels, militaires et économiques. Et finalement, une volonté nationale de recruter, de former, d'équiper et de soutenir ceux qui portent l'uniforme et leurs familles, c'est une question de priorité et non de capacité financière.[28]

Traiter avec le pays hôte

La collaboration avec les forces et les décideurs des pays hôtes constitue une autre leçon de leadership importante. T.E. Lawrence, mieux connu sous le nom de Lawrence d'Arabie, célèbre praticien de la guerre non conventionnelle au Moyen-Orient durant la Première Guerre mondiale, écrivait : « Il vaut mieux leur laisser faire les choses de façon imparfaite que de les faire vous-même parfaitement bien. Il s'agit de leur pays, de leurs usages, et nous n'avons que peu de temps. » Étonnamment, ce sage conseil est souvent ignoré.

Les commandants militaires abordent invariablement un problème avec conviction, confiance et des idées préconçues sur la façon dont ils entendent le résoudre. Ils ne connaissent l'expérience et les conseils des autres et ne s'y fient qu'en de rares occasions. On constate souvent qu'il en résulte des erreurs ou des retards dans l'obtention des effets escomptés. « Des individus ont été retournés chez eux », observe le Lieutenant-général Andrew Leslie, ancien commandant adjoint de la Force internationale d'assistance à la sécurité (FIAS). Leur immaturité et leur incapacité dans le domaine de l'innovation conceptuelle les rendaient inefficaces, poursuit-il ; ils tentaient de transposer une expérience souvent très limitée, acquise dans un autre univers, dans un nouveau lieu en l'utilisant de la même manière. Cela ne fonctionnait pas. Il explique : Chaque mission est unique et comporte ses propres catalyseurs, ses conditions culturelles, ses nuances locales et des relations particulières avec les autres alliés ou les autres combattants. Il souligne également qu'au problème afghan, il faut apporter une solution afghane ».[29]

En dernière analyse, les commandants doivent obtenir l'engagement des forces du pays hôte et de leurs décideurs. Aussi difficile soit-il de travailler avec des forces et du personnel moins compétents, moins bien formés et moins bien équipés — il faut comprendre qu'il n'y a aucune autre option. Pour bâtir une capacité qui permettra éventuellement au pays hôte d'assumer la responsabilité de ses propres affaires, il faut aussi construire les systèmes de gouvernance et de sécurité. Cela n'est réalisable qu'au prix d'efforts diligents et en bâtissant la capacité du pays hôte à tous les niveaux. De plus, le succès à long terme n'est atteignable que si la solution fait partie intégrante de la culture, de la société et des normes du pays hôte. La transplantation d'idées et de structures, aussi bien intentionnée soit-elle, est la plupart du temps inefficace.

La portée du conflit : s'y préparer et y préparer les autres

La portée du conflit réel fait l'objet d'une importante leçon de leadership qui n'est pas toujours comprise assez rapidement au début d'un nouveau déploiement. Par exemple, le raisonnement « par défaut », ou plus exactement, l'attitude, consistait souvent à considérer le plus récent déploiement comme « une simple opération de maintien de la paix ou une mission de soutien de la paix parmi tant d'autres ». Cette logique fait abstraction de la nature des opérations d'aujourd'hui. Tel que mentionné plus haut, on peut démontrer que la notion du « simple maintien de la paix » n'existe plus. Les opérations des Nations-Unies dans les Balkans, en Somalie, au Rwanda et en Afghanistan, pour n'en citer que quelques-unes, sont des exemples tragiques d'un manque de préparation.

De par leur fonction, les leaders doivent s'assurer de créer, de nourrir et de maintenir la mentalité de combat appropriée au sein de leur commandement en cultivant la compréhension de l'envergure de la mission et de la part de responsabilité qui incombe au soldat dans le succès de l'opération. Ils doivent renforcer le concept de la guerre à trois volets et de la G4G. Et, considération importante, cela signifie que chacun, sans égard à son grade, à son métier ou à sa fonction, est un guerrier en puissance et doit faire en sorte de posséder les connaissances et les compétences nécessaires pour assumer ce rôle.

Les commandants sur le terrain se plaignent souvent que les effectifs, dans le théâtre d'opérations ou au pays, ne saisissent pas tous la portée exacte des conflits dans lesquels ils sont engagés, que ce soit en Somalie ou en Afghanistan par exemple. Cette lenteur des individus à assimiler la réalité des théâtres d'opérations se traduit souvent par des pertes inutiles, jusqu'à ce que la dure leçon soit enfin retenue. Un officier de la SOF britannique possédant une vaste expérience du nouvel environnement affirmait : « La hâte avec laquelle l'insurgé décide de nous tuer doit être immédiatement perçue. Il n'y a pas de place pour l'erreur. Il ajoute : C'est tuer ou être tué. Dans cette guerre, l'ennemi est prêt à mourir pour atteindre ses objectifs. Il est difficile de déjouer son plan, et l'approche de l'insurgé nous a forcés à dévier de notre doctrine et à inventer de nouvelles façons d'agir ».[30] C'est ce qui a incité le sous-officier supérieur du renseignement chargé de débriefer les nouveaux arrivants en Afghanistan en 2006 à terminer ainsi son exposé de 40 minutes : « Maintenant, il est important de garder à l'esprit, qu'ils (les Talibans) essaient VRAIMENT de vous tuer. »

La préparation adéquate des leaders et des subordonnés pour leurs théâtres d'opérations respectifs et leur compréhension de la portée globale du conflit sont d'une importance critique. En termes concrets, une telle préparation sauvera des vies puisque les individus adopteront la bonne attitude et le bon état d'esprit pour assurer la protection de la force. Une telle préparation est tout aussi importante parce qu'elle permettra aux leaders et à leurs subordonnés de se forger une carapace qui leur permettra de prendre des décisions difficiles en situation de crise et de faire face aux événements violents, traumatisants et stressants qu'ils auront à vivre. « La résilience doit être développée au même titre que la condition physique », conseille le sergent-major d'un régiment, « parce que vous devrez surmonter de graves difficultés et prendre de pénibles décisions ».[31]

Faire face aux pertes de vies humaines

Les pertes de vies sont très mal acceptées par certains publics. Cela fait partie de notre réalité. Plus une société considère que les enjeux d'une mission hors du pays lui sont étrangers, plus elle réfute l'idée de verser son sang et son argent pour tendre la main à un pays défaillant ou en déroute. Les belligérants et les combattants ont bien compris cette dynamique et utilisent cette perception comme outil majeur pour déstabiliser les missions des Nations Unies et de l'OTAN et les coalitions qui y sont favorables. Les tactiques asymétriques renforcent leur pouvoir de semer le désordre dans les pays participants. Nos opposants sont conscients que les pertes de vies ont un impact énorme sur le plan national. La mort des leurs dans des régions éloignées, pour des raisons qu'elles ne comprennent pas toujours bien, érode le soutien des populations aux opérations.

À ce titre, des pertes de vie sont inévitables face à certains ennemis déterminés puisqu'ils cherchent à influencer les événements et à ébranler les gouvernements et leurs bases de soutien. L'effet dans le théâtre des opérations est saisissant. « Le plus grand choc », révèle le Lieutenant-colonel Omer Lavoie, commandant d'un groupement tactique en Afghanistan, « c'est que vous perdrez des effectifs et que vous perdez des effectifs ». Il poursuit :

> C'est tout un choc, et comme leader, vous devez mettre les choses en perspective. Tout de même, c'est

un problème moral énorme. Les soldats voient leurs amis, leurs compagnons et leurs collègues morts sur le terrain. Ils ne voient pas les 200 ennemis morts. Les troupes souffrent, c'est certain. Je ne sais pas vraiment comment on pourrait reproduire une telle scène pendant l'entraînement. Je veux dire, même si nous avons sûrement discuté de ces choses durant l'instruction préparatoire à Wainwright et ailleurs. Vous pouvez blâmer vos TTP pour les pertes, mais vous ne serez jamais inoculés contre la vision de ce champ de bataille réel où 37 soldats gisent au sol, tous blessés, tous aux prises avec la souffrance, l'agonie, ayant tous besoin de soins, aux côtés des autres qui sont morts. Et ça ne devient jamais plus facile avec le temps. Je pense qu'on aura beau perfectionner les TTP — procédures et compagnie, et élaborer des IPO plus efficaces, jamais ce ne sera plus facile psychologiquement, c'est certain.[32]

« On peut en diminuer le nombre [de pertes de vies], mais on ne sera jamais capable de les réduire à néant » déclare le Brigader-général David Fraser « Vous avez besoin de commandants dotés d'une volonté de fer pour obtenir des résultats ».[33]

En définitive, les leaders eux-mêmes doivent se ressaisir et aider leurs subordonnés témoins des pertes et de la mort au combat à traverser cette épreuve. C'est le choc ultime et le défi psychologique le plus grand que doivent affronter tous les participants en Afghanistan. Malgré le fait que tous savaient qu'il y aurait des pertes et des morts dans le théâtre des opérations, et que tous aient vu des cérémonies d'adieu à la télévision avant le déploiement, la presque totalité d'entre eux ne s'attendaient pas à ce que ce genre d'événements se produise. Les leaders à tous les niveaux tentent eux-mêmes de trouver un sens à ces morts lorsqu'ils s'adressent à leurs subordonnés et essaient de les réconforter. « On s'évertue à souligner la richesse de l'expérience, remarque le Major Robert Lauder, aumônier, on essaie de la métaboliser; de comprendre le nouvel environnement, mais la cour est pleine, et la vérité trop dure à avaler; on n'arrive plus à dire ce que l'on resent ».[34]

Opérations d'information

L'importance des opérations d'information est une autre réalité critique de notre temps. Le Major-général Scales, analyste stratégique et auteur de renom, faisait observer : « Le plus grand défi du champ de bataille moderne est humain. Il explique : On ne parle pas de technologie, l'objectif étant plutôt d'influencer l'opinion publique, de gagner les populations à sa cause. Et il ajoute : Cela n'a rien à voir avec l'énergie ou les solutions cinétiques. Tuer n'est pas important. La suprématie cognitive est la clé de tous les choix stratégiques ».[35] La secrétaire d'État américaine, Condoleezza Rice, a renforcé cette idée en affirmant que « les États-Unis étaient maintenant engagés dans une grande lutte mondiale pour déterminer quelles idées présideront au 21ᵉ siècle ».[36] Toutefois, la poursuite d'une guerre ou d'un déploiement opérationnel de longue durée est difficile jusqu'à ce que le public comprenne qu'il est lui-même, comme la société à laquelle il appartient, la cible d'une attaque majeure ou d'une menace claire. À cet égard, les militaires ont désespérément besoin de sentir qu'ils ont le droit moral et formel de faire ce qu'ils font. Également, s'ils s'écartent des principes moraux, ils perdront leurs appuis — national et international. Le Général David Petraeus, commandant de la Force multinationale (Irak) recommandait : « N'hésitez pas à tuer ou à capturer l'ennemi, mais restez fidèles aux valeurs qui vous sont chères. Il insiste : Vivre selon nos valeurs nous distingue de nos ennemis ».[37]

Dans ce contexte, l'importance des opérations d'information (OI) reste une leçon de leadership que les militaires occidentaux semblent malheureusement lents à apprendre. « Les OI sont des opérations militaires continues dans l'environnement militaire de l'information qui rendent possibles, améliorent et protègent le cycle décision/action du commandant et l'exécution de la mission, afin d'obtenir un avantage sur le plan de l'information en ce qui concerne l'ensemble des opérations militaires ».[38] En termes plus simples, les OI sont une fonction qui cible et influence l'information et les systèmes d'information (humains ou techniques) pour atteindre l'effet désiré tout en protégeant nos forces et celles de nos alliés. Dans l'environnement contemporain, les opérations à tous les niveaux dépendent beaucoup des opérations d'information (OI), qui incluent des activités telles les attaques des réseaux informatiques, les tentatives de contre-attaque de la propagande ennemie, la déception, la guerre électronique, la destruction des objectifs ennemis liés aux OI, la protection des systèmes d'information et des infrastructures des forces amies, ainsi que des activités connexes telles la coopération civilo-militaire (COCIM) et les affaires publiques.

La diffusion rapide de l'information au personnel militaire et aux populations civiles, tant dans la zone d'opérations qu'à l'échelle nationale et internationale, est une exigence immédiate. Il est évident que l'ennemi a acquis une expertise en matière d'interventions tactiques menées par de petits groupes épars et des individus, et qu'il est habile à traduire l'action cinétique résultante en effet cognitif stratégique. On doit l'en empêcher. « Soyez les premiers à dire la vérité, insiste le Général Petraeus, battez les insurgés, les extrémistes et les criminels dans la course aux manchettes, déclenchez vous-mêmes les rumeurs ».[39] Dans cette course, il faut que votre information se répande comme une traînée de poudre, par exemple en faisant appel aux opérateurs tactiques pour expliquer les événements directement sur les lieux où ils se produisent.

Ce processus comporte un certain niveau de risque et ajoute à la complexité de la tâche. Cependant, selon une étude de RAND, « le rendement marginal que l'on obtient en tirant parti d'un facteur d'information, tel que les médias, est peut-être plus grand que le rendement marginal obtenu par l'intensification des attaques ».[40] En fait, le temps est le facteur crucial; souvent le centre de gravité.

Cela a des conséquences très importantes pour ceux qui dirigent les opérations. D'abord, il faudra qu'ils s'attardent davantage aux OI et connaissent bien les peuples et les cultures dans les zones d'opération. Ensuite, il faudra redoubler d'efforts pour contre-attaquer la propagande et faire connaître aux médias, au peuple concerné et aux communautés nationale et internationale la manière « correcte et juste » dont sont menées les opérations. « Évitez la manipulation des médias et laissez les faits parler d'eux-mêmes, commente le Général Petraeus. Il ajoute : Récusez la désinformation ennemie [et] retournez contre vos ennemis les messages de défaite, les idéologies extrémistes, les pratiques oppressives et la violence aveugle ».[41]

Une leçon fondamentale consiste pour les commandants à croire que les OI font partie intégrante de la mission de l'unité ou de la formation, et à communiquer cette opinion. Leurs actes doivent en témoigner. À cet égard, l'engagement personnel et la cohérence des membres de l'état-major sont d'une importance cruciale. Par exemple, le personnel clé doit être choisi et affecté à la planification et à la coordination des OI. Les commandants doivent soutenir l'O Rens dans ses choix d'exigences prioritaires en matière de renseignement et donner le ton au soutien du renseignement vital pour les OI.

En définitive, il est vital de préserver la simplicité des objectifs. Et de ne jamais adopter une approche modélisée, taillée à l'emporte-pièce. Il importe de rester adaptatifs et dynamiques. Une recette peut se révéler gagnante une semaine, mais ne pas fonctionner la semaine suivante. De plus, ce qui est efficace dans une zone, une région ou un pays peut échouer ailleurs. « Bien que les opérations létales contre les insurgés inspirent confiance à la population », comme l'indique un haut gradé, « leurs effets peuvent être de courte durée et prêter le flanc à l'interprétation et à la manipulation lors des campagnes d'information des insurgés. Il poursuit « La diffusion continue de messages clés à l'appui d'autres types d'opérations a une portée élargie et plus durable dans la population. Les OI sont l'outil par excellence lorsque l'on vise un impact sur le plus grand nombre de gens possible ».[42] Le Général David Petraeus, commandant de la Force multinationale en Irak, conseille : « Soyez conscients que nous nous débattons pour assurer notre légitimité aux yeux du peuple irakien; nous pouvons la perdre ou la gagner ».[43] Cette déclaration à-propos de l'Irak s'applique tout aussi bien à l'Afghanistan.

Relations avec les médias

Perspicace, Napoléon Bonaparte déclarait : « Je redoute davantage quatre journaux hostiles que 1 000 baïonnettes ».[44] Il ne faut pas s'étonner que nos opposants aient clairement démontré leur intention de recourir aux médias de masse pour décourager la détermination nationale.

En tant que tels, les leaders et leurs subordonnés évolueront invariablement dans un environnement controversé sur le plan politique, où les gestes posés par un soldat à un barrage routier ou dans un contexte tactique peuvent avoir des retombées stratégiques. Sous la mire constante des caméras des bulletins de nouvelles, la complexité des opérations se décuple pour les leaders et leurs subordonnés. « Le pouvoir de CNN » n'est plus un simple slogan publicitaire.[45] La diffusion instantanée d'images à l'échelle planétaire, ou effet CNN, décuple le concept du « caporal stratégique » selon lequel une décision ou une erreur tactique devient un enjeu stratégique dès le moment où une image rejoint les auditoires du monde entier en temps réel. En fait, ce phénomène accroît la volatilité de l'environnement de sécurité politique. La connectivité universelle des médias et les reportages éclair risquent d'aggraver les menaces ou d'en faire surgir de nouvelles en engendrant des réactions publiques et des perceptions par la voie des bulletins de nouvelles — dommages collatéraux, actions militaires inéquitables, diffamation des symboles et des sites religieux. À preuve, l'exemple spectaculaire de ce soldat américain brandissant le drapeau des États-Unis à la sortie d'un bastion irakien lors de l'invasion de 2003. Bien qu'il ait immédiatement abaissé ce drapeau, son geste éphémère a déchaîné un torrent de controverse et de débats, en projetant l'image d'une armée étasunienne campée dans le rôle d'occupant plutôt que dans celui de force libératrice. Le colonel Paul Maillet, ancien Directeur du Programme d'éthique de la Défense du ministère de la Défense nationale, émet une mise en garde : « Une mauvaise décision prise sous la loupe des médias peut avoir des conséquences d'une grande portée sur le mandat des missions de maintien de la paix, ainsi que sur les politiques et objectifs stratégiques nationaux ».[46]

L'effet CNN a aussi créé des attentes surréalistes dans le grand public comme dans les médias. Même si la guerre, que certains considèrent comme la plus hétéroclite des activités humaines, est menée dans les endroits les plus reculés et les plus hostiles, les médias et les téléspectateurs s'attendent à ce qu'elle s'achève en quelques jours ou, tout au plus, en quelques semaines. Pour les médias dont les reportages, en moyenne, ne consacrent que 90 à 100 secondes à un sujet, et dont le sujet de prédilection est souvent le « sang versé », il faut que les informations soient dramatiques, sinon sensationnelles. Cela est lourd de conséquences pour les militaires, car les reportages seront probablement courts et hors contexte. Jamie Shea, porte-parole de l'OTAN, fait observer que : « La télévision est un média sans passé et sans avenir. Elle est dans un éternel présent, ce que Nik Gowing de la BBC a appelé "la tyrannie du temps réel", sans causalité et sans rapport avec ce qui a précédé ou ce qui suivra. Tout est donc important dans l'immédiat et, quelques instants plus tard, n'a plus aucune importance, contrairement à ce qui se passe dans la vie ».[47]

Un simple geste peut ainsi devenir le symbole d'une bataille, d'une campagne ou d'une opération. Les échecs et les erreurs, quelle que soit leur portée réelle, sont potentiellement catastrophiques. On a vu récemment que des images de combats ou d'actes terroristes choquantes peuvent influencer l'opinion publique dans une société ouverte et démocratique et susciter de fortes pressions politiques pour faire cesser les hostilités ou poser d'autres gestes saisissants qui n'avaient pas été envisagés.[48]

Il n'y aura pas de répit. Il y avait plus de 3 000 journalistes en Bosnie pendant la campagne aérienne de l'OTAN, en 1995. « Ils étaient plus rapides que les soldats et les satellites de l'OTAN et certainement plus rapides que notre service du renseignement. », affirme Shea.[49] Uniquement en Allemagne, les images transmises dans le monde entier de l'infâme bavure de l'OTAN, qui a bombardé par erreur un convoi de tracteurs, lui ont fait perdre 20 points dans les sondages.[50] Au cours de la guerre contre l'Irak en 2003, environ 810 journalistes étaient intégrés dans les forces de la coalition, plus de 3 000 correspondants étaient sur place, et une multitude de journalistes couvraient le conflit à partir d'emplacements stratégiques dans le monde entier.[51] Cela a amené le grand public, dans le monde entier, à croire que « ce n'est pas vrai si on ne le voit pas à la télévision ». Mener des opérations dans ce genre de situation augmente la complexité d'une profession déjà compliquée.

Par conséquent, l'intégrité et la crédibilité sont d'une importance capitale. Comme l'affirmait de façon éloquente un commandant supérieur : « Il ne faut pas maquiller la laideur. Il faut accepter les revers et les échecs, puis déclarer que nous avons appris et que nous réagirons. Il ajoute qu'il faut tenir la presse (et nous-mêmes) responsables de l'exactitude, de la caractérisation et du contexte ».[52]

En fin de compte, la réalité du « caporal stratégique » exige l'éducation et de l'instruction de tous les militaires qui participent à des déploiements dans les théâtres d'opération. Leurs actes deviennent des outils, sinon des armes, dans la campagne d'information continue menée par l'ennemi. On doit donc leur inculquer la notion que tout le personnel doit être conscient et responsable de son comportement en tout temps.

L'intelligence culturelle

« Au cours des premières années de mes tâches de COIN, je pense avoir augmenté le nombre d'insurgés au lieu de le diminuer, explique un officier supérieur. Pas seulement par inexpérience, mais parce que je manquais aussi de connaissances fondamentales du terrain, des gens et de la culture. Je ne savais pas comment utiliser efficacement le renseignement local. Une combinaison de facteurs : ma propre naïveté, mon enthousiasme, sans compter la demande pressante de résultats de la part des commandants supérieurs, m'a poussé à poser sans le vouloir des gestes qui nous ont aliéné la population locale et qui ont aidé les insurgés ».[53] De la même façon, le Brigadier-général Fraser admet : « J'ai sous-estimé un facteur — la culture. Je me servais de la mauvaise carte. Il m'aurait fallu consulter la carte tribale et non la carte géographique, qui datait d'il y a deux mille ans ».[54]

L'intelligence culturelle (CQ) « est la faculté de reconnaître les croyances, valeurs, attitudes et comportements qu'un groupe de personnes ont en commun et d'utiliser cette connaissance pour atteindre un but spécifique ».[55] Emily Spencer, Ph.D., a établi que la CQ dépasse les paramètres normaux de la compréhension de l'ennemi. La CQ englobe simultanément la nation (population et société auxquelles appartiennent les forces militaires); les organisations internationales (alliés, partenaires de la coalition, ONG, Nations Unies et autres organismes internationaux); le pays hôte (gouvernement, forces militaires et corps de polices locaux), en plus des organisations de l'ennemi.

Spencer explique, « un niveau élevé de CQ peut être un important multiplicateur de force », tandis qu'un bas niveau de CQ dans l'un ou l'autre des quatre domaines mentionnés peut avoir des effets négatifs sur une mission.[56] En dernière analyse, le contenu du message est moins important que la façon dont ce message est reçu par le public cible. Il est donc important de « comprendre le voisinage ». À cette fin, il est indispensable d'établir des relations qui deviendront un élément pivot des opérations de COIN menées avec succès. Bref, il faut voir la réalité à travers les yeux de l'autre culture, et non par la fenêtre de notre propre expérience et de nos préjugés.

Malheureusement, la plupart des forces militaires occidentales ne tiennent souvent aucun compte, ou si peu, de l'importance que peut avoir la perception de la réalité du terrain par la population locale. Leur instruction en matière de CQ se résume en général à quelques cours de langue pour apprendre les phrases les plus courantes, un aperçu de l'histoire et des anecdotes culturelles. Toutefois, le succès de la mission repose sur une connaissance approfondie de la CQ dans les quatre domaines pour obtenir l'aide, la coopération et le soutien nécessaires à la réalisation des objectifs.

Conquérir les cœurs et les esprits

La toile de la G4G s'est tissée autour du conflit actuel qui sert de vecteur à de violentes luttes entre acteurs étatiques et non étatiques cherchant à établir leur légitimité et leur influence auprès des populations touchées. Les opposants tentent forcément de miner le pouvoir, l'influence et la détermination de l'adversaire. Un ancien combattant explique : « On doit faire comprendre à chaque soldat qu'il doit assumer la responsabilité de chacun de ses gestes — que ce soit l'expression sur son visage ou un acte direct. Il souligne : Tout ce que vous faites a des répercussions ».[57]

Un général américain approuve : « Chaque fois que vous offensez un Irakien, vous donnez des munitions aux insurgés ».[58] Un ancien commandant du U.S. Marine Corps prévient : « Ne créez pas plus d'ennemis que vous n'en éliminez en commettant un acte immoral ».[59] Un autre commandant est aussi de cet avis : « Chaque geste posé par l'ennemi et par nos forces a des effets dans l'arène publique. » Il poursuit : « Il n'existe aucune entreprise plus difficile que celle dans laquelle nous sommes engagés. Elle est souvent brutale, exigeante physiquement et frustrante. » Il termine en disant : « Nous éprouvons tous de la colère à un moment ou à un autre, mais nous ne pouvons jamais céder à nos mauvaises impulsions, ni tolérer que les autres posent des gestes répréhensibles ».[60] Ce conseil vaut dans tous les théâtres d'opérations, quel que soit le degré de belligérance qui alimente le spectre d'intensité des conflits d'une opération.

Mériter le respect et le soutien de la nation hôte est une condition indispensable au succès de toute mission. La population locale peut fournir du renseignement sur les activités, la position et les déplacements de l'ennemi. Avec sa coopération, vous pouvez faire avancer les initiatives des OI et les programmes gouvernementaux et aider les opérations des forces militaires dans une zone d'opérations. Sans son soutien, au mieux, elle restera neutre et vous cachera de l'information vitale à la protection de la force. Au pire, elle aidera les opposants en leur fournissant de l'information, des vivres et des logements, des caches d'armes et peut-être même des recrues.

Il est important de noter toutefois que la conquête des cœurs et des esprits va au-delà de la distribution de ballons de soccer et de colis d'aliments. C'est l'amalgame de la sécurité, de la gouvernance et du développement. C'est faire en sorte que la population locale soit partie prenante du système et l'inciter à faire confiance à la légitimité du gouvernement. Il ne suffit pas de poser des gestes aimables, tout est dans la façon de poser ces gestes. Le respect des individus et de la culture est d'une importance critique.

Dans la réalité de la G4G, il est difficile de conquérir les cœurs et les esprits. Par exemple, en Afghanistan, il est souvent compliqué de franchir la barrière culturelle, surtout dans un tel contexte de xénophobie. Il n'est pas rare que les soldats se sentent trahis et en colère après une attaque. Ils sont convaincus qu'ils servent l'Afghanistan afin de créer une société meilleure pour son peuple. Malgré tout, ils sont continuellement attaqués par des antagonistes invisibles qui semblent aller et venir à leur guise dans cette société afghane qu'ils essaient d'améliorer et de protéger.[61] La plupart d'entre eux comprennent que l'Afghan moyen ne fait qu'essayer de sauver sa peau, mais le ressentiment s'accumule à chaque attaque, à chaque perte et surtout, à chaque mort.

La nature du conflit jette de l'huile sur le feu de l'antagonisme. C'est un cercle vicieux. L'ennemi a appris à utiliser notre gentillesse contre nous. Comme les forces de la coalition continuent de servir de cibles aux engins explosifs improvisés (IED) et aux kamikazes, ils n'ont d'autre choix que de prendre les mesures nécessaires pour se protéger. Ces décisions, par contre, ont un prix. Lorsque les convois circulent à toute vitesse au centre d'une route, le trafic local afghan doit se précipiter sur l'accotement. S'ils bousculent le trafic pour se frayer un chemin ou pointent des armes sur les véhicules qui les suivent de trop près, ou encore s'ils causent des dommages collatéraux par suite des attaques dirigées contre eux et/ou lors d'opérations défensives ou offensives, les Afghans risquent de se retourner contre eux. Chaque geste posé contre la population en général a un coût, sans égard à la cause ou à la justification du geste. Ainsi, les actes des forces de la coalition pourraient inciter les Afghans à appuyer les Talibans ou, du moins, à fermer les yeux sur leurs activités. Par ailleurs, ne rien faire et continuer de se faire attaquer sans réagir immédiatement contribue à désillusionner les soldats et peut dissoudre l'appui de la population canadienne au conflit. Surtout s'il semble que les troupes du pays sont exposées au danger sans pouvoir prendre les mesures nécessaires pour se défendre. D'autre part, si la population locale ne peut jouir d'un environnement sécuritaire, il est presque inutile d'espérer un soutien pour le nouveau gouvernement national afghan.

Il est donc primordial d'établir un équilibre prudent entre la protection de la force et le désir de conquérir les cœurs et les esprits de la population. Dans la G4G, la puissance de combat n'est pas toujours l'arme ni l'outil le plus efficace. Les leaders doivent s'assurer que leur personnel saisit l'importance des catalyseurs que sont l'argent, les médicaments, le carburant, la nourriture, l'accès à l'éducation, les possibilités d'emploi, les projets de travaux publics et, en particulier, l'information, pour assurer le succès de leur mission. Ces outils non cinétiques, non militaires, sont des multiplicateurs de force qui peuvent modifier de façon impressionnante l'image de la menace et l'efficacité des insurgés. Ce sont tous des armes dans les opérations de COIN. La sécurité et la reconstruction ne vont pas l'un sans l'autre — ils sont intrinsèques et interdépendants.

Enfin, quel que soit la mission ou le théâtre d'opérations, il est primordial de conquérir les cœurs et les esprits de la population. En ce sens, l'intelligence culturelle, une campagne d'OI bien ciblée, un leadership solide prônant la tolérance et la patience, ainsi qu'une compréhension approfondie de la personnalité de l'ennemi, sont des composantes clés d'une campagne de COIN réussie.

L'approche intégrée : le gouvernement dans son ensemble

« Il est assez facile de tuer des gens et de saccager, fait remarquer un ancien combattant, mais il est beaucoup plus difficile de recoller les morceaux ».[62] Tout le dilemme est là. Tel que mentionné plus haut, seule une approche intégrée, soit la coopération unifiée des divers pays et organismes et armées à l'échelle internationale, pourra garantir le succès des opérations dans l'environnement d'aujourd'hui. Toutefois, le défi est normalement plus grand qu'il n'y paraît. Dans la sphère militaire, les rivalités entre services, les sous-cultures différentes et les limites à l'interopérabilité sont sources de stress et d'inefficacité. Par ailleurs, les normes d'entraînement différentes, les barrières linguistiques et les problèmes encore plus grands d'interopérabilité et de restrictions nationales des alliés et des partenaires de la coalition viennent brouiller les cartes davantage.

Ces défis sont d'autant plus difficiles à relever lorsque les organismes gouvernementaux et civils ont des cultures organisationnelles étrangères, et des philosophies et des programmes différents. L'ignorance est souvent le problème le plus grave. Aucun des acteurs ne comprend très bien qui sont les autres intervenants, ce qu'ils font, quel est leur mandat, ni quel est leur façon de faire. Les autres ministères gouvernementaux et organismes civils ne sont normalement habitués ni au dirigisme ni aux structures de commandement militaires. Ironiquement aussi, ils sont souvent loin de faire preuve de la même flexibilité que les forces militaires. Au contraire, les autres ministères sont habituellement plus bureaucratiques et plus réfractaires au risque que le ministère de la Défense nationale. De plus, là où les militaires recherchent des solutions rapides et des résultats immédiats, les organismes de développement se concentrent sur des objectifs de développement durable à long terme. Il n'est donc pas étonnant que les échéanciers, les mécanismes d'approbation, les communications et les méthodes organisationnelles des divers ministères gouvernementaux soient aussi dissemblables et que les militaires et les organismes engagés dans des initiatives de coopération doivent faire preuve de patience et de tolérance.[63]

De toute évidence, la maîtrise d'une approche intégrée efficace est un défi clé incontournable. Mais le véritable défi réside dans la façon dont un leader doit s'y prendre pour souder les forces diverses et multinationales en une organisation cohérente ayant une vision claire de l'état final opérationnel escompté. Cette vision doit être communiquée aux contreparties civiles que l'on doit intégrer à l'équipe et au processus décisionnel, dans un esprit d'acceptation et d'égalité. On perd souvent de vue que les barrières culturelles invisibles (divergences dans les attitudes, croyances, valeurs, méthodes et pratiques organisationnelles) limitent la coopération réelle. Souvent, les variables inconnues restent inconnues, et nous nous imaginons que notre perception de la situation est exacte et commune à toutes les parties, quand la réalité est peut-être toute autre. Un défi énorme attend donc les commandants opérationnels, soit celui de créer un environnement favorable où la planification, la prise de décisions et la conduite des activités se fondent dans une approche intégrée permettant l'évolution nécessaire des initiatives et réformes politiques et économiques dans un environnement sécuritaire et sûr.

L'approche intégrée pose incontestablement des défis aux dirigeants. Le personnel militaire et civil doit à tout prix comprendre que le succès dépend d'une coopération civilo-militaire efficace et intégrée pour la majorité des opérations dans l'environnement de sécurité actuel. Il est rare que les conflits, et surtout l'insurrection, soient exclusivement fonction d'un problème militaire. Ils résultent plutôt d'un dysfonctionnement politique, économique et social qui s'intensifie et perdure en raison du climat d'insécurité. La présence ou la force militaire ne représente donc qu'un outil parmi tant d'autres pour remédier au problème. Il est à noter que cet outil est normalement inefficace en l'absence de leviers politiques et économiques corollaires destinés à résoudre des problèmes sous-jacents encore plus graves.

INSTAURER UN ÉTAT D'ESPRIT ADAPTATIF ET FLEXIBLE

Nous sommes tous prisonniers de notre propre expérience et ce bagage d'expérience personnelle se reflète dans tous nos actes.[64] De plus, le changement est généralement perçu comme une menace dans le monde militaire. Le changement nous sort de notre zone de confort, c'est-à-dire du cadre de notre compréhension bien établie des tactiques, techniques et procédures (TTP), de nos compétences spécialisées, de la pertinence et de la maîtrise de notre expérience, ainsi que du système qui rétribue de telles caractéristiques. Ainsi, la résistance au changement est-elle un phénomène normal, tout comme la tendance indue de faire les choses à notre façon, comme nous les « avons toujours faites ». Bien que l'innovation soit louangée, la conformité est normalement récompensée.

Par conséquent, instaurer et assurer la croissance d'un état d'esprit adaptatif et flexible à tous les niveaux de leadership au sein d'une institution militaire requiert un milieu favorable où ce type de comportement est encouragé et récompensé. Ce changement dicté par les hauts dirigeants est transmis vers la base et doit se traduire par des actes et non seulement par des paroles.

À court terme, l'instauration et la croissance d'un état d'esprit adaptatif et flexible exigent que les commandants, tout comme leurs subordonnés, évaluent constamment les situations et contextes dans lesquels ils évoluent et qu'ils adaptent et ajustent les TTP en conséquence. À long terme, on doit aussi mettre l'accent sur des programmes de perfectionnement professionnel (PP) solides, y compris l'instruction, l'expérience, les études et l'autoformation destinés à promouvoir l'innovation, la pensée créative, la discussion ainsi que la rigueur et le débat intellectuels.

L'instruction sert de base au développement d'un esprit adaptatif et flexible. Bien qu'elle ait pour but de proposer « une réaction prévisible à une situation prévisible », elle reste un pilier fondamental dans la préparation de leaders et de soldats dotés d'un esprit adaptatif et flexible. Elle permet l'acquisition des compétences, des connaissances techniques et de la confiance en soi, en son groupe et en son équipement nécessaires pour mener des opérations. L'instruction permet aussi d'acquérir la compréhension des compétences, capacités et fonctions qui serviront de bases aux futures initiatives de perfectionnement. De plus, l'instruction sert à fabriquer le filet de sécurité qui sera utile en situation de crise.

L'instruction doit cependant être aussi réaliste que possible, incluant la simulation de combats et de pertes à l'aide de scénarios réalistes, reflétant l'imprévisibilité de l'ennemi, et un rythme inexorable. Les leaders et les soldats doivent être mis à l'épreuve dans un environnement où ils risquent de commettre des erreurs et d'apprendre par les sanctions ou les répercussions possibles sur leur carrière. On doit les pousser à la limite pour éviter qu'ils ne soient pris au dépourvu dans des situations difficiles lors de leurs premières opérations réelles. En fait, les combattants revenus du front de l'Afghanistan répètent que « l'instruction ne peut jamais être assez complexe ».[65]

Le rendement d'une bonne instruction est énorme. Au cours d'un exercice de validation final, avant le déploiement d'un peloton de protection de la force en Afghanistan, le convoi escorté par un peloton a dû faire face à 29 incidents en moins de 24 heures. Arrivés à destination, tous les membres du peloton se sont plaints que cette situation était totalement irréaliste. Une fois rendus dans le théâtre d'opérations, le déplacement de leur deuxième convoi, qui devait durer huit heures, s'est transformé en une expédition cauchemardesque de 36 heures, au cours de laquelle ils ont fait face à 19 incidents distincts, incluant plusieurs attentats-suicide, des tirs au mortier et à la roquette, des embuscades, des évacuations de blessés, un accident de la route et des pannes mécaniques. Ils ont confié à un interlocuteur que si ce n'avait été de leur exercice avant déploiement, ils n'auraient jamais pu amener ce convoi à destination. En résumé, l'exercice effectué au Canada leur avait donné une expérience pratique, de la force mentale et de la résistance, ainsi qu'une bonne idée du contexte de l'opération, ce qui les avait préparés à réagir et à s'adapter, par une mise en situation, à la dynamique changeante d'une situation dangereuse dans le monde réel.

Dans un tel contexte, la formation par l'aventure est une activité importante pour les leaders et les soldats. Qu'il s'agisse d'escalade en montagne, de trekking, de canotage ou d'autres activités comportant des dangers, ce type d'aventures risquées dans des environnements inconnus permet aux militaires de perfectionner leurs compétences de leadership et d'apprendre à faire face à d'inévitables imprévus. Ces compétences forcent les leaders à improviser, à s'adapter et à affronter l'adversité dans un monde réel, ce qu'ils ne pourraient pas faire dans un cadre structuré d'exercices.

La formation a pour corollaire l'expérience. L'expérience renforce la confiance et les compétences des individus et des groupes. L'expérience est tout simplement empirique et tangible; les décisions sont prises et les gestes posés, les résultats sont observés sinon ressentis. De fait, la culture militaire révère et, à juste titre, reconnaît l'expérience des individus. Toutefois, cette expérience devrait être partagée, de sorte que ceux qui n'ont pas eu l'occasion de participer à des opérations ou à des exercices complexes puissent apprendre des expériences des autres et essentiellement acquérir une expérience indirecte. Les séminaires, conférences, symposiums de développement professionnel et les publications telles la série « Au péril de notre vie » de l'Académie canadienne de la Défense — qui regroupent un certain nombre d'écrits où les auteurs, militaires de différents grades et services, décrivent des opérations et défis de leadership basés sur des expériences vécues, ainsi que la façon dont ils ont réussi à vaincre ces défis — constituent un précieux outil d'apprentissage par l'expérience indirecte.

Un tel répertoire d'expériences et de leçons apprises ou accumulées par d'autres sources constitue une banque de connaissances à laquelle tout militaire peut avoir accès en situation de crise ou lorsqu'il affronte un problème particulier. Il permet aux individus de tirer profit d'expériences vécues, les leurs ou celles des autres, afin de régler un problème. Bref, l'individu puise dans l'expérience une confiance et des idées pratiques lui permettant d'adopter une approche adaptative et flexible pour relever les défis qui l'attendent. On ne peut donc trop insister sur l'importance d'un programme visant à faire participer les leaders de tous les niveaux aux exercices, aux opérations et autres initiatives de perfectionnement professionnel.

L'éducation, qui favorise « une réaction raisonnée à une situation imprévisible, le raisonnement critique devant l'inconnu » est un autre pilier essentiel, sinon le plus important, du cheminement menant à l'acquisition d'un état d'esprit adaptatif et flexible.[66] Explicitement, l'individu doit être instruit pour composer efficacement avec l'incertitude omniprésente dans l'environnement de sécurité actuel et futur. « L'éducation », explique le Major David Last, professeur au Département de science politique du Collège militaire royal du Canada (CMR), « sculpte l'esprit d'un individu ».[67] L'éducation favorise notre capacité de raisonnement, cette faculté essentielle qui permet à l'individu de faire face aux circonstances imprévues.

L'éducation, ancrée dans la pensée critique, la résolution de problèmes et la recherche analytique, constitue de toute évidence la meilleure préparation à la réflexion pour tout individu. Elle lui permet aussi de mieux maîtriser les situations et les problèmes imprévus que la formation ou les leçons apprises par cœur. Elle lui enseigne, non seulement l'ouverture au changement, mais elle lui donne aussi la capacité de s'y adapter et de l'anticiper. Et, ceci est encore plus important, l'éducation inculque à l'individu l'attitude et l'habileté d'apprendre constamment de son environnement et de se préparer à réagir en conséquence. Le célèbre historien militaire britannique Sir Michael Howard a décrit ce phénomène :

… des études universitaires peuvent fournir les connaissances, la réflexion, et les aptitudes analytiques qui constituent la base nécessaire permettant d'abord d'établir une discussion raisonnée, puis de passer à l'action. Elles offrent un forum et donnent naissance aux qualités qui permettent à l'étudiant, au professeur, au politicien, au fonctionnaire, au philosophe moral et surtout au soldat de partager une vision commune des problèmes auxquels ils sont confrontés, même s'il est inévitable qu'ils ne soient pas d'accord sur les solutions. Ce dialogue est l'essence de la civilisation. Sans lui les sociétés se désagrègent.[68]

De la même façon, John Cowan, Ph.D., ancien recteur du CMR, souligne la nécessité de l'éducation pour les militaires. « De nos jours, le jeune officier peut être appelé à remplir dans un même temps le rôle de leader compétent, d'expert technique, de diplomate, de guerrier, et même d'interprète et d'expert en aide humanitaire. Il insiste : Il va sans dire qu'un bon entraînement ne suffit pas. Que les compétences ne suffisent pas. Ce travail exige du jugement, cet étrange postulat de l'éducation, ce qui demeure une fois que la mémoire des faits s'est envolée ou qu'elle s'est moulée en un point de vue, ce qui ne s'enseigne pas directement, mais qui doit être appris. Sans un jugement empreint de maturité qui nous vient de l'éducation, nous nous en remettons à nos réflexes, qui sont des atouts très utiles lorsqu'il s'agit de relever des défis connus, mais sur lesquels on ne peut manifestement pas se fier pour en relever de nouveaux ».[69]

Finalement, le développement d'un état d'esprit adaptable et flexible repose également sur l'autoformation. Les individus, et surtout les leaders, doivent se faire un devoir de poursuivre leur perfectionnement professionnel par des lectures et des études sur la profession des armes et l'évolution des conflits. Ils devraient avoir une connaissance approfondie de tout document traitant des changements dans l'environnement de sécurité et dans leur profession et, en particulier, de tout document leur permettant de parfaire leur connaissance de la géographie humaine, politique et topographique des régions visées par de futurs déploiements. La lecture, par exemple, élargit leurs horizons et les aide à comprendre la culture, l'histoire et la dynamique pratique de l'environnement de leurs futures opérations. Ils seront ainsi mieux préparés à s'adapter aux défis éventuels sur les lieux de ces opérations et à les anticiper.

CONCLUSIONS

Théoriquement, il est toujours facile de résoudre un problème en l'absence de toute contrainte économique, politique ou culturelle. Normalement, on trouve une solution logique, idéale pour tous les aspects de l'énigme. En général, cette solution est aussi inutile parce qu'elle est impossible à mettre en pratique face aux contraintes de la vie réelle. C'est précisément dans ce contexte que gouvernements et militaires doivent assurer l'équilibre entre les risques et les solutions réalistes. Toute décision doit finalement s'appuyer sur une compréhension claire de l'environnement opérationnel moderne et sur un niveau de risque acceptable. Elle ne doit pas reposer sur des conjectures optimistes.

À ce chapitre, les tendances d'aujourd'hui en matière de sécurité sont bien définies. Et les missions de maintien de la paix du temps de la guerre froide ne risquent pas de refaire surface. Les forces déployées en sol étranger doivent être préparées à mener des opérations dans l'ensemble du spectre des conflits et particulièrement des opérations de COIN, comme celles que l'on connaît maintenant en Afghanistan et en Irak.

Ce que signifie l'environnement de sécurité actuel et futur pour les guerriers est assez simple. Il ne suffit plus d'être un soldat très bien entraîné au combat. Le soldat combattant dans ce milieu aux multiples facettes devra aussi être très instruit. Dans le même ordre d'idées, « le temps consacré à comprendre les subtilités du conflit permet d'acquérir l'agilité mentale, la créativité et les compétences techniques. Un leader instruit et érudit sera mieux préparé à aborder l'incertitude et le chaos du combat [ou la complexité grandissante des opérations], explique le Major-général Scales ».[70] La décentralisation du pouvoir décisionnel et la capacité de se doter de chefs subalternes instruits, aptes à prendre des décisions éclairées en temps opportun et sous pression, seront déterminantes pour la réussite.

Tel qu'expliqué plus haut, la mondialisation a entraîné une prolifération de technologie, d'armements et d'information; les opposants tentent d'utiliser la G4G et tout l'arsenal de moyens que cela implique pour faire échouer les missions des Nations Unies et des forces de coalition. À cet égard, les commandants et leurs forces doivent être capables de migrer, constamment, sinon quotidiennement, d'un aspect à l'autre du spectre des conflits pour accomplir leur mission. Par conséquent, les leaders et leurs troupes doivent à tout le moins être entraînés pour mener la guerre à trois volets. Les unités doivent pouvoir s'acquitter d'une multitude de tâches qui s'inscrivent dans la portée du conflit, que ce soit l'aide humanitaire, le maintien de la paix ou le combat. De plus, les leaders doivent posséder la flexibilité et l'adaptabilité intellectuelle requises pour employer des tactiques et approches innovatrices. Il leur faut viser la réussite de la mission dans son ensemble et non restreindre la portée de leurs actes afin de se conformer à des verbes de mission issus de concepts dépassés qui, souvent, ne correspondent pas à la réalité et à l'évolution de l'environnement de sécurité d'aujourd'hui.

NOTES

1. Boutros Boutros-Ghali, *Agenda pour la paix* (New York: Nations Unies, 1995), 2ᵉ édition, p. 7.
2. Par exemple, des projectiles formés par explosion (créant des noyaux), semblables aux munitions antichars, ont été utilisés pour la première fois par le Hezbollah au Liban. Ils ont par la suite été utilisés en Irak en 2004 et leur présence a été confirmée en Afghanistan en avril 2007.
3. Lieutenant-général James N. Mattis, *Ethical Challenges in Contemporary Conflict: The Afghanistan and Iraq Cases* (Annapolis: United States Naval Academy, mars 2001), p. 10.
4. Major-général Robert Scales, présentation à l'atelier intitulé « *Cognitive Dominance Workshop* » à West Point, le 11 juillet 2006. Cette nouvelle ère de conflit répand une nouvelle menace sur les pays occidentaux, nommément la radicalisation de certains éléments des nations développées : des terroristes œuvrant dans leur pays d'appartenance. Des exemples récents : le terroriste du Royaume-Uni surnommé «le

shoebomber » (un individu qui a tenté de détruire un avion avec une bombe cachée dans la semelle de son espadrille); les terroristes poseurs de bombes du métro de Londres; et le « *Toronto 17* », un groupe de terroristes « maison » canadiens dont le camp d'entraînement avait été établi en Ontario, au Canada.

5. Robert Kaplan, *Warrior Politics: Why Leadership Demands a Pagan Ethos* (New York: Vintage Books, 2002), p. 118.

6. Michael Ignatieff, *Virtual War: Ethical Challenges* (Annapolis: United States Naval Academy, mars 2001), p. 8.

7. Voir dans Janice Gross Stein, *The Unexpected War. Canada in Kandahar* (Toronto: Viking, 2007), le compte rendu détaillé de la façon dont les politiciens du Canada se sont enfermés au cœur d'une sanglante campagne de COIN en Afghanistan.

8. Général Charles C. Krulak, « The Strategic Corporal: Leadership in the Three Block War », *Marine Corps Magazine*, janvier 1999.

9. Général Charles C. Krulak, « The Three Block War: Fighting in Urban Areas », National Press Club, Vital Speeches of the Day, 15 décembre 1997 et Charles C. Krulak, « The Urban Operations Journal. The Strategic Corporal and the Three-Block War », *www.urbanoperations.coms/strategiccorporal.htm*, consulté le 27 mars 2003.

10. William S. Lind, « The Changing Face of War: Into the Fourth Generation », *Marine Corps Gazette*, octobre 1989, p. 22–26.

11. Thomas X. Hammes, « Modern Warfare Evolves into a Fourth Generation », *Unrestricted Warfare Symposium 2006 Proceedings*, p. 65.

12. Général Sir Rupert Smith, *The Utility of Force: the Art of War in the Modern World* (Londres: Allen Lane, 2005), p. xiii.

13. William S. Lind, « The Changing Face of War », p. 22–26.

14. Voir la critique de la G4G de Vincent Curtis dans « La théorie de la guerre de quatrième génération », Le Journal de l'Armée du Canada, vol. 8, n° 4 (hiver 2005), p. 17.

15. Steven Metz et Douglas V. Johnson II, « Asymmetry and U.S. Military Strategy: Definition, Background, and Strategic Concepts », U.S. Army War College, Strategic Studies Institute, janvier 2001, p. 5–6.

16. Colonel W.J. Fulton, DDNBC, « Capacités requises du MDN, menaces asymétriques et armes de destruction massive », quatrième ébauche, par. 70, 18 mars 2001.

17. Colin Gray, « Thinking Asymmetrically in Times of Terror », *Parameters*, vol. 32, n° 1, printemps 2002, p. 6.

18. *Ibid.*, p. 9.

19. Mohammed Aideed en Somalie en est un exemple. Il utilisait des coureurs, des pneus enflammés et autres moyens primitifs de communication pour éviter d'être capturé et empêcher la destruction de sa source d'influence.

20. Major-général Robert Scales, Avant-propos, « Cognitive Dominance Workshop », West Point Military Academy, 11 juillet 2006.

21. Lieutenant-colonel Shane Schreiber, CEMA, QG de la brigade multinationale, briefing au 1 GBMC, 22 janvier 2007.

22. L'intention du commandant s'entend des raisons de la conduite d'une opération et des résultats escomptés, tels qu'ils sont définis par le commandant. Il s'agit d'un énoncé clair et concis de l'état final souhaité et des risques acceptables. Sa force tient à ce que cette intention permet aux subordonnés de faire preuve d'initiative en l'absence d'ordres précis, lorsque des occasions imprévues se présentent ou lorsque le concept initial de l'opération ne s'applique plus.

23. Lieutenant-colonel Shane Schreiber, entrevue avec l'auteur, 18 octobre 2006.

24. « 3–7 CAV Lessons Learned », consulté sur Companycommand.com, 1er avril 2003.

25. Qiao Liang et Wang Xiangsui, *Unrestricted Warfare* (Beijing: PLA Literature and Arts Publishing House, février 1999), p. 199.

26. Voir Jeffrey Record, « Collapsed Countries, Casualty Dread, and the New American Way of War », *Parameters*, vol. 32, n° 2, été 2002, p. 4–23.

27. Martin Cook, Ph.D. « The Future Operating Environment: Ethical Implications », 7e Conférence canadienne sur la dimension éthique du leadership (CCDEL), 28 novembre 2006.

28. Général Peter J. Schoomaker, 35e chef d'état-major de l'Armée dans son message d'adieu, 9 avril 2007.

29. Entrevue avec le Major-général Andrew Leslie, 8 février 2006.

30. Michael Smith, « Secret War of the SAS », Mick Smith's Defence Blog, 18 janvier 2008.

31. Adjudant-chef Randy Northrup, SMR FO Orion, briefing au 1 GBMC, 22 janvier 2007.

32. Entrevue avec l'auteur, octobre 2006.

33. Brigadier-général David Fraser, présentation à l'Assemblée générale annuelle de l'Association canadienne de l'infanterie, 25 mai 2007.

34. Entrevue avec l'auteur, 17 octobre 2006.

35. Major-général Robert Scales, présentation à l'atelier intitulé « Cognitive Dominance Workshop », à West Point, 11 juillet 2006. Il précise : « Il espérait susciter notre impatience et nous faire réagir excessivement en utilisant de façon inappropriée la violence physique. La partie qui réussira le mieux à exploiter les médias mondiaux maîtrisera la perception et formera l'opinion ».

36. Michael Tutton, « Rice Gives Nod to Military », *Kingston Whig-Standard*, 13 septembre 2006, p. 11.

37. Général D.H. Petraeus, note de service : « Multi-National Force — Iraq Commander's Counter-Insurgency Guidance », 15 juillet 2008, p. 3. Ci-après « Général D.H. Petraeus, note de service ».

38. B-GL-300-001/FTP-000 Conduite des opérations terrestres — Doctrine du niveau opérationnel de l'Armée de terre canadienne.

39. Général D.H. Petraeus, note de service, p. 3.

40. Sean J.A. Edwards, *Mars Unmasked* (Santa Monica: RAND Arroyo Center, 2000), p. xiv.

41. Général D.H. Petraeus, note de service, p. 3.

42. Major Jay Adair, « A Crucible of Experience: A Company Second in Command's Perspective on Operations in Afghanistan », exposé inédit, 2007. Les groupes terroristes tels le Hezbollah, le Hamas et Al-Qaïda exploitent les communications — ils font une utilisation exhaustive des médias, de la télévision et de l'internet dans la lutte pour conquérir les cœurs et les esprits. Le clavier d'ordinateur est une arme, ni plus ni moins que les fusils d'assaut et les grenades propulsées par fusée.

43. Général D.H. Petraeus, note de service, p. 3.

44. Cité dans McCormick Tribune Foundation, « Irregular Warfare Leadership in the 21st Century: Attaining and Retaining Positional Advantage » (Wheaton, IL: McCormick Tribune Foundation, 2007), p. 27.

45. On estime qu'au moins 100 millions de personnes avaient accès à un réseau satellite

diffusant des reportages sur la guerre en Irak pendant l'invasion menée par les Américains. « Caught in the Crossfire: The Iraq War and the Media », International Press Institute (IPI), *www.freemedia.at/IrakReport2003.htm*, consulté le 6 juin 2003. Colonel J.P.M. Maillet, « Defence Ethics Program Ethics and Operations Project », note de service, 20 juin 2000.

46. Jamie Shea, Ph.D., p. 409.

47. Voir Sean J.A. Edwards, *Mars Unmasked* (Santa Monica: RAND Arroyo Center, 2000), p. 67.

48. Jamie Shea, Ph.D. « Modern Conflicts, the Media and Public Opinion: The Kosovo Example », *Military Spectator*, JRG 169, 8–2000, p. 410.

49. *Ibid.*, p. 411.

50. « Caught in the Crossfire », et reportage télévisé de CNN, 9 avril 2003.

51. Général D.H. Petraeus, note de service, p. 3.

52. David Killcullen, « Build It and They Will Come — Use of Parallel Hierarchies to Defeat Adversary Networks », *Unrestricted Warfare Symposium 2006 Proceedings*, p. 279.

53. Brigadier-général David Fraser, présentation à l'Assemblée générale annuelle de l'Association canadienne de l'infanterie, 25 mai 2007.

54. Emily Spencer, Ph.D., « Crucible of Success: Applying the Four Domain CQ Paradigm », Rapport technique de l'ILFC 2007-05, mai 2007.

55. *Ibid.*, p. 13. Le message est simple, il faut connaître votre public cible. Les terroristes ont cessé de montrer des vidéos de décapitations après avoir compris qu'ils allaient à l'encontre des normes établies, bien qu'informelles, des partisans dont ils dépendaient pour leur soutien et leur légitimité. Cette crainte de perdre l'appui populaire les a incités à modifier leur comportement. Gary Shiffman, « Economic Analysis and Unrestricted Warfare », *Unrestricted Warfare Symposium* (Maryland: John Hopkins University, 2007), p. 226.

56. Entrevue avec le Caporal-chef Lars Penniston, 9 mai 2007.

57. Martin Cook, Ph.D., « The Future Operating Environment: Ethical Implications », 7e CCDEL, 28 novembre 2006.

58. Lieutenant-général James N. Mattis, *Ethical Challenges in Contemporary Conflict: The Afghanistan and Irak Cases* (Annapolis: United States Naval Academy, March 2001), p. 11.

59. Général D.H. Petraeus, note de service, p. 3.

60. La réalité s'apparente à l'expérience des forces de l'ONU en Somalie de 1992 à 1993.

61. Lieutenant-colonel Shane Schreiber, CEMA, QG de la brigade multinationale, briefing au 1 GBMC, 22 janvier 2007.

62. On peut expliquer ainsi les différentes approches : sécurité (opérations militaires) — les effets se mesurent en semaines; développement (programmes de distribution de vivres et de construction des routes) — les effets se mesurent en années; renforcement des capacités (formation de cliniciens, entraînement de l'armée, construction d'écoles) — les effets se mesurent en générations.

63. Au milieu des années 1930, le major Seiberg écrivait : « Nous constatons que jusqu'à maintenant, la guerre civile d'Espagne n'a rien révélé de vraiment nouveau et que les soldats ne jugent aucune expérience valable sauf la leur. En d'autres termes, il serait impossible de répéter les erreurs qui ont mené à l'échec au cours de la Première Guerre mondiale. » Major Seiberg, « Char ou antichar? La guerre civile d'Espagne

permet-elle de désigner le vainqueur? » Traduction d'un article paru dans la revue Militar-Wochenblatt, numéro du 11 février 1937, Archives nationales, MG 31, G6, vol. 9, Dossier : Articles, documents, discours — U.

64. Lieutenant-colonel Shane Schreiber, CEMA, QG de la brigade multinationale, briefing au 1 GBMC, 22 janvier 2007. Schreiber exprimait des sentiments largement partagés lorsqu'il a déclaré : « Pour nous, les pertes font partie des réalités de la vie. Intégrez-les à l'instruction, exercez-vous — éprouvez les limites des soldats. ».

65. Ron Haycock, Ph.D., « Clio and Mars in Canada: The Need for Military Education », communication présentée au Canadian Club, à Kingston (Ontario), 11 novembre 1999.

66. Major David Last, « Educating Officers: Post Modern Professionals to Control and Prevent Violence », dans *Contemporary Issues in Officership: A Canadian Perspective*, Lieutenant-colonel Bernd Horn (éd.), Toronto, Institut canadien des Études stratégiques, 2000, p. 26.

67. Michael Howard, *The Causes of War* (New York: Harvard University Press, 1984), p. 83. L'honorable Major-général W.A. Griesbach déclarait : « Comme les guerres ne peuvent être commandées uniquement pour former les officiers, il s'ensuit qu'au cours de longues périodes de paix, la formation militaire des officiers ne peut provenir que de la lecture et de l'étude. » « Military Study: Notes of a Lecture », *Revue canadienne de défense*, octobre 1931, p. 19.

68. John Scott Cowan, Ph.D., Discours de remise des diplômes au CMR, 4 octobre 1999, Kingston, Ontario. Voir aussi Eliot Cohen et John Gooch, *Military Misfortunes: The Anatomy of Failure in War* (New York: Vintage Books, 1991), p. 233–237.

69. Major-général Robert Scales, présentation à l'atelier intitulé « Cognitive Dominance Workshop », à West Point, 11 juillet 2006.

FOS À VENDRE :

les Forces canadiennes et les défis posés par la privatisation de la sécurité

Christopher Spearin

IL NE FAIT AUCUN doute qu'au XXIe siècle, en dépit de politiques d'exception et d'indifférence, les forces d'opérations spéciales du Canada figurent parmi l'élite mondiale dans ce domaine.[1] Dans son budget de décembre 2001, le gouvernement fédéral a accordé un supplément de 119 millions de dollars canadiens à la Deuxième Force opérationnelle interarmées, principale organisation de forces d'opérations spéciales du pays, pour lui permettre de doubler sa capacité en ajoutant près de 600 combattants à son effectif de première ligne. Dans les régions comme l'Afghanistan, les activités conventionnelles de contre-terrorisme de la Deuxième Force opérationnelle interarmées, soit ses opérations « noires », ont augmenté au même rythme que ses opérations « vertes » (ses missions d'action directe et de guerre non conventionnelle).[2] Par ailleurs, le gouvernement a annoncé en janvier 2006 la formation d'un régiment d'opérations spéciales de 750 soldats qui sera chargé des activités des deuxième et troisième volets. En parallèle à cette expansion, le Commandement des Forces d'opérations spéciales du Canada a été mis sur pied le 1er février 2006, pour assurer la conduite d'opérations d'appui ou, d'opérations reposant sur l'appui d'autres forces. On pourrait en conclure que les forces d'opérations spéciales constituent aujourd'hui le quatrième service des Forces canadiennes (FC).[3]

Par ces engagements financiers, le déploiement d'opérations militaires et l'augmentation des effectifs, le Canada signale qu'il reconnaît l'importante contribution des forces d'opérations spéciales. Deux tâches s'annoncent maintenant : comment assurer à ces forces des moyens suffisants sur une base permanente, à l'intérieur d'une armée relativement modeste, et apaiser les doutes qui ne manqueront certainement pas de se manifester dans l'armée de terre, la marine et l'aviation, à l'égard du « petit dernier ». Doutes qui risquent malheureusement d'être exacerbés par l'intérêt croissant que ce contingent de forces d'opérations spéciales en pleine évolution est sûr d'éveiller parmi les entreprises de sécurité privées internationales.[4]

Même avec leurs vastes ressources, les États-Unis et le Royaume-Uni ressentent aujourd'hui les effets de l'hémorragie en personnel spécialisé qui saigne leurs forces d'opérations spéciales au profit du secteur privé. Rien qu'en Irak, on compte quelque 20 000 employés d'entreprises de sécurité privées, dont un grand nombre ont reçu leur formation dans les forces d'opérations spéciales. Ces nombres s'accordent avec les estimations de certains observateurs selon lesquels en Irak, les effectifs des entreprises de sécurité privées constituent le plus grand contingent de personnel de forces d'opérations spéciales américaines jamais assemblé et que les services spéciaux britanniques comptent plus d'anciens membres que de soldats en service actif.[5] Quant aux Forces canadiennes, malgré l'absence de tout relevé officiel, elles accusent déjà des pertes non négligeables parmi leurs forces d'opérations spéciales, ce qui pour beaucoup de militaires prouve que « la renommée internationale de la Deuxième Force opérationnelle interarmées en tant qu'unité de forces d'opérations spéciales a attiré l'attention de beaucoup d'entreprises de sécurité. »[6]

Dans le présent article, nous soutenons que ce niveau d'intérêt élevé persistera, en raison de la tendance de nombreuses entreprises de sécurité à se modeler sur les forces d'opérations spéciales et, en raison aussi des restrictions considérables, tant sur le plan politique que militaire, qui s'opposent à la formulation d'une solution au Canada. Et bien que les Forces canadiennes disposent de certains moyens pour surmonter ces restrictions, ces moyens risquent de ne pas être suffisants. C'est pourquoi nous suggérons aussi qu'il serait concevable que le gouvernement du Canada fasse également pression pour obtenir l'appui des États-Unis, compte tenu de l'influence énorme que ce pays exerce sur les entreprises internationales de sécurité privées.

FORCES D'OPÉRATIONS SPÉCIALES ET ENTREPRISES DE SÉCURITÉ PRIVÉES

Bien que l'on situe généralement l'origine des entreprises de sécurité privées à la fin de la guerre froide, il existait déjà quelques agences dont les compétences ressortaient des forces d'opérations spéciales. L'écossais Sir David Stirling qui était en juillet 1941 un des architectes des services spéciaux britanniques, allait mettre sur pied la compagnie Watchguard International quelques années plus tard, en 1967. L'entreprise, qui s'était valu le surnom de « branche civile » des services spéciaux, fournissait des services d'analyse de la sécurité, d'entraînement militaire et de protection personnelle à ses clients, gouvernements d'Afrique et du Moyen-Orient.[7] Et Alastair Morrison, autre agent des services spéciaux britanniques, a fondé la compagnie Defence Systems Limited en 1981. Au cours de sa carrière dans les services spéciaux, Morrison s'est distingué notamment, aux côtés des forces d'opérations spéciales allemandes, dans l'opération qui a mis fin au détournement du vol 181 de la Lufthansa, à Mogadiscio, le 17 octobre 1977. Morrison a organisé son entreprise privée, avec le mandat de concentrer l'expertise des forces d'opérations spéciales « pour constituer une société de renommée mondiale capable d'engager légitimement d'anciens militaires, sous contrat, en tant que conseillers en sécurité ou instructeurs militaires ou, pour fournir du personnel aux entreprises commerciales dans les régions de conflits. »[8]

De nos jours aussi, les entreprises de sécurité américaines font valoir leurs liens avec les forces d'opérations spéciales. Ainsi par exemple, les fondateurs de la compagnie Blackwater USA et une bonne partie de son personnel sont d'anciens membres SEAL de la marine américaine. Triple Canopy souligne le fait que ses « opérateurs possèdent chacun en moyenne plus de vingt ans d'expérience au sein des unités militaires d'opérations spéciales les mieux cotées et forment un effectif du plus haut calibre … Nous comptons parmi nous plus d'anciens professionnels de première ligne en opérations spéciales que toute autre organisation, en dehors des forces américaines. »[9] De même, Meyer & Associates indique que ses employés sont d'anciens « spécialistes militaires formés par les forces spéciales de l'armée américaine : Rangers, spécialistes du renseignement, patrouilleurs et opérateurs de la marine et de la garde côtière ».[10]

Certes, il faut reconnaître que certaines entreprises de sécurité ne revendiquent aucune expertise en opérations spéciales, mais on peut dire que n'importe laquelle d'entre elles présente au moins trois attraits pour les anciens membres des forces d'opérations spéciales. Premièrement, la majorité des entreprises de sécurité privées sont des entités essentiellement « virtuelles », en ce sens que leur effectif permanent est peu nombreux. Elles se fient donc à des registres d'anciens membres des forces armées d'où elles tirent leur main-d'œuvre. Certaines entreprises publient leurs offres d'emploi, mais c'est principalement auprès de leurs connaissances parmi les militaires à la retraite et certains milieux où se mêlent les secteurs privé et public qu'elles établissent leur réservoir de main-d'œuvre. En raison du fait que beaucoup d'entreprises de sécurité privées ont été mises sur pied par d'anciens membres des forces d'opérations spéciales et que des liens étroits les unissent, ayant tous reçu la même formation et partageant de nombreux souvenirs, il est normal que tant d'entreprises de sécurité privées portent l'empreinte évidente des forces d'opérations spéciales.

Deuxièmement, étant donné qu'il n'existe pas de normes qualitatives précises et universelles applicables au personnel des entreprises de sécurité privées, ni à l'échelle nationale ou, encore moins, à l'échelle internationale, la simple présentation de compétences acquises dans les forces d'opérations spéciales confère une autorité suffisante. Bien que des membres des forces conventionnelles possèdent certainement des aptitudes telles que langues étrangères, discernement culturel, souplesse et adaptabilité, ces aptitudes sont perçues dans le secteur privé comme représentants des compétences de base des forces d'opérations spéciales. En outre, les forces d'opérations spéciales servent de « pépinière de chefs » car, comme le décrit le Colonel Bernd Horn, actuellement commandant adjoint au sein du Commandement des Forces d'opérations spéciales, leurs membres « ont l'occasion d'acquérir des habiletés additionnelles, en particulier des qualités de chef d'un niveau élevé, grâce à leur exposition à un entraînement et à des expériences opérationnelles d'une nature différente, de même que grâce à l'exposition à un personnel différent, souvent plus expérimenté, plus mûr et très qualifié. »[11] Bien que Horn suggère que les membres d'une force d'opérations spéciales pourraient joindre de nouveau une unité conventionnelle, et donc faire profiter à cette dernière des expertises qu'ils ont acquises, on conçoit tout aussi bien que ces membres pourront en faire de même dans le secteur privé. C'est certainement ce que reconnaît le Sergent-chef Robert Martens fils, conseiller principal auprès du commandement des opérations spéciales des États-Unis : « Les qualités des membres des forces d'opérations spéciales, celles-là mêmes qui nous les rendent tellement utiles, leur confèrent aussi une grande valeur marchande à l'extérieur. »[12]

Troisièmement, sur le plan commercial, tout lien avec les forces d'opérations spéciales représente un grand atout publicitaire pour les entreprises de sécurité privées. De la conduite d'opérations de premier plan telles que la chasse aux missiles SCUD pendant la première guerre du Golfe, en 1990–1991, à la réussite de l'effet multiplicateur de force aux côtés des unités anti-Taliban en Afghanistan, les grandes personnalités gouvernementales n'ont pas manqué de faire état de l'importance des forces d'opérations spéciales.[13] Comme en fait foi Elliot Cohen, une telle reconnaissance ne surprend personne en temps de crise car « le public a soif de héros et les politiciens aiment à vanter les remèdes universels. »[14] Jusqu'à présent, les forces d'opérations spéciales ont joué ce rôle admirablement, comme en atteste l'impression généralement positive qu'elles créent dans les spectacles populaires.[15] Les entreprises de sécurité privées peuvent donc évoquer le folklore des forces d'opérations spéciales pour faire valoir leurs services. En fait, c'est exactement ce qu'avaient constaté les sociétés qui les ont précédées. Aux yeux des clients du Moyen-Orient et d'Afrique, la grande renommée des forces d'élite comme les services spéciaux britanniques conférait un cachet prestigieux aux services de la Watchguard International, d'autant plus que ces pays appartenaient, peu avant cela, à l'empire britannique.[16]

RESTRICTIONS DUES À L'EXODE DES MEMBRES DES FORCES D'OPÉRATIONS SPÉCIALES

D'autres facteurs, en dehors de l'accroissement des effectifs, expliquent l'attrait des forces d'opérations spéciales du Canada auprès du secteur privé. Même si l'on a reproché aux forces d'opérations spéciales canadiennes leur manque d'expérience, surtout, par exemple, en raison de la réputation du Canada en maintien de la paix et de son expérience limitée dans les conflits coloniaux, le rythme intensif qui caractérise les opérations actuelles va leur permettre de rattraper rapidement leur retard.[17] À cet effet, Bernd Horn démontre clairement l'avantage dont jouissent aujourd'hui les forces d'opérations spéciales par rapport aux forces conventionnelles, face aux menaces que posent terroristes et insurgés : « Les dirigeants politiques et militaires ont compris que seule une force flexible, adaptable et mobile (soit les forces d'opérations spéciales) pouvait contrer un ennemi insaisissable dont les tactiques reposent sur la dispersion, la complexité du terrain et l'asymétrie. »[18] Par conséquent, l'importance qu'accorde le Canada aux contingents d'opérations spéciales de ses forces armées en fait un candidat reconnu, respecté et recherché. En outre, les forces d'opérations spéciales du Canada s'entraînent souvent *de concert* avec celles d'autres pays et conduisent leurs missions *avec* elles, de sorte que les contingents canadiens se trouvent encore davantage associés à la communauté internationale des forces d'opérations spéciales, tant militaire que civile. Vu la décision prise en janvier 2003 par le gouvernement de George W. Bush de confier au commandement des opérations spéciales américaines le rôle principal dans la conduite de la « guerre mondiale contre le terrorisme », il est probable que cette interaction se poursuivra et que les rapports ainsi établis se renforceront.

Il est clair qu'une réduction de la capacité des forces d'opérations spéciales du Canada, en dépit de l'expansion espérée, poserait des difficultés sur plusieurs plans. Comme le remarque le Colonel Horn, « maniées comme il faut, des unités réduites mais hautement spécialisées et bien entraînées peuvent procurer, même à un petit État, une force de dissuasion et une influence militaire et politique qui dépasseront de loin ce à quoi on pourrait s'attendre d'après la simple envergure de ses forces armées. »[19] Avec des capacités limitées, le Canada risque donc de manquer des moyens voulus pour pouvoir contribuer à une « guerre de forces d'opérations spéciales » et revendiquer toute influence dans la conception des politiques. Il en résulterait aussi une diminution du capital politique du Canada auprès d'autres pays, notamment des États-Unis.[20]

En outre, limiter les moyens de nos forces d'opérations spéciales nuirait à l'activisme propre au pouvoir exécutif du Canada. On note depuis longtemps l'avance de la centralisation au gouvernement du Canada et, comme le soulignent des analystes comme Cohen et Deborah Avant, le contrôle que l'autorité politique exerce sur la violence peut avoir des répercussions sur la répartition des pouvoirs entre les institutions gouvernementales.[21] Dans le cas particulier des FOS, compte tenu du secret qui entoure souvent leurs opérations et du rôle qu'elles jouent dans la réalisation d'objectifs stratégiques, c'est aux échelons supérieurs du gouvernement que les interactions ont lieu et que les décisions se prennent. En fait, il ressort de l'analyse d'opérations passées que la décision d'employer les FOS canadiennes vise à prévenir les critiques à l'endroit de la politique gouvernementale, tant au pays qu'à l'étranger, en raison de certaines caractéristiques que présentent ces forces et qui, normalement, assurent le succès d'une mission, c'est-à-dire le caractère occulte des actions, la faible empreinte de l'équipe ou des équipes de FOS employées, l'extrême précision des interventions et la nature même des capacités ainsi que la très grande compétence des opérateurs.[22] Cela dit, cet outil de politique intérieure ou étrangère, et tout particulièrement l'élasticité « politique » des FOS canadiennes, s'affaiblira si l'exode des cerveaux — et des bras — vers le secteur privé s'accélère.

FREINER LE DÉPEUPLEMENT DES FORCES D'OPÉRATIONS SPÉCIALES NE SERA PAS FACIL

Il n'y a ni solution évidente ni remède idéal à l'exode des effectifs des forces d'opérations spéciales du Canada. Il ne suffira pas d'augmenter simplement le taux de recrutement, que ce soit pour la Deuxième Force opérationnelle interarmées ou le tout nouveau régiment d'opérations spéciales. Car il existe de ce côté-là des obstacles considérables. D'un certain point de vue, forcer soudain le recrutement va à l'encontre des quatre soi-disant principes constants des forces d'opérations spéciales, soit : « Les individus sont plus importants que le matériel. Mieux vaut la qualité que la quantité. Les forces d'opérations spéciales ne se fabriquent pas à l'emporte-pièce. Ne pas attendre qu'une urgence survienne pour former des forces d'opérations spéciales. »[23] Modifier le taux d'admission aux forces d'opérations spéciales, qui se situe généralement entre 10 et 30 p. 100 selon le niveau d'accès, risque de nuire aux normes qualitatives. Certains doutent déjà que le Canada puisse maintenir les normes de ses forces d'opérations spéciales si l'on double les effectifs de la Deuxième Force opérationnelles interarmées.[24] Même Gordon O'Connor, aujourd'hui ministre de la Défense, quand il était porte-parole de l'opposition en matière de défense, exprimait son incertitude que le Canada soit capable de maintenir les compétences et les normes propres aux forces d'opérations spéciales, en déclarant : « Les Forces canadiennes sont-elles assez nombreuses pour qu'on y cultive une telle réserve de talent? Je ne peux pas répondre à cette question. »[25]

D'un autre point de vue, étant donné la politique canadienne actuelle de ne pas recruter les membres des forces d'opérations spéciales directement dans la population civile, il est peu probable que la marine, l'aviation et surtout l'armée, d'où provient la majorité des recrues des forces d'opérations spéciales, accordent leur appui entier à un plan qui dégarnirait leurs rangs, même en tenant compte du désir du gouvernement de Stephen Harper d'augmenter l'ensemble des effectifs des Forces canadiennes. Accorder d'emblée la priorité aux forces d'opérations spéciales, sans prendre certaines précautions, risquerait d'entraîner au sein des Forces canadiennes une rupture profonde entre les éléments conventionnels et non conventionnels. La situation finirait sans doute par avantager les premiers, si l'on entend la mise en garde de l'ancien Colonel J. Paul de B. Taillon, quand il observe : « [les] forces [canadiennes] sont imprégnées de la culture militaire traditionnelle, et leur point de vue est marqué par cette culture. »[26] Bref, comme l'histoire l'a montré, les forces conventionnelles à l'esprit conservateur sont lentes à accepter ou à soutenir les FOS.

Mais, ajoutant à la controverse, il est maintenant établi que les forces d'opérations spéciales tendent à dépouiller les forces conventionnelles de leurs éléments les plus prometteurs et les plus qualifiés. Par exemple, selon l'historien militaire Philip Warner, ceux et celles qui se portent volontaires aux forces d'opérations spéciales « sont les plus entreprenants, les plus dynamiques et les plus indispensables » et ailleurs, le Maréchal Viscount Slim accuse les forces d'opérations spéciales de « [soustraire] les meilleurs éléments » aux forces conventionnelles.[27] Ainsi, certains soutiennent que la Deuxième Force opérationnelle interarmées, dès sa formation en avril 1993, a détourné les meilleurs candidats du Régiment aéroporté du Canada.[28] Il est également important de se rappeler que jusqu'en 1999, certains officiers supérieurs des Forces canadiennes soutenaient encore que le Canada ne possédait pas de « forces spéciales » par crainte, entre autres, qu'en reconnaissant ce fait, ils auraient accordé aux forces d'opérations spéciales un prestige tel qu'en comparaison, le reste des forces canadiennes auraient paru trop ordinaires.[29]

On ne résoudra pas non plus complètement la situation en rehaussant de diverses façons la « valeur » du service dans les forces armées. En 2006, les membres de la Deuxième Force opérationnelle interarmées ont reçu la première augmentation de leurs compensations financières depuis 1997, en reconnaissance du niveau de risque, des conditions de travail, de l'ancienneté et des compétences. Par exemple, l'allocation annuelle des troupes de choc, « la pointe la plus acérée de l'arsenal des forces d'opérations spéciales du Canada », est passée de 21 756 à 25 260 dollars canadiens. Cette mesure faisait suite à un rapport des Forces canadiennes, publié en 2004, qui examinait la possibilité d'augmenter la solde des forces d'opérations spéciales pour y favoriser le maintien de l'effectif.[30] Néanmoins, à parts égales, les dépenses publiques ne seront probablement pas suffisantes pour rivaliser avec les salaires offerts dans le secteur privé. En Irak, par exemple, certains membres du personnel des entreprises de sécurité privées bénéficient de contrats qui leur donnent droit à un paiement *quotidien* de 800 à 1000 dollars américains.

D'autres avantages offerts dans le secteur public ne sont pas suffisants pour y retenir le personnel. Les représentants des Forces canadiennes aiment à souligner que le secteur privé n'offre pas certains avantages tels que fonds de retraite et assurance.[31] Pourtant aux États-Unis, où la question du maintien du personnel des forces d'opérations spéciales a fait l'objet d'examens publics plus approfondis, ce sont les opérateurs chevronnés qui, bien qu'ayant droit à un fonds de retraite, répondent bien plus souvent à l'appel du secteur privé. En outre, certaines entreprises de sécurité privées ont amélioré les avantages financiers qu'elles offrent aux candidats en y incluant un régime d'assurance respectable.

Finalement, comparer la valeur d'un emploi au service national à celle d'un poste dans le secteur privé ne suffit plus, quand on considère l'importance croissante que l'on accorde semble-t-il au concept de la profession plutôt qu'à l'institution même des Forces canadiennes.[32]

Selon Charles Moskos, c'est là toute la différence entre l'orientation par principe et le raisonnement pratique, entre « la motivation intrinsèque d'une institution et la motivation extrinsèque d'une profession ».[33] Et cette situation n'existe pas exclusivement au Canada. Au Royaume-Uni, certains soutiennent que : « tout est aujourd'hui une question d'argent et beaucoup de jeunes troupiers voient les services spéciaux comme rien d'autre qu'une école professionnelle, qu'ils fréquentent dans la poursuite de leur carrière personnelle ».[34] En fait, si les tendances actuelles persistent aux États-Unis et se propagent au Canada, la distinction sera bientôt difficile à faire entre ce qui relève de l'institution et ce qui appartient à la profession, car le personnel des entreprises de sécurité privées jouit d'une reconnaissance croissante auprès de l'État, surtout dans le cas des morts, à qui l'on rend hommage et dont on vante le patriotisme.

RÉGLEMENTATION ET CONTRÔLE

Le Canada en est seulement au stade préliminaire dans l'élaboration de règlements applicables aux services de sécurité privés, l'accent étant davantage sur les conséquences normatives et sur le droit de la personne que sur les questions précises relatives à la migration du personnel du secteur public au secteur privé. Le Lieutenant-colonel David Last offre d'ailleurs un conseil judicieux : « Pour l'État, il ne s'agit pas seulement d'une question d'autonomie et d'efficacité. L'État doit envisager de réglementer la capacité d'un intérêt privé à conduire des opérations spéciales, en considérant le risque d'abus dans l'arène internationale ».[35] Ces facteurs, sans chercher à en diminuer l'importance, se comprennent facilement. Car l'essence de la plateforme de la sécurité de la personne imprègne encore de nombreuses activités du ministère des Affaires étrangères et du Commerce international. Par ailleurs, on y voit aussi l'admission que des doutes persistent quant à notre renom en tant que nation et à notre respect des droits de la personne, questions survenues d'abord des suites de l'enquête sur la Somalie et qui se manifestent aujourd'hui encore, dans des cas tels que le bon traitement des combattants capturés pendant les opérations contre les forces terroristes et insurgées.

Interdire aux membres des forces d'opérations spéciales du Canada de se joindre à des entreprises de sécurité privées n'avancerait à rien. Sur le plan déontologique, telle interdiction amènerait presque certainement à un examen de la protection des anciens opérateurs en vertu de la *Charte canadienne des droits et libertés*. Sur le plan pratique, elle serait difficile à exécuter, en raison des origines transnationales du personnel des entreprises de sécurité privées et des limites à l'extraterritorialité. Même dans les premiers temps, contrôler les effectifs était problématique pour Ottawa. En 1937, le gouvernement du premier ministre Mackenzie King avait adopté la *Loi sur l'enrôlement à l'étranger*, afin d'empêcher les Canadiens de prendre part à la guerre civile d'Espagne. Le Canada a envoyé dans ce conflit plus de combattants étrangers par habitant que tout autre pays.[36] Cependant, la preuve de l'impuissance de cette loi réside dans le fait que plus de la moitié des 1 200 Canadiens qui se sont rendus en Espagne sont partis *après* son adoption.

De nos jours, on constate aux États-Unis que les programmes visant à freiner l'exode et à empêcher les membres du personnel jugé essentiel de prendre leur retraite sont mal reçus et critiqués, certains accusant les autorités d'imposer officieusement le service militaire et d'autres protestant contre une nouvelle forme de servitude. Quant à imposer un contrôle, il n'existe que quelques entreprises de sécurité privées au Canada et parmi elles, peu détournent régulièrement du personnel des forces d'opérations spéciales canadiennes. Dans l'ensemble, le Canada alimente des sociétés qui jouissent d'une présence respectable sur le marché, à l'intérieur d'autres pays, en particulier aux États-Unis et en Grande-Bretagne.

Vu ces difficultés, on pourrait soutenir que le gouvernement du Canada aura plutôt intérêt à presser Washington pour y faire adopter des règlements applicables aux normes qualitatives gouvernant l'industrie des entreprises de sécurité privées. C'est une proposition qui se défend notamment parce que les entreprises de sécurité américaines embauchent un grand nombre de Canadiens. Mais surtout, il y a la place qu'occupent les États-Unis dans l'ensemble de l'industrie des services de sécurité privés. Les conclusions auxquelles est arrivée la politicologue Deborah Avant soulignent ce point : « En effet, la dominance des États-Unis sur le plan des dépenses militaires est telle que les autres gouvernements n'auront sans doute qu'une influence limitée sur l'évolution des entreprises de sécurité privées. Ces gouvernements n'iront certainement pas loin par le biais de la réglementation, à moins de faire un emploi plus intensif des services de sécurité. »[37] En ce qui concerne le Canada, il est peu probable que le pays puisse jouer un rôle dominant dans un avenir proche sur le marché international des services de sécurité privés.

Entendons-nous : il est vrai que, d'une part, les entreprises de sécurité privées s'inscrivent dans un contexte international dans lequel « les normes westphaliennes s'érodent, les tendances économiques néolibérales s'affirment surtout dans la privatisation des services, et la globalisation de la production des biens et des services ».[38] Cela suppose cependant que les effets et les conséquences de l'évolution des services de sécurité privés sont les mêmes dans le monde entier, en présence comme en l'absence de contrôles. D'autre part, pour les pays développés, en particulier les États-Unis, les entreprises de sécurité privées servent souvent les intérêts de l'État. Ce raisonnement s'accorde à ceux de Hans Morgenthau, Kenneth Waltz et John Mearsheimer, selon qui, dans l'arène internationale, les États forts non seulement éprouvent les effets des phénomènes mondiaux différemment, mais peuvent aussi, dans une certaine mesure, les plier à leur avantage.[39] Ainsi, affirment Ripsman et T.V. Paul, « la question n'est pas de savoir si les aléas de la globalisation viendront à bout de l'État mais plutôt, quels changements ils imposeront à l'État et par quels mécanismes celui-ci s'adaptera aux courants sociaux internationaux, tout en préservant son intégrité ».[40]

Les États-Unis étant un des principaux clients de l'industrie des services de sécurité privés, ils exercent une grande influence sur « l'écologie du marché ».[41] En plus de la référence des fondateurs et cadres d'entreprises de sécurité privées aux forces d'opérations spéciales, le pouvoir d'achat considérable des États-Unis a contribué à faire du calibre des forces d'opérations spéciales la norme d'excellence de l'industrie. Cela est dû au fait qu'au niveau de la demande, les États-Unis ne tiennent généralement pas compte du rôle qu'ils jouent dans la conception du niveau de l'offre, soit des qualifications et des moyens des entreprises de sécurité privées. En Irak, par exemple, bien que certaines tâches confiées au personnel des entreprises de sécurité privées, telles que la protection rapprochée, font appel directement à des compétences des forces d'opérations spéciales, d'autres, telles que l'expertise en sécurité, la protection stationnaire et l'escorte de convoi, ne relèvent pas forcément ni exclusivement du domaine des forces d'opérations spéciales. Pourtant, les entreprises de sécurité privées confient ces tâches à d'anciens membres des forces des opérations spéciales. Ce n'est pas nécessairement l'emploi le plus judicieux des compétences des forces d'opérations spéciales, mais simplement parce que les États-Unis adoptent ce qui s'offre sur le marché, où les entreprises de sécurité privées constituent la norme, cette pratique est devenue « le mécanisme par lequel s'établit le modèle privilégié du professionnalisme ».[42]

Pour mieux se faire entendre des entreprises de sécurité privées et ainsi atténuer l'importance accordée jusqu'ici aux forces d'opérations spéciales, le Canada pourrait faire valoir deux méthodes aux États-Unis. La première consisterait à s'efforcer explicitement d'engager des entreprises de sécurité privées qui ne se réfèrent pas principalement aux forces d'opérations spéciales ou dont le personnel expert n'est pas constitué en majorité d'anciens des forces d'opérations spéciales. De même, en examinant le contrat de plus près, on pourrait découvrir parfois que les tâches à exécuter n'exigent des compétences des forces d'opérations spéciales. Selon la seconde méthode, plus étoffée, Washington mettrait en place des règlements qualitatifs sur les normes applicables au personnel des entreprises de sécurité américaines. Ces normes souligneraient le professionnalisme, la capacité et le respect des conventions relatives aux droits de la personne, sans inviter à conclure que les qualifications requises sont celles qui caractérisent le domaine des forces d'opérations spéciales. Du fait que les États-Unis dominent le marché international, il est probable que les entreprises d'autres pays suivent cet exemple et adaptent leurs efforts de promotion et les aptitudes requises aux nouvelles exigences commerciales. L'objectif d'ensemble serait donc d'atténuer le caractère « spécial » des forces d'opérations spéciales aux yeux du secteur privé.

Il y a lieu de croire qu'une telle pression politique, exercée par le Canada, serait bien reçue aux États-Unis. Comme nous l'avons indiqué précédemment, le commandement des opérations spéciales des États-Unis n'est pas insensible aux effets négatifs de l'ascendance des entreprises de sécurité privées. Malgré la mise en place au Pentagone de nouvelles mesures de maintien des effectifs, semblables aux allocations et primes mentionnées plus tôt , l'exode des compétences persiste. En outre, cet exode pourrait avoir des effets encore plus prononcés vu la cote de valeur accordée aux forces d'opérations spéciales dans la *Quadrennial Defense Review* de 2006 : une hausse de 15 p. 100 dans les unités de forces d'opérations spéciales, due tout particulièrement à l'augmentation du nombre d'opérateurs des Special Forces et des SEALS de la marine américaine. Bien qu'à ce jour, les États-Unis aient concentré leurs efforts sur des mesures visant à maintenir les effectifs militaires des forces d'opérations spéciales, il conviendrait d'accorder une plus grande attention au marché qui est prêt à les accueillir quand ils décident de quitter les forces armées. Certes, ce n'est pas là une solution universelle, mais une telle vigilance aiderait aussi les Forces canadiennes à gérer leurs forces d'opérations spéciales et à en maintenir les effectifs.

Conclusion

L'analyse précédente met en lumière quelques questions dont, à l'avenir, les responsables des politiques et les analystes voudront peut-être tenir compte. Premièrement, en insistant sur l'élaboration de normes qualitatives qui modèreraient l'importance généralement accordée aux forces d'opérations spéciales, nous proposons que la main-d'œuvre privée devrait généralement provenir de l'ensemble des services de sécurité publics. Même si l'on peut conclure d'analyses antérieures que l'avenir des entreprises de sécurité privées est assuré en raison de l'offre, de la demande et des facteurs idéationnels, le secteur demeure un sujet sensible sur le plan politique et normatif et il convient donc de le traiter en conséquence.[43] On devra donc à l'avenir poursuivre son examen pour déterminer notamment pourquoi, quand et comment le Canada choisira officiellement de soumettre à un contrôle plus strict les compétences des services de sécurité privés basés au pays mais exportés dans le monde. Deuxièmement, dans un même ordre d'idées, il sera important d'estimer la réaction de la population à toute modification des compétences du secteur canadien de la sécurité et les risques de retombées politiques. Par exemple, les activités des forces d'opérations spéciales et des unités conventionnelles présentement en Afghanistan s'accordent difficilement dans certains esprits à l'idée traditionnelle qu'on se fait des Forces canadiennes (c'est-à-dire le mythe du maintien de la paix). On ne doit pas oublier qu'il y a seulement une dizaine d'années, des représentants officiels des Forces canadiennes qualifiaient certaines opérations de la Deuxième Force opérationnelle interarmées de « types de missions d'observation tout à fait inoffensives ».[44] Le fait qu'en 2005, le gouvernement ait choisi de révéler quelques aspects jusque là secrets des opérations de la Deuxième Force opérationnelle interarmées en Afghanistan démontre qu'il est sensible à la perspective des Canadiens.[45] Mettre l'accent non seulement sur les forces d'opérations spéciales, mais aussi sur les effectifs des entreprises de sécurité privées canadiennes qui, aux yeux de certains Canadiens, ne sont guère que des mercenaires, au sens le plus péjoratif du terme, poserait de nouvelles difficultés pour le gouvernement.

Dans l'ensemble, il est intéressant de suivre l'évolution de la « cote » à la fois de la force d'opérations spéciales et de l'entreprise de sécurité privée depuis la fin de la guerre froide et, en particulier, depuis les attaques terroristes du 11 septembre 2001. Chacun de ces événements est intervenue à sa façon dans le « marché de la sécurité » caractérisé par le terrorisme et l'insurrection. Il n'est pas surprenant que certains pays, surtout les États-Unis, entendent recourir plus souvent à ces services publics et privés. Mais ce faisant, en raison des réserves de main-d'œuvre limitées et de leurs conjonctions, des tensions se manifesteront, et les états fournisseurs tels que le Canada seront confrontés à certaines problématiques, alors même que les Forces canadiennes tentent d'accroître les effectifs de leurs propres forces d'opérations spéciales. Même s'il n'existe aucune solution simple à ce dilemme, les suggestions offertes dans le présent article aideront peut-être, comme on l'espère, à éviter que l'on se retrouve bientôt dans l'obligation de renflouer un service aux dépens d'un autre.

NOTES

1. On trouvera un historique des forces d'opérations spéciales du Canada dans l'article de Sean M. Maloney, « Qui a vu le vent? Survol historique des opérations spéciales canadiennes », paru dans *Revue militaire canadienne*, vol. 5, n° 3, automne 2004, p. 39–48.

2. Des définitions et une explication des rôles et des tâches des FOS figurent dans l'ouvrage de Bernd Horn et Tony Balasevicius, *Lumières sur les forces de l'ombre : une perspective canadienne sur les forces d'opérations spéciales* (Kingston: Les Presses de l'Académie canadienne de la défense, 2007), p. 20–30.

3. Les chefs supérieurs au QGDN parlent souvent du COMFOSCAN en ces termes. En fait, le précédent Chef d'état-major de la Défense (CEMD) avait ordonné qu'à l'occasion de la passation de commandement de juillet 2008, une quatrième garde formée de membres du COMFOSCAN soit présente aux côtés des gardes de l'Armée de terre, de la Force aérienne et de la Marine afin de bien marquer le statut de ce commandement.

4. On a adopté, aux fins du présent article, l'expression « entreprise de sécurité privée » plutôt que « compagnie militaire privée », car les compagnies militaires privées offrent des services mixtes policiers et militaires. Cet usage tient compte des milieux dans lesquels elles sont souvent employées (États en voie de développement qui sont aux prises avec un conflit ou sujets à la violence) et des effets pratiques qu'elles ont parfois sur ces milieux. En outre, dans tous les cas, l'objet est avant tout de hausser le niveau de sécurité des lieux ou des personnes. Ainsi, l'expression « entreprise de sécurité privée » convient quel que soit le sens global.

5. James Dao, « The Struggle for Iraq: Security », dans *New York Times*, le 2 avril 2004, p. A1; Thomas Catan et Stephen Fidler, « The Military Can't Provide Security », dans *Financial Times*, le 29 septembre 2003 en ligne, *www.nettime.org/Lists-Archives/nettime-l-0309/msg00169.html*.

6. D'après l'article de David Pugliese, « Soldiers of Fortune », paru dans le quotidien *Ottawa Citizen*, 12 novembre 2005, p. A17.

7. Anthony Mockler, *The New Mercenaries* (Londres: Sidgwick & Jackson Limited, 1985), p. 151; Wilfred Burchett et Derek Roebuck, *The Whores of War* (Londres: Pelican Special, 1977), p. 166.

8. D'après Kevin A. O'Brien, « PMCs, Myths, and Mercenaries: the debate on private military companies », dans *Royal United Service Institute Journal*, vol. 145, n° 1, février 2000, p. 61.

9. Citation en ligne, *www.itd.hu/itdh/nid/IQ/pid/0/itdhArticleDisplay/oid/0/Article.4402*.

10. Voir *www.meyerglobalforce.com/special.html*.

11. Bernd Horn, « Le côté obscur des élites : l'élitisme en tant que catalyseur de la désobéissance », dans *Le Journal de l'Armée du Canada*, vol. 8, n° 4, hiver 2005, p. 71.

12. Citation d'après Pauline Jelinek, « Many Elite Soldiers Leave for Better Pay », dans *The Guardian*, le 20 juillet 2004, en ligne à *www.node707.com/archives/001526.shtml*.

13. Voir, par exemple, Donald H. Rumsfeld, « Transforming the Military », dans *Foreign Affairs*, vol. 81, n° 3, mai/juin 2002, p. 20–32.

14. Eliot A. Cohen, *Commandos and Politicians: Elite Military Units in Modern Democracies* (Cambridge: Center for International Affairs, Harvard University, 1978), p. 95–96.

15. Voir des films récents tels que *The Rock, E Ring, Tears of the Sun* et *Transporter* ou, parmi les films plus anciens *The Green Berets, The Guns of Navarone*, et *Where Eagles Dare*.

16. Mockler, p. 149.

17. On trouvera un exemple d'une telle critique dans David Pugliese, « JTF2 Not Ready for Afghan Duty: expert », dans le *Ottawa Citizen*, 22 novembre 2001, p. A1. Voir aussi Maloney.

18. Bernd Horn, « Le choc des cultures : le fossé séparant les forces traditionnelles et les forces d'opérations spéciales », *Revue militaire canadienne*, vol. 5, n° 3, automne 2004, p. 6.

19. Bernd Horn, « Special Men, Special Missions: The Utility of Special Operations Force — A Summation », dans Bernd Horn, J. Paul de B. Taillon et David Last (dir.), *Force of Choice: Perspectives on Special Operations* (Kingston: McGill-Queens University Press, 2004), p. 20.

20. On lira une description des avantages politiques et diplomatiques que procurent les forces d'opérations spéciales du Canada dans Jamie Hammond, « Les forces d'opérations spéciales : congruentes, prêtes et précises », *Revue militaire canadienne*, vol. 5, n° 3, automne 2004, p. 17–28; Bernard J. Brister, « Un plan pour l'avenir des forces d'opérations spéciales du Canada », *Revue militaire canadienne*, vol. 5, n° 3, automne 2004, p. 29–37.

21. Voir Cohen, p. 70; Deborah Avant, « The Privatization of Security and Change in the Control of Force », *International Studies Perspectives*, vol. 5, n° 2, mai 2004, p. 156. Sur le sujet de la centralisation du pouvoir au Canada, voir Donald J. Savoie, *Governing From the Centre: The Concentration of Power in Canadian Politics*, (Toronto: University of Toronto Press, 1999); Jeffrey Simpson, *The Friendly Dictatorship* (Toronto: McClelland & Stewart Ltd., 2001).

22. On trouvera un exemple d'une telle analyse dans David Pugliese, *Canada's Secret Commandos: The Unauthorized Story of Joint Task Force Two* (Ottawa: Esprit de Corps Books, 2002), p. 118–121.

23. Robert D. Kaplan, *Imperial Grunts: The American Military on the Ground* (New York: Random House, Inc., 2005), p. 191.

24. Bruce Garvey, « Forces Struggling to Find 600 Soldiers Good Enough to Serve in Crack JTF 2 Unit », dans le *Ottawa Citizen*, 24 octobre 2003, p. A1.

25. D'après les citations de David Pugliese, « Military Creates New Special Forces Unit », dans le *Ottawa Citizen*, 4 janvier 2006, p. A1.

26. J. Paul de B. Taillon, « De nouveaux paradigmes pour les forces d'opérations spéciales du Canada », *Revue militaire canadienne*, vol. 6, n° 4, hiver 2005–2006, p. 75.

27. D'après la citation dans Horn, « Le choc des cultures », p. 6.

28. Pugliese, *Canada's Secret Commandos*, p. 121.

29. David Last, « Special Operations Forces in Conventional Armies: 'Salvation Army?' or 'Dirty Dozen'? » dans Bernd Horn et coll. (dir.), *Force of Choice*, p. 36, p. 57.

30. Stephanie Rubec, « Elite Soldiers Drained », 25 avril 2005, en ligne, *http://cnews. canoe.ca/CNEWS/Canada/2005/04/25/pf-1012118.html*; David Pugliese, « Special Forces Get Pay Raise », dans le quotidien *National Post*, 26 août 2006, p. A4.

31. Rubec, « Elite Soldiers Drained ».

32. Noel Iverson, « Military Leadership and Change in the 1990s », en ligne, *www.cda-cdai.ca/library/iverson.htm*.

33. Charles C. Moskos et Frank R. Wood, « Introduction », dans Charles C. Moskos et Frank R. Wood, (dir.), *The Military: More Than Just a Job?* (Washington, DC: Pergamon-Brassey's International Defense Publishers, 1988), p. 4–5.

34. « British SAS Mull Bonus to Halt Exodus », *Agence France-Presse*, 15 février 2005, en ligne, *www.news.com.au/story/0,10117,12253024-1702,00.html*.

35. David Last, « Epilogue: The Next Generation of 'Special Operations'? » dans Bernd Horn et coll. (dir.), *Force of Choice*, p. 208.

36. Victor Hoar, *The Mackenzie-Papineau Battalion* (Toronto: Copp Clark, 1969), p. 1.

37. Deborah Avant, *The Market for Force: The Consequences of Privatizing Security* (Cambridge: Cambridge University Press, 2005), p. 177.

38. Voir Dan Hellinger, « NGOs and the Privatization of the Military », dans *Refugee Survey Quarterly*, vol. 23, n° 4, décembre 2004, p. 192–220.

39. Hans J. Morgenthau, *Politics Among Nations: The Struggle for Power and Peace*, septième édition (Montréal: McGraw-Hill Higher Education, 2006); Kenneth N. Waltz, *Theory of International Politics* (Reading: Addison-Wesley Publishers, 1979); John J. Mearsheimer, *The Tragedy of Great Power Politics* (New York: Norton, 2001).

40. Norrin M. Ripsman et T.V. Paul, « Globalization and the National Security State: A Framework for Analysis », *International Studies Review*, vol. 7, n° 2, juin 2005, p. 224.

41. Avant, *The Market for Force*, p. 220.

42. *Ibid.*, p. 226.

43. Voir Peter W. Singer, *Corporate Warriors: The Rise of the Privatized Military Industry* (Ithaca: Cornell University Press, 2003).

44. D'après la citation dans Pugliese, *Canada's Secret Commandos*, p. 11.

45. On trouvera un tel « ballon d'essai » dans Stephen Thorne, « Canadian commandos taking out Taliban », dans le quotidien *Globe and Mail*, 17 septembre 2005, p. A13.

MISE SUR PIED DE FORCES D'OPÉRATIONS SPÉCIALES EN PRÉVISION DE LA LONGUE GUERRE

J. Paul de B. Taillon

C'est tout de même une chose assez extraordinaire toute cette opposition que l'on peut rencontrer chez ses alliés. Les alliés, au fond, sont des gens vraiment extraordinaires. Leur obstination, leur étroitesse d'esprit, l'importance ridicule qu'ils attachent au prestige et l'emprise qu'exercent sur eux leurs idées politiques dépassées sont simplement stupéfiantes. Il est tout aussi étonnant de constater à quel point ils sont incapables de mesurer l'ampleur de votre ouverture d'esprit, la précision de vos idées, la modernité de vos concepts et votre généreux esprit de collaboration. Oui, cela est extraordinaire. Pourtant, si c'est là l'idée que vous avez de vos alliés — et croyez-moi, vous pourriez en avoir de bien pires que les Britanniques — souvenez-vous de deux choses. D'abord, que vous êtes un allié aussi, et que les alliés sont tous semblables. Si vous passez de l'autre côté de la table, vous aurez tout à fait l'air de votre camarade assis en face de vous. L'autre point à rappeler, c'est qu'il y a quelque chose de pire que d'avoir des alliés — c'est de ne pas en avoir du tout.

— Feld-maréchal Sir William Slim[1]

AUJOURD'HUI, LA PLUPART DES commandants, analystes et érudits militaires reconnaissent que les Forces d'opérations spéciales (FOS) accomplissent des missions de nature tactique, qui ont par ailleurs une incidence stratégique considérable. Au cours de la dernière décennie, des forces d'opérations spéciales coalisées ont remporté des succès en Bosnie, au Kosovo, en Afghanistan et en Irak, soulignant la nécessité d'appuyer, de faciliter et d'accélérer les opérations de ce genre à l'avenir. Les coalitions actuelles et futures font et feront face à des difficultés, puisqu'en plus des alliés dits « traditionnels »,[2] elles doivent tenir compte des partenaires non traditionnels que sont les FOS, ce qui soulève certaines questions délicates liées, entre autres choses, à l'échange de renseignement, à l'interopérabilité et à l'établissement de coalitions dans le respect des intérêts nationaux. En outre, pour chaque pays, le déploiement de forces spéciales coalisées doit correspondre à ses intérêts stratégiques. Les opérations coalisées sont donc devenues le facteur critique du succès dans la guerre contre le terrorisme.

Afin de saisir l'étendue des capacités des FOSC, nous examinons dans le présent chapitre quelques opérations récentes en Afghanistan et en Irak, puis nous formulons des recommandations pour accroître l'interopérabilité et l'intégration de ces forces. Il s'agira, par exemple, de mettre en place des programmes de sensibilisation ou d'information sur la coalition, destinés aux éventuels partenaires des FOS, ainsi que des initiatives visant à faciliter l'interopérabilité des partenaires au sein d'une structure de commandement interarmées entièrement intégrée pour les FOSC.

LA MENACE

Bien que le terrorisme ait toujours été perçu comme une menace criminelle, depuis les attaques du 11 septembre 2001, il reçoit l'essentiel de l'attention des États-Unis et de leurs partenaires en ce qui concerne la sécurité nationale. Les terroristes sont considérés comme une menace grave et constante pour tous les pays. Les Américains et les FOSC montrent la voie, mettant à profit leurs compétences, leur expérience, leurs connaissances linguistiques et leur sensibilité culturelle uniques pour établir des liens avec les populations locales, ce qui leur permet d'obtenir un renseignement crucial, d'entretenir des relations interpersonnelles utiles et de former des partenariats dans le cadre de coalitions mondiales d'une grande importance stratégique.[3] Les FOS américaines et coalisées sont à l'œuvre dans plusieurs régions du monde, notamment les Philippines, les pays de la côte du Pacifique, la région des trois frontières en Amérique du Sud (Brésil, Paraguay et Argentine), la région africaine du Sahel (Tchad, Mali, Mauritanie et Niger), où elles collaborent étroitement avec les autorités locales (policières, militaires et de sécurité), dans la lutte contre la menace continuelle du terrorisme. Comme le soulignait le Major-General Gary L. Harrell, commandant du Combined Special Operations Component au commandement central des États-Unis, « les FOSC apportent une contribution précieuse à la guerre contre le terrorisme, qui excède largement leur effectif ».[4] Cette reconnaissance par les Américains fait ressortir la nécessité de renforcer et d'étendre ce type de contribution, surtout que leurs FOS seraient « passablement débordées » en raison de leur rythme opérationnel.[5]

Aujourd'hui, la lutte contre le terrorisme mondial exige la mobilisation et le maintien d'une volonté et d'une détermination collectives, en même temps que les ressources et les éléments de la puissance du pays requis pour faciliter les efforts des partenaires de la coalition. La politique stratégique préventive adoptée par les Américains fera en sorte que certaines initiatives de leur gouvernement se dérouleront en dehors de zones de combat au sens où on l'entend habituellement. Par exemple, un responsable de la sécurité pakistanais rapportait récemment un incident (ou attaque préventive) au cours duquel un missile lancé par un véhicule aérien télépiloté américain avait atteint et tué un instructeur d'Al-Qaïda qui était considéré comme étant un spécialiste des armes chimiques et biologiques au Waziristan. Cela souligne la nécessité d'une coopération plus étroite et de plans coordonnés qui tirent parti des points forts des États-Unis et de ses partenaires coalisés, afin de mieux cibler les terroristes, tout en évitant de tragiques dommages collatéraux à mesure que s'étend le territoire de l'affrontement.[6]

Pour lutter efficacement contre le terrorisme moderne, les États-Unis et leurs alliés doivent instaurer un environnement où le terrorisme ne pourra se développer, et mettre au point une stratégie antiterroriste adaptative. Il faudra pour cela que la communauté internationale, ainsi que tous les départements et agences des États-Unis, adhèrent pleinement aux quatre principes qui sous-tendent une telle stratégie :

- prévenir l'émergence de nouvelles menaces terroristes;
- isoler les menaces terroristes connues de leurs bases de soutien;
- contrer les menaces terroristes qui ont été isolées; et
- empêcher la réapparition des menaces terroristes qui ont déjà été contrées.[7]

L'IMPORTANCE STRATÉGIQUE DES PARTENAIRES

Les politiciens, les commandants militaires et leurs planificateurs savent que la « longue guerre », comme on l'appelle,[8] ne pourra être gagnée par les États-Unis seuls. Pour l'emporter, les États-Unis et leurs alliés doivent adopter la « stratégie de l'approche indirecte » préconisée par Liddell Hart, un stratège réputé, afin d'organiser et de coordonner les efforts d'une coalition mondiale. Cela exigera la mise sur pied de forces militaires efficaces au sein de la coalition et, en particulier, l'interopérabilité et l'intégration des FOSC à tous les niveaux.[9]

Actuellement, plus de 80 pays appuient l'opération *Enduring Freedom* ou l'opération *Iraki Freedom*, 64 d'entre eux fournissant des forces militaires classiques et 12 autres, des FOSC.[10] Les missions actuellement menées par les FOSC comprennent l'action directe, la reconnaissance spéciale, la guerre non conventionnelle, les affaires civiles et les opérations psychologiques (OPSPSY).[11] Selon la situation politique ou militaire, les FOSC pourraient étendre ou restreindre ces missions.

LE BESOIN STRATÉGIQUE DE RENFORCER LA CAPACITÉ DES FOSC

Les FOSC et le renforcement des capacités des partenaires ont acquis une pertinence stratégique au début de février 2006, lorsque les planificateurs de l'état-major interarmées (J5) du Pentagone ont mis au point une nouvelle stratégie de défense sur vingt ans dans le cadre de la « longue guerre ». Cette stratégie comprend le déploiement, souvent clandestin, de forces américaines pour lutter contre le terrorisme et d'autres menaces non traditionnelles, ainsi qu'une augmentation de 15 p. 100 des futurs effectifs des FOS. On y reconnaît de plus la nécessité de mener des opérations partout sur la planète.[12]

Il est admis dans cette stratégie que les FOS joueront un rôle majeur et que « les FOS américaines pourront être actives dans des douzaines de pays à la fois »[13] et seraient déployées pour des périodes plus longues, dans le but d'établir des relations avec des forces militaires et de sécurité étrangères. La stratégie reconnaît pleinement que l'armée américaine ne pourra gagner cette guerre à elle seule, ce qui vient renforcer l'importance stratégique des alliés et des partenaires de coalition. Ryan Henry, sous-secrétaire adjoint principal à la Défense chargé des affaires politiques, a confirmé cette analyse lorsqu'il a déclaré que « nous ne pouvons gagner cette longue guerre par nous-mêmes ».[14]

Le raisonnement est facile à comprendre. Pour évoluer efficacement dans une culture étrangère, on doit connaître la langue et les différences entre les cultures, des compétences inhérentes aux FOS et FOSC. De par leur expérience opérationnelle, les commandants de coalition savent bien qu'aucune autre force militaire ne peut exécuter une gamme de missions aussi étendue, dans un éventail aussi large de contextes opérationnels que n'en sont capables les FOS et les FOSC. De plus, comme le démontre l'histoire à ce jour, les besoins opérationnels en FOSC dépassent toujours l'offre.[15] Et si une crise majeure survenait, nécessitant rapidement des forces militaires supplémentaires, on devrait normalement s'attendre à ce que les États-Unis demandent à leurs partenaires internationaux de hausser leur participation militaire.

RENFORCER LES CAPACITÉS DES PARTENAIRES ET L'INTEROPÉRABILITÉ DE LA COALITION

En 2005, le directeur des études stratégiques du Center for Strategic and Budgetary Assessments, Michael G. Vickers, confiait au Committee on Armed Services Panel on Gaps — Terrorism and Radical Islam, qu'en vue de la longue guerre, les FOS allaient devoir :

- renforcer les capacités des partenaires et assurer une présence continue et discrète sur le terrain;
- exercer une surveillance aérienne, maritime et terrestre permanente des régions non gouvernées; et
- mener des opérations clandestines et secrètes, des opérations de lutte contre la prolifération et des opérations dans les secteurs dits fermés.[16]

Selon la gravité présumée de la menace et le soutien politique, les alliés ou les partenaires de coalition seraient en mesure de planifier, d'exécuter ou de faciliter n'importe laquelle de ces tâches. Une assimilation et une intégration précoces sont toutefois indispensables pour s'assurer que les FOSC atteignent les degrés d'efficacité voulus.

Afin de renforcer les capacités des partenaires, le budget de la défense 2006 des États-Unis proposait d'accorder 4,1 milliards de dollars américains au commandement des forces des opérations spéciales, une partie de ces fonds étant réservée à des initiatives de coopération avec les alliés, incluant la formation des forces militaires d'autres pays. Le Major-General Harrell avait insisté sur la contribution des forces coalisées à toute une gamme d'opérations, ajoutant que, si on y consacrait l'aide, le temps et les investissements nécessaires, les activités futures des FOSC pourraient être étendues, en supposant que le contexte politique et la direction de la coalition y seraient favorables.[17]

Jusqu'à présent, l'intégration et le fonctionnement des FOSC ont été relativement faciles dans les secteurs opérationnels de l'Afghanistan et de l'Irak,[18] en grande partie parce que les FOS en provenance d'Europe de l'Est et de pays du Pacifique utilisent les normes de l'Organisation du Traité de l'Atlantique Nord (OTAN) pour l'instruction et le matériel.[19] Le Major-General Harrell a expliqué que les FOS du commandement central (CENTCOM) des États-Unis avait consacré beaucoup d'énergie pour faire en sorte que les FOSC atteignent un niveau d'interopérabilité optimale avant leur déploiement.[20] Néanmoins, certaines questions restent à régler pour assurer une collaboration plus étroite entre les FOS, leur interopérabilité et l'intégration des états-majors des FOSC pendant les opérations interarmées et interalliées. Il est très généralement admis que l'intégration des FOSC, pour être efficace, doit se faire le plus tôt possible. Pour ce faire, on peut améliorer l'instruction et les exercices afin d'éduquer, de former et de sensibiliser les commandants et les états-majors participants aux enjeux tactiques, opérationnels et stratégiques, de même qu'aux problèmes qui s'ensuivent. Les partenaires des FOSC pourraient aussi proposer d'autres idées sur les meilleurs moyens de faire face à la situation. Le Vice-Admiral Eric Olson, alors commandant adjoint du commandement des FOS des États-Unis, aujourd'hui l'Admiral Olson, commandant de ce même commandement, insistait d'ailleurs sur la chose quand il a dit :

> C'est le degré d'intégration des FOSC, surtout au début, qui détermine en fin de compte le succès des opérations spéciales interarmées et interalliées. Les relations organisationnelles et les communications sont toujours des questions délicates dans le cadre de telles opérations, mais les commentaires des autres FOS indiquent qu'il y a maintenant moins de problèmes d'intégration et d'interopérabilité sur le plan tactique qu'il y a deux ans à peine.[21]

L'Admiral Olson observait cependant que plus on s'élevait dans la voie hiérarchique, plus les difficultés étaient d'ordre conceptuel. Il est donc important, voire essentiel, que l'état-major américain et celui des FOSC, y compris leurs commandants, se rencontrent pour discuter du concept d'une opération avant d'affecter et d'engager des FOSC à un échelon inférieur. Une leçon fondamentale dont tous conviennent : « les plans de campagne, l'orientation de la mission et les paramètres d'exécution doivent être les mêmes pour l'ensemble de la force interalliée ».[22]

IMPORTANCE STRATÉGIQUE DE L'INTEROPÉRABILITÉ DES FOS AMÉRICAINES ET DES FOSC

La nécessité de travailler à l'interopérabilité des FOSC est devenue plus urgente que jamais après les attaques spectaculaires du 11 septembre 2001. Depuis cet événement, diverses FOSC ont mené des opérations et combattu aux côtés des FOS américaines à une échelle jusque-là inimaginable. En outre, le déploiement et l'intégration de FOSC confèrent une légitimité politique et militaire d'une grande importance stratégique, ainsi qu'un certain poids moral, à la guerre contre le terrorisme. Tant en Afghanistan qu'en Irak, les FOS de l'armée américaine forment le cœur des forces opérationnelles multinationales d'opérations spéciales interarmées (CJSOTF), chargés du commandement et du contrôle des FOSC.

INITIATIVE DU CENTCOM POUR LE DÉVELOPPEMENT DES FOSC

Pour aider les autres pays à lutter contre le terrorisme, le commandement central des États-Unis (CENTCOM) a mis en place des capacités d'opérations spéciales et antiterroristes, pour permettre aux partenaires régionaux de mener à bien des opérations antiterroristes à l'intérieur de leurs propres frontières. Le CENTCOM mène des opérations spéciales bilatérales avec des pays de la même région, afin de développer les compétences requises pour ce type d'opérations et d'accroître l'expérience des participants dans le domaine des opérations coalisées.[23] Conscient qu'il n'existe pas de solutions simples pour parvenir à l'interopérabilité, le Major-General Harrell a pris un certain nombre de mesures stratégiques, opérationnelles et tactiques pour faciliter l'inclusion des FOSC. Celles-ci comprennent :

- une cellule de commandement de la coalition (CCC) rattachée au CENTCOM, où travailleraient, pour le compte de chaque pays, des représentants et des attachés militaires de rang supérieur;
- l'instruction préalable au déploiement et l'interopérabilité;
- des protocoles d'entente pour la sécurité des communications (PE COMSEC);
- des ententes d'acquisition et de services mutuels; et
- des activités d'instruction et des exercices interalliés.[24]

L'initiative du CENTCOM a beaucoup contribué à résoudre les problèmes que pose l'interopérabilité au sein de la coalition. Un survol des opérations des FOSC en Irak et en Afghanistan fait ressortir les problèmes et les succès dans ces deux théâtres d'opérations, tout en illustrant le point ci-dessus.

Aperçu des partenaires des FOSC dans l'opération *Iraqi Freedom*

Plus de 13 000 membres de forces spéciales ont été déployés dans le cadre de l'opération *Iraqi Freedom* (OIF), ce qui en fait le plus important déploiement de ce genre depuis la guerre du Vietnam. Le contingent regroupe des FOS de l'Australie, du Royaume-Uni, de la Pologne et des États-Unis, et il a effectué diverses opérations terrestres, aériennes et maritimes dans l'ensemble du territoire irakien. On a créé à cette fin le Combined Forces Special Operations Component Command (CFSOCC) au début de l'année 2003, pour assurer le commandement et le contrôle des FOS de l'armée, de l'aviation et de la marine américaines, et des FOSC fournies par les divers pays membres de la coalition.[25]

Pour faciliter le commandement et le contrôle pendant l'OIF, on a mis sur pied trois forces opérationnelles (FO) pour mener des missions d'opérations spéciales dans le théâtre d'opérations irakien :

- la force opérationnelle multinationale d'opérations spéciales interarmées dans le secteur nord (CJSOTF-N);
- la force opérationnelle multinationale d'opérations spéciales interarmées dans le secteur ouest (CJSOTF-O); et
- la force opérationnelle multinationale d'opérations spéciales interarmées dans le secteur sud (CJSOTF-S).

Ces FO étaient directement appuyées par le Combined Joint Special Operations Aviation Component (CJSOAC), qui avait sous son commandement et contrôle des unités des aviations australienne et britannique. Ces unités ont effectué pas moins de 2 181 missions, dont bon nombre derrière les lignes irakiennes.[26]

La CJSOTF-O était constituée principalement du 5th Special Forces Group (groupe aéroporté) de l'armée américaine, renforcé par des FOSC des services spéciaux aéroportés australiens et britanniques, dont le 4th Battalion, Royal Australian Regiment (bataillon de commandos). Sa zone de responsabilité (Zresp) était le désert occidental — le secteur qui va de Bagdad à la frontière koweïtienne.[27] La mission principale de la CJSOTF-O était d'empêcher le libre mouvement des forces terrestres irakiennes, de planifier et d'exécuter des missions de reconnaissance stratégique, de mener des opérations de guerre non conventionnelle et, surtout, de réduire la capacité de l'Irak de lancer des missiles SCUD sur les forces coalisées et amies.[28]

Les FOS australiennes, britanniques et américaines, de même que des membres des escadrons tactiques spéciaux de l'aviation américaine (USAF), avaient été déployés rapidement dans toute la Zresp de la CJSOTF-O. Ils ont entrepris la reconnaissance des positions de la défense irakienne, surveillé les mouvements ennemis au sol et effectué des opérations contre des missiles balistiques de théâtre. Entre autres tâches, les équipes des FOSC demandaient l'appui aérien rapproché pour supprimer et détruire les positions défensives irakiennes, et fournissaient le renseignement et la reconnaissance aux commandants de l'armée et des Marines américains pendant toute la durée de l'avance rapide des blindés vers Bagdad.[29]

L'assimilation des partenaires des FOSC a été facilitée par des rapports de commandement clairs, une même compréhension de l'importance du principe d'unité du commandement et des efforts, ainsi qu'une solide connaissance de la doctrine utilisée et des procédures d'état-major. Pendant les premières phases de l'attaque contre l'Irak, les FOS australiennes et britanniques se virent attribuer des missions appropriées, en étant sous le contrôle tactique de la CJSOTF-O. Ces tâches ont également contribué aux opérations contre des missiles balistiques de théâtre concentrées dans les déserts de l'ouest de l'Irak, et elles étaient importantes sur les plans tactique et stratégique.[30]

Intégration des FOSC durant l'OIF

Dès le départ, il était essentiel de s'assurer que les FOSC étaient entièrement intégrées au plan de campagne en Irak. Les commandants et leurs états-majors ont fait en sorte que l'intégration commence aux plus hauts échelons au sein du commandement des opérations spéciales du théâtre, puis en descendant vers la CJSOTF, jusqu'à la force opérationnelle d'opérations spéciales de l'armée (ARSOF) et aux niveaux tactiques respectifs.[31]

L'efficacité de l'intégration de la coalition en Irak a entre autres occasions été démontrée lorsqu'une patrouille des services spéciaux aéroportés australiens s'est rendue à la limite de sa Zresp. Le commandant de la patrouille avait observé qu'un convoi militaire irakien se dirigeait vers sa position, et il a immédiatement demandé au système aéroporté d'alerte et de contrôle (AWACS) d'effectuer une mission d'appui aérien rapproché. L'équipage britannique de l'AWACS a ensuite dirigé une escadrille de chasseurs vers le convoi irakien, moins de huit minutes après la demande d'appui aérien.[32] Il est important de faire remarquer ici que ces procédures d'appui aérien rapproché avaient été élaborées et entièrement répétées avec les FOS américaines et les FOSC, de même qu'avec les aviations britannique et américaine, durant trois exercices soigneusement planifiés qui ont eu lieu avant l'invasion. Cet événement illustre l'importance cruciale de toujours s'exercer aux procédures opérationnelles et de soutien d'une coalition avant tout déploiement interallié.

INTÉGRATION DES ÉTATS-MAJORS DES FOS AMÉRICAINES ET DES FOSC

Durant les étapes initiales de l'opération en Irak, l'état-major de la CJSOTF-O provenait principalement du 5th *Special Forces Group* (aéroporté). Les effectifs d'état-major intégrés de la coalition, constitués d'officiers australiens et britanniques, servaient dans plusieurs des directions de la FO du secteur ouest. Le J3 CJSOTF (Opérations) et les commandants adjoints, notamment, de même que le J3 (Désert occidental) et le J2 adjoint (Renseignement) étaient tous des alliés de la coalition. Le J3 britannique et son état-major américain étaient tellement bien au fait de la doctrine que l'intégration « s'est faite tout à fait naturellement ». Une approche verticale du travail d'état-major avec les officiers supérieurs de la coalition a permis de faciliter davantage l'interopérabilité multinationale, et a fait en sorte que les FOSC soient intégrées à chaque phase des opérations.[33]

Durant les opérations contre des missiles balistiques de théâtre en Irak, importantes sur le plan stratégique, les FOS américaines représentaient un élément capital pour le commandant de la composante aérienne de la force multinationale. Pendant ces opérations, les unités des FOSC se sont rapidement adaptées aux nouvelles technologies en utilisant efficacement un système d'armement à vecteur aérien d'une extrême précision. Cette capacité et cette souplesse de la coalition ont toutefois été rendues possibles grâce à des années d'entraînement aux procédures d'appui aérien rapproché bien établies de l'OTAN, d'où l'interopérabilité avec l'aviation américaine et celle des FOSC.[34] Ces procédures ont fait l'objet d'autres exercices et ont été perfectionnées par les FOSC au cours des frappes aériennes de deuxième échelon contre des objectifs militaires irakiens.

Dans le désert de l'ouest de l'Irak, les FOSC ont été attaquées par les forces irakiennes à de multiples occasions. Heureusement, ces contacts étaient de courte durée, puisque les FOSC pouvaient compter sur l'intervention rapide de l'appui aérien rapproché et, par conséquent, pouvaient engager ou rompre le contact au besoin. Pour assurer une coordination efficace des tâches d'appui aérien, un état-major interallié réunissant des officiers américains et britanniques constituait l'élément d'appui-feu interarmées de la CJSOTF.[35]

Pour les FOSC menant des opérations contre des missiles balistiques de théâtre dans le désert occidental irakien, les moments les plus pénibles furent les jours qui suivirent immédiatement leur insertion. Initialement, les forces américaines, australiennes et britanniques devaient coordonner leurs opérations respectives pour éviter les tirs amis et ménager un passage de lignes sécuritaire lorsque les forces spéciales coalisées planifiaient (ou estimaient tout à coup nécessaire) de traverser une zone d'opération alliée. Ce qui compliquait encore plus les choses, c'était la nécessité d'effectuer tous les mouvements tactiques la nuit — le moment même où les forces irakiennes menaient de violentes opérations offensives contre les forces spéciales — ce qui augmentait le risque de tirs amis, aussi appelés incidents « bleu sur bleu ».[36]

Afin de limiter les problèmes potentiels, plusieurs répétitions ont été effectuées, une fréquence radio commune a été fournie et les activités ont été soigneusement planifiées, coordonnées et contrôlées. Les détachements des FOS américaines et des FOSC de la CJSOTF-O ont connu un succès remarquable, et ils ont réalisé leurs missions sans subir aucune perte, tout en infligeant des pertes et des dommages matériels considérables aux formations irakiennes. La réussite des FOSC en Irak reposait sur des procédures interopérables éprouvées, l'intégration de leurs états-majors, la coordination et l'intégration étroites des partenaires de la coalition de haut en bas de la chaîne de commandement et contrôle, sans oublier un entraînement interallié poussé aux opérations interarmées.

ASSISTANCE DES FOSC À LA FORCE OPÉRATIONNELLE 145

La liaison étroite entre les FOS américaines et jordaniennes a contribué à une réussite importante en 2006, en l'occurrence l'élimination d'Abou Moussab al-Zarqaoui, le chef du mouvement Al-Qaïda en Irak. Selon les rapports de presse, la force opérationnelle (FO) 145 du Pentagone avait reçu des renseignements d'une source travaillant sous la direction d'une équipe des forces spéciales jordaniennes évoluant en Irak. Sans vouloir dénigrer l'importance des autres méthodes et techniques de renseignement, c'est souvent grâce à un « informateur » unique que l'on arrive à obtenir au bon moment l'élément d'information qui permettra de mener une opération à la prochaine étape, comme la capture d'une « cible de grande valeur ». Dans le cas présent, l'informateur irakien avait identifié le guide spirituel d'al-Zarqaoui, et les services de renseignement américains ont ensuite réussi à surveiller ses activités grâce à ses communications sur son téléphone cellulaire. Ces derniers ont par la suite repéré ce guide spirituel dans un endroit secret, où il devait rencontrer al-Zarqaoui. La maison a été encerclée et une frappe aérienne a été demandée. Après l'attaque aérienne, al-Zarqaoui a été retrouvé vivant dans les décombres, mais il a rapidement succombé à de graves blessures internes. Le succès de cette mission, dans laquelle les forces spéciales jordaniennes ont joué un rôle majeur, illustre l'importance croissante des FOSC dans le cadre de la longue guerre.[37]

APERÇU DES PARTENAIRES DES FOSC DANS L'OPÉRATION *ENDURING FREEDOM*

En 2002, la première année de l'opération *Enduring Freedom* (OEF) en Afghanistan, des unités des FOS ont mené des missions à des centaines de kilomètres de la CJSOTF en Afghanistan (CJSOTF-A), dont elles dépendaient. Pour remédier à cette situation, le commandant de la CJSOTF-A avait établi un élément de liaison des FOS, ou cellule de coordination de la coalition (CCC), dont l'état-major allait être constitué de membres du 3ᵉ groupe des FOS, et installé au même endroit que les cinq FO des FOSC. La cellule de coordination incluait des représentants d'état-major du J2 (Renseignement), du J3 (Opérations), du J4 (Logistique) et du J6 (Commandement, contrôle, communications et systèmes informatiques). Cette cellule comportait un élément de commandement et contrôle américain, de même que des liaisons de communications et de renseignement critiques avec le quartier général des FOSC. La cellule de coordination facilitait également l'accès aux renseignements américains et leur diffusion en réponse aux demandes de la coalition en matière d'information, de signaux vidéo, de rapports de surveillance et de reconnaissance, de fréquences radio et de services cryptologiques. Elle assurait la coordination pour éviter les tirs amis et facilitait l'incorporation des FOSC dans tout l'espace de combat afghan lorsque celles-ci effectuaient des missions de reconnaissance spéciale et d'action directe contre des éléments d'Al-Qaïda ou des talibans.[38]

En décembre 2001, des FOSC provenant de sept pays ont été déployées en Afghanistan pour mener des opérations dans le cadre de l'OEF. Au cours de l'année qui suivit, ces partenaires ont effectué plus de 200 missions d'action directe, de reconnaissance spéciale et d'exploitation de sites sensibles.[39] Cette cadence n'a pu être maintenue que grâce à un niveau élevé de coordination et d'interopérabilité. Les FOS américaines et les FOSC doivent envisager toutes les mesures aptes à faciliter la lutte pendant la longue guerre, en adoptant davantage des attitudes et des moyens axés sur la délégation, la médiation et la collaboration. Cela souligne à quel point il est important que les principaux pays concernés en fassent plus avec les partenaires des FOSC et leurs alliés traditionnels ainsi qu'avec les partenaires non traditionnels.[40]

Bien que l'état-major de la CJSOTF-A représentait l'interopérabilité au niveau opérationnel, l'interopérabilité se manifestait véritablement au niveau tactique d'un bataillon des FOS américaines. Lorsque le 2ᵉ bataillon du 3ᵉ groupe des forces spéciales a été affecté à l'aérodrome de Kandahar pour y établir la base d'opérations avancée (BOA) 32, il s'est installé au même endroit que cinq FO des FOSC intégrés à la CCC. Profitant de l'expertise des FOSC en reconnaissance spéciale fixe et mobile, la BOA 32 a entrepris la préparation opérationnelle de ses détachements des FOS. On y a également planifié et effectué des missions de combat avec des FOSC dans les provinces afghanes d'Orozgan, d'Helmand et de Paktika. Ces missions de reconnaissance initiales se sont révélées d'une grande utilité lors d'opérations ultérieures contre des cellules dirigeantes d'Al-Qaïda et des talibans. En outre, les détachements de forces spéciales ont mené plusieurs de leurs missions en s'appuyant sur le renseignement et l'information fournis par les FOSC — une bonne indication de la confiance qu'ils avaient envers leurs partenaires des FOSC.[41]

Au cours des premières opérations, on a vite constaté que certains partenaires des FOSC étaient particulièrement habiles en matière de missions de reconnaissance mobile, qui ont permis la découverte, la saisie et la destruction de caches d'armes ennemies. Grâce à un renseignement de qualité, obtenu en temps opportun, et en exerçant une coordination serrée, les membres des FOSC ont mené à bien leurs propres missions d'action directe, en arrivant à dénicher et à capturer plusieurs dirigeants des talibans.[42]

Plus récemment, les commandos de l'armée nationale afghane et les FOS américaines ont libéré des otages qui étaient gardés dans une prison talibane. Les commandos fouillaient un complexe dans lequel le commandant taliban Nungiala Khan avait une prison. Ils y ont découvert quinze Afghans, qui y étaient retenus dans l'attente d'une rançon, et qu'ils ont rapidement libérés. C'est dans le cadre de telles opérations que les membres des nouvelles FOS peuvent acquérir les expériences qui leur permettent de mettre en pratique leurs capacités professionnelles et opérationnelles et leurs compétences en leadership à l'échelon interne.[43]

LES FOSC ET LE 160ᴱ RÉGIMENT D'AVIATION DES FOS

Le 3ᵉ bataillon du 160ᵉ régiment d'aviation des FOS, mieux connu sous le nom de « Night Stalkers », devait appuyer les FOSC. Tant ces dernières que les unités aériennes d'appui ont reconnu que leur interopérabilité a été déterminante pour la réussite des initiatives interarmées et interalliées des FOS. L'état-major de planification et les commandants d'escadrille du 160ᵉ régiment avaient bien saisi l'importance de cet aspect, et ils ont fait tout ce qui était en leur pouvoir pour faciliter les opérations des FOSC, en assurant une coordination étroite entre les commandants des forces terrestres et les planificateurs de l'aviation.

Les FOS danoises ont eu droit à des félicitations officielles pour leurs capacités de planification exceptionnelles, deux de leurs pilotes ayant été formés aux États-Unis. Ces deux aviateurs, bien au fait des exigences de la planification aérienne à l'américaine, ont été judicieusement affectés au cantonnement à l'état-major de planification des opérations aériennes du bataillon, ce qui a permis d'accélérer la planification aérienne des FOSC. À diverses occasions, le 160ᵉ régiment a inséré des FOSC dans sa Zresp, sur des terrains qui présentaient, entre autres choses, des pentes fortement escarpées en haute altitude. Dans certaines situations, les équipages du bataillon ont essuyé le feu ennemi pendant leur approche des points de débarquement, démontrant le haut niveau de confiance et d'engagement professionnel qui existait entre le 160ᵉ régiment et les partenaires des FOSC.[44]

LEÇONS RETENUES ET RECOMMANDATIONS

Les expériences et les leçons tirées des opérations menées en Irak et en Afghanistan rappellent l'extrême importance d'une planification délibérée dans les opérations des FOSC. Heureusement, les processus de planification et de prise de décision utilisés par les FOSC étaient inspirés de la doctrine américaine.[45] L'uniformité de la doctrine et des formats dans l'élaboration des concepts opérationnels, du travail d'état-major et des rapports, en plus de favoriser l'interopérabilité, a raffermi la confiance professionnelle entre les unités américaines et les diverses unités des FOSC engagées dans des opérations. De plus, sous le commandement et le contrôle américains, les FOSC ont démontré leur capacité à mener des opérations spéciales avec succès aux niveaux tactique et opérationnel. Au plan stratégique, les FOSC ont directement contribué à la légitimité et à la crédibilité des objectifs politiques et militaires des États-Unis et de la coalition, et aux initiatives subséquentes dans la lutte contre le terrorisme.

Dans la longue guerre, les opérations des FOSC demeureront un élément essentiel des efforts de la coalition. Il revient maintenant aux militaires professionnels d'assimiler les expériences et les leçons de l'Afghanistan et de l'Irak, et de savoir en profiter pour accroître l'efficacité des opérations des FOSC intégrées. L'une des leçons importantes à tirer des opérations en Afghanistan et en Irak est qu'il faut intégrer très tôt du personnel qualifié des FOSC à des postes supérieurs au quartier général de la CJSOTF. C'est ainsi qu'on parvient à intégrer les efforts et à optimiser les compétences et le potentiel des partenaires de la coalition.[46] Des exercices multinationaux auxquels participeraient les FOS aux niveaux tactique et opérationnel permettraient d'améliorer l'interopérabilité et de tirer parti des leçons chèrement acquises en Afghanistan et en Irak.

Les recommandations suivantes, si elles étaient adoptées, auraient pour effet de renforcer l'interopérabilité future des FOSC, et appuieraient les efforts de notre coalition dans le cadre de la longue guerre :

1. Former des équipes de formation mobiles des FOSC. Des agents de l'Australie, du Canada, de la Nouvelle-Zélande, de la Pologne et d'autres pays membres de l'OTAN étendue[47] pourraient élaborer des tactiques, des techniques et des procédures conformes aux normes de l'OTAN pour les FOS afin d'accroître les connaissances militaires individuelles, de développer l'expertise en matière de contre-insurrection et de lutte antiterroriste et de transmettre des techniques éprouvées. L'annonce, en janvier 2006, de la création de l'International Special Forces Training Course à Fort Bragg marque une étape importante vers l'interopérabilité des FOSC. Ce cours d'une durée de 15 semaines offre aux stagiaires un programme complet. Cette initiative pourrait également être une excellente vitrine en faveur de la coalition et des partenariats stratégiques. De plus, des instructeurs provenant des pays participant aux FOSC conféreraient au cours une crédibilité accrue quant à sa pertinence pour des FOS de coalition. Les pays participants en bénéficieraient, puisque les stagiaires établiraient des relations personnelles avec d'autres stagiaires en prévision des initiatives futures de la coalition. On doit aussi faire en sorte que les principaux pays des FOS fassent profiter d'autres pays de leurs compétences, connaissances et expérience, afin qu'ils puissent protéger leurs propres frontières et assurer leur stabilité intérieure.

2. Créer une école des FOS de l'OTAN. L'école internationale Long Range Patrol School (LRPS) de Weingarten, en Allemagne, disposait d'un personnel d'instruction issu de divers pays membres de l'OTAN et a joué un rôle important dans l'élaboration des techniques de patrouille normalisées de l'OTAN. Une école des FOS de l'OTAN du même genre fournirait une base de connaissances et de compétences, en plus de tactiques, de techniques et de procédures standardisées pour un éventail de missions des FOS, rehaussant ainsi l'interopérabilité future des FOSC.

3. Établir avec précision le savoir-faire des FOSC et le mettre à profit. Plusieurs pays ont acquis des capacités particulières ou spécialisées, comme c'est le cas de la Norvège dans ces conditions d'enneigement ou de haute altitude. Les FOSC doivent connaître et valoriser leurs compétences et capacités respectives, et les exploiter à l'avantage de toutes les FOSC.[48]

4. Créer des « olympiades des FOS ». Les FOSC seraient soumises à plusieurs scénarios opérationnels, par exemple une opération d'action directe, la libération d'otages, une mission de reconnaissance stratégique et une patrouille à long rayon d'action,[49] afin d'évaluer leur professionnalisme, leur souplesse et leur matériel ainsi que leur interopérabilité.[50] Les participants pourraient apprendre de leurs expériences respectives, de façon à partager les tactiques, les techniques et les procédures qui produisent de bons résultats en vue de futurs déploiements.

5. Créer un collège d'état-major des FOS. Le collège pourrait étudier les opérations spéciales et asymétriques survenues dans l'histoire, incluant les profils et les expériences de diverses forces spéciales, afin d'accumuler des connaissances sur leur histoire, leurs compétences et leurs méthodes. Le collège d'état-major des FOS enseignerait les nouvelles méthodes de planification, en insistant

sur les responsabilités des commandants et des états-majors dans la planification d'opérations spéciales sensibles ou normatives. Le programme d'études pourrait porter sur les difficultés et les expériences des partenaires des FOSC, ainsi que le développement de leurs FOS respectives.[51] Les cours seraient conçus pour permettre aux membres des FOS de comprendre les mœurs, les comportements et les traditions de diverses cultures, en soulignant que cette compréhension est aussi importante que les armes qui leur sont confiées.[52] Le collège d'état-major des FOS pourrait également tenir une série d'exercices conformes aux normes de l'OTAN axés sur l'éventail des missions des FOS. Cela aiderait à repérer les éléments les plus doués, en plus de contribuer à la formation et au perfectionnement des compétences opérationnelles des membres des FOS américaines comme des FOSC, sans oublier les planificateurs d'état-major, les formateurs, les instructeurs et les commandants. Cette initiative pourrait être étendue par la création d'une spécialité en planification des FOS, semblable à la *School of Advanced Military Studies* du *Command and General Staff College*, à Fort Leavenworth, ainsi que par la sélection des officiers qui deviendront des stratèges des opérations spéciales et de la guerre non conventionnelle. Elle pourrait facilement relever de la *Joint Special Operations University* (JSOU), sise à Hurlburt Field, en Floride.[53]

6. Augmenter les affectations et les détachements des membres des FOSC dans les diverses écoles des FOS et FOSC. L'échange d'officiers, d'instructeurs et de stagiaires mettrait en valeur la dimension humaine des FOSC et associerait la notion de coalition aux écoles et aux programmes d'instruction des FOS, particulièrement aux États-Unis. Cela permettrait d'accroître l'interopérabilité grâce à une meilleure

connaissance de la diversité des cultures, des états-majors et des méthodes opérationnelles dans une coalition, tout en favorisant l'établissement de relations personnelles. Cette façon de faire s'est révélée fructueuse en se traduisant par la constitution de quatre bataillons des FOS irakiennes, désormais capables de mener des opérations, et deux autres bataillons sont en train d'être mis sur pied.[54]

7. Demander la participation des FOSC à des exercices conjoints avec les FOS américaines et, du même coup, recueillir les commentaires et les idées des membres de la coalition, un peu comme ce qui a été fait lors de l'exercice *Emerald Warrior 07*. Les observateurs et les participants ont sans doute des principes culturels, opérationnels ou méthodologiques uniques qui pourraient profiter à toute la communauté des FOS et FOSC. Cette invitation à participer reconnaîtrait, en elle-même, la valeur et l'importance de la coalition.[55]

8. Soutenir les initiatives de la coalition dans le cadre de la longue guerre, en particulier dans les régions où des pays qui étaient autrefois des colonies sont confrontés au terrorisme et à la rébellion. Là où une présence britannique ou américaine pourrait poser un problème, les partenaires de la coalition pourraient prêter une assistance militaire dans le cadre d'un futur programme de l'OTAN étendue.[56] Cette équipe Alpha multinationale (ODA), un détachement opérationnel des FOS américaines, pourrait être formée de membres des FOSC de l'Australie, du Canada, de l'Allemagne, de la Nouvelle-Zélande, de la Pologne, etc. Elle ressemblerait aux équipes de Jedburghs[57] de la Deuxième Guerre mondiale. Les Jeds, comme on les appelait, étaient de petites unités formées de trois officiers ou sous-officiers militaires — un Britannique (ou un ressortissant d'un pays du Commonwealth), un

Français et un Américain — qui étaient parachutées
en France pour fournir du renseignement et aider
la résistance française à coordonner ses activités
avec les opérations alliées, avant comme après
l'invasion de la Normandie.[58] Ces détachements
opérationnels Alpha multinationaux pourraient
être chargés de l'instruction de forces étrangères
et de missions consultatives, essentiellement dans
le cadre d'opérations de défense intérieure en pays
étranger ou de stabilisation et de sécurité. De nos
jours, une telle initiative engloberait les FOSC, pour
les amener à un niveau supérieur par l'intégration à
une équipe — un véritable « Rainbow 6 »![59]

9. Appuyer les colloques internationaux sur les FOS
et les établissements d'enseignement supérieur
où on étudie la guerre non conventionnelle et les
opérations spéciales. Ces occasions pourraient
servir à rehausser les échanges entre les FOSC, de
la coalition, à tirer parti des connaissances des
chercheurs et à former des réseaux internationaux
réunissant les spécialistes des FOS. Pour s'en
convaincre, rappelons les colloques internationaux
sur les FOS qui ont été tenus au Collège militaire
royal du Canada, in Kingston, lequel a déjà accueilli
quatre rencontres de ce genre.

10. Sélectionner, former et intégrer le personnel de
soutien du renseignement. Lors d'opérations récentes,
la difficile circulation du renseignement entre les
alliés de la coalition a représenté un problème
majeur et constant. Étant donné l'importance du
renseignement pour les opérations spéciales, il
incombe aux services du renseignement de toutes les
FOS, surtout celles qui ont toujours été alliées, telles
que le Canada, la Grande-Bretagne, l'Australie, la
Nouvelle-Zélande et les États-Unis, de déterminer la
meilleure façon de gérer les besoins en renseignement
dans le cadre d'une coalition. On peut comprendre

qu'il faille protéger les sources de renseignement et les technologies secrètes, mais il est immoral et illégitime de confier aux alliés de la coalition des missions traditionnelles à haut risque ou des missions spéciales sans leur fournir, en même temps que la liste des objectifs à atteindre, les renseignements essentiels que détiennent toutes les sources. Il est donc capital que le personnel de soutien du renseignement puisse fonctionner au sein d'un état-major interarmées et interallié, qu'il puisse traiter de questions de renseignement ambiguës et épineuses, et qu'il puisse travailler avec des agents alliés ou étrangers et dans le cadre des programmes des alliés.[60]

CONCLUSION

La longue guerre exigera beaucoup de patience et une approche globale si l'on veut vaincre les menaces terroristes. Surtout, il faut reconnaître que les Américains ne sont pas les seuls concernés, mais qu'il s'agit bien d'un problème international que les forces militaires ne pourront régler toutes seules. Cette guerre exige des efforts concertés dans de multiples domaines de la part des partenaires mondiaux, et les FOSC ont un rôle déterminant à jouer pour mener des opérations efficaces à long terme, qui auront des effets durables dans la lutte contre les terroristes et leurs réseaux de soutien.[61] Pour que la longue guerre devienne une réussite stratégique, les membres de la coalition doivent poursuivre l'intégration de leurs efforts. Tous les moyens qui favorisent la confiance mutuelle et l'interopérabilité au sein de la coalition auront leur utilité pour nous assurer de la victoire sur ce nouveau « champ de bataille ». Pour que l'interopérabilité des FOS soit réelle et efficace, les membres de la coalition doivent adopter des normes communes. Cela ne se fera pas sans difficulté, puisqu'il n'existe pas de solution magique garantissant une interopérabilité complète. C'est pourquoi la communauté des FOSC doit être solidaire et fournir l'encadrement, la doctrine, la formation et l'éducation qui permettront de parvenir à une véritable interopérabilité, afin que les FOSC conservent leur rôle de « fer de lance ».

NOTES

1. Feld-maréchal Sir William Slim, « Higher Command in War », *Military Review* (mai 1990, p. 12.

2. Parfois appelés les « Five Eyes » en anglais, il s'agit de l'Australie, du Canada, de la Nouvelle-Zélande, du Royaume-Uni et des États-Unis. Ces pays sont considérés comme les alliés traditionnels des FOSC. Dans le présent texte, les FOSC comprennent tant les alliés traditionnels que les partenaires de la coalition.

3. Voir également Hala Jaber et Michael Smith, « SAS Hunts Fleeing Al-Qaeda (AQ) Africans », *Times*, 14 janvier 2007. Les FOS américaines et les services spéciaux aéroportés britanniques, aidés de forces éthiopiennes et kenyanes, coordonnaient la destruction et la capture de terroristes d'Al-Qaïda.

4. Major-General Gary L. Harrell, « Coalition SOF Support to the War on Terrorism », *Presentation*, 29 janvier 2005, accessible à l'adresse *www.dtic.mil/ndia/2005solic/harrell.ppt*, consulté le 27 février 2006. Voir aussi Andrew Feickert, « U.S. and Coalition Military Operations in Afghanistan: Issues for Congress », *CRS Report*, 9 juin 2006, code d'opération RL33503. Pour un point de vue intéressant sur la guerre non conventionnelle, présenté par un ancien officier des FOS de l'USAF, voir Major-General Richard Cormer (retraité), « An Irregular Challenge », *Armed Forces Journal*, février 2008.

5. Alec Russell, « Overstretched American Special Forces Hit the Language Barrier », *Daily Telegraph*, 4 mai 2006.

6. Thom Shanker et Scott Shane, « Elite Troops Get Expanded Role on Intelligence », *New York Times*, 8 mars 2006, et Rowan Scarborough, « Special Operations Forces Eye Terrorists », *Washington Times*, 12 août 2005.

7. Lieutenant-General Dell L. Dailey et Lieutenant-Colonel Jeffrey G. Webb, « U.S. Special Operations Command and the War on Terror », *JFQ 40*, 1er trimestre de 2006, p. 45. Voir aussi Andrew Feickert, « U.S. and Coalition Military Operations in Afghanistan: Issues for Congress », *CRS Report*.

8. La « longue guerre » a d'abord été appelée la guerre globale contre le terrorisme ou plus simplement, la guerre contre le terrorisme ou la guerre contre la terreur.

9. Dernièrement, on a accordé beaucoup d'attention aux opérations des FOS comprenant des missions d'action directe. Ces opérations sont séduisantes puisqu'elles ont une bonne visibilité et qu'il est facile d'en rendre compte, et qu'elles apportent des résultats immédiats. Cette réalité, par contre, néglige ou sous-estime l'importance cruciale des stratégies d'approche indirecte ayant des effets stratégiques à long terme, comme la défense intérieure en pays étranger, le renforcement des capacités nationales, de même que les opérations complémentaires entre FOS et forces classiques.

10. Harrell, « Coalition SOF Support to the War on Terrorism ».

11. *Ibid.*

12. Voir Ann Scott Tyson, « Ability to Wage 'Long War' Is Key to Pentagon Plan », *Washington Post*, 4 février 2006, et Josh White et Ann Scott Tyson, « Rumsfeld Offers Strategies for Current War: Pentagon to Release 20-Year Plan Today », *Washington Post*, 3 février 2006.

13. *Ibid.*

14. Tyson, « Ability to Wage 'Long War' is Key to Pentagon Plan ».

15. Admiral Eric T. Olson, commandant du commandement des FOS des États-Unis, « Directing, Supporting and Maintaining the World's Best SOF », entrevue, *Special Operations Technology*, *www.sotech-kmi.com*, site consulté le 28 juillet 2008.

16. Michael G. Vickers, « Transforming U.S. Special Operations Forces », Center for Strategic and Budgetary Assessments, préparé pour l'évaluation du Office of the Secretary of Defence, août 2005, p. 8.

17. *Ibid.*

18. Il faut souligner que, dans le contexte d'une alliance traditionnelle, le service spécial aéroporté de Nouvelle-Zélande et la 2ᵉ Force opérationnelle interarmées (FOI 2) du Canada ont combattu très étroitement contre des éléments talibans en Afghanistan. Comme on nous l'a raconté, « notre commandant d'escadre des SAS néo-zélandais commandait une opération, puis c'était le commandant d'escadre canadien de la FOI 2 qui dirigeait l'opération suivante. Je crois que cela n'avait jamais été fait auparavant ». Entrevue réalisée avec un commandant supérieur du service spécial aéroporté de Nouvelle-Zélande, Auckland, Nouvelle-Zélande, 21 novembre 2006.

19. Harrell, « Coalition SOF Support ».

20. *Ibid.*

21. Vice-Admiral Eric T. Olson, « SOF Transformer », entrevue avec Jeffrey McKaughan, *Special Operations Technology,* vol. 4, n° 1, p. 19 février 2006, accessible à *www.special-operations-technology.com/archives.cfm?CoverID=69*, site consulté le 10 mars 2006.

22. *Ibid.*

23. Harrell, « Coalition SOF Support ».

24. *Ibid.*

25. « A Bid for Freedom », *Global Defence Review,* 2006, accessible à *www.global-defence.com/2007/Utilities/article.php?id=41*, consulté le 27 février 2006.

26. *Ibid.*

27. *Ibid.*

28. *Ibid.*

29. *Ibid.*

30. Mark C. Arnold, *Special Operations Forces Interoperability with Coalition Forces*, John F. Kennedy Special Warfare Center and School, 2005.

31. *Ibid.*

32. *Ibid.*

33. *Ibid.*

34. *Ibid.*

35. *Ibid.*

36. Un incident « bleu sur bleu », également appelé « tir fratricide » ou « amicide », se produit lorsque les troupes d'une même force ou de forces alliées se tirent dessus accidentellement.

37. Pour un aperçu de cette opération, voir Ellen Knickmeyer et Jonathan Fines, « Insurgent Leader Al-Zarqawi Killed in Iraq », *Washington Post*, 8 juin 2006, et Claude Salhani, « Jordanian Role Larger Than First Reported », *UPI*, 12 juin 2006.

38. Arnold, *Special Operations Forces.*

39. *Ibid.*

40. Robert Pursell, USJFCOM, « Newsmaker Profile: SOCJFCOM Commander Army Col. Wesley Rehorn », entrevue, 5 décembre 2007.

41. *Ibid.*

42. *Ibid.*
43. Spécialiste Anna K. Perry, « Commandos, SOF forces rescue kidnap victim », CJSOTF, *Afghanistan Public Affairs*, 20 juillet 2008, et Anna K. Perry, « SOF Forces train new Afghan Commandos », CJSOTF, *Afghanistan Public Affairs*, 27 juin 2008.
44. *Ibid.*
45. *Ibid.*
46. *Ibid.*
47. Même si l'Australie et la Nouvelle-Zélande ne fonctionnent pas sous l'égide de l'OTAN aux fins d'un tel programme, ces pays pourraient être invités à participer à une initiative de l'OTAN étendue. Sinon, ils pourraient en faire partie à titre de délégations du Commonwealth.
48. Durant l'opération *Enduring Freedom* en Afghanistan, les Norvégiens étaient considérés comme des planificateurs des FOS très compétents du renseignement et des opérations, et leurs méthodes ont été imitées en partie par les spécialistes du renseignement des FOS canadiennes. En Afghanistan, la cellule de renseignement des FOS canadiennes avait, semble-t-il, établi la norme pour le renseignement de soutien aux opérations des FOS.
49. *Ibid.*
50. Les observateurs devraient consigner les différences dans l'équipement, les besoins en renseignement, les communications utilisées, les risques courus, les points communs entre les modèles de rapports, les tactiques, les techniques et les procédures utilisées, tout en évaluant les écarts en temps réel par rapport au modèle de base de l'OTAN.
51. Pour divers aperçus, voir Roy MacLaren, *Derrière les lignes ennemies : les agents secrets canadiens durant la Seconde Guerre mondiale* (Boisbriand: Prologue, 2002), William H. Burgess, III, éd., *Inside Spetsnaz: Soviet Special Operations* (Novato, CA: Presidio, 1990); Greg Annussek, *Hitler's Raid to Save Mussolini* (Cambridge: Da Capo, 2005); Tim Saunders, *Fort Eben Emael* (Barnsley: Pen and Sword, 2005); Ian Westwell, *Brandenburgers: The Third Reich's Special Forces* (Hersham: Ian Allan, 2003); *Otto Skorzeny: La guerre inconnue* (Paris: Albin Michel, 1975); Éric Lefèvre, *Division Brandebourg: les commandos du Reich* (Paris: Histoire & Collections, 1998); James E. Mrazek, *The Fall of Eben Emael* (Novato, CA: Presidio, 1970); Douglas Dodds-Parker, *Setting Europe Ablaze* (Windlesham: Springwood, 1983); T.E. Lawrence, *La révolte dans le désert* (1916–1918) (Paris: Payot, 1928); John Arquilla, éd., *From Troy to Entebbe: Special Operations in Ancient and Modern Times* (Lanham, MD: UP of America, 1996); William H. McRaven, *Spec Ops: Case Studies in Special Operations Warfare* (Novato, CA: Presidio, 1995).
52. Les stagiaires participeraient également à un vaste éventail d'initiatives ayant trait aux terroristes, aux guérilleros et aux rebelles, et étudieraient ces cas historiques célèbres : T.E. Lawrence, Vo Nguyen Giap, Mao Zedong, Sun Zi, Chen Peng, Augusto Sandino, Ho Chi Minh, Che Guevara et Oussama Ben Laden.
53. La JSOU est située à Hurlburt Field, en Floride, et elle offre un large éventail de cours sur le terrorisme, la guerre non conventionnelle, les opérations spéciales et l'instruction des officiers d'état-major. Avec un personnel enseignant formé d'experts internes et de professeurs adjoints provenant de divers pays, ce serait un prolongement logique de la Joint Special Operations University qui pourrait faciliter les initiatives futures du commandement des FOS des États-Unis et des FOSC dans

le cadre de la longue guerre. Pour un aperçu de l'instruction du personnel d'état-major des FOS, voir Commander Steven P. Schreiber (de la marine américaine), Lieutenant Colonel Greg E. Metzgar (de l'armée américaine) et Major Stephen R. Mezhir (de l'aviation américaine), « Behind Friendly Lines: Enforcing the Need for a Joint SOF Staff Officer », *Military Review*, mai-juin 2004, p. 2–8.

54. Déclaration de l'ambassadeur Zalmay Khalilzad, représentant permanent des États-Unis, prononcée lors de l'examen semestriel de la Résolution du Conseil de sécurité des Nations Unies n° 1790 relativement à la force multinationale en Irak (MNF-I), réunion du Conseil de sécurité du 13 juin 2008, communiqué de presse USUN, 13 juin 2008, mission des États-Unis à l'ONU.

55. Major Scott Covode et Denise Boyd, *Air Force Print News*, 11 juillet 2007. « Il est très profitable pour les FOS de suivre un entraînement intégré avec les ressources aériennes interarmées qui les appuieront pendant les opérations dans le monde réel », a expliqué le Lt. Comdr. Patrick Corcoran.

56. Selon des rapports, le SOCOM a environ 7 000 soldats à l'étranger, dont une grande partie en Irak et en Afghanistan. Un rapport indique que 85 p. 100 d'entre eux se trouvent au Moyen-Orient, en Asie centrale et dans la corne de l'Afrique. Ann Scott Tyson, « New Plans Foresee Fighting Terrorism Beyond War Zones », *Washington Post*, 23 avril 2006.

57. Julian Thompson, *The Imperial War Museum Book of War: Behind Enemy Lines* (Washington, DC: Brassey's Inc., 2001), p. 299–301.

58. *Ibid.*

59. Tiré de « Rainbow Six », le techno-suspense de Tom Clancy. Ce roman décrit les activités d'une escouade antiterroriste multinationale, dont le nom de code est « Rainbow ». Dans le jargon militaire américain, le chiffre six désigne le commandant.

60. Jon-Paul Hart, « Killer Spooks: Increase Human Intelligence Collection Capability by Assigning Collectors to Tactical-Level Units », *Marine Corps Gazette*, avril 2005. Pour obtenir un aperçu du partage du renseignement, voir Major Louis-Henri Remillard, « Intelligence Sharing in Coalition Operations: Getting It Right », Collège militaire royal du Canada, étude inédite, 5 mai 2008.

61. Dell et Webb, p. 47.

Note D'Auteur : L'auteur tient à remercier le Brigadier Tim Brewer de la Force de défense de la Nouvelle-Zélande, M. James D. Kiras, Ph.D., professeur adjoint à la *School of Advanced Air and Space Studies* (base aérienne de Maxwell), le Colonel à la retraite Joe Celeski de l'armée américaine, le Lieutenant-colonel Howard G. Coombs et le Lieutenant-colonel M. J. Goodspeed de l'armée canadienne, de lui avoir offert leurs opinions et de précieux conseils.

COLLABORATEURS

Le Major Tony Balasevicius est un officier d'infanterie membre du Royal Canadian Regiment (RCR). Il a occupé de nombreux postes de commandement au RCR ainsi qu'au Régiment aéroporté du Canada. Il était le commandant adjoint du 1er Bataillon, The Royal Canadian Regiment du RCR en 2002. Il vient de terminer une affectation d'instructeur au département de science militaire appliquée du Collège militaire royal du Canada (CMR), et il est actuellement en voie d'obtenir un diplôme de maîtrise en études sur la guerre au CMR.

Le Capitaine Andrew Brown s'est enrôlé en 1988 dans les Forces canadiennes en tant que militaire du rang. Il a servi au sein du 1er Bataillon et du 2e Bataillon du Royal Canadian Regiment, ainsi qu'au sein du 3e Commando du Régiment aéroporté du Canada. Il est également un officier de soutien dans la collectivité de la Force d'opérations spéciales du Canada (FOSCAN), où il travaille actuellement. En 2004, il devenait un diplômé du CMR en décrochant un baccalauréat en arts et sciences militaires. Il suit présentement des cours à temps partiel au programme de maîtrise (études sur la guerre) du CMR.

M. Peter H. Denton, Ph.D., occupe un poste de professeur agrégé d'histoire à temps partiel au CMR (où il enseigne au niveau du Programme d'études professionnelles pour les officiers [PEMPO] depuis 2003 et dans le cadre du programme d'études sur la guerre depuis 2004). Il est également un instructeur en communications techniques et en éthique au Red River College. Il est de plus un pasteur de l'Église Unie du Canada. Dans le cadre de ses travaux de recherche, il applique les principes de la philosophie de la technologie aux enjeux planétaires contemporains, dont la protection de l'environnement, la responsabilité sociale et la conduite de la guerre.

Le Colonel Bernd Horn, Ph.D., est un officier d'infanterie aguerri, qui occupe présentement le poste de commandant adjoint du Commandement des Forces d'opérations spéciales du Canada. Il a commandé au niveau de la sous-unité et de l'unité, et il a commandé le 3ᵉ Commando du Régiment aéroporté du Canada de 1993 à 1995 ainsi que 1ᵉʳ Bataillon du Royal Canadian Regiment de 2001 à 2003. Le Colonel Horn détient une maîtrise et un doctorat en études sur la guerre du CMR, où il occupe aussi un poste de professeur affilié d'histoire.

Le Lieutenant-colonel Greg Smith est un officier d'infanterie chevronné, qui est actuellement le commandant du Régiment d'opérations spéciales du Canada, basé à Petawawa, en Ontario.

M. Christopher Spearin, Ph.D., est professeur agrégé au département des études de la défense du Collège militaire royal du Canada, situé au Collège des Forces canadiennes, à Toronto, en Ontario. Ses recherches portent sur l'évolution des forces militaires, de la gouvernance de la sécurité mondiale, des acteurs non étatiques, des mercenaires, de la privatisation de la sécurité et des politiques étrangères et de défense du Canada.

Mᵐᵉ Emily Spencer, Ph.D., est professeure adjointe à la University of Northern British Columbia et attachée de recherche à l'Institut de leadership des Forces canadiennes. Ses principaux domaines d'intérêt portent sur les attitudes sociales face à la guerre et aux conflits violents dans les démocraties et, plus particulièrement, sur les aspects sexués de ces attitudes ainsi que sur l'étude de la culture et de la guerre.

Le Colonel J. Paul de B. Taillon, Ph.D., est professeur affilié au CMR, où il est un expert des opérations spéciales et de la guerre irrégulière. Diplômé du collège d'état-major et de commandement du Corps des Marines des États-Unis et de l'école de guerre amphibie, il est devenu un diplômé de l'école supérieure de guerre de l'armée américaine en 2006. À titre d'officier d'infanterie de la Force de réserve, il a été affecté à Oman, en Bosnie, au Kosovo et en Afghanistan. Il a également servi au sein des forces d'opérations spéciales britanniques et américaines. Le poste de réserviste qu'il occupe actuellement est celui de conseiller en contre-insurrection auprès du Chef d'état-major de l'Armée de terre des Forces canadiennes. Dans le secteur civil, il a travaillé durant près de 30 ans dans le domaine du renseignement et de la sécurité. Il détient un doctorat de la London School of Economics.

V.I. est un professionnel du secteur financier, qui a déjà fait partie des forces armées.

INDEX